"十二五"职业教育国家规划教材
经全国职业教育教材审定委员会审定

供高职高专助产专业使用

妇幼保健学

主　　编　郑　惠
副主编　牛建民　赵　萍
编　　者　（按姓氏汉语拼音排序）
　　　　　董小文　长沙职业技术学院
　　　　　贾　佳　重庆医药高等专科学校
　　　　　牛建民　广东医科大学附属广东省妇儿医院
　　　　　庞丽平　南阳医学高等专科学校
　　　　　赵　萍　南阳医学高等专科学校
　　　　　郑　惠　重庆医药高等专科学校
　　　　　周建林　泉州医学高等专科学校

科学出版社
北　京

· 版权所有　侵权必究 ·

举报电话：010-64030229；010-64034315；13501151303（打假办）

内 容 简 介

随着社会经济和医学科学的快速发展，占我国人口2/3的妇女和儿童的安全和健康受到全社会的关注。为此我们依据《中国妇女发展纲要（2011—2020年）》和《中国儿童发展纲要（2011—2020年）》的主要目标和策略措施要求，结合我国妇幼保健工作的需要，将《妇女保健学》和《儿童保健学》进行了有机地整合，特编写了绪论、儿童生长发育、儿童期保健、青春期保健、婚前期保健、孕前期保健、妊娠期保健、分娩期保健、产褥期保健、哺乳期保健、生育调节期保健、围绝经期保健、健康教育与健康促进、妇幼保健信息管理、孕产妇死亡和出生缺陷监测等。

本教材可供高等职业院校助产专业使用，也可供妇幼保健服务人员参考。

图书在版编目（CIP）数据

妇幼保健学 / 郑惠主编. —北京：科学出版社，2015.1
"十二五"职业教育国家规划教材
ISBN 978-7-03-042518-8

Ⅰ.妇… Ⅱ.郑… Ⅲ.妇幼保健–高等职业教育–教材
Ⅳ.R17

中国版本图书馆CIP数据核字（2014）第268451号

责任编辑：丁海燕 / 责任校对：郑金红
责任印制：赵　博 / 封面设计：范璧合

科学出版社 出版
北京东黄城根北街16号
邮政编码：100717
http://www.sciencep.com

三河市春园印刷有限公司印刷
科学出版社发行　各地新华书店经销

*

2015年1月第　一　版　　开本：787×1092 1/16
2025年7月第十次印刷　　印张：13 3/4
字数：317 000

定价：39.80元
（如有印装质量问题，我社负责调换）

前 言

党的二十大报告指出："培养造就大批德才兼备的高素质人才，是国家和民族长远发展大计。"教材是教学内容的重要载体，是教学的重要依据、培养人才的重要保障。本次教材编写旨在贯彻党的二十大报告精神和党的教育方针，落实立德树人根本任务，坚持为党育人、为国育才。

随着社会经济和医学科学的快速发展，占我国人口2/3的妇女和儿童的安全和健康受到全社会的关注。"儿童优先、母亲安全"已成为全球新的道德观念和维护人类健康和发展的行动准则。为此我们依据《中国妇女发展纲要（2011—2020年）》和《中国儿童发展纲要（2011—2020年）》的主要目标和策略措施要求，结合我国妇幼保健工作的需要，根据《教育部关于"十二五"职业教育教材建设的若干意见（教职成〔2012〕9号）》，以专业培养目标为导向，以职业技能培养为根本，与职业标准和岗位要求对接，力求满足社会、学科和教学需要，体现高等职业院校教育的特色。

本教材在突出三基（基本知识、基本理论、基本技能）、五性（思想性、科学性、先进性、启发性、适用性）和三特定（特定的对象、特定的要求、特定的限制）的基础上，强调教材的功能性。为此，我们将妇女保健学和儿童保健学进行了有机地整合，既关注女性生命全程的保健和健康管理，也关注男童的健康管理和卫生保健；同时，加强了学科之间的联系，避免了过多的学科相互之间的重复和脱节，使妇幼保健教学与临床应用中的问题得到了较好的解决，也提高了学生综合分析问题和解决问题的能力。

本教材分十五章，包括绪论、儿童生长发育、儿童期保健、青春期保健、婚前期保健、孕前期保健、妊娠期保健、分娩期保健、产褥期保健、哺乳期保健、生育调节期保健、围绝经期保健、健康教育与健康促进、妇幼保健信息管理、孕产妇死亡和出生缺陷监测。本教材突出了预防为主、保健为重、临床与保健相结合、面向基层和社区的妇幼卫生工作方针，符合当今国家在人口和健康领域提出的"目标上移、重心下移、工作关口前移"的发展思路。

本教材在编写体例上，为了体现实用、系统、新颖，特别编写了案例分析、链接、考点、目标检测和实训，以拓展学生的学习能力和临床思维能力，培养学生掌握理论知识与临床知识间的内在联系，加深对临床知识的理解和掌握。

本教材编写力求科学、严谨、准确、简单和实用，以满足高等职业院校教学所需和基层妇幼保健医务人员工作所需；但是，由于水平和时间的限制，本书难免存在缺点和不足之处，敬请读者在使用中提出宝贵的意见和建议。

主　编
2023年8月

目　　录

第一章　绪论 …………………………………………………………………（1）
　　第一节　妇幼保健学的范围和重要性 ………………………………………（1）
　　第二节　妇幼保健工作的组织机构和网络管理 ……………………………（3）
　　第三节　妇幼保健工作的特点和服务模式 …………………………………（5）
　　第四节　我国妇幼保健的发展和展望 ………………………………………（6）
第二章　儿童生长发育 …………………………………………………………（9）
　　第一节　儿童年龄分期及其特点 ……………………………………………（9）
　　第二节　儿童体格生长发育及其评价 ………………………………………（10）
　　第三节　儿童神经心理行为发育及其评定 …………………………………（20）
　　第四节　儿童生长发育规律及其影响因素 …………………………………（31）
　　实训一　儿童体格测量和心理行为发育筛查 ………………………………（33）
第三章　儿童期保健 ……………………………………………………………（37）
　　第一节　喂养和护理 …………………………………………………………（37）
　　第二节　预防接种 ……………………………………………………………（44）
　　第三节　早期教育和体格锻炼 ………………………………………………（48）
　　第四节　培养良好的生活习惯和社会适应能力 ……………………………（52）
　　第五节　健康检查与生长监测 ………………………………………………（54）
　　第六节　儿童意外伤害的预防 ………………………………………………（57）
　　第七节　儿童常见疾病的预防 ………………………………………………（58）
　　第八节　各年龄期儿童保健重点 ……………………………………………（68）
　　第九节　儿童保健工作内容 …………………………………………………（70）
　　实训二　预防接种 ……………………………………………………………（77）
　　实训三　婴儿抚触 ……………………………………………………………（79）
第四章　青春期保健 ……………………………………………………………（83）
　　第一节　青春期少女的生理、心理和社会特点 ……………………………（83）
　　第二节　青春期保健的内容 …………………………………………………（84）
第五章　婚前期保健 ……………………………………………………………（88）
　　第一节　概述 …………………………………………………………………（88）
　　第二节　婚前医学检查 ………………………………………………………（89）
　　第三节　婚前卫生指导与咨询 ………………………………………………（92）
第六章　孕前期保健 ……………………………………………………………（95）
　　第一节　孕前期妇女的生理、心理和社会特点 ……………………………（95）
　　第二节　孕前期保健的重要意义和内容 ……………………………………（95）
第七章　妊娠期保健 ……………………………………………………………（100）
　　第一节　妊娠期妇女的生理、心理及社会特点 ……………………………（100）
　　第二节　妊娠期保健 …………………………………………………………（103）
　　第三节　妊娠期常见疾病的预防 ……………………………………………（111）
　　第四节　高危妊娠的管理 ……………………………………………………（112）

实训四　妊娠期保健指导 …………………………………………………（113）
第八章　分娩期保健 ……………………………………………………………（118）
　第一节　第一产程保健 …………………………………………………………（118）
　第二节　第二产程保健 …………………………………………………………（123）
　第三节　第三产程保健 …………………………………………………………（127）
　第四节　爱母分娩行动与导乐陪伴分娩 ………………………………………（131）
第九章　产褥期保健 ……………………………………………………………（138）
　第一节　产褥期妇女的生理、心理及社会特点 ………………………………（138）
　第二节　产褥期保健的内容和措施 ……………………………………………（139）
　　实训五　产褥期保健操 ………………………………………………………（143）
第十章　哺乳期保健 ……………………………………………………………（146）
　第一节　哺乳期妇女的生理、心理和社会特点 ………………………………（146）
　第二节　哺乳期保健内容 ………………………………………………………（147）
第十一章　生育调节期保健 ……………………………………………………（153）
　第一节　生育调节期妇女的生理、心理和社会特点 …………………………（153）
　第二节　生育调节期保健 ………………………………………………………（153）
　第三节　生育调节期常见疾病的防治 …………………………………………（156）
第十二章　围绝经期保健 ………………………………………………………（161）
　第一节　围绝经期妇女的生理、心理和社会特点 ……………………………（161）
　第二节　围绝经期妇女常见疾病的防治 ………………………………………（163）
第十三章　健康教育与健康促进 ………………………………………………（167）
　第一节　概述 ……………………………………………………………………（167）
　第二节　妇幼健康教育与健康促进干预方法和技巧 …………………………（169）
　第三节　妇幼健康教育与健康促进培训 ………………………………………（170）
　第四节　妇幼健康教育与健康促进计划的设计、实施与评价 ………………（172）
　第五节　妇幼健康教育与健康促进内容 ………………………………………（176）
　第六节　妇幼健康教育与健康促进实施方法 …………………………………（177）
第十四章　妇幼保健信息管理 …………………………………………………（180）
　第一节　妇幼保健信息管理的范围、任务和内容 ……………………………（180）
　第二节　妇幼保健信息管理资料的来源和收集方法 …………………………（182）
　第三节　妇幼保健信息管理资料统计和指标体系的作用 ……………………（184）
　第四节　妇幼保健信息监测和常规报表的内容 ………………………………（193）
　第五节　妇幼保健信息资料管理制度、职责和质量控制 ……………………（196）
第十五章　孕产妇死亡和出生缺陷监测 ………………………………………（201）
　第一节　孕产妇死亡监测 ………………………………………………………（201）
　第二节　出生缺陷监测 …………………………………………………………（203）
主要参考文献 ……………………………………………………………………（207）
目标检测参考答案 ………………………………………………………………（208）
妇幼保健学教学大纲 ……………………………………………………………（209）
索引 ………………………………………………………………………………（212）

第一章 绪 论

在我国妇女和儿童约占全国总人口的 2/3，其身心健康关系到民族的兴衰和国家的前途。早在 1949 年 9 月《中国人民政治协商会议共同纲领》中就规定要"注意保护母亲、儿童的健康"。进入 20 世纪 90 年代，"儿童优先、母亲安全"已成为全球新的道德观念和维护人类健康和发展的行动准则。为了改善我国妇幼卫生保健服务质量，提高妇女和儿童的健康水平，国务院先后制定了《中华人民共和国母婴保健法》、《中华人民共和国母婴保健法实施办法》、《中国儿童发展纲要》和《中国妇女发展纲要》。因此，妇幼保健学依据国务院颁发的指令，按照生物—心理—社会医学模式，研究妇女和儿童的生理、心理和社会特点及其影响因素，以保障妇女和儿童身心健康，提高人口素质。

第一节 妇幼保健学的范围和重要性

一、妇幼保健学的性质和任务

（一）妇幼保健学的定义和性质

1. 妇幼保健学的定义　妇幼保健学是一门应用预防医学和临床医学方法，按照生物—心理—社会医学模式，研究妇女和儿童不同时期的生理、心理和社会特点及其影响因素，提出保健对策，提供保健措施，以保障和促进妇女和儿童的身心健康水平、提高出生人口素质的医学科学。

2. 妇幼保健学的性质　妇幼保健学兼具预防医学和临床医学的特色，以保护和促进妇女和儿童身心健康为目标。其研究范围广泛，涉及妇女保健和儿童保健两大领域；并且将妇女保健学和儿童保健学融于一体，不仅关注女性的身心健康，同时关心男童的身心健康。

（二）妇幼保健学的任务

中华人民共和国卫生部（2013 年改为中华人民共和国卫生和计划生育委员会，简称卫计委）在 2006 年 12 月颁布的《妇幼保健机构管理办法》中已明确指出，妇幼保健机构需要提供包括妇女和儿童常见疾病诊治、计划生育技术服务、助产技术服务、产前筛查、新生儿筛查等医疗保健服务。根据需要和条件，开展产前诊断、产科并发症处理、新生儿危重症抢救和治疗；同时，还要提供以下公共卫生服务：

1. 完成各级政府和卫生行政部门下达的指令性任务。
2. 掌握本辖区妇女和儿童健康状况及影响因素，协助卫生行政部门制定本辖区妇幼卫生工作的相关政策、技术规范及各项规章制定。
3. 负责本辖区孕产妇死亡、婴儿及 5 岁以下儿童死亡、出生缺陷监测、妇幼卫生服务及技术管理信息的收集、统计、分析、质量监控和汇总上报。
4. 开展儿童保健服务　包括胎儿期、新生儿期、婴儿期、学龄前期及学龄期保健，受卫生行政部门委托对托幼园（所）卫生保健进行管理和业务指导。重点加强儿童早期综合发展指导、营养与喂养指导、生长发育监测、心理行为咨询、儿童疾病综合管理等儿童保健服务。

5. 开展妇女保健服务　包括青春期保健、婚前和孕前保健、孕产期保健、围绝经期保健，重点加强心理卫生咨询、营养指导、计划生育技术服务、生殖道感染和性传播疾病的防治。

6. 负责指导和开展本辖区的妇幼保健健康教育与健康促进工作，组织实施本辖区母婴保健技术培训，对基层医疗保健机构开展业务指导，并提供技术支持。

7. 开展妇幼卫生、生殖健康的应用性科学研究，并组织推广适宜技术。

8. 受卫生行政部门委托对本辖区各级、各类医疗保健机构开展的妇幼卫生服务进行检查、考核与评价。

二、妇幼保健工作的内容和重要性

（一）妇幼保健工作的内容

随着社会经济的发展，妇女和儿童对健康的需求不断增加，越来越多地显示出妇幼健康与社会、环境、经济、文化、教育、生活方式、医疗保健服务的提供等因素关系密切。因此，对于影响妇幼健康因素的干预不仅限于生物医学领域，还应调动国家、政府、各部门、社区和个人共同努力，探索综合性社会卫生保健措施和干预办法，以促进妇幼健康水平不断提高。

1. 将妇幼保健纳入社会大系统中　由于社会、环境、经济、文化、教育、生活方式、医疗保健服务的提供等因素对妇幼健康影响巨大；因此解决妇幼健康问题不能仅依靠卫生部门，必须将妇幼保健纳入社会大系统中，成为政府工作内容之一。政府及相关部门在制定政策、法规和资金分配上，均应考虑妇幼健康因素，尤其是处于不利条件的妇女和儿童（如贫穷和农村偏远地区的妇女和儿童），使妇幼健康得到全社会的关注和支持。

2. 改变医疗卫生服务取向　妇幼健康不仅受生物学因素的影响，还受到社会因素和环境因素的综合影响。为了更好地保护妇幼健康，医疗卫生保健系统必须改变其服务取向，将医疗卫生服务模式由生物医学模式向生物—心理—社会医学模式转变。

（1）改变妇幼卫生保健服务取向，要坚持以妇幼健康为中心，提供公平服务，采取适宜技术，提供优质服务。

（2）加强专业技术人员的社会防病意识，扩大妇幼保健服务领域和方式。

（3）开展健康教育：动员全社会和一切有关部门，运用大众传媒和其他教育手段，对不同人群进行预防危险因素和促进妇幼健康的教育及训练，使人们掌握妇幼保健相关知识和技能，提高群体保健意识和能力，自觉培养良好的生活习惯和行为习惯，以达到促进妇幼健康的目的。

（4）开展新生儿疾病筛查，儿童发育筛查和生长监测，儿童合理喂养指导，预防接种，儿童听力、视力和口腔保健；加强对高危儿和特殊儿童的管理，降低儿童的死亡率和致残率。

（5）开展青春期保健、婚前期保健、孕前期保健、孕产期保健、生育调节期保健和围绝经期保健，降低孕产妇死亡率和儿童出生缺陷率。

（6）研究影响妇幼健康的生物、心理、社会和环境等方面的各种危险因素，研究危害妇幼健康的各种常见病、多发病的流行病学及防治措施。

（7）研究有利于提高妇幼健康的适宜技术，研究妇幼保健服务模式和评价方法，研究有利于促进妇幼健康的保健对策和健康管理。

3. 开展社区妇幼保健服务　改善和提高妇幼健康水平必须动员全社会的力量，不仅需要政府、各部门及医疗卫生系统的参与和支持，还应动员社区积极参与。目前，社区参与妇幼保健服务已经成为世界公认的健康促进的重要手段之一。社区妇幼保健服务的重点是：①以预防为主；②开展以社区及家庭为基础的妇幼健康综合服务；③帮助社区成员根据本社区情况解决妇幼健康问题。

（二）妇幼保健工作的重要性

在我国，妇幼保健工作由专门的组织机构和人员来承担，这不仅是因为妇女和儿童具有特殊的生理和心理特点，而且是因为妇女和儿童的健康直接关系到民族的兴衰和国家的前途。

1. 妇女健康直接关系到子代的健康　人体生长发育的每一个阶段都是以前一个阶段为基础，同时又影响着下一个阶段。健康的母亲是孕育健康儿童的基础。孕育健康的胎儿需要母亲能排出健康的卵子，需要母亲能为新生命的生长发育提供良好的环境；因此，保护母亲的健康关系到子代的健康和出生人口的素质。

> **考点：** 妇幼保健工作的重要性

2. 儿童健康直接关系到民族的素质和国家的发展　人类的发展和社会的进步，需要一代人接一代人不断努力；而科学技术的进步和国家经济的繁荣，从根本上讲取决于人口素质的提高。不健康的儿童很难成为社会财富的创造者。

3. 妇女是家庭健康的监护者　妇女是家庭的核心，除了养育子女外，还要安排全家人的衣食起居，照顾全家人的生活。同时，妇女还是最基层的卫生员、营养员、护理员和保健员。绝大多数的初级卫生保健工作都是由妇女承担，她们的健康直接关系到后代的健康、家庭成员的健康和整个社会的卫生健康水平。

第二节　妇幼保健工作的组织机构和网络管理

一、妇幼保健工作的组织机构

（一）世界各国妇幼保健组织机构

历史上世界各国妇幼保健组织机构主要有以下3种形式。

1. 妇幼保健自成系统　妇幼保健在卫生部门内与医疗、防疫一样，成为为人民健康服务的三个体系中独立的一个体系。从中央到地方，各级都有妇幼保健行政组织和专业机构，实行垂直的业务领导和指导。如前苏联分别设有国家级妇女和儿童保健研究机构，对全国妇幼保健工作进行指导。

2. 妇幼卫生工作与整个公共卫生工作的各项预防保健工作结合　在日本、澳大利亚等国家中，妇女和儿童疾病的防治是分开的，疾病的治疗由医院承担，疾病的预防由联络护士或公共卫生护士将出生的婴儿或出院的患者转给相应的保健机构。

3. 以医院为中心扩大预防　医院分工负责一定的地段，由医院医师下地段开展保健工作，如朝鲜。

（二）我国妇幼保健组织机构

新中国成立后，我国参照学习前苏联的模式，建立独立的妇幼保健机构，涵盖妇幼卫生行政机构、妇幼保健专业机构和妇幼保健基层组织3个方面。

> **考点：** 我国妇幼保健工作的组织机构

1. 妇幼卫生行政机构　卫生计生委（简称卫计委，是原卫生部）设妇幼健康服务司（原妇幼卫生司），各省、市、自治区卫计委设妇幼健康服务处，市（州、盟）卫计委设妇幼健康服务科，县卫计委有专职或兼职干部。各级行政机构在业务上受上一级机构领导，在各级卫计委统一领导下，负责本地区妇幼保健工作的组织领导。

2. 妇幼保健专业机构　妇幼保健专业机构包括省、地、市、县的各级妇幼保健院（所、站）、妇产医院、儿童医院等，这些机构都是防治结合的卫生事业单位，不仅承担专业的、系统的、集预防保健和技术指导为一体的综合妇幼保健服务，还要履行辖区内妇幼卫生工作的协调和管理职责。这些机构受上一级妇幼保健专业机构的业务指导，受同级卫生行政部门的领导。

3. 妇幼保健基层组织　城市的社区卫生中心、农村的乡卫生院、工厂及农场的职工医院、基层卫生机构内的妇幼保健组均属于妇幼保健基层组织。妇幼保健基层组织在区、县妇幼保健机构业务指导下，建立、健全有关登记统计制度，对辖区内的孕产妇和婴幼儿进行管理，开设妇产科、计划生育、儿科、儿童保健门诊，防治妇女和儿童常见病及多发病。在有条件的单位，还可开展计划生育手术和住院分娩业务。

二、妇幼保健工作的网络管理

（一）妇幼保健服务网络

妇幼保健服务网络是指各级妇幼保健业务机构，通过协作建立一种业务上有密切联系的组织系统，上级机构对下级机构有业务指导的责任（如接受转诊、会诊，协助抢救重危病人等），上下级结合有利于提高服务水平和质量，不断扩大服务面。建立、健全妇幼保健网络是做好妇幼保健工作必须具备的一个重要条件。我国妇幼保健服务网络包括城市妇幼保健服务网络和农村妇幼保健服务网络。

1. 城市妇幼保健服务网　由省（市）、区（县）和社区三级组成。城市妇幼保健服务网络始建于1953年上海、天津等大城市和中央卫生实验院的工作地段。当时市级医疗保健机构接受区（县）和地段转来的异常孕产妇，每月召集例会，给基层人员讲课，共同研究技术性问题，提出改进办法，在提高基层业务技术方面起到重要作用。区级妇幼保健机构接受地段转来的异常产妇，经常到地段检查工作，进行巡回门诊和示范操作，直接对地段进行全面的业务指导。地段级妇幼保健机构负责本地段的妇幼保健工作。以后，随着妇幼保健工作的开展，特别是围产保健、孕产保健和儿童保健工作的开展，城市妇幼保健服务网络逐步充实、健全，各级的功能也各有侧重。

2. 农村妇幼保健服务网络　由县（市）、乡（镇）、村三级组成。县级妇幼保健机构的任务是负责全县妇幼保健工作，培训基层中、初级妇幼卫生人员。乡级妇幼保健机构是住院分娩和转诊的第一级医院，同时还承担着指导乡村医师、接生员提高业务能力的任务。乡级妇幼保健机构是三级妇幼保健网络中最重要的一环，负有承上启下的使命，起着关键性的作用。乡村医师和接生员是群众性妇幼保健工作的主力，直接提供包括产前检查、产后访视、新生儿家庭访视、儿童保健、预防接种等妇幼保健相关服务。

（二）妇幼保健服务网络的管理

为了使妇幼保健服务网络运行顺畅、高效，体现其指令性、协调性和互动性，需要在以下几个方面进行规范管理。

1. 明确职责

（1）建立妇幼保健信息管理网络，负责妇女和儿童保健信息的收集、汇总、分析和质量控制。

（2）负责制定妇幼保健各项业务的技术规范和工作方案，负责组织各项妇幼保健业务工作的实施，开展质量控制和效果评价，对各级妇幼保健机构开展质量检查与业务指导。

（3）组织开展健康教育与健康促进。

（4）负责妇幼保健适宜的技术研究和推广。
（5）开展流行病学调查，为相关政策的制定提供依据。
（6）负责制订妇幼保健专业人员队伍建设的要求和培训计划，开展技术指导和人员培训。

2．建立制度
（1）妇幼保健管理制度：建立包括基本业务指导、妇幼保健信息管理、妇幼保健工作质量定期检查、孕产妇死亡调查、婴儿及5岁以下儿童死亡评审、托幼机构卫生保健管理和健康教育、人员培训、工作例会等制度。
（2）建立、健全网络各级机构的评估和监督考核制度，定期进行监督评估和信息公开。

3．提供保障措施
（1）各级人民政府要按照《中华人民共和国母婴保健法》中关于设立母婴保健专项资金和发展妇幼卫生事业的要求，落实妇幼卫生工作经费，逐年增加对妇幼卫生事业的投入。
（2）按照财政部、国家发改委和卫生部《关于卫生事业补助政策的意见》（财社〔2000〕17号）的规定，各级妇幼保健机构向社会提供公共卫生服务所需的人员费、公务费、培训费、健康教育费、业务费由同级财政预算，按标准定额落实。根据实际工作需要，合理安排业务经费，保证各项工作正常运行。

第三节　妇幼保健工作的特点和服务模式

一、妇幼保健工作的特点

2001年颁布的《中华人民共和国母婴保健法实施办法》明确了母婴保健工作的方针是："母婴保健工作以保健为中心，以保障生殖健康为目的，实行临床与保健相结合，面向群体，面向基层，预防为主的方针。"根据这一方针，妇幼保健工作具有以下特点。

1．研究和服务对象年龄跨度大、变化多　妇幼保健研究和服务对象包括从生命开始（胎儿期）到发育成熟的青少年（18岁以下儿童均属于儿童保健的服务对象），直至老年妇女，其年龄跨度大，生理、心理、病理表现变化多。因此，需要多学科协作，才能做好妇幼保健工作。

2．研究和服务的范围广　妇幼保健工作即要面向群体，又要面向个体；既要管理健康的妇女和儿童，又要治疗患病的妇女和儿童。同时，妇幼保健工作必须注意保健与临床相结合，预防与医疗相结合，以有效地保护妇女和儿童的健康。

3．服务措施和研究方法的多样性　不仅要采用防病治病的手段，还要应用对健康有利的促进性干预措施；借助流行病学、基础医学、临床医学、康复医学、医学检验技术、医学影像技术的各种方法和技术，开展妇幼保健三级预防的服务和研究。

4．妇幼保健工作是一项群众性、社会性很强的工作，培养科学的妇幼保健理念和行为需要与社会的旧习惯和行为作斗争。因此，妇幼保健工作不仅是一项单纯的科学技术工作，还包括许多组织工作和社会工作。

二、妇幼保健的服务模式

妇幼保健服务是面向群体、面向基层、预防为主的公共卫生服务的重要方面，其服务模式的研究可以起到以点带面的作用。

（一）基本服务模式

1. 目标　以保障妇幼安全、降低孕产妇死亡率和婴儿死亡率、提高出生人口素质为目标。

2. 内容　包括：①新生儿疾病筛查；②婚前医学检查；③产前诊断和遗传病诊断；④助产技术；⑤医学上需要的节育手术；⑥有关生育、节育、不育的其他生殖健康服务。

3. 组织形式　组织形式的主要支持系统包括一体化管理、网络建设、队伍建设和医疗保健技术保障，其他部分包括机构分类管理、经营机制、运作方式、管理形式、发展策略、技术操作规范等。各地应根据《中华人民共和国母婴保健法实施办法》中"妇幼保健以保健为主，以保障生殖健康为目的，实行保健和临床相结合，面向群体、面向基层和预防为主的工作方针"，因地制宜地完善组织形式。

4. 政策支持　是指实施妇幼保健基本服务模式所需国家或卫生行政部门给予政策方面的支持，使妇幼保健基本服务模式能持续发展，并普遍推广应用，产生最佳的效果、效率和效益。妇幼保健基本服务模式的政策支持包括经费支持政策、经营管理政策、人才政策和其他相关配套政策。

（二）优质服务模式

随着现代医学模式的转变和妇幼保健需求的不断增长，妇幼保健模式需要改进优化，建立符合现代医疗模式和家庭医学模式的优质保健服务模式，提供生命全过程的连续、综合、主动、可及的服务。

1. "一对一"的服务模式　通过对妇幼保健客户的细化分型，制订并实施具体的个性化和人性化措施来增强医疗保健服务的内涵，不断拓展医疗保健服务的外延，从而达到提高妇幼保健客户的满意度目的。

2. 以健康教育为切入点的多元化服务模式　通过提供从孕前准备开始直至儿童满6岁这段时期连续性、系统性、整体性和人性化的妇幼保健服务，为准备孕育新生命的父母们提供科学、新颖、安全、温馨的综合性保健服务。

> **链　接**
>
> **全球首个"国际自我保健日"在中国启动**
>
> 经世界自我药疗产业协会倡议，中国非处方药物协会联合中国医药卫生事业发展基金会、中国药学会、北京市健康教育促进会工作委员会于2011年7月24日在北京中国国家会议中心率先启动了全球首个"国际自我保健日"。并设立每年的7月24日为"国际自我保健日"，其意义在于提醒每个人：每周7天，每24小时，时刻都应关爱自己，不忘记自我保健。

第四节　我国妇幼保健的发展和展望

一、我国妇幼保健的发展

（一）学科建设的起点和波折

1. 学科建设的起点　19世纪下叶，以人群为基础的医学观点被逐渐认识，并且促使公共卫生学的发展。到20世纪初，关注妇女和儿童两个脆弱人群的妇幼卫生工作被纳入公共卫生的内容。杨崇瑞博士1940年编写的《妇婴卫生纲要》和1945年编著的《妇婴卫生学》为我国妇幼保健学奠定了基础。新中国成立初期，医疗、防疫和妇幼保健被列为卫生工作的三大支柱。妇幼保健工作轰轰烈烈地开展，全国三级妇幼保健网络建立，训练接生员，普及新法接生；使孕产妇死亡率和婴儿死亡率迅速下降，基本消灭了新生儿破伤风。

2．学科建设中的波折　1958—1977年近20年的时间，我国妇幼保健工作经历了2个阶段：1958—1965年的曲折变化阶段和1966—1977年严重破坏阶段，使我国妇幼保健的发展受到极大的挫折，大大落后于医疗和防疫的发展。

（二）学科建设恢复和加速发展

1．学科建设恢复　1978年妇幼卫生工作贯彻以预防为主、防治结合、面向基层的工作方针，探索适合我国特点的妇幼保健和计划生育服务的工作方法，各级妇幼保健机构逐步恢复，妇幼保健工作得以较快的恢复。1980年卫生部制定了《妇幼卫生工作条例》（试行草案），1986年正式颁布了《妇幼保健工作条例》，对妇幼保健工作的任务、组织机构、人员编制以及有关政策等作了明确的规定，并明确提出要发展妇幼保健学科。

2．加速发展　20世纪90年代以来，我国妇幼保健工作步入法制管理新阶段。1991年我国政府签署了世界儿童问题首脑会议通过的《儿童生存、保护和发展世界宣言》及《九十年代行动计划》，制定了《九十年代中国儿童发展规划纲要》。1994年国际人口与发展大会通过《开罗宣言》后，我国颁布了《中华人民共和国母婴保健法》。1995年颁布了《中国妇女发展纲要》。之后，卫生部相继制定了《中华人民共和国母婴保健法实施办法》、《母婴保健法监督行政处罚程序》、《母婴保健法监督员管理办法》、《母婴保健专项技术服务许可及人员资格管理办法》、《母婴保健医学技术鉴定管理办法》和《母婴保健专项技术基本标准》6部配套法规。2006年12月卫生部颁布了《妇幼保健机构管理办法》，提出要加强妇幼卫生服务体系建设，并对妇幼保健机构的功能、机构设置、人员配备等方面作出了规定。国家一系列政策的制定，不但推动了妇幼保健工作，而且加速了妇幼保健学科的建设和发展。2009年中国妇幼保健协会成立，为我国妇幼保健学科的加速发展搭建了新的平台。专业学会的活动和各种规模的教育实践为学科建设奠定了坚实的基础。目前妇幼保健已由维护母婴安全拓展到促进母婴健康、满足妇女和儿童的生理、心理和社会需求。

二、我国妇幼保健的展望

随着越来越多的人关注和参与，妇幼保健学的学科建设呈现良好的发展前景。"母亲安全"、"儿童优先"已经成为国际公认的行为准则。妇幼保健不仅要以努力降低孕产妇死亡率、婴儿和5岁以下儿童死亡率为目标，更重要的是要以妇女和儿童为中心，尊重妇女和儿童的权利，改进服务方式，扩大妇幼保健工作范围，提供优质服务，积极主动地对妇女和儿童开展相应的保健工作，努力提高出生人口素质。

1．重视妇幼保健机构建设，突出公益性和非营利性　2006年卫生部颁发《妇幼保健机构管理办法》，要求妇幼保健各级机构应根据所承担的任务和职责设置内部科室。在此基础上更加注重公益性和非营利性保健服务。

2．转变妇幼保健服务模式　传统的、单一的妇幼保健服务模式已经不能满足人们在生殖健康领域不断增长的需求。因此，必须优化现行的妇幼保健服务模式，建立符合现代医疗模式和家庭医学模式的优质保健服务模式。

3．开展以家庭为中心的妇幼保健工作　在社区服务中开展以家庭为中心的妇幼保健工作，建立社区服务中心与妇幼保健机构的"双向转诊"机制，提高妇幼保健的普遍性和有效性。

4．加强国际合作交流　通过国际合作交流，使妇幼保健工作的发展成为世界性行为，促进妇幼保健工作的发展。

5．加强妇幼保健学科和队伍建设　目前我国妇幼保健工作虽已取得了很大的成就，但要在短期内赶上世界先进水平，仍需进一步加强妇幼保健学科和队伍建设，提高妇幼保健科学技术水平。

目标检测

1. 妇幼保健工作的任务是
   A. 开展系统的妇幼保健工作
   B. 进行新生儿疾病筛查
   C. 进行孕前疾病筛查
   D. 产后访视和母婴保健指导
   E. 以上都是
2. 妇幼保健工作的行政机构是
   A. 群众团体组织
   B. 市妇幼保健院
   C. 市卫计委妇幼健康服务处
   D. 计划生育部门
   E. 市级综合医院
3. 妇幼保健工作的业务指导机构是
   A. 群众团体组织
   B. 市妇幼保健院
   C. 市卫计委妇幼健康服务处
   D. 计划生育部门
   E. 市级综合医院
4. 妇幼保健工作的监督机构是
   A. 群众团体组织
   B. 市妇幼保健院
   C. 市卫计委妇幼健康服务处
   D. 计划生育部门
   E. 市级综合医院
5. 《中华人民共和国母婴保健法》立法的目的是
   A. 保障母亲和婴儿的健康
   B. 控制人口数量
   C. 提高出生人口数量
   D. 加强妇幼卫生管理
   E. 加强妇幼卫生监督管理

（郑　惠）

第二章　儿童生长发育

生长（growth）是指儿童身体各器官、系统的长大和形态变化，有相应的测量值，是机体量的改变。发育（development）是指细胞、组织、器官的分化与功能成熟，是机体质的变化。生长和发育二者密不可分，共同体现机体的动态变化。生长发育是儿童不同于成人的重要特点。研究儿童的生长发育，不仅围绕体格生长的改变，而且要研究随着年龄增长出现的组织成熟及功能改变。

第一节　儿童年龄分期及其特点

儿童的生长发育是一个连续渐进的动态过程，不应被人为地割裂认识；但是在这个过程中，随着儿童年龄的增长，儿童在解剖结构、生理功能、心理活动和疾病特点等方面确实在不同的阶段表现出与年龄相关的规律性。因此，在临床实际工作中将儿童年龄分为7个时期，以便熟悉掌握。

一、胎　儿　期

1. 胎儿期（fetal period）的定义　从受精卵形成到胎儿出生为止共40周为胎儿期。
2. 胎儿期的特点　①生理特点：依赖母体进行生长发育，孕母的健康可直接影响胎儿的存活和生长发育；②疾病特点：母亲妊娠期间如受外界不利因素影响，如营养缺乏、心理创伤、感染、严重疾病、滥用药物和（或）烟酒、接触放射性物质及毒品等，都可能影响胎儿的正常生长发育，导致胎儿生长发育障碍、先天畸形、死胎、流产、早产等严重不良后果。

二、新　生　儿　期

1. 新生儿期（neonatal period）的定义　自胎儿娩出脐带结扎开始至未满28天的时期为新生儿期。按年龄划分，此期实际包含在婴儿期内，但由于此期婴儿在生长发育和疾病表现方面均具有非常明显的特殊性，且发病率和死亡率均非常高，因此将婴儿期中的这一个特殊时期单独列为新生儿期。
2. 新生儿期的特点　①生理特点：脱离母体独立生活，但其机体发育不成熟，适应外界环境的能力差；②疾病特点：早产、产伤、缺氧、感染、先天畸形等发病率高，死亡率高，尤以早期新生儿（第一周新生儿）为最高。

三、婴　儿　期

1. 婴儿期（infant period）的定义　自出生后到满1周岁之前为婴儿期。
2. 婴儿期的特点　①生理特点：生长发育迅速，对能量和营养素的需要量大，各系统器官的功能尚未发育成熟，难以适应对大量食物的消化吸收，来自母体的抗体逐渐减少，抗感染能力弱；②疾病特点：容易发生消化功能紊乱、营养障碍性疾病、各种感染性和传染性疾病。

四、幼 儿 期

1. 幼儿期（toddler period）的定义　自1周岁至满3周岁之前为幼儿期。
2. 幼儿期的特点　①生理特点：体格生长发育速度较前相对减慢，对能量和营养素的需求量仍然相对较高，各系统器官的功能仍不完善，免疫能力仍低下；②心理特点：智能发育较快，语言、思维、应人应物能力及自我意识发展迅速，开始走路，活动范围扩大、接触社会事物渐多、好奇心强、对危险的识别和自我保护能力差；③疾病特点：意外伤害发生率非常高，营养障碍性疾病多见，感染性和传染性疾病的发病率仍较高。

五、学 龄 前 期

1. 学龄前期（perschool period）的定义　自3周岁至6~7岁入小学前为学龄前期。
2. 学龄前期的特点　①生理特点：体格生长发育处于稳步增长状态，免疫功能逐渐成熟；②心理特点：智能发育更加迅速，求知欲、模仿性和可塑性强，但对危险的识别和自我保护能力有限；③疾病特点：意外伤害发生率高，自身免疫性疾病（如风湿热、急性肾小球肾炎、肾病综合征等）和恶性肿瘤发病率增高。

六、学 龄 期

1. 学龄期（school period）的定义　自入小学（6~7岁）至青春期前为学龄期。
2. 学龄期的特点　①生理特点：体格生长稳步、缓慢增长，各系统器官发育接近成人（除生殖系统外）；②心理特点：认知能力逐渐完善，是接受教育的重要时期；③疾病特点：容易发生近视、龋齿、心理和行为障碍，免疫性疾病和恶性肿瘤发病率较高。

七、青 春 期

1. 青春期（adolescence period）的定义　从第二性征出现到生殖功能基本成熟、身高停止增长的时期称为青春期。青春期年龄范围一般为10~20岁，女童的青春期开始年龄和结束年龄都比男童早2年左右。青春期的进入和结束年龄存在较大个体差异，大约可相差2~4岁。
2. 青春期的特点　①生理特点：体格生长发育再次加速，出现第二次高峰；第二性征和生殖系统迅速发育，并逐渐成熟，性别差异明显；②心理特点：心理行为发育不成熟、社会经历不足与生理的变化、成熟不平行，神经内分泌调节功能不稳定，导致青春期心理矛盾状态；③疾病特点：容易发生内分泌紊乱性疾病和心理行为障碍。

第二节　儿童体格生长发育及其评价

儿童生长发育的长期变化趋势是反映一个国家的卫生条件、健康保健、经济状况和人群生活水平等方面的综合指标。在评价儿童体格生长状况时，通常选择具有一定人群代表性、易于测量和测量数值可进行统计分析处理的指标作为常用指标。

一、体格生长常用指标

考点：评价儿童体格生长的常用指标

（一）体重

1. 体重（weight）　是身体各组织、器官系统、体液的综合重量，是反映儿童近期营养状况和评价儿童生长发育的重要指标。

2. 体重增长规律　儿童体重增长为非等速增加，生后第1年体重增长迅速，为第一个生长高峰，随着年龄的增加体重增长速度逐渐减慢；进入青春期后，体重增长再次加速，呈现第二个生长高峰。

（1）出生体重：我国2005年九市城区调查结果显示，正常足月女婴出生体重平均为（3.24±0.39）kg，男婴为（3.33±0.39）kg。出生体重与新生儿的胎龄、性别、胎次以及宫内营养状况有关。

（2）生理性体重下降：部分新生儿在生后1周内，由于摄入不足，加之水分丢失、胎粪排出，可出现生理性体重下降，下降范围为原有体重的3%~9%，在出生后3~4天达最低点，以后逐渐回升，多在出生后第7~10天恢复到出生时的体重。如果体重下降超过10%或至第10天还未恢复到出生时的体重，则为病理状态，应分析其原因。

（3）生后第1年体重增长：正常足月婴儿在生后前3个月体重增加最迅速，生后3个月末，体重可达出生时的2倍（约为6.0kg），与后9个月的增加值相近，1岁末体重增至出生时的3倍（约为9.0kg），系第一个生长高峰。

（4）2岁至青春前期体重增长：2岁时体重增至出生体重的4倍（约为12.0kg）；2岁至青春前期体重增长速度减慢，为稳速生长，年增长值约为2.0kg。

（5）青春期体重增长：进入青春期后，体重增长呈现第二个高峰，年增长4.0~5.0kg，持续2~3年。

3. 体重估计公式　评价儿童体格生长时，应以个体儿童自身体重增长为依据，仅在无条件测量体重时，为便于医务人员计算儿童药量和静脉输液量时，可用以下公式粗略的估计儿童体重：

$\leqslant 6$ 个月：体重（kg）= 出生时体重 + 月龄 ×0.7

7~12 个月：体重（kg）= 6 + 月龄 ×0.25

1~12 岁：体重（kg）= 年龄（岁）×2+8

考点：儿童体重计算公式

（二）身高（长）

1. 身高（长）（height or length）　指头顶至足底的长度，代表头部、脊柱和下肢长度的总和。3岁以下儿童仰卧位测量称身长，3岁以上儿童站立位测量称身高。身高（长）是反映儿童长期营养状况和骨骼发育最合适的指标，不易受短期疾病和暂时营养失调的影响。

2. 身高（长）增长规律　身高（长）的增长规律和体重相似，年龄越小，增长越快，婴儿期和青春期出现两个生长高峰。

（1）出生时身长长度：正常足月新生儿出生时身长平均为50cm。

（2）生后第1年身长增长：生后第1年身长增长最快，增长25~27cm；出生后前3个月身长增长11~13cm，约等于后9个月的总增长值，1岁时身长为75~77cm。

（3）2岁至青春前期身高（长）增长：生后第2年身长增长速度逐渐减慢，平均年增长为10~12cm，2岁末身长为85~87cm；2岁后到青春期前儿童身高每年增长速度较稳定，为5~7cm。

（4）青春期身高增长：进入青春期后，受内分泌激素的影响，身高增长呈现第二个高峰（女性比男性早2年）。在身高增长第二个高峰时期，女性身高增长6~11cm，平均增长9cm；男性身高增长7~12cm，平均增长10cm。女性约于18岁、男性约于20岁时身高停止增长。

3. 身高估计公式　评价儿童体格生长时，应以个体儿童自身身高（长）增长为依据，仅在无条件测量时，为了便于临床应用，可按以下公式粗略推算2~12岁儿童的平均身高：

（1）2~12岁：身高（cm）= 年龄（岁）×7（cm）+77（cm）。

(2) 2~6岁：身高（cm）= 年龄（岁）×7（cm）+75（cm）。
(3) 7~12岁：身高（cm）= 年龄（岁）×6（cm）+80（cm）。

（三）坐高

1. 坐高（顶—臀长）（sitting height or crown-rump length） 是头顶至坐骨结节的长度，可受臀部软组织厚度的影响。坐高（顶—臀长）的增长代表脊柱和头颅的发育，可间接反映下肢与躯干的比例。3岁以下儿童仰卧位测量称为顶—臀长，3岁以上儿童站立位测量称为坐高。

2. 坐高（顶—臀长）增长规律 不同年龄阶段，头、脊柱和下肢的增长速度及所占身高的比例不同。婴儿期头部生长最快，脊柱次之；到青春期时，下肢生长最快。

3. 坐高（顶—臀长）占身高的比例 由于下肢随年龄的增加其生长速度加快，因此坐高（顶—臀长）占身高的比例也随之下降。出生时坐高（顶—臀长）占身高的66%，4岁时占身高的60%，6岁以后小于60%，此百分数显示了身躯上、下部比例随年龄的改变，比坐高（顶—臀长）的绝对值更有意义。

（四）头围

1. 头围（head circumference） 为自眉弓上缘经枕骨结节绕头一周的最大围径，反映脑和颅骨的发育。儿童头围大小、头型与遗传、疾病有关。

2. 头围增长规律 头围增长与体重和身高（长）增长相似，生后第1年增长最快。婴幼儿期连续追踪测量头围比一次测量值更重要，头围测量在2岁内最有价值。

(1) 出生时头围大小：正常足月新生儿出生时头围平均为34cm。

(2) 生后第1年头围增长：与体重和身高增长相似，生后前3个月头围增长6~7cm，约等于后9个月头围增长的总和，1岁时儿童头围为45~47cm。

(3) 2岁至青春期头围增长：生后第2年头围增长减慢，增长2cm，2岁时头围为47~49cm；5岁时头围为50~51cm，15岁时头围为53~54cm，接近成人水平。

（五）胸围

1. 胸围（chest circumference） 指经胸部乳头下缘和两肩胛下角水平环绕胸一周的长度。胸围代表胸廓、胸背部肌肉、皮下脂肪及肺的发育程度。

2. 胸围增长规律

(1) 出生时胸围的大小：正常足月新生儿出生时胸围约32cm，比头围小1~2cm。

(2) 生后第1年胸围增长：胸围在生后第1年增长最快，至1周岁时胸围约等于头围，大约为46cm。1岁左右头围与胸围的增长在生长曲线上形成头、胸围的交叉，此交叉时间与儿童营养、爬的训练和胸廓锻炼有关。

(3) 1岁至青春期胸围的增长：随着年龄增长，胸廓的横径增加，1岁至青春前期胸围应大于头围（胸围约为头围+年龄-1cm）；青春期胸围增长迅速，并出现性别差异。

（六）上臂围

1. 上臂围（upper arm circumference） 为经肩峰与鹰嘴连线中点绕上臂一周的长度，代表骨骼、上臂肌肉、皮下脂肪和皮肤的生长，可反映儿童的营养状况。

2. 上臂围增长规律 1岁以内上臂围的围度增长迅速，1~5岁增长缓慢，增长1~2cm。因此，WHO建议在无条件测量儿童体重和身高的情况下，可以用上臂围值筛查5岁以下儿童的营养状况：如上臂围值>13.5cm为营养良好；12.5~13.5cm为营养中等；<12.5cm为营养不良。

（七）指距

1. 指距（span） 是两上肢向左右平伸时两中指尖的距离，代表上肢骨的生长。

2. 指距与身高（长）的关系　正常人指距一般比身高（长）稍短。如果指距大于身高1~2cm，对诊断长骨的异常生长有参考价值，如蜘蛛样指或趾（马方综合征，Marfan syndrome）。

二、与体格生长有关的其他系统的生长发育

（一）骨骼及牙齿的发育

1. 颅骨发育　头颅主要由额骨、顶骨、颞骨和枕骨组成，并由具有弹性的纤维组织连接。在头颅的发育过程中，除头围外，尚需根据囟门和骨缝闭合时间来衡量颅骨和大脑的发育。

（1）前囟：为两块额骨和两块顶骨形成的菱形间隙，出生时对边中点连线的距离为1.5~2.0cm，以后随着颅骨的发育稍增大，出生6个月以后逐渐缩小，一般至生后12~18个月闭合，个别儿童可推迟到2岁左右闭合。前囟检查在儿科临床很重要，前囟延迟闭合主要见于佝偻病、脑积水、先天性甲状腺功能减退症，前囟早闭主要见于小头畸形；前囟饱满见于颅内压增高，前囟凹陷见于严重脱水及营养不良。

（2）后囟：是两块顶骨和枕骨形成的三角形间隙，出生时已近闭合或残留很小，一般在生后6~8周完全闭合。

（3）颅骨骨缝：颅骨骨缝在出生时稍分开，额缝常在2岁内骨性闭合，其余骨缝一般在20岁左右骨性闭合。

2. 脊柱发育　脊柱由肌肉和韧带连接椎骨组成。脊柱是躯体的主要支架，其增长代表脊椎骨的发育。生后第1年脊柱发育快于四肢，以后四肢生长快于脊柱。出生时脊柱无弯曲，呈轻微后凸。3月龄左右婴儿抬头动作的发育使颈椎前凸，形成脊柱第1个生理性弯曲（颈曲）；6~7月龄婴儿会坐后，胸椎后凸，形成第二个生理性弯曲（胸曲）；1岁左右儿童能站立和行走时，腰椎前凸，出现第3个生理性弯曲（腰曲）；儿童6~7岁时脊柱的生理性弯曲才被韧带所固定。因此，儿童不正确的坐、立、走姿势和骨骼疾病均可影响脊柱的正常形态。

考点：脊柱的三个生理性弯曲

3. 长骨发育　长骨的生长发育主要由干骺端的软骨逐渐骨化和骨膜下成骨作用，使长骨增长、增粗，骨骺与骨干的融合标志着长骨生长发育停止。长骨发育与遗传、内分泌激素（生长激素、甲状腺素和性激素）和营养密切相关。

（1）长骨干骺端次级骨化中心：是胎儿出生后长骨增长的重要部位，正常儿童长骨干骺端的软骨次级骨化中心随年龄增长按一定时间和顺序有规律地出现，可反映长骨的生长发育成熟程度。

（2）次级骨化中心出现时间和顺序：出生时腕部无骨化中心，仅股骨远端和胫骨近端出现次级骨化中心。出生后腕部次级骨化中心出现的时间和顺序为：4~6个月出现头状骨和钩骨状→1岁左右出现下桡骨骺→2~2.5岁出现三角骨→3岁左右出现月状骨→3.5~5岁出现大小多角骨→5~6岁出现舟状骨→6~7岁出现下尺骨骺→9~10岁出现豆状骨。因此，1~9岁儿童腕部次级骨化中心数约为"年龄（岁）+1个"，10岁时出齐，共10个。

考点：腕部次级骨化中心出现的时间和顺序

（3）骨龄的检测：通过X线检查长骨干骺端次级骨化中心出现的时间、数目、形态变化及其融合情况，可判断骨骼发育年龄，该年龄简称骨龄。出生时股骨远端和胫骨近端已出现次级骨化中心，判断长骨生长状况时，婴儿早期应摄膝部X线骨片，其后各年龄期摄左手及腕部X线骨片，以观察次级骨化中心出现的顺序和数目，是评价骨龄的简单、有效方法。一般女孩骨龄13岁、男孩骨龄15岁时，身高生长达最终身高的95%；因此，采用骨龄评价儿童发育成熟度较实际年龄更准确，骨龄判断在临床上具有重要意义。

（4）下肢线性排列的生理演化：儿童身材的增长主要与长骨的生长（尤其是下肢骨的生长）有关。儿童生长的不同时期下肢线性排列的生理演化有一定的过程，由于新生儿股

关节呈屈位外展、外旋状，使下肢呈"O"形；婴儿期下肢可有约15°的膝内翻，常在18月龄左右改善；2~3岁可出现约15°的膝外翻，7~8岁后儿童下肢线性排列发育接近正常成人水平（男性膝外翻7°、女性膝外翻8°）。若超过生理界限值或不对称下肢畸形，需要检查是否为骨骼或神经肌肉疾病。

4. 牙齿发育　与骨骼生长有一定关系，但因胚胎来源不完全相同，故牙齿与骨骼的发育速度不完全平行。牙齿的发育包括矿化、萌出和脱落。牙齿发育与甲状腺激素和蛋白质、钙、磷、氟、维生素D、维生素A、维生素C等营养素有关，此外对食物的咀嚼有利于牙齿的发育。

考点： 乳牙萌出的时间和顺序

（1）乳牙萌出：出生时乳牙已完全矿化，只是牙胚隐藏在颌骨中，被牙龈所覆盖。生后4~10月龄时婴儿乳牙开始萌出，约至2.5岁乳牙出齐，共20颗，2岁以内儿童乳牙总数约为月龄减4~6，乳牙萌出时间和顺序见图2-1。乳牙萌出时间个体差异较大，与遗传、内分泌和食物性状有关；若婴儿13月龄后乳牙仍未萌出者，称为乳牙萌出延迟。

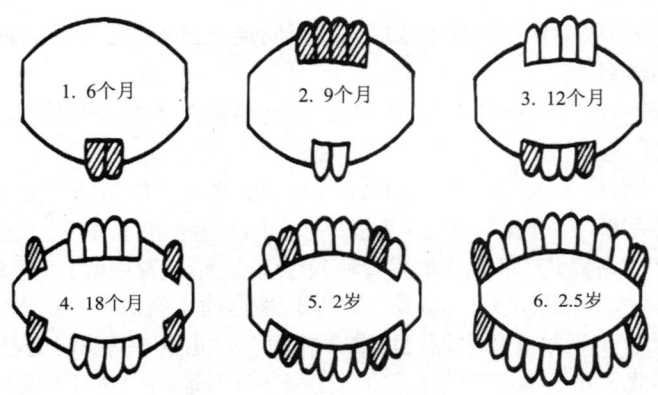

图2-1　乳牙萌出的时间和顺序

（2）恒牙发育：恒牙的牙胚出生时在乳牙下，恒牙的矿化从新生儿期开始，生后18~24月龄时恒牙的矿化已完成。6岁左右在第二乳磨牙之后萌出第一恒磨牙，7~8岁时乳牙开始脱落换恒牙，换牙顺序与乳牙萌出顺序相同（表2-1），12岁左右出第二恒磨牙，18岁左右出第三恒磨牙（也有终生不出第三恒磨牙者）。恒牙一般于20~30岁时出齐，共32个。

表2-1　乳牙萌出和脱落年（月）龄

下/上颌	乳牙	萌出时间	脱落时间
下颌	中切牙	6~10月龄	6~7岁
	侧切牙	10~16月龄	7~8岁
	尖牙	17~23月龄	9~12岁
	第一乳磨牙	14~18月龄	9~11岁
	第二乳磨牙	23~31月龄	10~12岁
上颌	中切牙	8~12月龄	6~7岁
	侧切牙	9~13月龄	7~8岁
	尖牙	16~22月龄	10~12岁
	第一乳磨牙	13~19月龄	9~11岁
	第二乳磨牙	25~33月龄	10~12岁

（二）脂肪组织与肌肉的发育

1. 脂肪组织的发育　脂肪组织主要由脂肪细胞、少量成纤维细胞和细胞间胶原物质组成，包括白色和棕色脂肪两种。脂肪组织的发育表现为脂肪细胞数目的增加和体积的增大。

（1）脂肪细胞数目增加：主要发生在出生前3个月、生后第1年和11~13岁3个阶段，1岁末脂肪细胞数目增加达高峰，以后呈减速增加，2~15岁时脂肪细胞数目再增加5倍。

（2）脂肪细胞体积增大：从胎儿后期至出生时脂肪细胞体积增加1倍，以后增大速度逐渐减慢，学龄前期至青春前期脂肪细胞体积变化不大，青春期时脂肪细胞体积再次增大。

（3）脂肪组织占体重的百分比：出生时占体重的16%，1岁时为22%，以后逐渐下降，5岁时为12%~15%。青春期脂肪组织占体重的百分比有明显的性别差异，女性平均为24.6%，比男性高2倍。

（4）脂肪种类的变化：棕色脂肪随年龄增长而减少，故儿童和成人的脂肪主要是白色脂肪，分布于皮下和内脏。

2. 肌肉组织　胎儿期肌肉组织发育较差，出生后随着活动增加逐渐发育，肌肉的发育基本与体重增加平行，主要是肌纤维增粗。5岁以后肌肉发育加快，青春期性成熟时肌肉发育迅速，并有性别差异，女性肌肉占体重比例明显低于男性。肌肉发育与营养状况、生活方式、运动量密切相关。

（三）生殖系统发育

生殖系统生长发育分胚胎期性分化和青春期生殖器官、第二性征及生殖功能发育两个过程。

1. 青春前期　胚胎期性分化从受精开始，Y染色体短臂决定胚胎的基因性别，在H-Y基因控制下，原基生殖腺的髓层细胞迅速增殖，胚胎5~6周时形成胎儿睾丸，8~12周形成附睾、输精管、精囊、前列腺芽胚。46′XX合子因无H-Y基因，原基生殖腺髓层退化，胎儿12周后形成卵巢、输卵管和子宫。胎儿26周后，通过下丘脑-垂体-性腺轴的调节，性腺分泌类固醇，抑制黄体促性腺激素释放因子的分泌，导致青春前期性腺及性征不发育，生殖系统从出生到青春前期一直缓慢生长，保持幼稚状态，功能处于静止期。

2. 青春期　进入青春期后，下丘脑对性激素反馈作用敏感度下降，黄体促性腺激素释放因子分泌增加，促使垂体分泌促卵泡激素和促黄体生成激素增多，性腺、性征开始发育，并持续6~7年。青春期年龄范围一般为10~20岁，女童的青春期开始年龄和结束年龄都比男童早2年左右；但是，青春期发育的年龄与第二性征出现顺序存在明显的个体差异。女孩8岁以前、男孩10岁以前出现第二性征为性早熟，女孩14岁以后、男孩16岁以后无第二性征出现为性发育延迟。

（1）女性生殖系统发育：包括女性生殖器官和第二性征发育。

1）女性生殖器官的发育：包括卵巢、子宫、输卵管和阴道的发育。青春期前卵巢发育缓慢，青春期后卵巢迅速发育，卵泡开始发育，性功能从静止状态开始活动，成熟卵巢大小约4cm×3cm×1cm，重量为10~16g。子宫重量和长度在青春期前稍增加，10岁后迅速增加，10~20岁时子宫重量达23g，长度达5.5cm。多数女童在乳房发育2年左右后（Tanner Ⅲ~Ⅳ期）出现月经初潮，月经初潮是女性性功能发育的主要标志。青春期时阴道变长变宽，黏膜增厚、出现皱褶，分泌物增多、呈酸性反应。

2）第二性征的发育：包括乳房、阴毛、腋毛的发育。一般女性第二性征发育顺序依次是乳房、阴毛、腋毛。女性乳房发育按Tanner分期可分为5期（表2-2）。

表 2-2　Tanner 性成熟分期

分期	女童	男童
I	婴儿型	婴儿型
II	乳房出现硬结，乳头及乳晕稍增大，阴毛稀疏、色浅	双侧睾丸和阴囊增大，阴囊皮肤变红、薄、起皱纹，阴茎稍增大，阴毛稀疏、色浅
III	乳房和乳晕增大，侧面呈半圆头型，阴毛变粗、变深	阴囊皮肤色泽变深，阴茎增长及粗，龟头发育，阴毛变粗、变深
IV	乳晕和乳头进一步增大，侧面观察突起于乳房，阴毛如成人但分布面积少	阴茎进一步增长、增粗，龟头发育，阴毛如成人，但分布面积少
V	成人型	成人型

（2）男性生殖系统发育：包括男性生殖器官和第二性征的发育。

1）男性生殖器官的发育：包括睾丸、附睾和阴茎的发育。出生时男婴睾丸大多已降至阴囊，约 10% 男婴的睾丸位于下降途中某一部位，一般 1 岁内都下降到阴囊，少数未降者称为隐睾。青春期以前睾丸保持婴儿形状，功能处于静止状态。睾丸增大发育是男性青春期的第一征象，按 Tanner 分期将男性生殖器官发育分成 5 期（表 2-2）。遗精是男性青春期的生理现象，一般在阴茎生长发育 1 年左右出现首次遗精。

2）第二性征的发育：主要表现为阴毛、腋毛、胡须及喉结的出现。阴毛生长常作为男性青春期发动的最初特征，男性阴毛生长按 Tanner 分期分为 5 期（表 2-2）。

三、体格生长评价

儿童处于快速生长发育阶段，身体形态及各部分的比例变化较大；因此，正确评价儿童体格生长发育状况，及时发现问题，给予适当的指导和干预，对促进儿童健康成长十分重要。

（一）体格生长评价的基本要求

1. 选择参照标准　对儿童生长发育进行客观、正确的评价，必须采用具有代表性人群的生长发育测量值作为参照标准，评价时可根据不同目的和卫生资源来选择参照标准。

（1）现状标准：是剔除患各种明显影响生长发育的急、慢性基本疾病和各种畸形儿童而得出的参考值。我国目前常用的 2005 年九市城区正常儿童体格生长衡量值就是一个现状标准值。现状标准代表一个国家一段时间一般儿童的生长发育水平，在发展中国家可随社会经济发展逐步提高，故通常每 5 年或 10 年修订一次。

（2）理想标准：选择对象是生活在最适宜环境中、有合理安排的膳食和喂养，能得到足够热量和营养素，有良好的生活条件，并得到良好卫生服务的群体，在这样的环境中生活的儿童，生长发育状况较为理想。将所测得的生长发育测量值制定出来的标准，作为理想标准。因此，理想标准高于现状标准，如 WHO 推荐美国国家卫生统计中心儿童体格生长标准。

2. 选择测量工具和方法　评价儿童体格生长各项指标时，必须应用统一、准确、标准的测量工具和方法，才能正确反映其体格生长状况。

3. 定期纵向观察　评价儿童体格生长状况时，不能单凭一次测量就得出儿童体格生长状况的结论，必须定期检查和长期纵向随访，才能正确评价儿童体格生长情况。

（二）体格生长评价内容

对儿童体格生长进行评价是依据儿童体格生长规律来判断其生长状况，其内容包括生长水平、生长速度和发育匀称度三个方面。

1. 生长水平（growth level） 是将某一年龄时点所获得的某一项体格生长指标的测量值（横断面测量）与参照值相比较，得出该儿童在同质人群（同年龄和同性别）中所处的位置，即为该儿童该项体格生长指标在此年龄的生长水平，通常以等级表示其结果（表2-3）。对个体儿童进行生长水平的评价，仅代表该儿童已达到的生长水平，不能说明过去存在的问题，也不能预示该儿童的生长趋势。早产儿体格生长有允许"落后"的年龄范围，即此年龄范围后应"赶上"正常足月儿的生长；因此，进行早产儿生长水平评价时，应矫正早产儿的胎龄到40周胎龄后再评价，一般体重到24月龄、身长到40月龄、头围到18月龄后不再矫正。

2. 生长速度（growth velocity） 是对某一项体格生长指标进行定期连续测量（纵向观察），将获得的该项指标在某一年龄阶段的增长值与参照人群值比较，得到该儿童该项体格生长指标的生长速度。这种动态纵向观察个体儿童生长的方法最能反映个体儿童的生长轨道和趋势，体现生长的个体差异；因此，生长速度的评价较生长水平更能真实反映儿童的生长状况。定期体格检查是生长速度评价的关键，建议6个月以内的婴儿每月1次、6~12月的婴儿每2个月1次、1~2岁的幼儿每3个月1次、3~6岁的儿童每半年1次、6岁以上的儿童每年1次，高危儿适当增加检查次数。以生长曲线表示生长速度最简单、直观，能早期发现生长偏离情况。

3. 发育匀称度（proportion of body） 是采用多项生长指标进行综合评价，以反映体型和身材的匀称度。

（1）体型匀称（weight by stature）：是反映体型生长的比例关系，如：①身高的体重：为体重（kg）/身高（cm），代表一定身高的相应体重增长范围；②身高胸围指数：为胸围（cm）/身高（cm）×100，可反映体型的粗壮或纤细；③体重指数（body mass index, BMI）：为体重（kg）/[身高（m）]^2，表示单位面积中所含的体重数；④考伯指数（Kaup index）：为体重（g）/[身高（m）]^2，意义同体质指数，多用于婴幼儿。实际工作中常选用身高的体重表示一定身高的相应体重增长范围，间接反映身体的密度与充实度，将实际测量值与参考人群值比较，结果常以等级表示。

（2）身材匀称（trunk-leg ratio）是反映下肢的生长情况，以坐高（顶—臀长）与身高（身长）的比例表示，计算式为：身高坐高指数=[坐高（cm）/身高（cm）]×100，将实际测量计算结果与参照人群值计算结果比较，结果以匀称、不匀称表示。坐高（顶—臀长）占身高（身长）的比例随年龄增加而降低，出生时坐高（顶—臀长）与身高（身长）的比例为0.67，14岁时下降到0.53。

（三）体格生长评价结果表示

1. 评价儿童体格生长的统计学表示方法

（1）均值离差法：是以均值（$\bar{X}$）为基值，标准差（SD）为离散距，$\bar{X}$±1SD表示含68.3%的总体、$\bar{X}$±2SD表示含95.4%的总体、$\bar{X}$±3SD表示含99.7%的总体。其中，$\bar{X}$±2SD为正常范围，超出此范围者为异常。均值离差法适用于正态分布资料，正常儿童生长发育状况多呈正态分布；因此，常采用均值离差法来衡量儿童体格生长水平。

（2）百分位数法：是近年来世界上常用来评价体格生长的方法，适用于正态和非正态分布资料，常分为第3、10、25、50、75、90、97百分位数。P_3代表第3百分位数值，P_{97}代表第97百分位数值，从P_3~P_{97}包括了总体的94%。

（3）中位数法：是将一组人群测量值按大小排列，位居中央的值为中位数。当样本变量呈正态分布时，中位数等于均数和第50百分位数（P_{50}）；当样本变量呈非正态分布时，选择中位数而不是算术平均数作为中间值。

（4）指数法：是根据人体各部分的比例关系，制订出特定的指数来评价儿童生长发育状况。指数法常用于体格生长判断有疑难、科学研究及教学工作时，常用的有体质指数、身高胸围指数和身高坐高指数。

（5）生长曲线图：是将不同年龄儿童的体格测量数值按均值离差法或百分位数法的等级绘制成曲线图，可以客观地反映儿童体格生长水平和动态变化，易于及时发现生长发育偏离，早期干预。

2. 体格生长评价界值点的选择　通常均值离差法以 $\bar{X} \pm 2SD$（包括总体的95%）为正常范围，百分位数法以 $P_3 \sim P_{97}$（包括总体的94%）为正常范围。

3. 体格生长评价结果

（1）等级划分：利用均值加减标准差或直接用百分位数进行分级，临床常用的五等级划分方法见表2-3。等级划分常用于横断面的测量值分析，如生长水平、体型匀称度的评价。

表2-3　五等级划分方法

等级	均值离差法	百分位数法
上（异常）	$> \bar{X}+2SD$	$>P_{97}$
中上	$\bar{X}+(1\sim2)SD$	$P_{75}\sim P_{97}$
中	$\bar{X}\pm 1SD$	$P_{25}\sim P_{75}$
中下	$\bar{X}-(1\sim2)SD$	$P_3\sim P_{25}$
下（异常）	$< \bar{X}-2SD$	$<P_3$

（2）测量值的计算：将两次连续测量值的差与参数中相同年龄的数值差比较，用于定期纵向的测量分析，如生长速度的评价。

（四）体格生长评价结果解释

1. 体格生长评价结果解释的关键　主要包括：①定期、连续的体格测量值比一次体格测量的数据更重要；②正常儿童各种体格测量值的百分位在同一参数上应大致相似，如体重、身高、头围；③均值或 P_{50} 不是儿童生长的目标，多数儿童体重和身长（高）的发育应稳定地沿着自己的轨道进行；④儿童生长曲线从原稳定的生长轨道偏离2个主百分位线，提示生长紊乱（表2-4）；⑤评价纯母乳喂养的婴儿生长状况时应考虑与配方奶粉喂养的婴儿的不同，避免不必要的检查或用配方奶粉补充。

表2-4　儿童体格测量结果解释及临床意义

测量指标	测量值	过程描述	结果描述	提示临床意义
体重/年龄	$>P_{97}$ 或 $+2SD$	体重高于相应年龄	过重	需结合身高分析
体重/年龄	$<P_3$ 或 $-2SD$	体重低于相应年龄	低体重	提示生长迟缓或消瘦
身高/年龄	$<P_3$ 或 $-2SD$	身高低于相应年龄	矮小	提示与年龄有关的营养问题或遗传、代谢、内分泌疾病
头围/年龄	$<P_3$ 或 $-2SD$	头围增长缓慢	小头	提示遗传性疾病或小头畸形
头围/年龄	$>P_{97}$ 或 $+2SD$	头围增长过速	头大	提示遗传性或颅内疾病
体重/身高（<2岁）或体质指数（>2岁）	$>P_{97}$ 或 $+2SD$	体重高于相应的身高或体重增长过快	超重	提示高危肥胖
体重/身高（<2岁）或体质指数（>2岁）	$<P_3$ 或 $-2SD$	体重低于相应的身高或体重增加不足	消瘦	提示体重低（未增或丢失）

2. 解释体格生长评价结果时，应注意以下问题：①体格测量是粗略的评价方法，不能代表机体功能的测定，结论应谨慎；②儿童体格发育与年龄、性别、遗传、疾病等因素有关，应避免过分解释测量资料，如简单、片面地将体格测量结果异常作为"营养状况"的同义语或病因诊断；③儿童体格测量结果应结合其他临床表现、体格检查和辅助检查结果综合判断；④应注意区别个体儿童与集体儿童评价方法的差异；⑤儿科医师正确解释评价结果不仅需要掌握有关儿童生长发育的理论知识，还需要积累临床经验。

四、儿童常见体格生长偏离

儿童体格生长偏离是儿童生长发育过程中最常见的问题，大多数与后天营养和疾病密切相关，部分为先天性遗传、代谢、内分泌疾病所致，少数为神经心理因素所致。儿童体格生长偏离有的可呈现"追赶生长"，有的则不可逆；有时影响整个机体，有时影响部分机体。

链 接

追 赶 生 长

正常儿童的生长发育总是沿着自己特定的轨道前进，但是当受到疾病、营养不良、激素缺乏等因素的影响时，可使儿童生长发育偏离其自然生长发育轨道，导致生长发育落后。一旦影响因素被去除后，将以超过同龄儿童正常速度的方式生长发育，并迅速调整到原有的生长轨道上来，这种现象称为追赶生长。追赶生长对促进儿童生长发育具有重要的现实意义，可促使人们主动采取各种措施来消除儿童生长发育过程中的不利因素，而不是消极地等待生长的自然恢复。

（一）体重生长偏离

1. **低体重** 体重低于同年龄、同性别儿童体重正常参照值的均值减两个标准差或第3百分位数值以下者。低体重的发生与以下因素有关：①遗传因素，如家族性矮小；②营养因素，如宫内和（或）生后营养不良；③疾病因素，如慢性消耗性疾病、严重心肾疾病、内分泌或代谢异常性疾病、恶性肿瘤等；④精神因素，如不良的生存环境、缺乏母爱和适当的刺激、受虐待、长期心理紧张或压抑等。

2. **体重过重** 体重大于同年龄、同性别儿童体重正常参照值均值加两个标准差或第97百分位数值以上者。体重过重常见于以下情况：①高身材：儿童体重与身高的发育平行，致体重增加；②营养失衡，因摄入能量过多使体重增长超过身高生长速度；③疾病因素，如严重心肾疾病、丘脑下部疾病、垂体与性腺疾病等所致病理性体重增加。

（二）身高（长）生长偏离

1. **身材矮小** 身高（长）低于同年龄、同性别儿童身高（长）正常参照值的均值减两个标准差或第3百分位数值以下者。临床上根据患儿身体的比例，将身材矮小分为匀称性矮小和非匀称性矮小。

（1）匀称性矮小常见于以下情况：①宫内发育不良，该类患儿身材均称，体重、身高（长）和头围成比例减少，多为宫内营养不良所致；②体质性生长延迟（constitutional growth delay），该类患儿出生时体重和身高（长）正常，生后生长发育速度较正常低限缓慢，骨龄落后，智力发育正常，可有第二性征发育延迟，最终身高达正常成人水平，多有家族史，男童多见；③染色体疾病，如21-三体综合征（21 trisomy syndrome），该类患儿具有特殊面容，体格和智能发育落后，可伴有多发畸形；④内分泌疾病，如生长激素缺乏症（growth hormone deficiency, GHD），该类患儿出生时体重和身高（长）正常，出生后生长发育速度缓慢，骨龄小于实际年龄2岁以上，智力发育正常，可有第二性征发育延迟，任何年龄均可发病，多见于男童；⑤全身性疾病，如先天性心脏病、严重贫血、严重营养不良等；⑥心理障碍，使丘脑-垂体-生长激素轴的功能受影响，导致生长缓慢，该类患儿主要表现为骨龄落后，第二性征发育延迟，同时伴有心理行为异常。

（2）非匀称性矮小主要与以下因素有关：①遗传、代谢性疾病，如黏多糖病（mucopolysaccharidosis, MPS），该类患儿生后逐渐出现发育迟缓，骨骼畸形、关节挛缩、腹部膨隆、肝大、脾大等；②内分泌疾病，如先天性甲状腺功能减低症（congenital hypothyroidism），该类患儿具有特殊面容，颜面部呈黏液性水肿，表情淡漠，四肢短、躯干长，骨龄严重落后，智能发育迟缓；③骨和软骨发育不良，如软骨发育不全，该类患儿出生时即明显矮小，四肢短小、上肢长不过髋，具有特殊面容和步态，智力和性发育正常。

2. 身材过高　身高（长）大于同年龄、同性别儿童身高（长）正常参照值的均值加两个标准差数值$\bar{x} \pm 2SD$或第97百分位数值以上者。身材过高常见于以下情况：①性发育异常，如性早熟（sexual precocity），该类患儿伴有身高提前发育，多见于女童，男女之比为1∶4；②内分泌疾病，如垂体性肢端肥大症（acromegaly），该类患儿骨骼快速增长，尤以长骨增长为明显，身高远远超过正常范围；③结缔组织疾病，如马方综合征，该类患儿肢体细长，蜘蛛样指（趾），手、膝过度伸展，肘伸展受限，晶体半脱位，主动脉扩张，智力可正常。

（三）头围生长偏离

1. 头围过小　头围小于同年龄、同性别儿童头围正常参照值的均值减两个标准差或第3百分位数值以下者。头围过小常提示脑发育不良，主要与遗传因素、遗传性疾病、颅脑疾病有关。

2. 头围过大　头围大于同年龄、同性别儿童头围正常参照值的均值加两个标准差或第97百分位数值以上者。头围过大与遗传因素有关，也可见于脑积水、脑肿瘤、黏多糖病等。

第三节　儿童神经心理行为发育及其评定

一、神经心理行为发育

儿童心理行为发育包括感知觉、运动、语言、认知、情绪、情感、个性和性格、意志与行为等方面的发育，以神经系统的发育和成熟为物质基础；并与体格生长相互影响、相互促进。和体格生长一样，心理行为发育也具有一定的规律和年龄特点。

（一）神经系统发育

1. 脑发育

（1）脑重量增加：出生时脑重量约390g，相当于体重的10%~12%（仅为成人的25%）。第一年内增长速度最快，6个月时脑重700~800g，约为成人的50%；2岁时脑重900~1000g，约为成人的75%；6~7岁时脑重约1280g，接近成人的90%；9岁时脑重约1350g，接近成人的95%；12岁时脑重可达1400g，达成人水平。

（2）大脑皮质发育：胚胎第8周开始形成大脑皮质，主要由神经元细胞形成一层灰质。胎儿18周时神经细胞增殖、分化，形成大脑沟、回。出生时新生儿大脑已形成所有的沟、回，但是较浅、发育不成熟。大脑皮质的增殖有两个高峰，第1个高峰在胎龄15~20周，第2个高峰为胎儿后期至生后5~6个月。大脑皮质细胞的分化从胚胎5个月开始，3岁时已大致分化完成，8岁时与成人相似。出生以后大脑皮质的神经细胞数目基本不再增加，所以脑重量的增加主要是神经细胞体积的增大、突触数量和长度的增加、神经纤维髓鞘形成。出生时已具备大脑皮质的六层基本结构，但轴突和树突形成不足，尚未形成大脑各区间的复杂连接。2岁时神经纤维开始向水平、斜线、切线等多个方向延伸，形成复杂的网络联系。

链　接

大脑的可塑性

大脑的可塑性是指早期大脑可以被环境或经验所修饰，具有在外界环境或经验的作用下不断塑造其结构和功能的能力。如早期大脑能以新生的细胞重建神经系统受损部分或替代已经死亡的细胞，使脑在损伤的部位周围有效地实行改组或重组，脑功能得到一定的代偿；但是脑组织一旦发育成熟，就不能实现重组了。

（3）神经纤维髓鞘化：是指绝缘的脂肪鞘（称为髓鞘）包裹神经纤维的过程。神经纤维髓鞘化是传导功能成熟一个显著标志，保证了神经纤维在传导冲动时彼此绝缘，加快了神经纤维的传导速度，提高了信息传递的效率。神经纤维髓鞘形成顺序与人类进化过程适应环境一致，感觉神经纤维髓鞘化先于运动神经纤维髓鞘化，脑神经纤维髓鞘化先于脊神经纤维髓鞘化。感觉神经纤维于生后3周左右完成髓鞘化，1.5岁时基本完成脑神经纤维髓鞘化，4岁时完成脊神经纤维髓鞘化，6岁末所有皮质传导通路的神经纤维完成髓鞘化，8岁基本完成联络皮质的神经纤维髓鞘化，青春期完成与注意力有关的网状结构神经纤维髓鞘化。

（4）脑功能发育：①大脑：新生儿大脑皮质及新纹状体未发育成熟，皮质下中枢发育成熟，导致新生儿肌张力高、不自主蠕动、兴奋与抑制易扩散；随着大脑皮质逐渐发育成熟，出现对皮质下中枢的抑制作用。②脑干：新生儿期大脑皮质尚未发育成熟发挥作用时，网状激活系统使新生儿觉醒时间较短；婴儿期网状激活系统保持婴儿的清醒状态，参与调节婴儿躯体的全部运动。③小脑：2~3岁前小脑发育未完善，随意运动不准确，共济运动较差；6岁时小脑发育成熟，达成人水平。

2. 脊髓发育　出生时脊髓的发育已基本完成，且已具备功能。脊神经的髓鞘化是脊髓发育成熟的重要标志，4岁时脊神经髓鞘化完成。脊髓发育与运动功能发育平行，但脊髓与脊柱的发育不平衡。胎儿期脊髓末端在第2腰椎下缘，出生时脊髓末端位于第3~4腰椎水平，4岁时上移至第1~2腰椎水平；因此，临床上进行腰椎穿刺时应注意。

3. 神经反射　新生儿出生时即存在吞咽反射、角膜反射、瞳孔对光反射等生理反射，这些反射终生存在。新生儿期由于大脑皮质对皮质下中枢的调节尚未发育成熟，新生儿的活动主要是非条件反射或原始反射，以保证新生儿对外界环境最初的适应。

（1）原始反射：生后最初数月内婴儿存在拥抱反射、吸吮反射、觅食反射、握持反射、踏步反射、颈紧张反射等原始反射，随着年龄增长原始反射在一定的年龄消失（表2-5）。当原始反射在应该出现的时间内不出现，或该消失的时间不消失，或两侧持续不对称则提示大脑发育不良或神经系统病理改变。

表2-5　原始反射出现和消失年龄

反射	出现年龄	消失年龄	反射	出现年龄	消失年龄
拥抱反射	初生	3~6个月	握持反射	初生	2个月
吸吮反射	初生	4~7个月	踏步反射	初生	6个月
觅食反射	初生	3~4个月	颈紧张反射	2个月	6个月

（2）条件反射：是高级神经活动的基本方式，为脑的高级功能之一。条件反射建立在非条件反射基础上，是在生后的生活过程中经过反复刺激形成的。生后2个月婴儿开始逐渐形成视觉、听觉、味觉、嗅觉、触觉等条件反射，3~4个月开始出现兴奋性和抑制性条件反射，2岁后可以利用第1和第2信号系统形成条件反射，2~3岁时皮质抑制功能发育完善，7~14岁时皮质抑制调节功能达到一定强度，基本接近成人。

（二）感知觉发育

感觉是人脑对作用于感官的客观事物个别属性的反映（包括：视觉、听觉、嗅觉、味觉和皮肤感觉等）。知觉是人脑对事物各种属性的综合反映。感知觉发育与中枢神经系统和感觉器官的正常发育密切相关。

1. 视觉发育　新生儿已有视觉，瞳孔有对光反射。在安静清醒状态下可短暂注视物体，但只能看清15~20cm内的物体。新生儿期后视觉发育迅速，1月龄婴儿可凝视光源，开始出现头眼协调；3~4月龄婴儿喜欢看自己的手，头眼协调较好；6~7月龄婴儿目光可随上下移动的物体在垂直方向转动；8~9月龄婴儿开始出现视深度感觉，能看到较小的物体；1~1.5岁的幼儿对图形感兴趣（如正方形、三角形、圆形），视力达0.2~0.25；2~3岁幼儿能识别物体的大小、距离、方向和位置，视力达0.5~0.6；4~5岁儿童能区别各种颜色，能识别各种形状，视力达0.8~1.0；6岁儿童视深度感觉充分发育，视力达1.0；7岁儿童能正确感知上下、左右方向；10岁儿童能判断物体的距离及物体运动的速度。

2. 听觉发育　新生儿娩出时因鼓室无空气、外耳道残留羊水，听力差；生后1周左右新生儿外耳道残留羊水完全排出后，听觉明显改善；3~4月龄婴儿头可转向声源；6月龄婴儿能区别父母的声音；7~9月龄婴儿能确定声源，区别语音的意义；1岁幼儿能听懂自己的名字；2岁幼儿能听懂简单的吩咐；3岁儿童可精细区别不同的声音，如"e"与"er"的不同；4岁儿童听觉发育较完善，能区别"f"与"th"的不同。

3. 嗅觉和味觉发育

（1）嗅觉发育：出生时嗅觉已基本发育成熟；3~4月龄婴儿能区别愉快与不愉快的气味；7~8月龄婴儿可辨别出芳香的气味。

（2）味觉发育：新生儿出生时味觉发育已很完善；4~5月龄婴儿对食物轻微的味道改变已经很敏感，为味觉发育的关键期，此期应适时添加各类转乳期食物。

4. 皮肤感觉发育　皮肤感觉包括痛觉、温度觉、触觉及深感觉。

（1）痛觉发育：新生儿对痛觉反应较迟钝（女婴较男婴敏感），生后2个月逐渐改善。

（2）温度觉发育：新生儿对温度的改变较敏感，其中对冷刺激敏感、对热刺激不敏感；3月龄婴儿已能正确区分31.5℃与33.0℃水温的差别。

（3）触觉及深感觉发育：新生儿的触觉发育较成熟，尤其在眼、口周、手掌、足底等部位有高度灵敏性，臂、大腿、躯干的触觉则较迟钝；2~3岁儿童能辨别物体的软、硬、冷、热等属性；5~6岁儿童能区别体积相同而重量不同的物体。

5. 知觉发育　知觉的发育与视觉、听觉、皮肤感觉等的发育有密切关系。2~3岁幼儿空间和时间知觉开始萌芽；3岁儿童能辨上、下；4岁儿童能辨前、后；5岁儿童能辨自身左、右；4~5岁儿童已有早上、晚上、今天、明天、昨天的时间概念；5~6岁儿童能区别前天、后天、大后天。

（三）运动发育

运动发育与脑的形态和功能发育密切相关；此外，尚与脊髓和肌肉的功能有关。运动发育包括大运动和精细运动的发育。

1. 大运动发育　大运动是身体对大动作的控制，使儿童能够在周围环境中活动，如抬头、翻身、坐、爬、站、走、跑、跳、下楼梯、跳绳等。儿童大运动的发育具有其年龄特征。

（1）抬头：因颈后肌发育先于颈前肌，故婴儿最先出现的是俯卧位抬头。新生儿俯卧时能抬头1~2秒；3月龄婴儿抬头约45°，较稳；4月龄婴儿扶坐时竖颈稳，并能自由转动；5~6月龄婴儿俯卧抬头90°。

（2）翻身：当不对称颈紧张反射消失后，翻身运动开始发育。4~5月龄婴儿能从侧卧位翻到仰卧位；5~6月龄婴儿能从仰卧位翻到俯卧位或从俯卧位翻至仰卧位；7~8月龄婴儿能有意识地从仰卧位翻到俯卧位，然后从俯卧位翻至仰卧位。

（3）坐：3月龄婴儿扶坐腰背呈弧形；4月龄婴儿扶坐时能竖颈；6月龄婴儿能双手向前撑住独坐稳片刻；7月龄婴儿独坐稳、身体略向前倾；8~9月龄婴儿独坐稳，背部竖直，左右转身；1岁左右的幼儿身体倾斜时出现向后伸手的保护性反应；1.5岁的幼儿可独坐小凳。

（4）爬：新生儿俯卧位时出现反射性的匍匐动作；3~4月龄婴儿可用手撑起上身数分钟；7月龄婴儿俯卧时可后退或原地转；8~9月龄婴儿能用双上肢向前爬；10~12月龄婴儿爬时手、膝合用；18月龄时能爬阶梯。

（5）站、走、跑：5~6月龄婴儿扶立时双下肢可负重，并上下跳；8~9月龄婴儿可扶站片刻；10~12月龄婴儿可独自站立片刻和扶走；15月龄幼儿可独自走稳；1.5岁幼儿会跑及倒退走。

（6）跳、下楼梯、跳绳：2岁幼儿能双足并跳；2.5岁幼儿会单足跳；3岁儿童可两脚交替走下楼梯；4岁儿童能沿直线走；5岁儿童能跳绳、溜冰等。

> **链接**
>
> **婴儿助行车对婴儿发育的影响**
>
> 对婴儿助行车能促进运动发育这一观点尚无证据支持。实际上，婴儿助行车可能推迟婴儿爬行功能；更为主要的是，多达35%的婴儿在使用助行车后受伤需要治疗。目前美国儿科科学院已建议禁止制造和销售活动的婴儿助行车。

2. 精细运动发育　精细运动是手的动作，如伸手够物、抓握物品、涂画、叠积木、翻书、写字、剪纸等。儿童精细动作的发育也具有年龄特征：3~4月龄婴儿握持反射消失，手指可以活动，可胸前玩手；4月龄婴儿用手掌握物；5月龄婴儿大拇指参与握物，抓物入口；6~7月龄婴儿能独自摇摆或玩弄小物品，并将物品体从一手转移到另一手；9~10月龄婴儿开始试用拇指、示指指端取物，喜欢撕纸；12~15月龄幼儿学会用匙和乱涂画；1.5岁幼儿能叠起2~3块方积木，会拉脱手套或袜子；2岁幼儿能叠起6~7块方积木，一页一页翻书，拿杯子喝水，模仿画圆和垂直线；3岁儿童能叠起9~10块方积木，用筷子进餐，使用"工具性"玩具；4岁儿童能自己穿衣服和鞋带；5~6岁儿童会折纸，能用笔学习写字，用剪刀剪图形。

（四）语言发育

语言是人类特有的一种高级神经活动，是表达思想、观念的心理过程，是学习、社会交往和个性发展中一个重要的能力。语言发育的基础是大脑、听觉及发音器官功能正常，三者中任何一个发育异常，均会影响语言的发育。

1. 语言发育的阶段　语言的发育与大脑、咽喉部肌肉的正常发育及听觉的完善有关，要经过发音、理解和表达3个阶段。

2. 语言发育的进程

（1）语言前期（婴儿期）：新生儿已会哭叫；3~4月龄婴儿咿呀发音；6月龄婴儿能听懂

考点：语言发育的阶段和进程

自己的名字；8月龄婴儿发音已有辅音和元音的组合；10~12月龄的婴儿会叫"妈妈"、"爸爸"。

（2）初语言期（幼儿期）：1岁幼儿会使用1个字，如"打"、"没"、"要"等，同时用姿势表示意思；1.3岁幼儿能说简单的单词，如"没了"、"再见"等；1.5岁幼儿能用15~20个字，指认并说出家庭主要成员的称谓；2岁时能指出简单的人、物名和图片，并能说由2~3个字组成词汇；3岁时能指认很多物体品名，并能说由2~4个字组成的短句。

（3）语言期（学龄前及学龄期儿童）：4岁儿童能讲述简单的故事；6~7岁儿童能完整、连贯、自然、生动和有感情的进行事物的描述；12岁儿童语言能力基本达到成人水平。

（五）心理活动与行为的发展

1. 早期的社会行为　新生儿已有与成人交往的能力，哭是新生儿引起成人反应的主要方式；2~3月龄婴儿以笑、停止啼哭、眼神和发音来表示认识父母；3~4月龄婴儿开始出现社会反应性大笑，听到母亲的声音表示愉快；6~8月龄婴儿开始出现认生，对发声的玩具感兴趣；9~10月龄婴儿是认生的高峰期，喜欢照镜子；12~15月龄幼儿喜欢玩变戏法和躲猫猫游戏；1.5岁幼儿逐渐有自我控制能力，成人在附近时可独自玩耍；2岁幼儿不再认生，初步建立自我照顾能力（如自己进食、自己大小便、收拾玩具等）；3岁儿童可与其他小朋友一起做简单的游戏，逐步建立生活规律；4岁儿童具有一定的独立性，开始意识到自己的责任，愿意帮助别人，能穿脱衣服和鞋子，能与年龄较大的小朋友一起玩有想象力的游戏；5岁儿童开始懂礼貌，遵守群体规则，能帮助成人做简单的家务，喜欢玩扮演角色的游戏和比赛性质的游戏；6岁儿童开始注意自己的仪容，逐渐学会控制冲动行为，具有基本的交流技巧，遵守交通规则，遵守课堂纪律，爱护公共卫生。

2. 注意的发展　注意是人的心理活动集中于一定的人或物，是一切认识过程的开始。注意可分为无意注意和有意注意。无意注意是指没有目的、不需要人的意志活动参与的注意过程。有意注意是指自觉的、有目的的、需要人的意志活动参与的注意过程。儿童注意的发展具有一定的年龄特征：新生儿已有无意注意，婴儿期以无意注意为主，随着年龄的增长逐渐出现有意注意。1岁左右的婴幼儿有意注意一般不超过15秒；1.5岁儿童对有兴趣的事物只能集中注意5~8分钟；2~3岁儿童注意力能集中10~12分钟；5~7岁儿童能集中注意力的时间约为15分钟、7~10岁儿童约为20分钟、10~12岁儿童约为25分钟、12岁以后能达30分钟。注意的持久性与儿童自身的神经活动特点、兴趣、被注意信息的强度和连续性等有关。

3. 记忆的发展　记忆是大脑处理、储存和提取信息的过程，是人在生活实践中所经历的事情在大脑中遗留的印迹。外部信息进入人脑记忆需要经过感觉、短时记忆和长时记忆3个阶段，长时记忆又分为再认和重现。儿童记忆的发展具有一定的年龄特征：3~4月龄婴儿开始出现对人与物的识记；5~6月龄婴儿能再认妈妈；1岁内婴儿只有再认而无重现；2岁幼儿能再认几周前的事物；3岁儿童可以再认几个月前的事物；随着儿童年龄的增加，重现能力逐渐增强，幼儿只按事物的表面特性记忆信息，以机械记忆为主；随着儿童年龄的增加，逻辑记忆逐渐发展。

4. 思维的发展　思维是客观事物在人的大脑中概括的、间接的反映，是借助语言来实现的人的理性认识过程。儿童的思维是在语言发展的基础上，在活动过程中逐渐掌握事物之间一些简单联系而产生。思维的发展经过直觉行动思维、具体形象思维和抽象概括的逻辑思维三个阶段。儿童思维的发展具有一定的年龄特征：1岁以后，儿童开始产生思维；3岁以前，儿童只有最初级的具体形象思维；3岁以后，儿童开始具有初步的抽象思维；6~11岁以后，儿童逐步学会综合分析、分类比较等抽象概括的逻辑思维，并在以后的年龄阶段不断发展与提高。

5. 想象的发展　想象是人对感知过的客观事物进行重新组合、加工、创造出新的客观事物的思维活动。想象是在思维发展的基础上发展。儿童想象的发展具有一定的年龄特征：新生儿无想象能力；1~2岁儿童仅有想象的萌芽；学龄前期儿童仍以无意想象为主；有意想象和创造性想象到学龄期才迅速发展。

6. 情绪和情感的发展　情绪是人们从事某种活动时产生的兴奋心理状态。情感是人们的需要是否得到满足时所产生的一种内心体验。儿童情绪、情感的发展具有一定的年龄特征：新生儿只有愉快和不愉快两种情绪；婴儿期已有愉快、不愉快、焦虑、痛苦、恐惧、悲伤、愤怒、厌恶等基本情绪，其中3~6月龄婴儿开始出现愤怒和悲伤情绪，6~7月龄婴儿开始产生分离恐惧，15~18月龄时分离恐惧达高峰；1.5岁儿童可出现自豪、内疚、不安、嫉妒等情绪；学龄前儿童的情绪、情感体验已相当丰富，能体验成年人所有情绪的大部分；学龄期儿童情感体验内容不断丰富，出现美感、幽默感、挫折感、道德感、责任感、义务感、集体荣誉感等高级情感。随着年龄的增长，儿童能够有意识地控制自己，使情绪逐渐趋向稳定。

7. 个性和性格的发展　个性是每个人处理环境关系的倾向性，包括思想方法、情绪反应和行为风格等。个性品质在个人成就中起主导和决定作用。因为每个人的心理特征不同，因此存在不同的个性，表现在兴趣、能力、性格、气质等方面的差异。个性中最重要的心理特征是性格，其次是能力。性格是人对客观现实稳定的态度和习惯的行为方式。Erikson将儿童期性格发展划分为五个阶段：①信任感-不信任感（婴儿期）：婴儿如果能得到一贯性的关爱和需要的满足，就会形成基本的信任感；否则就会感到世界不可信任和焦虑不安。②自主感-羞愧及怀疑（幼儿期）：幼儿有了自己独立做事的愿望，学会自己独立地控制和排泄大小便、吃饭、穿衣等许多技能；若过分溺爱或受到不公正的体罚，则不能获得独立性或自主性，而会感到羞怯及怀疑。③主动感-内疚感（学龄前期）：学龄前期儿童能精确地掌握语言和生动地运用想象力，如果鼓励儿童的独创性行为和想象力，儿童将会以独创性意识离开这个阶段；如果儿童的行为经常受到讥笑，儿童就会对自己的行为产生内疚感。④勤奋感-自卑感（学龄期）：学龄期儿童必须掌握学习和社会技能，发展与同伴的关系，如果通过勤奋学习不断取得好成绩，就会获得自信，并且越来越勤奋；若经常失败，学习落后，就会产生自卑感。⑤自我认识-角色混淆（青春期）：青少年需要建立社会和职业等方面的认同感，解决"我是谁"的问题，一旦能够确定一个明确的自我形象就获得了积极的同一性，顺利长大成人；否则，就会产生角色混乱，以消极的同一性进入成年。性格一旦形成即相对稳定。

8. 气质　气质是个性心理特征之一，是个体对体内、外刺激以情绪反应为基础的行为方式。气质主要表现在心理活动的强度（情绪、意志）、速度（适应、操作）、稳定性（情绪、注意）、灵活性（反应）和指向性（兴趣、内向与外向）等方面，包括活动水平、节律性、适应性、趋避性、反应强度、反应阈、心境、注意广度与坚持度、注意分散度等9个气质特征。儿童气质分4型：①容易型：该型儿童具有情绪积极、情绪反应强度适中、适应快、生物功能规律性强、易接受新的事物和陌生人、易于抚养等特点，占儿童的40%；②困难型：该型儿童具有情绪消极、情绪反应强烈、适应慢、生物功能不规律、不易接受新的事物和陌生人、难以抚养等特点，占儿童的10%；③中间型：该型儿童介于容易型和困难型之间，有中间近易型和中间近难型；④启动缓慢型：该型儿童具有容易出现消极情绪、情绪反应强度低、适应慢、对新的事物和陌生人的最初反应退缩等特点，占儿童的15%。气质是人格发展的基础，与生俱来，受遗传控制，不易随环境改变；气质还是性格的核心，性格虽然非遗传决定，但遗传可通过气质影响性格。

9. 意志与行为　意志是人自觉的支配和调节自己的行为，克服困难以达到预期目的和任务的心理过程。新生儿没有意志；婴幼儿会意欲用一些动作来达到某种结果时，出现意志的萌芽；3岁以后的儿童出现"自己干"的行动，标志意志行动开始发展。6~12岁由于性别之间个性特征和兴趣的差异较大，女童的行为比较文静、竞争性低；男童的行为比较冲动、富有竞争性、容易发生争执、躯体攻击性强。

二、神经心理行为发育评定

儿童神经心理行为发育水平表现在感知、运动、语言和心理过程等各种能力及性格方面，对这些能力和性格特点的评定统称为心理测验。婴幼儿期的心理测验通常称为发育测试或发育评估。心理测验仅能判断儿童心理行为发育水平，不具备诊断疾病的意义。心理测验需由经专门训练的专业人员根据实际需要选用，不可滥用。

（一）发育商和智商

1. 发育商（developmental quotient, DQ）　由于婴幼儿处在中枢神经系统发育和感知、运动、语言和心理行为发展期，因此采用发育测验来评估其神经心理行为程度，以比较其发育年龄（developmental age, DA）与实际年龄（chronological age, CA）的异同，结果用发育商（DQ）表示。

$$DQ = 发育年龄 / 实际年龄 \times 100$$

2. 智商（intelligence quotient, IQ）　目前多采用Wechsler提出的离差智商来评估被测儿童在同年龄组中的相对位置来表示该儿童的智力水平。

$$IQ = 100 + 15 \times [（实际得分 - 均值）/ 标准差]$$

（二）筛查性测验

1. 丹佛发育筛查测验（Denver developmental screening test, DDST）　DDST由美国儿科医师WK Frankenburg和心理学家JB Dodds于1967年制订，适用于6岁以下儿童的发育筛查，实际应用时对4.5岁以下的儿童更为适用。国内有地区性的修订常模。

（1）应用目的：①作为评价儿童发育的指标，使父母根据儿童的年龄特点给予适当的环境刺激，并设计未来训练计划；②及早发现儿童神经心理行为发育异常；③对高危儿进行发育监测。

（2）测试内容：该测验共104项（原著105项），分布于4个能区：①个人－社会：测试儿童与人相处和关怀他人的需求；②精细动作－适应性：测试儿童手眼协调，操作小物体与解决问题的能力；③语言：测试儿童听觉、理解力和使用语言的能力；④大运动：测查儿童抬头、翻身、坐、爬、站、走、跑、跳和整体大肌肉的动作能力。

（3）结果判断：测试结果有正常、可疑、异常和无法判断四种，第一次测验结果若为异常、可疑或无法判断者，于2~3周后予以复查。如果复测结果仍为异常、可疑或无法判断时，应作诊断性测验，以确定儿童发育是否异常。

1）异常：①2个或更多个能区具有≥2项发育延迟；②1个能区有≥2项发育延迟，加上另一个或更多个能区有1项发育延迟和该能区压年龄线的项目均未通过。

2）可疑：①1个能区有≥2项发育延迟；②1个或多个能区有1项发育延迟和该能区压年龄线的项目均未通过。

3）无法判断：评为"儿童无机会或无条件完成"的项目太多，以致最后结果无法评估。

4）正常：无上述情况者。

2. 图片词汇测验（peabody picture vocabulary test, PPVT） 主要用于 3.5~9 岁儿童的一般智能筛查。

（1）应用目的：PPVT 可测试儿童听觉、视觉、语言、词汇、推理、分析、注意和记忆等能力，因其不用言语和操作，尤其适用于语言或运动障碍的儿童。

（2）测试内容：PPVT 由 120 张（原测验 150 张）图片组成，每张图片上有 4 幅不同的图画，每组图片按所表达的词义，由易到难排列。主试者读出其中一个词，要求被测儿童指出其中相应的那幅图画，测验以连续 8 张中有 6 张答错为止。

（3）结果判断：根据每张图片应答正确与否记分，将答对分相加得粗分，查表得智龄、智商和百分位数。该测试结果不能全面反映儿童智力水平，而侧重语言理解能力。

3. 绘人测试（human figure drawings, HFD） 1926 年由美国心理学家首先提出，1979 年上海第二医科大学进行了修订和中国标准化，适用于 5~9.5 岁儿童。

（1）应用目的：用于儿童认知水平的筛查。

（2）测试内容：测试时给儿童一张 27cm×27cm 大小的白纸、一支铅笔和一块橡皮，要求被测儿童依据自己的想象，绘一个全身正面人像。

（3）结果判断：以身体部位、各部比例和表达方式的合理性计分。绘人法测试结果与儿童智力水平呈显著正相关，但是绘人测验不能反映儿童能力特征和差异。

4. 学前儿童能力筛查 目前我国采用的是美国儿科学会第 IX 医院制订的"入学准备测验"，经我国智能延缓与智能测试协作组修订和标准化，适用于 4~7 岁儿童。

（1）应用目的：用于了解儿童一般智力发育水平，可作为儿童能否入学的参考。

（2）测试内容：包括问题和操作两大类，共 50 项测验；其中自我认识能力测验 13 项、运动能力测验 13 项、记忆能力测验 4 项、观察能力测验 6 项、思维能力测验 9 项、常识测验 5 项。

（3）结果判断：每答对 1 题给 1 分，共计 50 分。根据所得的总分查表得智商，以此值评估儿童智力正常、可疑和异常。

（三）诊断性测验

1. 贝利婴儿发育量表（Bayley scales of infant development, BSID） 由美国儿童心理学家 N Bayley 于 1969 年制定，适用于 2~30 个月的婴幼儿。此量表具有较强的专业性，需要专业人员来完成。

（1）应用目的：主要用于婴幼儿神经心理行为发育水平的检查，以确定是否有发育迟缓及干预效果；该测验也是研究儿童神经心理行为发育的工具。

（2）测验内容：该测验包括三部分内容：①智能量表（178 项）：测试儿童感知觉、记忆、学习、解决问题、早期对数的概念、初步语言交流和抽象思维活动等；②运动量表（111 项）：测试儿童抬头、翻身、坐、爬、站、走、跑、跳等大运动能力和双手及手指精细动作的操作技能；③婴儿行为记录表（30 项）：评价儿童个性发育的各个方面，如情绪、注意程度、目标定向、社会行为等。

（3）结果判断：智能及运动量表总分在 115 分及以上为加速完成量表测试，85~114 分为正常范围，70~84 分为测试轻度延迟，69 分及以下为测试明显延迟，据此判断婴幼儿智能水平和偏离常态的程度。

2. 格塞尔发育诊断量表（Gesell development diagnosis scales, GDDS） 由美国心理学家 Gesell 于 1940 年制定，适用于出生 1~36 月龄的儿童。此量表具有较强的专业性，需要专业人员来完成。

(1)应用目的:用于评价和诊断婴幼儿神经系统发育成熟度和心理行为发育水平。

(2)测试内容:该测验共63个项目,分布于5个能区:①适应行为:测试儿童对外界刺激物的分析综合和适应新环境的能力;②大运动:测查儿童抬头、翻身、坐、爬、站、走、跑、跳等四肢活动和姿势反应、躯体平衡等运动功能;③精细动作:测试儿童使用手和手眼协调的能力;④语言:测试儿童理解和表达语言的能力;⑤个人–社会性行为:测试儿童对人、环境的反应和生活自理能力。

(3)结果判断:GDDS是以正常行为模式为标准来鉴定观察到的行为模式,以年龄来表示,然后与实际年龄相比,计算出发育商数(DQ)。一般情况下适应性行为的成熟水平可代表总的发育水平,如果适应性行为DQ在85分以下,表明可能有某些器质性损伤;DQ在75分以下,表明存在发育落后。

3. 韦氏学前和初小儿童智力量表(Wechsler preschool and primary scale of intelligence, WPPSI) 适用于4~6.5岁学龄前儿童。该测验必须个别进行,需由受过专门训练的专业人员,按指导手册规定的标准方法来完成。

(1)应用目的:测试儿童一般智力水平,用于智力评估和智力低下的诊断。

(2)测试内容:该测试内容包括言语和操作两个分量表。言语量表含常识、词汇、算术、理解和类同5个分测验,操作量表含动物房子、图画补缺、迷津、几何图形、物体拼凑五个分测验。

(3)结果判断:将各分测验累加得到粗分,再把分测验的粗分转换为量表分,最后将量表分相加后查表可得总智商、言语智商和操作智商。总智商为受试儿童总智力的估计值,言语智商和操作智商分别反映受试儿童各种具体能力水平。一般人群总智商的平均范围在85~115分,>115分为高于平均智力,<75分应考虑智力低下。如言语智商与操作智商之差>15分,应做进一步的检查,以了解儿童的智力结构和脑发育情况。

4. 韦氏学龄儿童智力量表(Wechsler intelligence scale for children, WISC) 适用于6~16岁儿童。该测验必须个别进行,需由受过专门训练的专业人员,按指导手册规定的标准方法来完成。

(1)应用目的:测试儿童一般智力水平,用于智力评估和精神发育迟滞的诊断。

(2)测试内容:该测试内容包括言语和操作2个分量表,言语量表含知识、词汇、算术、领悟、分类、数字广度6个分测验,操作量表含填图、木块图、图片排列、图形拼凑、编码5个分测验。

(3)结果判断:与WPPSI相同。总智力为受试者总的智力水平的估计值,言语智商和操作智商分别反映受试儿童各种具体能力水平。

(四)适应性行为评定

1. 新生儿行为评定量表(neonatal behavioral assessment scale, NBAS) NBAS由美国著名儿科医师T. Berry Brazelton和他的同事制定,适用于初生到28日龄的新生儿。

(1)应用目的:评价新生儿行为发育水平,早期发现新生儿神经行为发育异常,对高危儿进行监测,并预测婴儿以后的神经行为发育情况。

(2)测试内容:包括28项行为检查和18项引出反应,分为7个项目群:①习惯化;②定向力;③运动;④状态控制;⑤状态调节;⑥自主神经稳定性;⑦反射。

(3)结果判断:每项行为检查有9个分度,根据标准给分;引出反应的计分为0(未引出)、1(反应低下)、2(反应中等)、3(反应增强);结果评定。

2. Achenbach儿童行为量表(child behavior checklist, CBCL) CBCL由美国Achenbach

等人研制,我国于 1988—1991 年制定了常模,适用于 4~16 岁儿童。

(1) 应用目的:主要用于筛查儿童的社会能力和行为问题。

(2) 测试内容:该测验包括 3 部分:①一般项目:姓名、性别、年龄、父母职业、填表人等;②社会能力(7 项):参加运动情况、参加活动情况、参加课余爱好小组情况、课余爱好和家务劳动、交友情况、在校学习情况、与家人及其他小伙伴相处情况;③行为问题(113 项):要求父母根据儿童最近半年的行为表现填写。

(3) 结果判断:①社会能力评分:将各个项目分相加,即得到活动情况、社交情况和学习情况 3 个分量表分,将 3 个分量表分相加,即为社会能力总分的粗分,查表得 T 分,凡社会能力总分低于参照值者,应考虑存在社会能力问题;②行为问题评分:将各分量表的项目分数相加,即得该分量表的粗分;将各分量表的粗分相加,即得行为问题总分的粗分,查表得 T 分。以各个分量表常模的 P_{98} 为分界,得分高于此参照值,提示可能存在该项行为问题,得分愈高表明问题愈明显,需进一步检查。

3. Conners 儿童行为量表 该量表包括父母问卷、教师用量表和简明症状问卷三种形式,主要用于评估儿童行为问题,特别是儿童注意缺陷多动障碍。在国内外广泛应用,适用于 3~17 岁儿童。

(1) Conners 儿童行为量表(父母问卷):①测验项目:共 48 项,包括焦虑、冲动 - 多动、心身问题、学习问题和品行问题 5 个因子;②结果评定:采用 4 级评分法,0 分表示"没有"、1 分表示"偶尔出现"、2 分表示"经常出现"、3 分表示"非常多"。将各分量表的单项分相加,除以该分量表的条目数,即得到该分量表分。任何一个分量表分高于同年龄、同性别儿童平均值加 2 个标准差,即可能存在该项行为问题。

(2) Conners 儿童行为量表(教师用量表):①测验项目:共 28 项,包括多动、注意缺陷 - 冲动和品行问题 3 个因子,反映儿童在学校的常见问题;②结果评定:同 Conners 儿童行为量表(父母问卷)。

(3) Conners 儿童行为量表(简明症状问卷):常用于儿童注意缺陷多动障碍的筛查,父母和老师均可用,仅需 1~3 分钟即可完成;结果评定同样采用 0~3 分的 4 级评分法(与父母问卷相同),如总分 >15 分,提示可能存在注意缺陷多动障碍。

三、儿童常见心理行为发育障碍

(一)儿童心理行为障碍

1. 吸吮手指(sucking fingers) 3~4 月龄婴儿在生理上有吮吸要求,常在饥饿时和睡前自吮手指(尤其是拇指),以自慰;7 月龄时婴儿吸吮手指增强,8 月龄时婴儿吸吮手指达高峰,2 岁后吮手指逐渐消失。儿童 4 岁以后仍反复自主或不自主吮手指属于心理行为障碍,多因情感需求未得到满足和(或)未获父母充分的关爱而产生的不良行为;并且,儿童长期吸吮手指可影响牙齿、牙龈和下颌发育,致下颌前突、齿列不齐,妨碍咀嚼。

2. 咬指甲癖(nail bitting) 咬指甲癖的形成过程与吸吮手指相似,儿童 5 岁以后反复自主或不自主的咬指甲属于心理行为障碍,咬指甲癖为儿童情绪紧张、情感需求得不到满足而产生的不良行为,多见于学龄前期和学龄期儿童。咬指甲癖可以导致儿童指甲残缺、变形、脱落、出血,严重者可引起甲沟炎。

3. 习惯性交叉擦腿(habitual rubbing thigh) 习惯性交叉擦腿是儿童通过擦腿而引起兴奋的一种行为障碍。习惯性交叉擦腿多在儿童入睡前、醒后或玩耍时发作,发作时神志清醒,女童喜坐硬物、手按腿或下腹部、双下肢伸直交叉夹紧、手握拳或抓住东西使劲;男童多表现伏卧在床上、来回蹭或与女童表现类似;交叉擦腿发作可被分散注意力而终止。女童发作后外阴充血、分泌物增多或阴唇色素加深,男童阴茎勃起、尿道口稍充血、有轻度水肿。习惯性交叉擦腿多见于女童与幼儿,5岁后逐渐自行缓解。目前该病病因不明,有研究认为发作时儿童有性激素水平紊乱,也有研究认为是因外阴局部受刺激形成反复发作习惯。

4．遗尿症(enuresis) 正常儿童在2~3岁时已能控制排尿,如果5岁后仍发生不随意排尿即为遗尿症。遗尿症可分为原发性和继发性两类:①原发性遗尿症:较多见,多因控制排尿的能力发育迟滞所致,无器质性病变,多有家族史,男多于女[(2~3):1];②继发性遗尿症:大多由于全身性或泌尿系统疾病(如智力低下、神经精神创伤、糖尿病、尿崩症、泌尿道畸形或感染等)引起,在原发疾病治愈后症状即可消失。

5．屏气发作(breath holding spell) 屏气发作为呼吸运动暂停的一种异常性格行为障碍。屏气发作常在儿童情绪急剧变化(如发怒、恐惧、剧痛、剧烈叫喊等)时出现,因过度换气使呼吸中枢受抑制、因屏气使脑缺氧,可引起昏厥、口唇发绀、躯干及四肢挺直,甚至四肢抽动,一般持续0.5~1分钟后呼吸恢复,症状缓解,口唇返红,全身肌肉松弛而清醒,一日可发作数次。目前该病的病因和发病机制不清楚,多见于6~18月龄的婴幼儿,5岁前多数儿童逐渐自然消失。

6．注意缺陷多动障碍(attention deficit and hyperactivity disorder, ADHD) ADHD以注意力不集中、多动、冲动和学习困难为特征,属于破坏性行为障碍。其患病率为3%~6%,男女比例为(4:9)~1。目前该病病因尚不肯定,但研究发现该病与遗传因素、中枢神经系统病理改变、心理因素、社会因素、营养因素、环境污染等有密切关系。

(二)儿童情绪障碍

1．儿童焦虑症(anxiety disorder of childhood) 儿童焦虑症是指儿童在无客观原因下出现发作性紧张、焦虑和莫名的恐惧不安,并伴有明显的自主神经功能异常的表现(如头晕、头痛、胸闷、呼吸急促、出汗、恶心、呕吐、腹痛、尿频等)。儿童焦虑症是儿童最常见的情绪障碍,多见于婴幼儿至青少年时期,应激性变化(如依恋者的变化、家庭变故、转学、住院等)可促使其发生。目前研究认为,儿童焦虑症的产生是多种因素相互作用的结果,与儿童的气质、儿童对主要抚养者的依恋、父母的教养方式等有关。

2．儿童恐怖症(phobia of childhood) 儿童恐怖症是指儿童对某些事物或情景产生无原因的、过分的、与年龄不相符的恐惧情绪,并出现回避与退缩行为,可影响儿童日常生活和社会功能。研究发现,本症的产生与儿童的气质、受意外事件的惊吓、父母的教养方式等有关。本症多见于女孩,多数随年龄增长而逐渐消退。

(三)儿童发育障碍

1．学习障碍(learning disabilities) 学习障碍是儿童在阅读、书写、拼字、表达、计算、推理等基本心理过程中存在一种或一种以上特殊性障碍。学习障碍属特殊发育障碍,患儿智力正常,无感觉器官和运动功能缺陷,也非原发性情绪障碍或教育剥夺所致;但由于其认知特性,导致患儿不能适应学校学习和日常生活。目前研究发现,学习障碍患儿存在中枢神经系统的某些功能障碍。学龄期儿童发生学习障碍者较多,小学2~3年级为发病的高峰,男童多于女童。

2．儿童孤独症(childhood autism) 儿童孤独症是一种起病于婴幼儿时期的严重身心发育障碍性疾病,以人际交往障碍、语言沟通异常、兴趣局限、行为刻板、认知缺陷、感知觉异常为特征,多数患儿伴有不同程度的精神发育迟滞。目前该病的病因和发病机制尚不清楚,多数学者认为此病是生理-心理-社会因素共同作用的结果。儿童孤独症是广泛性发育障碍最为常见、最具代表性的疾病类型之一,其患病率为0.02%~0.13%,男女比例为(2.6~5.7):1。

3. 精神发育迟滞（mental retardation, MR） 精神发育迟滞又称智力低下，是指18岁以下儿童发育期智力明显低于同龄正常儿童水平，并伴有社会适应行为显著缺陷。按ICD-10标准，根据IQ水平，精神发育迟滞可分为：①轻度：MR：IQ为50~69，占MR的80%~85%，学习能力差，可达小学毕业水平，成年后可从事简单的劳动和技术性操作；②中度：MR：IQ为35~49，占MR的10%~20%，学习能力低下，仅达到小学三年级前水平，生活自理困难，需要他人监护，经反复训练可从事简单非技术性工作；③重度：MR：IQ为20~34，约占MR的10%，学习困难，理解能力差，无法生活自理，需要他人照顾；④极重度：MR：IQ<20，占MR的5%，出生即有明显躯体畸形和神经系统异常，无语言表达能力，不能识别亲人，生活无法自理，完全需要他人照顾。目前认为，MR是大脑在出生前、产时或出生后的发育过程中受到单个或多个因素损害、干扰、阻滞的结果。其患病率在我国0~14岁儿童为1.2%，其中城市为0.5%~0.8%，农村为1.2%~1.7%，男童略多于女童。

第四节 儿童生长发育规律及其影响因素

一、生长发育规律

儿童的生长发育可因种族、遗传、性别、营养和生活环境等因素的影响，出现个体差异，但在总的速度和各器官、系统的发育顺序上，都遵循着一定规律。认识其总的规律有助于正确评价儿童生长发育状况。

1. 生长发育的程序性　控制生长发育的基因使儿童生长发育按一定的程序进行，如胚胎第3周中枢神经系统开始形成，胚胎第4周开始出现心血管和消化系统，胚胎第5周开始分化出上肢和下肢，胚胎6~8周手指、足趾开始发育等。

考点：儿童生长发育规律

2. 各器官系统生长发育不平衡　儿童各器官系统生长发育先后、快慢不一，遵循生长程序性的规律。如：神经系统在婴幼儿期发育较快，6岁左右已达成人的90%；淋巴系统在婴幼儿时期发育迅速，11~12岁时达到顶点，继之退化；生殖系统发育较晚，在青春期才迅速发育；心、肝、肾和肌肉的增长速度基本与体重增加平行。

3. 生长的连续性、非均速性和阶段性　儿童时期生长发育是一个连续的过程，但不同年龄阶段生长速度不同。例如，体重和身高在生后第一年增长最快，此为生后的第一个生长高峰；第二年以后生长速度逐渐减慢，至青春期生长速度又加快，出现第二个生长高峰。

4. 生长发育的一般规律　生长发育遵循由上到下、由近到远、由粗到细、由简单到复杂、由低级到高级的规律。例如，出生后运动发育的规律是：先抬头、后抬胸，再会坐、立、行（由上到下）；从上臂到手、从腿到足的运动（由近到远）；从全掌抓握到手指拾取（由粗到细）；先画直线后画圆圈、图形（由简单到复杂）。又例如，出生后认知行为发育的规律是：从会看、听、感觉事物、认识事物，发展到有记忆、思维、分析、判断（由低级到高级）。

5. 生长发育的个体差异　儿童生长发育虽有一定的规律，但在一定的范围内受遗传和环境的影响，存在着相当大的个体差异。每个儿童有其自己的生长"轨迹"，而不会完全相同。如矮身材父母的子代与高大身材父母的子代相比，两者身高可相差很大，但都属于正常生长范围；因此，在制定儿童生长发育的正常值时，往往是一个范围，而不是一个绝对值。评价时必须考虑个体的不同影响因素，才能做出正确的判断。

二、影响生长发育的因素

儿童生长发育是一个开放的系统，既受到先天遗传因素的作用，也受到环境因素的影响。儿童生长发育水平是遗传因素与环境因素共同作用的结果，遗传决定生长发育的可能性，环境决定生长发育的现实性，环境因素可对遗传因素起加强或暴露、减弱或掩盖作用。

1. 遗传因素　人的躯体特征和外貌主要由来自父母双方的遗传基因决定，智能、情感、思维、行为、性格、气质等心理特征也在一定程度上受遗传因素的影响。种族和家族的遗传信息（如皮肤与头发的颜色、面型特征、身材高矮、性格特征、性成熟的迟早、对营养素的需要量、对传染病的易感性等）对儿童生长发育影响深远。父母双方的遗传基因决定儿童生长发育的潜力、趋势和限度，形成个体间的差异。遗传对5岁以内儿童的影响并不明显，5岁以后逐渐显现出遗传的特征。

2. 环境因素

（1）营养：是保证儿童生长发育的物质基础，年龄越小受营养的影响越大。营养素供给比例恰当，加之适宜的生活和社会环境，儿童生长潜力可得到最好的发挥。宫内营养不良，可引起胎儿宫内发育迟缓和生长发育障碍，不仅导致低出生体重儿及早产儿发生率增加，而且可使胎儿脑发育不良，甚至发生先天缺陷；生后长期缺乏营养素（特别是生后1~2年），可影响儿童生长发育，导致机体免疫、内分泌、神经调节等功能降低。与之相反，儿童能量摄入过多，可引起儿童期肥胖症，成年后发生胰岛素抵抗、糖尿病、高血压、动脉粥样硬化、代谢综合征等的几率增加。因此，必须保证儿童营养均衡，以促进儿童正常生长发育。

（2）疾病：疾病对儿童生长发育的影响十分明显。急性疾病（如急性腹泻、肺炎）常使体重减轻；慢性疾病（如慢性肾炎、肾病综合征）则影响体重和身高的发育；先天性疾病（如先天性甲状腺功能减低症）常导致发育缺陷和生长迟缓；代谢性疾病（如苯丙酮尿症）常引起体格生长迟缓和神经系统发育障碍。

（3）母亲情况：胎儿生长发育与母亲的生活环境、营养、疾病、情绪等密切相关。妊娠期母亲身体健康、营养丰富、心情愉快、居住环境舒适的胎儿发育良好；反之，母亲妊娠期吸烟、酗酒、感染、服药、接触有害物质等可致胎儿畸形或先天性疾病。

（4）家庭环境：良好的居住环境，配合健康的生活习惯、科学的护理、正确的教养和体育锻炼是保证儿童生长发育达到最佳状态的重要因素。同时，和睦的家庭气氛及父母稳定的婚姻关系对儿童生长发育起着不容忽视的作用。

（5）自然环境：良好的自然环境，如充足的阳光、新鲜的空气、清洁的水源、丰富的植被等自然环境有益于儿童健康成长。环境污染（如铅、汞、镉、砷、氟、农药、多氯联苯等污染）将严重危害儿童的生长发育。

（6）社会环境：儿童生长发育与国家和地区经济发展水平、医疗保健服务质量和教育体制等密切相关。一般而言，经济发达地区儿童的生长发育水平明显优于经济落后地区，完善的医疗保健服务和良好的教育体制对促进儿童生长发育有积极的作用。

链　接

遗传与环境的关系

遗传与环境的关系可体现在以下几个方面：①被动基因型/环境关系：父母提供给儿童的家庭环境，在一定程度上受着父母自身基因型的影响；而且，父母的基因类型也遗传给孩子。②唤起基因型/环境关系：儿童自身受遗传影响的属性，也影响着其他人对他的行为。例如，教师会更喜欢活跃、主动、外表吸引人的儿童，并给予更多的关照。③主动基因型/环境关系：儿童喜欢的环境是与他们的基因素质最匹配的环境，也就是说不同基因型的儿童会选择符合他们特点的小环境，这些小环境可能会对他们的未来社交、情绪和智能发育产生很大的影响。例如，外向的儿童喜欢参加社交活动；相反，害羞、内向的儿童常回避大型聚会，喜欢安静独处的活动。以上三种基因/环境的关系，在儿童发育过程中的不同阶段各起到不同的作用。例如，儿童早期主要在家中，是被动基因/环境关系在起主要的作用；对于学龄儿童和青少年，主动基因/环境关系则起着越来越显著的作用；而在整个发育过程中，唤起基因/环境关系总是比较重要的。

实训一　儿童体格测量和心理行为发育筛查

【实训目的】
1. 掌握评价儿童体格生长常用指标的测量方法。
2. 熟悉儿童心理行为发育筛查量表的使用。
3. 了解儿童体格测量和心理测验的注意事项。

【时间安排】　2学时。

【实训地点】　集体儿童机构保健的根本任务是在集居的条件下保障和促进婴幼儿、学龄前儿童的身心健康。因此，幼儿园的保健工作，既要保证入园儿童正常的体格生长，还要促进儿童心理行为的发育。根据《托儿所幼儿园卫生保健管理方法》的要求，现对某托幼园（所）的儿童进行定期的健康检查。

【实训准备】
1. 托幼园（所）保健室　保健室面积不小于10㎡，专室专用。室内宽敞明亮、通风保暖、整洁宁静。
2. 儿童生长发育测量应具备：（1）一般设备：包括桌椅、写字台、检查床、保健资料柜、流动水设施及室内电源等；（2）体格生长指标的测量设备：体重计（杠杆式）、标准量床、身高测量计、坐高测量计、软尺；（3）心理行为发育筛查量表：选用丹佛发育筛查量表。

【实训内容】
1. 评价儿童体格生长常用指标的测量

（1）体重测量：婴儿体重测量应选用盘式杠杆秤，最大载重范围为10~15kg，精确到0.01kg；幼儿体重测量应选用坐式杠杆秤，最大称重范围为20~30kg，精确到0.05kg；学龄前儿童体重测量应选用立式杠杆秤，最大称重范围为50kg，精确到0.1kg；学龄儿童体重测量可选用立式杠杆秤，最大称重范围100kg，精确到0.1kg。测量前应校正秤的"零"点。体重测量应在儿童空腹、排尽大小便、穿背心短裤的情况下进行，如果衣服不能脱成背心短裤，则应设法扣除衣服重量。称重时，婴儿取卧位，1~3岁儿童可取坐位，3岁以上可取站位、两手自然下垂；测量者将磅秤的读数砝码放置在与儿童年龄相当的体重附近，并迅速调整游锤至杠杆正中水平，所示读数记录以千克为单位。

（2）身高（长）：3岁以内儿童采用标准量床测量卧位身长。测量时，脱去帽、鞋、袜，穿单衣裤仰卧于量床底板中线上。测试助手将受检儿童的头扶正，儿童面向上、两耳在同一水平、头顶接触头板。测量者位于儿童右侧，左手握住儿童双膝，使其双腿伸直，右手移动足板使其接触儿童两侧足跟。如果刻度在量床两侧，则应注意量床两侧的读数应一致；然后读刻度，精确到0.1cm。3岁以上儿童采用身高测量计测量立位身高。测量时，儿童取立正姿势，头部保持正直位置，两眼平视正前方，挺胸收腹，两臂自然下垂，手指并拢，足跟靠拢，脚尖分开约60°，头、足跟、臀部和两肩胛间同时接触立柱后，测量者手扶测量板向下滑动，使测量板与儿童头部顶点接触，读取测量板垂直交于立柱上的数字，精确到0.1cm。

（3）坐高（顶—臀长）：3岁以内儿童采用标准量床测量顶臀长。测量时，脱去帽、鞋、袜，穿单衣裤仰卧于量床底板中线上。测试助手将受检儿童的头扶正，儿童面向上、两耳在同一水平、头顶接触头板。测量者位于儿童右侧，左手提起儿童两腿，使双膝关节弯曲，同时使骶骨紧贴底板，大腿与底板垂直，移动足板，使其压紧儿童臀部，然后读刻度，精确到0.1cm。3岁以上儿童采用坐高测量计测量坐高。测量时，儿童坐在高度适中的板凳上，坐时两大腿伸直面与躯干成直角而与地面平行，头与肩部的位置与测量身高的要求相同，测量者手扶测量板向下滑动，使测量板与儿童头部顶点接触，读取测量板垂直交于立柱上的数字，精确到0.1cm。

（4）头围测量：采用无伸缩性的软尺测量。被测儿童取坐位或立位。测量者位于儿童的前方或右侧，用左手拇指将软尺零点固定于儿童头部右侧眉弓上缘处，右手持软尺紧贴儿童头部皮肤或头发，向后经右侧耳上、枕骨粗隆及左侧眉弓上缘回至零点，读取与零点交叉的刻度，获得最大头围周经，精确到0.1cm。软尺测量数十次后要注意检查刻度是否因反复牵拉或汗水浸湿而受到影响。

（5）胸围测量：采用无伸缩性的软尺测量。3岁以下儿童取卧位，3岁以上儿童取立位。测量时儿童两手自然平放或下垂，两眼平视。测量者立于儿童的前方或右侧，用左手拇指将软尺零点固定于儿童右侧乳头下缘处，右手持软尺贴儿童胸壁，经右侧腋下、两肩胛角下缘、左侧腋下、左侧乳头下缘回至零点，读取与零点交叉的刻度，取平静呼、吸气时的中间读数，精确到0.1cm。

（6）上臂围测量：采用无伸缩性的软尺测量。儿童取卧位、坐位或立位，两手自然平放或下垂。测量者位于儿童的前方或左侧，用左手拇指固定软尺零点于儿童左侧肩峰至尺骨鹰嘴连线的中点，右手持软尺贴儿童皮肤绕臂一周，读取与零点交叉的刻度，精确至0.1cm。

（7）指距测量：采用无伸缩性的软尺测量。测量时，儿童取立位，两手平伸，向两侧伸直，双上臂长轴与地面平行、与身体中线垂直，手掌向前；测量者用软尺测量儿童双上臂平伸后两指尖距离，读数精确至0.1cm。

（8）皮下脂肪测量：采用皮褶卡钳测量，可在儿童肩胛下角、上臂中部、腋中线、腹壁、小腿中部等处测量。测量时，测量者右手握钳，左手用拇指、示指捏起被测儿童测量部位的皮肤和皮下脂肪，捏时两指的距离为3cm，使脂肪与下面的肌肉充分离开，然后用皮褶卡钳测量皮褶厚度，读数精确至0.1cm。

2．儿童心理行为发育筛查　采用丹佛发育筛查量表来评估儿童心理行为发育水平。

（1）适宜年龄：2月龄至6岁（最适年龄≤4.5岁）。

（2）目的：儿童发育筛查和高危儿发育监测。

（3）测试工具：①红色绒线团1个（直径约10cm）；②葡萄干（或类似葡萄干大小的糖丸）若干粒；③细柄拨浪鼓1个；④8块正方形木块，每块边长2.5cm（红色5块，蓝色、黄色、绿色各1块）；⑤无色透明玻璃瓶1个（瓶口直径为1.5cm）；⑥小铃1个；⑦花皮球2个（直径分别为7cm和10cm）；⑧红铅笔1枝；⑨白纸1张。

（4）测试项目：国内修订的DDST共104项，分布于四个能区：①个人—社会：测试儿童人际交往和料理生活的能力；②精细动作—适应性：测试儿童精细运动和手眼协调能力；③语言：测试儿童发音和理解、表达语言的能力；④大运动：测查儿童抬头、翻身、坐、爬、站、走、跑、跳等四肢活动能力。

（5）测试前准备：①准确计算儿童年龄，用测查日期减去儿童出生日期得出实际年龄；②连接测试表上下线相同年龄标记点得到被测儿童的年龄线，在表格顶线上写明检查日期；③测试成功与否，与儿童能否合作密切相关；④测试时儿童应精神饱满，体位舒适，双手能接触到检查工具。

（6）测试程序：①每个能区的测试自年龄线左侧开始，至少先做3个项目，然后向右测试，压年龄线的所有项目都要测试；②每个项目可重复测试3次；③对测试儿童询问的项目，检查者不能暗示；④测试过程中检查者要观察儿童的自信心、注意力、行为、有无异常活动等；⑤每个项目的评分记录在横条的0处，以"P"表示通过，"F"表示失败，"R"表示儿童不合作，"NO"为儿童无条件或无机会完成。

（7）结果判断：①在年龄左侧的3个项目如果不能通过，除用"F"表示外，还应该用红笔标记，认定该项发育延迟；②年龄线上的项目如果不能通过，仅用"F"表示，不必用红笔标记，不能认定为该项发育延迟；③测试结果有正常、异常、可疑和无法判断四种；④第一次测验结果若为异常、可疑或无法解释者，于1个月后予以复查，如果复测结果仍为异常、可疑或无法解释时，应作诊断性测验，以确定儿童发育是否异常。

[注意事项]

1. 评价儿童生长发育各项指标的测量，必须采用统一、准确的工具和方法，才能正确反映其生长发育情况。

2. 根据应用目的和要求，选择公认的、简便有效的测验方法。

3. 儿童心理测验中有较多的玩具和图片作为测试工具，为保证结果的可靠性与一致性，测验方法中的玩具与图片应统一制作。

4. 测量仪器准确与否以及测量方法是否一致，均与测量结果的准确性有密切关系；因此，测量前必须严格校正仪器。实地测量与测验时，必须严格遵守各项指标的检查规程与指导手册，尽量消除人为因素所造成的偏差，所获数据才具有进行评价的意义。

目标检测

1. 判断儿童体格生长最常用的指标是
    A. 动作发育能力
    B. 语言发育程度
    C. 智能发育水平
    D. 神经反射发育
    E. 体重、身高、头围

2. 生后第1年身高增长约
    A. 35cm
    B. 32cm
    C. 30cm
    D. 27cm
    E. 25cm

3. 正常儿童前囟闭合最晚的年龄是
    A. 10个月
    B. 1岁半
    C. 1岁8个月
    D. 2岁半
    E. 3岁

4. 乳牙最晚于何时出齐
    A. 1.5岁
    B. 2岁
    C. 2.5岁
    D. 3岁
    E. 3.5岁

5. 婴儿期通过X线检查骨龄应选择
    A. 左手腕部
    B. 左足
    C. 左手腕部及膝部
    D. 右手腕部
    E. 右足

6. 脊柱出现胸曲的年龄是
    A. 12个月
    B. 6个月
    C. 8个月
    D. 10个月
    E. 3个月

7. 丹佛发育筛查测验的最适年龄范围为
    A. 6岁以下的儿童
    B. 4.5岁以下的儿童
    C. 4.5岁以上的儿童

D. 6 岁以上的儿童
　　E. 5 岁以上的儿童
8. 体型匀称度反映
　　A. 身高与体重的比例
　　B. 头围与胸围的比例
　　C. 胸围与身高的比例
　　D. 坐高与身高的比例
　　E. 体重与身高两项指标间的关系
9. 下列哪项不属于儿童运动异常
　　A. 4 个月不能抬头
　　B. 1 岁不会站
　　C. 1 岁半不会走
　　D. 8 个月能独坐
　　E. 10 个月不会坐
10. 下列哪项不属于婴儿的暂时性反射
　　A. 拥抱反射
　　B. 吞咽反射
　　C. 握持反射
　　D. 踏步反射
　　E. 紧张性颈反射

（郑　惠）

第三章 儿童期保健

第一节 喂养和护理

一、儿童营养

营养（nutrition）是指人类获得和利用食物维持生命活动的整个过程。营养素（nutrients）是食物中经过消化、吸收和代谢能够维持生命活动的物质。人体所需营养素包括：能量、宏量营养素（蛋白质、脂类、碳水化合物）、微量营养素（常量元素、微量元素和维生素）和其他膳食成分（膳食纤维和水）。

（一）能量

能量是维持机体新陈代谢所必需，由宏量营养素供给。儿童所需能量包括5个方面：基础代谢、食物的特殊热力作用、活动消耗、排泄消耗和生长所需，其中：基础代谢所占50%，生长所需和活动消耗占32%~35%，排泄消耗占10%，食物的热力作用占7%~8%。中国营养协会推荐婴儿能量平均需要量约为95kcal/(kg·d) [397.48kJ/(kg·d)]^①，以后每增加3岁减去10kcal/(kg·d) [41.8kJ/(kg·d)]，至15岁时约需能量60kcal/(kg·d) [250.8kJ/(kg·d)]。

考点：儿童能量需要和代谢特点

1. 基础代谢率（basal metabolic rate, BMR） 基础代谢率是指在环境温度20~25℃时，维持人体空腹、清醒、安静状态下的能量代谢。婴儿由于体表面积相对较大，基础代谢率所需能量较高，随着年龄增长基础代谢所需能量逐渐减少。婴儿基础代谢所需能量约占总能量60%，约为55kcal/(kg·d) [230.1kJ/(kg·d)]；7岁时约需44kcal/(kg·d) [184.1kJ/(kg·d)]；12岁时约需30kcal/(kg·d) [125.5kJ/(kg·d)]，与成人相近。

2. 食物热力作用（thermic effect of food, TEF） 食物中的宏量营养素除了为人体提供能量外，本身在消化、吸收、代谢过程中出现能量消耗额外增加的现象，称为食物的热力作用。食物的热力作用与食物成分有关，蛋白质的热力作用最高为20%~30%、脂肪为4%~6%、碳水化物为5%~6%。婴儿食物蛋白质含量高，食物的热力作用占总能量7%~8%；年长儿膳食为混合食物，其食物的热力作用为5%左右。

3. 活动消耗（for physical activity） 儿童活动所需能量与身体大小、活动强度、活动持续时间、活动类型有关。婴儿活动消耗所需能量为15~20kcal/(kg·d) [62.8~83.7kJ/(kg·d)]，到12~13岁时可达30kcal/(kg·d) [125.5kJ/(kg·d)]。当能量摄入不足时，儿童首先表现活动减少。

4. 排泄消耗（for excreta） 正常情况下，摄取混合饮食的婴幼儿未经消化吸收的食物损失能量为8~11kcal/(kg·d) [33.5~46.0kJ/(kg·d)]，占总能量10%。婴儿腹泻或消化功能紊乱时，排泄消耗所需能量可成倍增加。

5. 生长所需（for growth） 此项能量需要为儿童所特有，其需要量与儿童生长速度成正比，并随儿童年龄增长而逐渐减少。婴儿期生长速度最快，生长所需能量为40~50kcal/(kg·d) [167.4~209.2kJ/(kg·d)]，占总能量25%~30%；1岁后逐渐减少，占总能量15%~16%；至青春期又增高。如果能量供应不足，将会导致儿童生长发育迟延。

---

①：1 kcal≈4.184kJ 或 1 kJ≈0.239kcal

(二)营养素

考点: 儿童营养素的需要量

1. 营养素摄入量 合理的营养是满足儿童正常生理需要,保证儿童健康成长的重要因素。中国营养协会推荐的营养素参考摄入量(dietary reference intakes, DRIs)包括4项内容:①平均需要量(estimated averagere quirement, EAR)是某一特定性别、年龄及生理状况群体中对某营养素需要量的平均值,摄入量达到EAR水平时可以满足群体中95%个体对该营养素的需要;②推荐摄入量(recommended nutrient intake, RNI)可以满足某一特定性别、年龄及生理状况群体中绝大多数(97%~98%)人体的需要;③适宜摄入量(adequate intake, AI)是通过观察或实验室获得的健康人群某种营养素的摄入量,在不能确定RNI时使用,但不如RNI精确;④可耐受最高摄入量(tolerable upper intake level, UL)是平均每日可摄入某种营养素的最高量。

2. 糖类 糖类为能量的主要来源,所提供的能量应占总能量的45%~55%,主要以糖原形式储存在肝和肌肉中。1岁以内婴儿约需糖类为12g/(kg·d),2岁以上儿童约为10g/(kg·d)。当糖类供给不足时,可引起低血糖;并且,机体将分解蛋白质或脂肪以满足能量需要,以致酮体产生过多而致酸中毒。相反,如能量摄入过多,造成异常的脂肪堆积,与成年期慢性疾病和代谢综合征有关。

3. 脂肪 脂类包括脂肪和类脂,是机体能量的重要来源和主要储存形式。婴幼儿脂肪的需要量为4~6g/(kg·d),6~7岁后的儿童约为3g/(kg·d)。脂肪所提供的能量占婴儿总能量的35%~50%,年长儿占25%~30%;其中,必需脂肪酸应占脂肪所提供能量的1%~3%。必需脂肪酸人体不能自身合成,必须由食物供给,如亚油酸、亚麻酸。亚油酸在体内可转变成亚麻酸和花生四烯酸,故亚油酸是最重要的必需脂肪酸。膳食中缺乏亚油酸,会影响人体正常的生理功能,表现为皮肤角化、伤口愈合不良、生长停滞、生殖能力减退、心肌收缩能力降低、免疫功能下降和血小板凝聚障碍等。

4. 蛋白质 蛋白质主要功能是构成人体细胞和组织,维持人体的生理功能;次要功能是供能,其所提供的能量占总能量的8%~15%。婴幼儿正处于生长发育阶段,对蛋白质的质和量需要相对更高。1岁内婴儿蛋白质的RNI为1.5~3g/(kg·d),其中优质蛋白质(蛋白质氨基酸的模式与人体蛋白质氨基酸模式接近)应占50%以上。儿童蛋白质长期缺乏可出现生长发育迟缓、营养不良、贫血、水肿等,摄入过多又可引起便秘和消化不良。

5. 维生素 维生素是维持人体正常生理功能所必需的一类有机物质,在体内含量极微,但在机体代谢、生长发育等过程中起重要作用。维生素分为脂溶性和水溶性两大类,脂溶性维生素(包括维生素A、维生素D、维生素E和维生素K)排泄缓慢,过量易导致中毒,缺乏时症状出现较迟;水溶性维生素(包括B族维生素和维生素C)易溶于水,不易储存,其多余部分可迅速从尿中排泄,需每日供给,缺乏后迅速出现症状,过量一般不易发生中毒。多数维生素在体内不能合成或合成量不足,故必须由食物供给。对儿童来说,维生素A、维生素D、维生素C、维生素B_1是容易缺乏的微量营养素。

6. 矿物质 人体内含有多种矿物质,目前发现有20余种为人类生命所必需。其中占人体重4%~5%,每日膳食需要量在100mg以上的称为常量元素,如钙、磷、镁、钠、氯、钾、硫等。在体内含量小于体重0.01%、需通过食物摄入、具有一定生理功能的各种元素称为微量元素,其中包括必需微量元素(碘、锌、硒、铜、钼、铬、钴、铁8种),可能必需微量元素(锰、硅、硼、矾、镍5种),有潜在毒性,但低剂量时可能具有人体必需功能的元素(氟、镉、汞、砷、铝、锂、锡7种)。常量元素主要参与构成人体组织成分,维持水电解质平衡,调节神经肌肉兴奋性,参与酶的构成,激活酶的活性等。必需微量元素是酶、维生素必需的活性因子，构成或参与激素的作用，参与核酸代谢。

7. 膳食纤维　膳食纤维主要来自植物的细胞壁，为不被小肠酶消化的非淀粉多糖（包括纤维素、半纤维素、木质素、果胶、树胶、海藻多糖等）。膳食纤维有吸收大肠水分，软化大便，增加大便体积，促进肠蠕动等功能。膳食纤维在大肠被细菌分解，产生短链脂肪酸，降解胆固醇，改善肝代谢，防止肠萎缩。婴幼儿可从谷类、新鲜蔬菜、水果中获得一定量的膳食纤维，年长儿、青少年膳食纤维的适宜摄入量为20~35g。

8. 水　水为人体不可缺少的重要物质，人体所有的新陈代谢和体温调节活动都必须要有水的参与才能完成。水主要由饮用水和食物中获得，组织代谢和食物在体内氧化过程也可产生一部分水（100kcal约可产生12g水）。人体含水量因年龄而异，新生儿体内含水量约占体重78%、1岁时为70%、成人为55%~60%。儿童水的需要量与年龄、能量摄入、食物种类、肾功能成熟度等因素有关。婴儿新陈代谢旺盛，水的需要量相对较多约为150ml/(kg·d)，以后每3岁减少约25 ml/(kg·d)，成人约为50ml/(kg·d)。

二、婴儿喂养

婴儿喂养方法有母乳喂养、混合喂养和人工喂养3种，其中以母乳喂养最为理想。

（一）母乳喂养

1. 母乳的成分

（1）初乳：是指母亲产后4天以内的乳汁，其量较少、质稍稠而呈微黄色、含蛋白质和免疫球蛋白较多、脂肪少、微量元素和免疫物质丰富，非常适合新生儿的需要。

（2）过渡乳：是指母亲产后5~10天的乳汁，脂肪含量高、蛋白质和矿物质含量逐渐减少。

（3）成熟乳：是指母亲产后11天至9个月的乳汁，分泌量随婴儿的增长而增加，蛋白质含量减少。

（4）晚乳：是指母亲产后10个月以后的乳汁，分泌量逐渐减少，各种营养成分均下降，远不能满足婴幼儿生长发育的需要。

2. 母乳喂养的优点

（1）营养丰富：①蛋白质、脂肪、糖的比例适宜（1∶3∶6），适合婴儿生长发育的需要；②蛋白质多为乳清蛋白，所含酪蛋白少，利于婴儿消化；③脂肪颗粒小，不饱和脂肪酸较多，并含乳脂酶，易于消化吸收；④乳糖中90%为乙型乳糖，能促进双歧杆菌和乳酸杆菌的生长而抑制大肠埃希菌繁殖，减少腹泻的发生；⑤母乳中钙磷比例适宜(2∶1)，易于吸收，较少发生低血钙；⑥含微量元素锌、铜、碘较多，尤以初乳中含量高，对生长发育有利；⑦母乳中铁含量虽与牛奶相似，但母乳中铁吸收率（50%）高于牛奶（10%），不易发生贫血。

考点：母乳喂养的优点

（2）能增强婴儿免疫力：母乳中含有较多的免疫球蛋白，尤其以分泌型IgA（SIgA）为多，初乳中最多；此外还有乳铁蛋白、巨噬细胞、淋巴细胞、补体、溶菌酶及双歧因子等免疫活性物质。

（3）哺喂方便、经济：乳汁量随婴儿生长而增加，母乳温度适宜，可随时哺喂，不易被污染和变质，既方便又经济。

（4）增进母婴的情感交流：母乳喂养时，婴儿与母亲皮肤直接接触，通过母亲的抚摸、对视、温言细语，达到母子间相互了解、熟悉和亲密，并使婴儿获得安全感、信任感和愉悦感，增强母婴间依恋情结，有利于婴儿心理和智力发育。

（5）利于母亲产后的恢复：母亲哺乳可刺激产生催乳激素，促进子宫收缩，加快子宫复原；可抑制排卵，减少受孕机会；降低乳腺癌和卵巢癌的发生率。

3. 母乳喂养的方法

（1）开始哺乳时间：正常分娩、母婴健康状况良好时，应尽早哺乳，一般生后1小时内。提倡母婴同室，按需哺乳。产后2周是建立母乳喂养的关键时期。

（2）哺乳方法：哺乳前给婴儿换好尿布，选取正确的喂哺姿势。一般母亲采取坐位，怀抱婴儿，使婴儿的头和肩部枕于母亲哺乳侧肘弯部。母亲先热敷和按摩乳房，再用另一手拇指和四指分别放在乳房上、下方，喂哺时将整个乳头和大部分乳晕置入婴儿口中。一般先吸空一侧乳房再换另一侧；若一侧乳房奶量已能满足婴儿需要，则可每次轮流哺喂一侧乳房，并将另一侧的乳汁用吸奶器吸出，每次哺乳应让两侧乳房的乳汁排空。哺乳完毕，将婴儿竖抱，头伏在母亲肩上，轻拍背部，以帮助其胃内空气排出。之后，宜将婴儿保持在右侧卧位，以利胃排空，防止乳汁反流或吸入气管造成窒息。

（3）每天哺乳时间：0~2个月婴儿，提倡按需哺乳，以促进乳汁分泌。随着婴儿年龄的增加，可采取定时喂养，一般3~6个月婴儿每天哺乳6次；7~12个月婴儿每天哺乳5次。每次哺乳时间为15~20分钟，以吃饱为度。

考点：不宜哺乳的情况

4. 不宜哺乳的情况　凡是母亲感染HIV、患有严重疾病（如慢性肾炎、糖尿病、恶性肿瘤、精神病、癫痫或心功能不全等）应停止哺乳。乳母患急性传染病时，可将乳汁挤出，经消毒后哺喂。乙型肝炎的母婴传播主要发生在临产或分娩时，是通过胎盘或血液传递的，因此，乙型肝炎病毒携带者并非哺乳的禁忌证。母亲感染结核病，但无临床症状时可继续哺乳。

> **链　接**
>
> **断乳的注意事项**
>
> 断奶期是一个从完全依靠乳类喂养逐渐过渡到多元化食物的过程。随着婴儿的长大，母乳已不能满足小儿生长发育的需要，同时婴儿的各项生理功能也逐步适应于非流质食物，因此一般生后4~6个月开始添加辅食，为完全断奶作准备；断奶时间一般在生后10~12个月，逐渐减少哺乳次数、增加辅助食品。如遇夏季炎热或婴儿疾病时宜延迟断奶，但一般不超过1岁半。

（二）混合喂养

混合喂养又称部分母乳喂养，是指母乳不足时，采用母乳与配方奶或兽乳喂养婴儿的一种喂养方法。具体方法有补授法和代授法两种。

1. 补授法　母乳喂养的婴儿体重增长不满意时，提示母乳不足。此时用配方奶或兽乳补充母乳喂养为补授法，适宜4月内的婴儿。补授时，母乳哺喂次数一般不变，每次先将两侧乳房吸空后，再以配方奶或兽乳补足母乳不足部分。这样有利于刺激母乳分泌。补授的乳量由小儿食欲及母乳量多少而定，即"缺多少补多少"。

2. 代授法　用配方奶或兽乳替代1至数次母乳量为代授法。母乳喂养婴儿至4~6月龄时，为断离母乳，开始引入配方奶或兽乳时宜采用代授法。即在某一次母乳哺喂时，有意减少哺喂母乳量，增加配方奶量或兽乳，逐渐替代此次母乳量。依次类推直到完全替代所有的母乳。但母乳次数不应少于每日三次，以防母乳分泌迅速减少。

（三）人工喂养

人工喂养是指4个月以内的婴儿由于各种原因不能进行母乳喂养时，完全采用配方奶或其他兽乳（如牛乳、羊乳、马乳等）喂哺婴儿。

1. 摄入奶量估计（6个月以内）

（1）配方奶粉摄入量估计：一般市售婴儿配方奶粉100g供能约为500kcal（2029kJ），

按婴儿能量需要量为 100kcal/(kg·d) [418.4kJ/(kg·d)] 计算，故需婴儿配方奶粉 20g/(kg·d) 即可满足生长需要。

（2）牛奶摄入量估计：8% 糖牛乳 100ml 供能约 100kcal(418.4kJ)，按婴儿能量需要量为 100kcal/(kg·d) [418.4kJ/(kg·d)] 计算，故婴儿需要 8% 糖牛乳为 100ml/(kg·d)。牛奶喂养时，因蛋白质与矿物质浓度较高，应在喂奶之后适当添加水，使奶和水总量达 150ml/(kg·d)。

考点： 人工喂养时配方奶粉和 8% 糖牛乳的计算

2．牛乳改造　若无条件选用配方奶而采用牛乳喂养婴儿时，必须改造。改造方法是：

（1）加热：煮沸可达到灭菌要求，且能使奶中的蛋白质变性，使之在胃中不易凝成块。

考点： 牛乳量和婴儿配方奶粉量的计算

（2）加糖：婴儿食用全牛乳应加糖，不是为增加牛乳甜味或增加能量，而是改变牛乳中宏量营养素的比例，利于吸收。一般每 100ml 牛奶中可加蔗糖 5~8g，加糖过多或过少均不利于婴儿营养。

（3）加水：降低牛奶矿物质和蛋白质浓度，减轻婴儿消化道和肾脏负荷。新生儿采用稀释奶，生后不满 2 周者采用 2∶1 奶（即 2 份牛奶加 1 份水），以后逐渐过渡到 3∶1 或 4∶1 奶，满月后即可用全奶。

3．人工喂养方法

（1）尽量选择乳品或乳制品，调制适宜的浓度、量和温度。乳品容易被细菌污染，若无冷藏条件，应分次配制，确保安全。

（2）哺喂前先洗净双手，所用奶具应洗净、消毒。选择适宜的奶瓶，奶头孔的大小应以奶瓶盛水倒置时，液体呈连续滴状滴出为宜。

（3）乳汁的温度以乳汁滴在成人手腕腹面不感到过热为适宜。

（4）每次哺喂时间 15~20 分钟；牛乳间隔 3.5~4 小时喂 1 次，每日 6~7 次。

（5）将婴儿抱起，取舒适体位，奶瓶置于斜位，使奶头充满乳汁后再喂乳，哺喂完毕竖抱起婴儿，轻拍其背部，使其将吞咽的空气排出后。之后，宜将婴儿保持在右侧卧位，以利胃排空，防止乳汁反流或吸入气管造成窒息。

（四）辅助食品的添加

1．添加辅食的目的

（1）补充营养素：婴儿长到 4~6 个月后，母乳将不能完全满足其生长发育的需要，而且母乳的质和量随着时间推移逐渐下降，因此必须添加辅食。

考点： 婴儿辅助食品的添加

（2）改变食物的性质，训练婴儿的咀嚼功能，为断奶作准备。

2．添加辅食的原则　添加辅食时应根据婴儿的实际需要和消化系统成熟程度，遵照循序渐进的原则进行。①从少到多：使婴儿有一个适应过程；②由稀到稠：即从流质开始，到半流质，最后到固体；③由细到粗：从菜汁到菜泥，再到添加碎菜；④由一种到多种：适应一种食物后，再加另一种，不能同时添加几种；⑤出现消化不良时，应暂停添加该种辅食，待恢复正常后，再从开始量或小量添加；婴儿患病时，应暂缓添加新品种。

3．添加辅食的顺序及供给的营养素　见表 3-1。

4．添加辅食的护理

（1）辅食添加应在婴儿身体健康时添加。

（2）添加后，要注意观察婴儿大便情况，如出现腹泻或消化不良，应暂停或少加辅食，待大便正常后慢慢添加。

（3）添加辅食应注意食品卫生，防止因污染引起疾病。

表 3-1　添加辅食的顺序及供给的营养素

月　龄	辅食种类	供给的营养素
1~3 个月	菜汤、水果汁 维生素 AD 制剂	维生素 A、维生素 C，矿物质 维生素 A、维生素 D
4~6 个月	米汤、米糊、稀粥 蛋黄、鱼泥、豆腐、动物血 菜泥、水果泥	维生素 B 族；供给热能 蛋白质、铁、维生素 维生素、矿物质、纤维素
7~9 个月	粥、烂面、饼干、馒头片 蛋、鱼、肝泥、肉末、碎菜	维生素 B 族；供给热能； 蛋白质、铁、锌、维生素、纤维素
10~12 个月	稠粥、软饭、面条、面包、馒头 碎肉、碎菜、豆制品	维生素 B 族；供给热能 蛋白质、维生素、矿物质、纤维素；供给热能

注：母乳所含的维生素 C、维生素 D 不足，故从生后 2 周始即可逐步添加维生素 C 和浓缩鱼肝油，但两者均不作为辅食对待

三、常用护理技术

（一）生命体征测量

1. 体温　体温的测量有多种方法，常用的有腋下法、口腔法和肛内法，其中最常用、最安全的是腋下法。腋下法是将体温表水银头放在儿童腋窝中，将上臂紧压腋窝，密闭保持 5~10 分钟。测量前应检查体温表水银柱的刻度是否在 35℃以下，测量时局部的汗液应擦去；进食或活动后应休息 30 分钟左右再测量。

2. 脉搏　一般选用上肢桡动脉，也可选用肱动脉、股动脉或足背动脉等。检查时，检查者手指并拢，以示指、中指和环指指腹平放于儿童桡动脉近手腕处，轻轻按压，仔细感觉脉搏搏动。一般数 1 分钟，筛查时可数 15 秒，然后乘以 4。

3. 呼吸　观察小儿腹部起伏的次数，一起一伏为一次呼吸。对呼吸较弱的儿童可用细棉线放在其鼻孔处根据吹动的次数来数或以一侧面部贴近儿童鼻孔处通过对其气息的感受来数。

4. 血压　一般采用间接法，即采用血压计测量。血压计有汞柱式（台式）、弹簧式和电子血压计，汞柱式检查时需用听诊器。检查时儿童呈仰卧位或坐位，将袖带绑于其右上肢肘部，将听诊器胸件置于袖带下缘肱动脉搏动处，紧贴皮肤，然后用气囊充气至肱动脉搏动消失（听诊器听不到搏动声），再充气使水银柱上升 10~20mmHg（较大儿童或成人 10~20mmHg）后，开始缓慢放气，当听到第一次声响时的汞柱数值为收缩压，声音消失时为舒张压。一般来说，袖带应为儿童上臂长度的 1/2~1/3。

（二）身体的清洁

儿童由于生活自理能力差，常常需要得到成人的帮助和指导。身体的清洁包括口腔、头发、皮肤和会阴部的清洁。

1. 口腔清洁　口腔卫生对预防疾病及促进健康十分重要。

（1）牙具的选择：应尽量选用外形较小、表面平滑的尼龙牙刷，不可选用成人或毛硬的牙刷。牙刷应每隔 3 个月换 1 次。牙膏应选儿童儿专用牙膏，药物牙膏可起到预防龋齿和治疗牙齿过敏的作用，可根据需要选用。

（2）刷牙的方法：一般刷牙都在早晨和晚上临睡前进行。刷牙时将牙刷轻轻放于牙齿周围的龈沟上，牙刷的毛面与牙齿呈 45° 角，以环形来回刷动。对于前排牙齿的内面，可用牙刷毛面的尖端以环形方式刷洗牙面，再反复刷洗牙齿的咬合面。

2. 头发清洁 头发的清洁是儿童每日清洁卫生的一项重要内容,经常梳理和清洁头发,可及时清除头皮屑及灰尘,使头发清洁、易梳理。同时经常梳头和按摩头皮,还可促进头部血液循环,增进上皮细胞的营养,促进头发的生长。头发的清洁包括梳头与洗头。

(1) 梳头:应选用圆钝齿的梳子,以防损伤头皮。梳头时儿童取坐位或立位,梳理者立于儿童的身后或侧面,一手扶头,一手持梳子从前向后沿发根向发梢梳理;为女童梳理时,应从中间分为两股,一手紧握一股头发,一手持梳子梳理。在梳理过程中,家长可用手指指腹轻轻按摩儿童的头皮,以促进头皮的血液循环。

(2) 洗头:儿童一般应每周洗 1 次,炎热夏季可每天洗 1 次。洗头前应准备好毛巾、浴巾、面盆、洗发液、梳子及内盛热水(以手放入其中不感觉烫为宜)的水壶等所需用物。在冬季,应注意关好门窗,调节好室温。对 2 岁以下的婴幼儿,家长取坐位或半立位,用左前臂托住婴幼儿的上半身,左手托住其头颈部,将婴幼儿的头部置于面盆上方;2 岁以上的儿童可取坐位或立位,让其低头置于面盆上方,嘱儿童闭上双眼。先用温水浸湿头发,再均匀涂上洗发液,由发际至脑后部反复揉搓,同时用指腹轻轻按摩头皮;然后用温水边冲边揉搓,直至冲洗干净。用干毛巾擦干面部,用浴巾擦干头发,最后用梳子将头发梳理整齐,并为儿童擦上面部护肤霜。洗头过程中应尽量使儿童感到舒适,并注意避免儿童受凉。

3. 皮肤清洁 皮肤的清洁有助于预防感染。儿童皮肤清洁主要包括洗澡和护肤。洗澡包括淋浴和盆浴。婴儿洗澡夏季可每天 1 次,冬季可每周 1~2 次。为婴儿进行洗澡,不仅清洁了其皮肤,还为婴儿提供了有益的游戏方法,并为母婴提供了接触交流的机会。护肤主要是通过使用润肤剂以达到皮肤保健作用。

(三) 冷热疗法

1. 冷疗法 冷疗法是用低于人体温度的物质作用于机体的局部或全身,以达到止血、止痛、消炎和退热的治疗方法,包括冰袋、冰帽、冷湿敷与温水擦浴等。组织损伤、破裂或大面积组织受损、皮肤颜色青紫、水肿及对冷过敏者应禁忌选用。

(1) 冷湿敷法:用于降温或早期扭伤、挫伤的消肿、止痛。先将冰块敲碎放于盛水的盆中,然后将毛巾或敷布浸入盆中,使其浸透,取出毛巾或敷布拧干,抖开,折叠后敷于患处;每 2~3 分钟更换 1 次,一般冷敷时间为 15~20 分钟。

(2) 温水擦浴:多用于高热的降温。擦浴的水温要求在 32~34℃,与正常人皮肤温度相近。擦浴时应备冰袋置于头部,以防擦浴时表皮血管收缩,头部充血;备热水袋置于足下,以减轻头部充血。以浸湿的毛巾包裹于大人手掌,挤干(拧至不滴水为宜),边擦边按摩,其顺序依次为:侧颈、肩、上臂外侧、前臂外侧到手背;侧胸、腋窝、上臂内侧、前臂内侧到手心;颈下肩到臀部;(穿好上衣,脱去裤子)髋部、下肢外侧到足背;腹股沟、下肢内侧到内踝;臀下沟、下肢后侧、腘窝到足跟。擦浴全过程不宜超过 20 分钟,擦拭时应尽量减少暴露,并注意观察皮肤表面有无发红、苍白、出血或感觉异常等。擦腋窝、肘窝、腹股沟、腘窝处时稍用力,并延长擦拭时间,以促进散热。胸前区、腹部、后颈部、足心部位禁忌擦拭。

2. 热疗法 热疗法是用高于人体温度的物质作用于机体的局部或全身,以达到促进血液循环、消炎、解痉和舒适的治疗方法,包括干热疗法和湿热疗法。软组织损伤早期、危险三角区及未确诊的急性腹痛等应禁忌使用。

(1) 热水袋的使用:具有保暖、解痉、镇痛和舒适的作用。准备 60~70℃的热水灌入热水袋,排尽空气,旋紧塞子,擦干外壁水迹,倒提检查有无漏水,然后装入布套内;将热水袋置于所需部位。应避免烫伤,必要时及时更换。

（2）热湿敷法：将毛巾浸入50~60℃的热水中，取出拧至不滴水，抖开，折叠后置于所需处；每3~5分钟换一次，时间为15~20分钟。热敷前家长用手掌测试水温，应无烫感，以避免烫伤。

（四）给药法

药物治疗是常采用的一种治疗手段，给药的方法按给药的途径可分为注射、吸入、口服、外用等。给药务必注意安全，应遵照医嘱或药品使用说明书的方法给药。给药前要核对药品名称、剂量、给药途径和次数等，注意察看药品说明书及其注意事项。儿童用药剂量应以公斤体重计算为宜。

1. 口服法　供口服的药物主要有片剂、丸剂、散剂、糖浆与溶液等。幼儿及学龄儿童应训练并鼓励其自愿服药。婴幼儿应将药品研成粉状，再用温水溶化，可加少量食糖，调成溶液或糊状。准备好后，抱起婴幼儿坐在凳子上，然后以左臂固定小儿双臂及头部，用小勺盛药液从口角处顺口颊方向慢慢倒入，小勺仍留在口中，待药液已咽下后，再将小勺拿开，以防小儿将药液吐出。若小儿不肯咽下时，可用拇指、示指轻轻捏双颊，使之吞咽、喂药后再喂少量水，冲净口中药液。应注意防止呛咳或误吸，一旦发生，应立即侧卧，头偏向一侧，并拍背。

2. 滴眼药法　儿童躺在大人的怀里或椅子上，头稍后仰眼向上；大人一手将儿童的下眼睑向下方牵拉，另一手持眼药水瓶，手掌轻轻置于前额上；滴管距离眼睑1~2cm，将所需药液滴数滴入眼下部结膜囊内；轻轻提起上睑，使药液均匀扩散于眼球表面；以干棉球拭干流出的药液，并嘱小儿闭目2~3分钟；用棉球紧压泪囊1~2分钟，以免药液经过泪管，流入泪囊和鼻后腔后经黏膜吸收而引起全身不良反应。注意动作轻柔、准确，勿使滴管末端触及睫毛或眼睑缘，以防污染；同时，药液不宜直接滴在角膜面上。

3. 滴耳药法　使儿童侧卧于家长怀里，家长用一手将耳郭向下牵拉，使耳道变直；另一手持药瓶，手掌根部轻置于儿童耳郭旁，将所需药液滴数滴入耳道，轻压耳屏，用小棉球塞入外耳道口；嘱儿童保持原来体位1~2分钟，观察有无不适反应。

4. 滴鼻药法　儿童取坐位，头后仰；或取垂头仰卧位。解开衣领，擤鼻，以纸巾抹净；用一手轻轻推鼻尖以充分暴露鼻腔，另一手持滴管距鼻孔约2cm处滴入所需药液滴数。观察有无不良反应。

第二节　预防接种

预防接种就是有针对性地将生物制品接种到人体内，使之产生特异性免疫力，以达到预防传染病的目的。预防接种可分为自动免疫接种和被动免疫接种。

一、免疫制剂的分类

（一）主动免疫及常用免疫制剂

主动免疫是给易感者接种特异性抗原，以刺激机体产生特异性抗体，从而获得主动免疫力。主动免疫制剂在接种后经过一定时间才能产生抗体，但抗体持续时间较长。在完成基础免疫后，还要适时地安排加强免疫，巩固免疫效果。常用主动免疫制剂有：

1. 菌苗　用细菌菌体制成，包括死菌苗和活菌苗。①死菌苗：用免疫性好的菌种经灭活后稀释至一定浓度制成；其性质稳定、安全，需保存在冷暗处；死菌苗进入体内不能生长繁殖，产生免疫力不高，维持时间短，因此接种量大，需多次重复注射，如霍乱、百日咳、伤寒菌菌苗等。②活菌苗：用"无毒"或毒力很低但免疫原性较高的菌种繁殖后用活菌体制成，此类菌苗有效期短，需冷藏保存；活菌苗接种到人体后，可生长繁殖，但不引起疾病，产生免疫力时间长且效果好，因此接种量小，次数少，如卡介苗、鼠疫、布鲁菌菌苗等。

2. 疫苗　用病毒或立克次体接种于动物、鸡胚或组织培养，经处理后形成，包括灭活疫苗，如乙型脑炎和狂犬病疫苗等，及减毒活疫苗，如脊髓灰质炎和麻疹疫苗等。活疫苗的优点与活菌苗相似，但活疫苗不可在注射丙种球蛋白或胎盘球蛋白的3周内应用，以免发生免疫抑制作用。

3. 类毒素　用细菌所产生的外毒素加入甲醛，使其变成无毒性而仍有抗原性的制剂，如破伤风和白喉类毒素等。

（二）被动免疫及常用免疫制剂

被动免疫是指未接受主动免疫的易感者在接触传染病后，给予相应的抗体，使儿童在短期内（一般约3周）获得被动免疫力。主要用于应急预防和治疗，如给未注射麻疹疫苗的麻疹易感儿注射丙种球蛋白以预防麻疹；受伤时注射破伤风抗毒素以预防破伤风。

常用被动免疫制剂包括抗毒素（用细菌类毒素或毒素对马或其他动物进行免疫，从动物取得的免疫血清）、抗菌血清和抗病毒血清（用细菌或病毒对动物进行免疫，从动物取得的免疫血清）以及丙种球蛋白等。此类制剂来自于动物血清，对人体是一种异性蛋白，注射后容易引起过敏反应或血清病，尤其是重复使用时，特别要慎重。

二、计划免疫程序和种类

计划免疫是根据儿童的免疫特点和传染病发生的情况制定的免疫程序，通过有计划地使用生物制品进行预防接种，以提高人群的免疫水平、达到控制和消灭传染病的目的。

（一）计划免疫程序

按照我国卫生部的规定，婴儿必须在1岁内完成卡介苗、脊髓灰质炎三价混合疫苗、百白破混合制剂、麻疹减毒活疫苗及乙型肝炎病毒疫苗接种的基础免疫（表3-2）。此外，根据流行地区、季节、家长的意愿，还可进行乙型脑炎疫苗、流行性脑脊髓膜炎疫苗、风疹疫苗、流感疫苗、腮腺炎疫苗、甲型肝炎病毒疫苗、水痘疫苗、流感杆菌疫苗、肺炎疫苗、轮状病毒疫苗等的预防接种。

考点：我国儿童计划免疫程序

表3-2　我国儿童计划免疫程序

年龄	接种疫苗	可预防的传染病
出生24h内	乙型肝炎疫苗（1） 卡介苗	乙型病毒性肝炎 结核病
1月龄	乙型肝炎疫苗（2）	乙型病毒性肝炎
2月龄	脊髓灰质炎糖丸（1）	脊髓灰质炎
3月龄	脊髓灰质炎糖丸（2） 百白破疫苗（1）	脊髓灰质炎 百日咳、白喉、破伤风
4月龄	脊髓灰质炎糖丸（3） 百白破疫苗（2）	脊髓灰质炎 百日咳、白喉、破伤风
5月龄	百白破疫苗（3）	百日咳、白喉、破伤风
6月龄	乙型肝炎疫苗（3）	乙型病毒性肝炎
8月龄	麻疹疫苗	麻疹

续表

年龄	接种疫苗	可预防的传染病
1.5~2岁	百白破疫苗（加强） 脊髓灰质炎糖丸（部分）	百日咳、白喉、破伤风 脊髓灰质炎
4岁	脊髓灰质炎疫苗（加强）	脊髓灰质炎
7岁	麻疹疫苗（加强） 白破二联疫苗（加强）	麻疹 白喉、破伤风

注：括号中的数字是表示接种针（剂）次

（二）基础免疫制剂与接种

1. 卡介苗　卡介苗是采用牛型结核杆菌菌株制成的活疫苗，这种菌株经反复的特殊培养与传代，其毒性与致病性已经丧失，但仍保持抗原性。接种本菌后可获得一定的对抗结核病的免疫力。接种后12周结核菌素试验（PPD或OT）阳转率在90%以上。

（1）接种对象：为健康的足月新生儿以及结核菌素试验呈阴性反应的儿童。

（2）接种方法：在左上臂外侧三角肌中部皮内注射0.1ml，严禁皮下或肌内注射。

（3）注意事项：①免疫缺陷病、接受免疫抑制剂治疗、结核病、急性传染病、肾炎、心脏病、湿疹及其他严重皮肤病的患儿，以及对疫苗中任一种成分过敏的儿童均不能接种卡介苗；早产儿、难产儿、出生体重低于2500g及有明显先天畸形的新生儿、发热或腹泻的患儿暂缓接种卡介苗。②接种后2~3个月内严格避免与结核病患者接触。

2. 乙肝疫苗　目前我国主要使用乙肝基因工程疫苗。

（1）接种对象：新生儿、学龄前儿童及其易感人群。

（2）接种方法：于右上臂三角肌处肌内注射，剂量为每次10μg，共接种三次。出生24小时内接种第一次，1个月时接种第二次，6个月时接种第三次。对HbsAg、HbeAg阳性母亲的新生儿，出生后12h内及1个月时分别肌内注射乙肝免疫球蛋白100IU以上，然后于第2、第3、第6个月时接种乙肝疫苗；也可在出生后12小时内肌内注射乙肝免疫球蛋白200IU以上，1~2周内接种第一针乙肝疫苗。

（3）注意事项：①患有发热、严重急性或慢性疾病及过敏体质者禁用；②严禁使用注射过卡介苗的注射器接种乙肝疫苗。

3. 脊髓灰质炎三价混合疫苗　目前我国主要使用Sabin三价混合减毒活疫苗。

（1）接种对象：2个月以上的正常婴儿。

（2）接种方法：出生后满2个月开始口服，每次服1丸，连服3次，每次必须间隔1个月。4岁时复种一次（口服1丸）。

（3）注意事项：①凡有免疫缺陷病、发热、急性传染病、接受免疫抑制剂治疗的患儿忌服，严重腹泻的患儿暂缓服用。②需用冷开水喂服，切忌用热开水或人奶喂服，以免影响免疫效果。

4. 百白破混合制剂　是用百日咳菌苗、白喉类毒素、破伤风类毒素适量配用0.9%氯化钠溶液稀释制成的混合制剂。免疫成功可预防百日咳、白喉和破伤风。

（1）接种对象：3个月以上的正常婴儿。

（2）接种方法：于臀部外上方1/4处或上臂外侧三角肌处肌内注射0.5ml。婴儿于出生后3个月开始注射，连续3次，每次必须间隔1个月。1.5~2岁和6岁时各复种一次。

（3）注意事项：①有惊厥或脑损伤史的患儿禁用。②注射第1针后，因故未按时注射第2针时，可延长间隔时间，但最长不超过3个月。

5. 麻疹减毒活疫苗　目前常用的是将减毒的麻疹病毒接种于鸡胚细胞上，待病毒繁殖后收集制成的麻疹减毒活疫苗。

（1）接种对象：出生后 8 个月以上未患过麻疹的正常儿童。

（2）接种方法：于上臂外侧三角肌附着处皮下注射 0.2ml。6 岁时复种一次。

（3）注意事项：①有发热、急性或慢性感染、严重疾病、对鸡蛋过敏的儿童禁止接种。②近期注射过免疫球蛋白的儿童，推迟 3~6 个月接种麻疹疫苗。

三、预防接种的注意事项

（一）接种前的准备工作

1. 安排接种场所　接种场所应光线明亮，空气流通，冬季室内应温暖，备好急救设备、药品。

2. 仔细解释　做好计划免疫的解释、宣传工作，介绍所接种的疫苗的类型，益处和可能的副作用；消除紧张、恐惧心理，争取家长和儿童的合作；接种最好在饭后进行，以免晕针。

3. 生物制品的准备　检查制品标签，包括名称、批号、有效期及生产单位，并做好登记；检查安瓿有无裂痕，药液有无发霉、异物、凝块、变色或冻结等；按照规定方法稀释、溶解、摇匀后使用。

4. 严格掌握禁忌证　接种前认真询问病史及传染病接触史。

（1）一般禁忌证：患有急性传染病（包括有接触史而未过检疫期者）、较重的心脏病、高血压、肝肾疾病、慢性疾病急性发作期、严重皮肤病，以及正在接受免疫抑制剂治疗的患儿应推迟常规的预防接种。

（2）特殊禁忌证：各种制剂的特殊禁忌证应严格按使用说明书执行。有明确过敏史者禁种白喉类毒素、破伤风类毒素、麻疹疫苗（特别是鸡蛋过敏者）、脊髓灰质炎糖丸疫苗（牛奶或奶制品过敏）、乙肝疫苗（酵母过敏或疫苗中任何成分过敏）；发热、腹泻期忌服脊髓灰质炎疫苗；近 1 个月注射过丙种球蛋白者，不能接种活疫苗；有抽搐史者禁用百日咳菌苗。

（二）接种时的注意事项

1. 认真查对　仔细核对儿童姓名、年龄以及疫苗名称；严格执行规定的接种剂量和途径；注意预防接种的次数，按使用说明完成全程和加强免疫；按各种制品要求的间隔时间接种，一般接种活疫苗后需隔 4 周，接种死疫苗后需隔 2 周，再接种其他活或死疫苗。

2. 严格无菌操作　要做到每人 1 副无菌注射器、1 个无菌针头；抽吸后安瓿内如有剩余药液，需用无菌干纱布覆盖安瓿口，在空气中放置不能超过 2 小时；接种后剩余药液应废弃，活菌苗应烧毁。一般用 2% 碘酊及 75% 乙醇或 0.5% 碘伏消毒皮肤，待干后注射；但接种活疫苗、菌苗时，只用 75% 乙醇消毒，因活疫苗、菌苗易被碘酊杀死，影响接种效果。

3. 交代接种后的注意事项及处理措施。

4. 及时记录及预约　保证接种及时、全程足量，避免重种、漏种，未接种者须注明原因，必要时进行补种。

考点：预防接种的注意事项

（三）预防接种的反应及处理

1. 局部反应　接种后数小时至 24 小时左右，注射部位会出现红、肿、热、痛，红晕直径在 2.5cm 以下为弱反应，2.6~5cm 为中等反应，5cm 以上为强反应，有时还伴有局部淋巴结肿大或淋巴管炎；轻者不必处理，重者可局部热敷，一般持续 2~3 天。但接种活菌（疫）

苗，则局部反应出现较晚、持续时间较长。

2. 全身反应　在接种后 24 小时内出现不同程度的体温升高，多为中低度发热，持续 1~2 天；体温 37.5℃ 左右为弱反应，37.5~38.5℃ 为中等反应，38.6℃ 以上为强反应，还常伴有头晕、恶心、呕吐、腹泻、全身不适等反应；但接种活疫苗需经过一定潜伏期（5~7 天）才有体温上升，一般无需特殊处理，注意适当休息、多饮水即可，高热持续不退，应到医院诊治。

3. 晕针　是由于各种刺激引起反射性周围血管扩张所致的一过性脑缺血，常在空腹、疲劳、室内闷热、紧张或恐惧等情况下，在接种时或几分钟内，出现头晕、心慌、面色苍白、出冷汗、手足冰凉、心跳加快等症状，重者心跳、呼吸减慢，血压下降，知觉丧失；应立即使患儿头低平卧，保持安静，饮少量热开水或糖水，一般即可恢复正常；数分钟后不恢复正常者，可针刺穴位人中、合谷，必要时皮下注射 1 : 1000 肾上腺素，每次 0.5~1ml。

4. 过敏性休克　在注射后数秒钟或数分钟内发生，表现为烦躁不安、面色苍白、口周发绀、四肢湿冷、呼吸困难、脉细速、恶心呕吐、惊厥、大小便失禁以至昏迷，如不及时抢救，可在短期内危及生命；应使患儿平卧，头稍低，注意保暖，给予氧气吸入，并立即皮下或静脉注射 1 : 1000 肾上腺素 0.5~1ml，必要时可重复注射，病情稳定后尽快转至医院抢救。

5. 过敏性皮疹　以荨麻疹最为多见，一般于接种后几小时至几天内出现，经服用抗组胺药物后即可痊愈。

6. 全身感染　有严重原发性免疫缺陷或继发性免疫功能遭受破坏者，接种活菌（疫）苗后可扩散为全身感染。

第三节　早期教育和体格锻炼

一、早期教育

(一) 早期教育概论

1. 早期教育的定义

（1）定义：早期教育（early education）面向所有儿童，一般是指对 0~6 岁，特别是 3 岁以前小儿，根据小儿体格发育规律以及神经心理发育的特点，利用外界丰富的环境和某些教育训练，有组织、有目的、有计划、系统地对儿童各种器官（特别是各种感觉器官和大脑）进行刺激和训练，帮助儿童自然地发展，让每个儿童都能发展其潜能，成为一个健康、快乐、自信的人。

（2）不同类型儿童的早期教育：早期教育要求能够促进正常小儿多元智力（智力应包括语言智力、数学逻辑智力、空间结构能力、音乐智力、运动智力、社交智力、自我认识智力等）的发育，发展其低限智力，使其不成为阻碍发展的因素，继续发展其他智力；促进有可能发展为智力低下的高危儿或智力已经偏低于正常小儿的智力发育，预防和改善智力低下。

2. 早期教育的目的　主要目的是通过对儿童各种感觉器官系统提供适当的、各种途径的、各种类型的外界环境的刺激，让儿童在健康快乐中度过自己的童年。现代的幼儿早期教育要从培养"特长型"、"竞争型"、"知识型"过渡到素质教育，要从单一智能开发到多元智能的培养。

3. 情商在早期教育中的地位　情商（emotional quotient，EQ）　是人社类心理活动另一个重要组成部分，可概括为人对自己情绪的认识与处理能力。情商的发展与智商同样重要，甚至比智商更为重要。因此，在进行早期教育时应该培养儿童的综合智力（多元智力）。

（二）早期教育的可能性

1. 0~3岁是人脑发育最快时期　出生时的脑重约400g，占成人脑重的25%~30%；6个月时达700g左右，约为成人的50%；12~15月龄时，大脑重量900~1050g，约为成人的75%；2岁的时候为1000~1150g，约为成人的80%~85%；5~6岁时大脑重量为成人的90%；20岁后脑的重量相对恒定为1300~1400g，老年时才开始下降（衰老时脑缩小10%，主要是树突的退变）。脑细胞的数量在出生的时候约有1000亿个，1岁的时候约为1400亿个，1岁以后脑细胞的数量基本上不会再增加。1岁后脑重量的增加主要是神经细胞体积的增加，特别是细胞树突和轴突的逐渐增加和神经纤维的髓鞘化的形成。在2岁以前，良好的育儿刺激对脑功能和结构，无论在生理和生化方面均有重要影响。

2. 未成熟脑的可塑性　未成熟脑在结构和功能上有很强的适应性和重组的能力，易受环境的影响。已经证明这些影响可改变神经元的大小、大脑结构总体重量和个别突触的数目和结构，增加和减少神经元间的连接和神经通路。

（1）脑可变更性和可代偿性：大脑结构和功能的可塑性通常表现为可变更性和代偿性。可变更性意义为某些细胞预先确定有特殊的功能，但此功能是可以改变的。代偿性是指一些细胞代替另一些细胞的功能。

（2）脑损伤修复的窗口期：在脑损伤后机能的修复过程中，药物和训练治疗也有一个窗口期，我们称之为"时窗"。损伤的早期是代偿的"敏感期"，此时学习、锻炼和药物影响是最有效的。年龄也是影响脑功能代偿的重要因素，年龄越小代偿的能力就越强，反之，年龄越大代偿的能力就越弱。所以，不同年龄阶段相同程度的脑损伤对脑功能的影响是不同的。脑损伤后机能修复的窗口期，提示对高危或缺陷儿童应尽早给予药物、训练、教育等的干预和康复治疗。

（3）可塑性的双面性：早期的刺激和感受在脑中的"印痕"最深刻。创伤会永久性改变脑内皮质醇的神经内分泌系统的功能。研究发现，那些行为最坏的和早期行为失调的孩子的皮质醇水平明显低于正常孩子。大脑的可塑性的缺点是极易受到伤害。成人的经验可改变行为，而婴儿经验更为重要的是用于组织大脑的神经网络，良好的经验会使大脑的神经网络更加丰富，使儿童更加聪明伶俐；但不良的刺激也会促使一些不良的神经网络的开放，从而使儿童自幼就对一些不良的刺激比较敏感，早期的心灵创伤会影响大脑结构，可引起终身的恐惧和紧张。

（三）早期教育的原则

早期教育的原则是帮助孩子的身心自然发展。应根据儿童生理、心理发展的规律，适时给予适当的、各种途径的、丰富的环境刺激和教育训练。教育活动中应遵循的原则：

1. 量力性原则　即根据儿童心理、体格发育特征和可接受程度开展早期教育；同时，积极创造条件，把教育活动略提前儿童平均发育水平。

2. 直观性原则　让儿童直接接受多种感觉刺激，把感知与语言结合起来。

3. 主动性原则　主动为儿童的成长提供丰富的环境刺激，孩子由于运动能力还比较弱，还无法主动来寻找需要的刺激。

4. 启发性原则　以启发、诱导为主，减少直接灌输。

5. 连续性原则　有连续过程，有专人负责，家长与专业人员互相配合。

6. 因人施教原则　结合儿童的爱好与特长，琴、棋、书、画的培训不可贪多求全，或强制硬压。很多国家对孤独症和社交障碍儿童采用的教育方式 — 结构化教育。目的是充分发挥学生的强项,而弥补和避开其弱处。

(四)早期教育的类型

1. 直接针对婴儿　可在婴儿室个别进行促进发育的刺激,或将婴幼儿集中在训练中心,集体进行教育训练;这主要是在幼儿园进行的教育训练。

2. 通过指导家长　间接对受教育对象进行教育训练。从小儿生后开始对家长指导以促进亲子之间相互作用,改善亲子关系。之后进一步指导家长如何合理、有效地促进婴幼儿智能发育。

3. 对婴儿直接教育和指导家长进行教育相结合　这种方法是最有效的方法,在指导者训练婴幼儿时通过观察其目前各方面的能力和缺陷,对家长指导如何进行家庭训练。

(五)早期教育的方法

1. 丰富的环境刺激　婴幼儿通过自身的能力所接受的外界刺激是非常有限的,要为儿童提供丰富的环境刺激,让其有更多的接受刺激的机会。父母与儿童之间的交流不仅可促进儿童智能的发展,还能促进儿童与父母之间的亲子关系;儿童之间的游戏是促进儿童社会行为发育的重要途径。

2. 观察　观察是儿童在认识事物过程中取得直接经验的重要途径,具有目的性、计划性、系统性和持久性。在指导儿童观察时要明确任务和方法,加强语言指导作用,提出需要进一步观察的问题,引导儿童观察后用语言加以描述。

3. 游戏　游戏在婴幼儿和学龄前儿童生活中占有重要的地位,是儿童认识和再现世界的基本形式,也是儿童获得积极的情绪体验、培养良好个性(如协作、控制和遵守纪律等个性品质)的重要活动,对儿童的运动协调能力培养也有积极意义。不同年龄儿童游戏参与性、游戏内容和深刻性都不同。婴儿基本处于一种被动接受状态,家长是游戏的主导者。幼儿游戏基本是一种平行游戏,两个儿童之间游戏没有协作性。3岁后,儿童游戏的协作性、参与性、表演性成分增加。根据儿童的年龄特点,提供不同的玩具,逐渐培养儿童的合作性。

4. 示范　根据 Bandura 的社会学习理论,模仿是一种无尝试学习,儿童学习更直接,可快速而有效地掌握大量而整合的行为。教育者自己或其他儿童通过操作或表演各种动作、发音等,使儿童直接模仿,经过反复练习掌握操作方法和技巧。

5. 提问　提问可启发儿童积极参与各项活动,引导儿童有目的地观察和思考。在儿童教育中,提问要有明确地目的地进行,一次最好只提问一个具体问题,所提问题在儿童理解的限度和知识的范围内。

6. 试误　尝试学习是另一种学习方式,心理学家 Thorndike 通过动物实验发现,动物的学习是通过尝试与错误的过程,经反复纠正,错误减少,成功概率增加。儿童在与世界接触中,也是不断尝试与错误的过程,鼓励儿童积极尝试,在错误中思考和解决问题,所获得的经验更深刻。

7. 发现　发现法强调儿童是学习的主体,教育者不必把答案告诉儿童,而是鼓励儿童能通过自己的探索、比较来寻找答案。这样既培养儿童的独立性,又培养了儿童思维的广阔性、灵敏性和深刻性。

(六)早期教育的内容

早期教育的内容可分为大运动、精细动作,语言、认知、社会交往等几个领域。早期教育的内容在不同的年龄阶段是不同的,应根据关键期的理论,在关键期注重某一方面的训练。

1. 大运动领域 0~4个月可训练俯卧抬头；4~6个月坐时主动举头、翻身、扶站、自动跳跃；8~10个月独坐稳，学爬行；12~15个月学独走，练爬上台阶；18~24个月学拉玩具倒走，扶栏上、下台阶；2~3岁练习跑、跳跃、扔球、踢球等技巧。

2. 精细动作领域 4~6个月伸双臂抓面前的玩具，8~10个月练双手间传递，10~12个月用拇指和食指捏取小物品。随着年龄的增长应逐渐注意双侧肢体的配合和手眼协调的训练。如1岁内儿童拿积木对敲，2~3岁的儿童学穿珠子、折纸、系纽扣等。

3. 语言有认知领域 小婴儿早期认知活动主要建立在感知和运动的基础上，早期对周围环境的认识和适应性就是以后智力的由来。0~6个月的婴儿要多进行视觉、听觉和触觉刺激，对他抚摸、说话，让他追视移动的玩具或人脸，寻找声音；6~12个月的婴儿则在感知觉和运动训练的基础上加强他对人类语言的理解；1岁以后的幼儿手的精细动作快速发展。他将在不断摆弄物品中迅速提高认知水平；2~3岁的幼儿口语发展，认知开始进入最初的思维阶段。

4. 社会交往领域 儿童早期是在与抚养人的交往中建立了最初的感情依恋和交往关系，这就是最初的社会行为，社会交往的训练内容应按照儿童的发展阶段来进行，最好以游戏的方式认识家庭内外成员和环境，学习社会礼仪与人合作、分享、轮流、遵守规则等。

二、体格锻炼

体格锻炼是促进儿童生长发育、增进健康、增强体质的积极措施。充分利用各种自然因素，如空气、日光、水和肢体活动进行体格锻炼，能提高机体对外界环境的耐受力和抵抗力，培养儿童坚强的意志和性格，促进儿童德、智、体、美全面发展。体格锻炼的形式多种多样，必须根据儿童年龄、生理特点、体质情况对体格锻炼的内容、运动量、用具、外界环境条件等提出相应的卫生要求。几种简便易行的锻炼方法如下：

1. 户外活动 一年四季均可进行。户外活动可增强儿童对外界气温变化的适应能力，提高机体免疫力；接受日光照射还能预防佝偻病。婴儿出生后应尽早户外活动，到人少、空气新鲜的地方。户外活动开始每日1~2次，由每次10~15分钟逐渐延长到1~2小时。年长儿除恶劣气候外，鼓励多在户外玩耍。冬季户外活动时仅暴露面、手部，注意身体保暖。只要风和日丽，户外温度在0度以上，就可以让儿童经常在户外活动。

2. 日光浴 日光对儿童的生长发育、代谢和其功能均起良好作用，但必须掌握适当的方法和刺激剂量，才能发挥其最大效力。锻炼时可采用定量日光照射或全身日光浴。头部应戴宽边帽，注意保护眼睛，年长儿可戴墨镜。在日光浴的同时也进行了空气浴。

3. 空气浴 健康儿童从出生到成长的过程中都可进行空气浴。空气浴可选择不同的温度，一般先从室内锻炼开始，可与游戏、做操等结合进行。儿童除三角裤外不穿衣服。开始时气温为20℃或稍高，以后逐渐降温，一直到10℃。空气浴应在儿童精神饱满时进行，患病时停止。如遇大风，炎热过甚或湿度过高等气候剧变，皆不宜进行。空气浴的同时可进行日光浴，做完后可进行冲浴或淋浴。

4. 水浴 水浴的具体方法可根据儿童年龄特点和环境温度，选择不同的水温和洗浴方式。婴儿在脐带脱落后即可采用水温固定在37~37.5℃的温水浴，让婴儿在温水中活动。冲浴或淋浴是较强烈的水浴锻炼方法。开始时水温为35℃左右，以后逐渐下降至28~26℃。冲浴时以喷壶冲水，从上肢到胸背、下肢，不可冲头部。淋浴比冲浴稍强，因温度之外还有水流的机械压力，起到一定的按摩作用。一般在2~3岁时开始。

5. 婴儿抚触 婴儿抚触可选择在婴儿洗澡后或穿衣服的过程中进行。婴儿抚触时间从

5分钟开始,以后逐渐延长到5~10分钟,每天1~2次。手法从轻开始,慢慢增加力度,以婴儿舒服合作为宜。按摩以头部、胸部、腹部、四肢、手足、背部的顺序进行(详见实训三婴儿抚触)。

链　接

对婴儿进行抚触有何益处?

对婴儿进行抚触可以刺激宝宝的淋巴系统,增强抵抗疾病的能力;可以改善宝宝的消化系统功能,增进食欲;可以平复宝宝的不安情绪,减少哭闹;可以加深宝宝的睡眠深度,延长睡眠时间;能促进母婴间的交流,令宝宝感受到妈妈的爱护和关怀。

6. 体操　是很有益的全身锻炼,可促进肌肉、骨骼生长,增强呼吸、心血管功能和新陈代谢,起到增强体质、预防疾病的目的。①婴儿被动操和主动操:适合于2~6个月的小儿,完全在成人帮助下进行。主动操适合于6~12个月小儿,在成人扶持下,有部分主动动作。②竹竿操:适用于12~18个月小儿。各节操虽均为主动性动作,但仍需在成人的带动下进行。对不会走路或刚走还不稳的小儿,主要锻炼走、前进、后退、平衡、扶物过障碍等动作。对走路较稳、有一定自主活动能力的小儿,重点锻炼跑、攀登和跳跃等动作。③幼儿模仿操:适用于1.5~3岁的幼儿。采用活动性游戏方式如跑步、扔手榴弹或沙包、滚球、立定跳远等;还可由老师组织跑、跳、投掷、平衡、攀登、钻爬等训练。④徒手操、广播操及各种健美操:适用于3~6岁的儿童,主要增强大肌群、肩胛肌、背及腹肌的运动及手脚动作的协调性。

第四节　培养良好的生活习惯和社会适应能力

一、培养良好的生活习惯

从小开始将小儿的主要生活内容在时间上和顺序上予以科学合理的安排,用制度来进行被动调节,形成饥、饱、醒、睡、活动、休息、进食、排泄的节律及秩序性,持之以恒,养成习惯,有利于激发小儿积极情绪,增进健康,促进生长发育和社会适应能力。

(一)睡眠习惯

1. 足够的睡眠　是保证婴幼儿健康成长的先决条件之一,在睡眠过程中氧和能量的消耗最少,有利于消除疲劳。睡眠过程中小儿内分泌系统释放的生长激素比平时增加3倍,有利于小儿生长发育。小儿睡眠不足会导致烦躁、易怒、食欲减退、体重减轻和生长发育缓慢。此外,睡眠不足还会引起睡眠困难,不易入睡,夜间易醒,从而造成恶性循环。

2. 婴幼儿每日需要的睡眠时间与年龄成反比　年龄愈小,睡眠时间愈长。保证充足睡眠时间对各年龄阶段儿童来说都十分重要。在每一年龄阶段,对睡眠的时间要求是不一样的。新生儿每天的睡眠时间为20~22小时,婴幼儿每天的睡眠时间为12~13小时,学龄前儿童每天睡眠时间为10~11小时,7岁以上儿童为9~10小时。

3. 应从小培养儿童有规律的睡眠习惯　1~2个月小婴儿尚未建立昼夜生活节律,胃容量小,可夜晚哺乳1~2次,但不应含奶头入睡。3~4个月后逐渐停止夜间哺乳,以延长夜间连续睡眠时间。儿童居室的光线应柔和,睡前避免过度兴奋,婴儿应有自己的、固定位置的床位,使睡眠环境相对恒定。儿童应该有相对固定的睡眠作息时间,不要任意改变儿童的睡眠时间。婴儿可利用固定乐曲催眠入睡,一旦夜间醒来,不拍、不摇、不抱、不可用喂哺催眠。对幼儿可用低沉声音重复讲故事帮助其入眠。

（二）进食习惯

从婴儿期开始就应注意训练儿童进食能力，培养良好的进食习惯。

1. 3~4个月龄后就应逐渐停止夜间哺乳。

2. 4~6个月龄婴儿可逐步引入其他食物，使适应多种食物的味道，减少以后挑食、偏食的发生。

3. 7~8个月龄后学习用杯子喝奶和水，以促进吞咽、咀嚼及口腔运动的协调发育。

4. 9~10个月龄的婴儿开始有主动进食的要求，可先训练其自己抓取食物的能力，尽早让小儿学习自己用勺进食，促进眼、手协调动作，并有益于手指肌肉发育，同时也使儿童的独立性、自主性得到发展。

（三）卫生习惯

1. 从婴儿期起就应培养良好的卫生习惯，定时洗澡、勤剪指甲、勤换衣裤，不随地大、小便。

2. 婴儿在哺乳或进食后可喂给少量温开水清洁口腔，不可用纱布等擦抹以免擦伤口腔黏膜和牙龈。

3. 2~3岁以后培养儿童自己早晚刷牙、饭后漱口、食前便后洗手的习惯。儿童应养成不喝生水、不食未洗净的瓜果和掉在地上的食物、不随地吐痰、不乱扔瓜果纸屑的良好卫生习惯。

（四）排便习惯

1. 排尿习惯的培养　可从2~3个月开始训练，先减少夜间的喂哺次数，以减少夜间的排尿次数，白天在小儿睡前、睡后或吃奶后给小儿排尿，并采取一定姿势，发"嘘嘘"声，使时间、姿势和声音联系起来，形成排尿的条件反射。9~12个月后，可以训练小儿坐盆排尿，时间不要过长，每次3分钟左右。1岁半训练不用尿布，开始白天不用，逐步晚上不用。夜间按时叫醒排尿，避免尿床。

2. 大便习惯的培养　随食物性质的改变和消化功能的成熟，婴儿大便次数逐渐减少到每日1~2次，1岁左右可开始训练坐便盆、定时排大便。3~4岁可以自主去厕所。家长要注意观察小儿的表情，一般在大便前均有面红、使劲、发呆等表情。应固定在一定时间给孩子坐盆，再加上使劲时"嗯嗯"声音的配合，逐步摸索出小儿大便的规律，养成每日按时大便的习惯，每次坐盆时间5分钟左右。

（五）自我服务习惯

生活上的自理是孩子独立性发展的第一步，是保证孩子日后全面发展的基础之一。因此，应重视对幼儿自我服务能力的培养。从一点一滴开始，如穿脱衣服、收拾玩具等。

1. 在幼托机构里　要教育小儿互相帮助，如帮助解开衣服背后的纽扣、收拾餐具、餐桌服务，简单地打扫卫生，以养成关心集体和互助友爱的良好品德。

2. 在家中　家长除了应向小儿提出自我服务的要求外，还应在各方面为他们创造条件，如衣服的扣子大一点，鞋子不用系带式的，盥洗用具放在固定位置，以保证小儿自己取拿。初学时如遇到困难或失败时，不妨降低难度，避免小儿因急躁而失去兴趣。当小儿有信心克服困难时，要加以鼓励。应克服一切由成人包办代替的做法，以避免压制小儿自主活动的愿望。对小儿在劳动过程中闯了小祸，不要严加责怪而轻易剥夺他们自理生活的机会，而应耐心指导，从失败中汲取经验教训。

二、培养良好的社会适应能力

（一）社会适应能力的发展

儿童与周围人（包括成人与同伴）的相互交往中所表现的态度、情绪及其行为的状况，统称为人际交往关系。人际交往关系是儿童日后社会情感、社会适应能力发展的基础，故应十分重视儿童人际交往能力的培养。儿童的交往能力是以他们本身的能力和情绪发展的倾向性为基础的，以成人和环境的要求为导向发展起来的，发展过程中的特点集中地表现为以下三个方面：①自我中心；②富于模仿；③行为受情绪支配，缺乏道德认识和自控能力。

（二）儿童适应能力的培养

1. 成人示范　在培养儿童人际交往习惯时，首先成人应做好处理人际关系的言行示范，如关心、爱护、安慰、劝导、礼貌待人等，成人的一贯一致行为的反复出现，可以引起儿童的自发模仿。

2. 参与群体活动　对不喜欢交往、不会交往以及不敢交往的儿童应有意识地带领他们参与群体交往活动，创造条件让他们"出头露面"，在实践中提高他们交往技能和兴趣，并在教养活动中向儿童传授处理同伴关系的简单技能，克服自我中心，包括学习轮流和等待，使他们懂得在集体生活中凡事都有先后次序。学习交换，通过与同伴交换才能得到同伴手中的玩具，而"抢"只能遭到同伴反对和老师的批评。学习分享，在物质上及情绪上都要与同伴分享，要及时表扬集体的交往行为，让儿童们观察与模仿。还可以通过看图书、讲故事、木偶表演及组织游戏等来进行行为熏陶。

3. 遵守行为规则　集体儿童机构还应根据儿童的年龄及发展水平制订简单的行为规则，并将规则贯穿到日常的生活中，提高语言对行为的调节作用，家庭中也可同样执行行为规范，贯彻在日常生活中。

第五节　健康检查与生长监测

一、定期健康检查

定期体格检查是对儿童按一定时间间隔进行的健康检查，是儿童保健工作中很重要的一环。定期体格检查能让医师和父母系统地观察儿童的喂养状况、体格生长和神经精神发育状况，了解在护理、喂养、教养和环境中存在的问题，尽早发现异常，采取相应措施进行预防和治疗。定期健康检查对保护儿童健康、预防疾病、监测儿童的生长发育和营养状况有很重要的意义。

（一）定期健康检查时间

儿童定期检查的时间一般定为：生后第1年，每3个月检查1次（一般在生后3、6、9、12个月检查1次）；生后第2、3年，每6个月检查1次（一般在生后18、24、30、36个月检查1次）；3岁以上儿童，每年检查1次。

（二）定期健康检查内容

1. 问诊　问诊的要点各年龄期不同。

（1）新生儿期：母亲怀孕时的年龄、健康和营养状况，是否近亲婚配，患病史；新生儿出生时有无窒息、产伤，生后有无出血、感染或黄疸，出生体重和母孕周；母乳喂养情况。

（2）婴儿期：喂养情况：喂养方式、喂养习惯、乳量是否充足，添加辅助食品的月龄、种类、数量，有无添加维生素 D 制剂；体格心理发育情况：如何时开始出牙，何时能抬头、坐、爬、站、走，何时能笑、认人、讲单词，对周围人和物的反应，有无运动或感觉方面的障碍；养育情况：睡眠、大小便、户外活动的状况和习惯；预防接种的种类和次数；曾患何种疾病尤其是传染病。

（3）幼儿期：喂养情况：家庭饮食习惯、喂养行为，有无挑食、偏食等不良习惯；神经心理发育：大运动、精细动作、语言、情绪、自我意识、独立性等发育情况；生活习惯的培养：如睡眠、体格锻炼、大小便控制、口腔卫生等；预防接种完成情况；曾患何种疾病尤其是传染病。

（4）学龄前期：除与幼儿期大致相同外，还要询问卫生习惯，如早晚刷牙、饭后漱口、饭前便后洗手以及与其他小朋友的交往情况等。

2. 体格测量　所有儿童均要测量身高和体重，2岁以内儿童还可增加头围和胸围的测量。每次测量由应按固定时间进行，测量用具、方法要统一，测量要力求准确。根据测量结果，医师按儿童年龄对其体格生长情况进行评价。通过健康体检筛选出的营养不良儿童，进行重点管理。

3. 全身体检　目测小儿的发育、营养和精神状态，面部表情，对环境中人和物的反应；头发的光泽，有无脱发；面部皮肤是否苍白或发黄；口唇是否发绀；眼睑有无水肿；有无畸形等。

（1）头部：头颅大小有无异常，6个月以内婴儿有无颅骨软化症，对于婴幼儿还要检查前囟的大小、张力和闭合情况。

（2）眼：眼睑是否正常，巩膜有无黄染，有无分泌物或斜视，眼距有无过宽。4岁以上儿童要检查视力是否正常。

（3）耳：外耳有无畸形，耳道有无分泌物，听觉是否正常。

（4）口腔：口唇颜色，口腔黏膜及咽部有无充血，有无唇裂、腭裂，乳牙数目，有无龋齿。

（5）胸部：胸廓有无鸡胸、漏斗胸、串珠肋、Harrison沟；听诊肺部有无啰音，心脏有无杂音。

（6）腹部：有无异常包块、膨隆，肝脾有无增大。

（7）外生殖器：有无畸形，男婴（童）有无包茎、隐睾、鞘膜积液；女婴（童）尿道及阴道有无分泌物、外阴粘连等。

（8）脊柱和四肢：有无畸形，有无先天性髋关节脱位的体征，四肢肌张力有无异常。

（9）全身浅淋巴结：有无异常肿大。

凡出生时有窒息或产伤史者，应随访检查视觉、听觉、运动功能发育、语言发育、对人和物的反应能力。

4. 实验室及其他检查　根据体格测量和全身体格检查结果，确定相应的实验室检查项目。一般情况下要检查以下项目：

（1）生后6个月或9个月检查1次血红蛋白，1岁以后每年检查1次。

（2）1岁、2岁，分别检查尿常规1次，2岁以后，每半年检查粪常规1次，了解有无寄生虫卵。

（3）必要时可做肝功能、乙肝病毒表面抗原、X线摄片等检查，并可查血钙、磷，以及血锌、铜、铁、铅等微量元素。

（三）定期健康检查注意事项

1. 每次定期健康检查后，应将个体儿童的体格测量和检查结果详细记录在每个儿童的保健卡（册）中，对所测量的身长（高）、体重等数值要进行评价。

2. 目前我国评价城乡儿童的体格生长和营养状况时，均应采用国际标准，并采用离差法评估儿童的体格生长水平（参阅第二章第二节）；还要采用国际标准和离差法以年龄别体重、年龄别身高和身高别体重三项指标评价个体儿童的营养状况，并计算群体儿童体重低下、发育迟缓和消瘦的百分率。

3. 要对每名受检查的儿童进行健康状况评估，包括体格生长、神经精神心理发育、营养状况等，有无营养缺乏性疾病（如营养不良、贫血、佝偻病）、遗传性疾病或先天畸形，以及其他异常等。

4. 对检查出来的体弱儿和病儿要分别进行登记，建立专案管理记录，积极治疗，并转入体弱儿门诊随访观察，结案后转入健康门诊管理。

5. 将体格测量和检查结果反馈给家长，对家长提供有针对性的咨询，并指导家长对小儿进行合理喂养、清洁护理、体格锻炼、疾病预防等，还要指导家长应用小儿生长监测图观察自己孩子的长势，发现小儿的体重曲线出现偏离，主动找医生检查和指导，促使家长主动地参与自己孩子的保健工作。

二、儿童生长监测

儿童生长监测就是用儿童生长监测图对儿童的体重、身高等指标进行动态地观察，了解其生长发育的趋势，早期发现生长缓慢现象，及时分析原因，采取相应的措施干预，以保证儿童健康成长。儿童生长监测图简单、直观，家长可以在医生指导下学会亲自监测孩子的营养状况，提高家庭自我保健能力，促进儿童健康成长。

（一）生长监测图

儿童生长监测图是将同性别、各个年龄组儿童体重或其他指标的数值标在坐标纸上，连成参考曲线而绘制的图。图的底端是年龄刻度，每月一格。左侧是体重的千克数值。一般图中有3条参考曲线，最上端一条为第97百分位数值，下端2条分别是第10和第3百分位数值。

（二）监测方法

按照儿童的年龄将每次体格测量数值标在生长监测图的坐标上，并将上次的点与本次的点连成线，观察儿童体格增长曲线与参考曲线的走向是否一致。因体重是反映儿童营养状况最灵敏的指标，建议6个月以内的婴儿每月测量一次体重，7~12个月的婴儿每2个月测量一次体重，1~3岁的儿童每3个月测量一次体重。

（三）监测结果

1. 营养判别　如果儿童的体重在第97和第10百分位参考曲线之间，说明生长的水平在正常范围；低于第10百分位参考标准曲线，表示该小儿有营养不良的可能；若低于第3百分位参考标准曲线，表示有中度以上营养不良的可能；若超过第97百分位参考标准曲线，表示有超重的可能。

2. 曲线走向判别　①正常曲线：即儿童生长曲线与参考曲线走向相平行；②体重不增：即本次体重值减上次体重值等于零，儿童生长曲线不与参考曲线走向平行，而与横轴平行；③体重下降：即本次体重值减上次体重值等于负数，儿童生长曲线与参考曲线走向相反；④体重低偏：即本次体重值减上次体重值虽为正数，但其增长值低于该月龄增长的最低值。

（四）分析与处理

如果儿童体重和（或）身高低于第10百分位或第3百分位数值，应评估小儿的喂养和健康状况。如果儿童喂养存在问题，给予其家长有关儿童的喂养指导，并建议儿童1个月后复诊；如儿童患有疾病，按相应疾病管理规程处理。

第六节 儿童意外伤害的预防

目前意外伤害已成为儿童的第一位死因，成为21世纪儿童严重的健康问题。儿童意外伤害引起的儿童死亡和伤残已上升为危害儿童健康的主要问题，成为一个严重的社会问题。

一、儿童意外伤害的特点及其年龄特征

（一）儿童意外伤害的特点

儿童意外伤害是一类与社会、心理、行为、环境等有密切关系的社会性疾病。儿童期意外伤害与成人相比，有其自身特点，了解和掌握这些特点，对于做好预防和控制工作有重要意义。儿童意外伤害的特点有：

1. 高致残率 儿童处于生长发育期，儿童意外伤害处理不及时容易形成永久性损坏，导致伤残或残疾。

2. 突发性强 意外伤害的发生十分突然，几小时，甚至几分钟，使家长或老师不知所措。

3. 原因复杂 意外伤害的原因十分复杂，各种各样的原因都可以造成伤害。按其性质大致可将儿童意外伤害分为三大类：物理性、化学性和生物性。

4. 场所多样 由于生活环境复杂，儿童意外伤害发生的场所多种多样。如家庭、托幼机构、学校、室外、公路上、娱乐场所、商场、影剧院、公园、野外、旅游景点、沟渠、江河湖海，以及自行车、汽车、拖拉机、船只和飞机上等。

（二）各年龄期儿童意外伤害的特点

1. 新生儿期 此阶段小儿活动能力差，不会翻身，如喂奶或睡眠体位不当等易造成窒息、保暖不当时易发生烫伤等。

2. 婴儿期 此阶段的小儿不会走，易发生跌落或摔伤；6个月以后的婴儿开始用手抓食，又缺乏辨别力，易发生误食和误吸。

3. 幼儿期 此阶段儿童开始行走，活动范围逐步增大，逃避能力弱，是意外伤害高发年龄段。易发生各类意外伤害。

4. 学龄前期 此期儿童活动能力增强，范围日益扩大，好奇心强，但综合分析能力较弱，自控力仍较差，自救能力弱，易发生严重的外伤、急性中毒、电击伤、坠落伤等。

5. 学龄期 随着年龄的增长，已具备一定的活动能力、协调能力和综合分析能力，但自控能力和应急能力仍较成人差。此期儿童喜欢打斗、独立行动，经常在公路上、池塘边、施工场所等处玩耍，故易发生交通事故、溺水以及外伤等。

二、儿童常见意外伤害的预防

（一）跌落伤和道路交通伤的预防

1. 跌落伤的预防 上、下楼梯和（或）乘坐电梯时，家长要紧抱包裹中的婴儿或者看护好孩子；如果不得不让孩子坐在高椅子及旋转桌子上时，用带子固定住孩子；避免孩子在光滑或坚硬的地面（如：混凝土，玻璃面）及放置尖锐物品的地面上玩耍；保证孩子玩耍的地面区域没有不安全的沟或坑；不让孩子使用有轮子的学步车；确保家具没有尖锐的边缘；不要把家具放在窗户附近，避免孩子攀爬；给窗子安装防护网；只打开窗户上面的窗口，并在打开的窗口安装防护栏；如果家中有楼梯，应确保楼梯完好无损，安装防护栏，

并经常维修；让孩子玩适合其年龄段的玩具或运动器材；确保孩子使用的运动器材（如：自行车）功能正常；教孩子骑车、溜冰时使用头盔、护膝等保护工具。

2. 道路交通伤的预防　家长遵守交通规则，不在非人行道上行走；从小教会孩子掌握交通法规、识别交通信号，并教会孩子遵守交通法规；不让孩子独自过马路或行走；不让孩子在马路边玩耍；乘坐摩托车、自行车时，让孩子戴安全帽；汽车内配置有儿童专用安全座椅，经常检查汽车安全气囊。

（二）烧烫伤和溺水的预防

1. 烧烫伤的预防　尽可能使用安全的电气化设备，减少或避免使用蜡烛、灯笼、火、煤油、煤气炉及简易炉灶；不要把炉灶、热锅、热水瓶等直接放在地上，应放在固定的位置，并安装防护，同时避免孩子接触；不让孩子独自在家；尽可能避免孩子去厨房；避免孩子接触打火机、火柴、热水瓶、热水杯等用具；给孩子洗澡时应注意调节水温；在家中安装烟雾警报器以及灭火器材；不使用质量差或易燃的建筑材料及室内装饰品；宣教火灾预防及紧急处理方法。

2. 溺水的预防　让小孩子远离装有 25L 以上液体的锅、桶等容器；家里的蓄水桶、井等都要盖上盖子，并且保证孩子不能打开盖子；不让孩子在井、湖、河、江附近玩耍；孩子使用澡盆洗澡时，要有成人监护；教授 4 岁以上的孩子掌握正确的游泳技巧；只有在成人的密切监护下，才让孩子在安全的地方（游泳池）游泳或玩耍；孩子坐船时一定要穿上救生衣；家长应掌握基本的心肺复苏技巧。

（三）狗咬伤和中毒的预防

1. 狗咬伤的预防　不要让狗看护小孩子；不饲养品种不好的狗；重视对狗实施强制性管制；如用狗链子拴狗；不要让孩子单独和狗在一起；所有的狗都应该被驯服后才能接触孩子；不让孩子接触陌生的狗；给狗注射疫苗；管理流浪狗。

2. 中毒的预防　使用具有保护功能的包装盛放有毒物品；将有毒物品放到孩子不容易接触到的地方；不使用食品袋或饮料瓶装放有毒物品；对包装好的有毒物品写清楚标签；把所有药品放到孩子不容易接触到的地方。

第七节　儿童常见疾病的预防

妇幼保健工作从群体上预防和控制儿童常见疾病，遵从初级（一级）预防（即病因预防）、二级预防（早发现、早诊断、早治疗）和三级预防（加强康复，减少残障）的策略。儿童常见病的预防是儿童保健工作的重点内容之一。儿童肺炎、腹泻、缺铁性贫血和维生素 D 缺乏性佝偻病仍然是我国重点防治的婴幼儿疾病，简称为"四病"。

一、肺　炎

案例分析 3-1

患儿，11 个月，以发热、咳嗽 4 天，伴气促 1 天就诊。患儿 4 天前受凉后开始出现发热，体温波动在 38~39℃，伴微咳，近 1 天来，咳嗽频繁伴气促，急来就诊。病后患儿精神差，食欲缺乏。查体：体温 39.5℃，脉搏 155 次/分，呼吸 55 次/分，口唇发绀，鼻翼扇动，咽部充血。两肺有细湿啰音，心率 155 次/分，律齐。腹胀，肝右肋下 2.5cm，脾未触及，余正常。
问题：1. 该患儿的初步诊断是什么？
2. 该病预防措施有哪些？

肺炎（pneumonia）是由不同病原体或其他因素（如吸入羊水或过敏反应）等所引起的肺部炎症。以发热、咳嗽、气促、呼吸困难和肺部固定中、细湿啰音为共同特征。重症肺炎可累及循环、神经及消化系统，出现心力衰竭、中毒性脑病、中毒性肠麻痹等。支气管肺炎（bronchopneumonia）是小儿时期最常见的肺炎，以2岁以下小儿多见。一年四季均可发生，冬春多发。

（一）病因

最常见为病毒和细菌感染，部分为病毒和细菌的"混合感染"。病毒主要为呼吸道合胞病毒、腺病毒、流感病毒、副流感病毒等；细菌主要为肺炎链球菌、流感嗜血杆菌、葡萄球菌等。近年来，肺炎支原体肺炎、衣原体肺炎有增多趋势。病原体常由呼吸道入侵，少数经血行进入肺部。通风不良、空气污浊、营养不良、维生素D缺乏性佝偻病、先天性心脏病或免疫缺陷等均易发生本病。

（二）分类

1. 病理分类 可分为大叶性肺炎、小叶性肺炎（支气管肺炎）、间质性肺炎等。

2. 病因分类 分为病毒性肺炎、细菌性肺炎、支原体肺炎、衣原体肺炎、原虫性肺炎、真菌性肺炎以及非感染因素引起的吸入性肺炎、坠积性肺炎、过敏性肺炎等。

3. 病程分类 急性肺炎（病程在1个月以内）；迁延性肺炎（病程为1~3个月）；慢性肺炎：病程在3个月以上。

4. 病情分类 轻症肺炎：以呼吸系统表现为主，无全身中毒症状；重症肺炎：除呼吸系统受累外，出现其他系统受累表现，全身中毒症状明显。

（三）临床表现

1. 轻型肺炎 以呼吸系统表现为主，起病可急可缓。

（1）症状：主要症状为发热、咳嗽、气促。①发热：热型不定，大多为不规则热，亦可为弛张热或稽留热。新生儿或重度营养不良患儿可不发热或体温不升。②咳嗽：早期为刺激性干咳，较频繁，以后有痰，咳嗽时可伴有呕吐、呛奶。新生儿、早产儿仅表现为口吐白沫。③气促：多在发热、咳嗽之后出现。④其他症状：常有精神不振、食欲减退、烦躁不安、轻度腹泻或呕吐等。

（2）主要体征：①呼吸增快：可达40~80次/分，可见鼻翼扇动、三凹征等。②发绀：多见于口周、鼻唇沟、指趾末端。③肺部啰音：早期不明显或仅有呼吸音粗糙，以后可闻及较固定的中、细湿啰音，以背部两侧下方及脊柱旁密集，深吸气末更为明显。当病灶融合时，可出现实变体征。

2. 重症肺炎 除全身中毒症状及呼吸系统的症状加重外，可发生循环、神经及消化等系统的功能障碍。

（1）循环系统：可发生心肌炎和心力衰竭。发生心肌炎者表现为面色苍白、心音低钝、心动过速、心律不齐，心电图ST段下移、T波改变。肺炎合并心力衰竭者表现为：①呼吸困难突然加重，呼吸频率>60次/分；②心率突然加快>180次/分；③突然极度烦躁不安，发绀明显，面色发灰，指（趾）甲微血管再充盈时间延长；④心音低钝、奔马律，颈静脉怒张；⑤肝短期内迅速增大；⑥尿少或无尿，眼睑或双下肢水肿。具备前五项即可诊断为心力衰竭，但要进行综合分析判断。

（2）神经系统：轻度缺氧常表现为烦躁或嗜睡。发生脑水肿时，出现意识障碍、惊厥，球结膜充血、水肿，前囟隆起，呼吸不规则，瞳孔对光反射迟钝或消失，脑膜刺激征阳性。

（3）消化系统：轻者表现为食欲减退、呕吐或腹泻等。发生中毒性肠麻痹时可表现为频繁呕吐、严重腹胀、肠鸣音消失、呼吸困难加重。消化道出血时，患儿可呕吐咖啡样物，大便潜血试验阳性或柏油样便。

（4）休克及弥散性血管内凝血（DIC）：表现为血压下降，四肢厥冷，脉搏细数，皮肤、黏膜及胃肠道出血。

（四）并发症

早期合理治疗者并发症少见，若延误诊断或病原体致病力强者，可引起脓胸、脓气胸及肺大泡等并发症，以金黄色葡萄球菌感染多见，其次是革兰阴性杆菌感染。

（五）辅助检查

1. 外周血检查

（1）白细胞检查：细菌性肺炎的白细胞计数及中性粒细胞增多，并有核左移现象。病毒性肺炎的白细胞计数大多正常或偏低，有时淋巴细胞增高或出现异形淋巴细胞。

（2）C反应蛋白：细菌感染时血清CRP值升高，非细菌感染时升高不明显。

2. 病原学检查

（1）细菌培养：采取血液、深部痰液、肺泡灌洗液、气管吸出物、脓液等进行细菌培养，可明确病原菌，同时进行药物敏感试验以指导治疗，但需要时间长，且应用抗生素后培养的阳性率也较低。

（2）病毒分离：取鼻咽或气管分泌物做病毒分离，阳性率高，是病毒原诊断的可靠方法，但需要时间亦长，不能用作早期诊断。

（3）其他病原体的分离培养：肺炎支原体、沙眼衣原体及真菌等均可通过特殊分离培养方法进行相应病原诊断。

（4）快速病原学诊断技术：简单快速，可做出早期病原学诊断。①病原特异性抗原检测，常用的方法有单克隆抗体免疫荧光技术、免疫酶法或放射免疫法等。②病原特异性抗体检测，常用方法有直接酶联免疫吸附试验（ELISA-IgM）测定和IgM抗体捕获试验。主要检测急性期血清特异性IgM，具有早期诊断价值。③其他快速诊断方法，如核酸分子杂交技术或聚合酶链反应（PCR）技术直接检测病原体的DNA，敏感性很高，但容易出现假阳性。

（5）其他：①冷凝集试验，滴度≥1∶64有参考价值，可作为肺炎支原体感染的过筛试验；②鲎珠溶解物试验，用于检测革兰阴性菌内毒素。

3. X线检查　早期肺纹理增粗，以后出现大小不等的点状或斑片状阴影，以双肺下野、中内带为多，斑片状阴影可融合成大片状，甚至波及节段。可伴有肺气肿、肺不张。并发脓胸时，早期患侧肋膈角变钝，积液较多时，可呈反抛物线状阴影，纵隔、心脏向健侧移位；并发脓气胸时，患侧胸膜腔可见液平面；并发肺大泡时可见完整、薄壁、无液平面的大泡。

考点：肺炎的预防

（六）预防

1. 加强高危儿童监护　有下列因素之一者属于高危儿童，必须加强监护、减少发病、减轻病情、降低死亡率。早产儿和低出生体重儿；窒息或羊水吸入；营养不良；经常感冒或反复呼吸道感染；贫血（血红蛋白90g/L）；佝偻病（中度）；先天性心脏病；有其他感染灶的3个月以内的婴儿。

2. 做好预防工作　肺炎发病高峰月份，北方为冬末、春初，南方的广东、广西为5~7月份，长江下游为冬春季发病较多。在此期间，应特别注意加强护理，少串门，不去公共场所。父母或其他亲人在感冒时，应尽量少接触婴幼儿，接触时应戴口罩。

3. 加强卫生宣传教育　宣传计划免疫的好处，以减少麻疹、百日咳、肺炎的发病率；

4. 重视小儿肺炎防治工作　已患肺炎的婴幼儿抵抗力弱,易患其他疾病,应积极预防可能引起的严重并发症,如脓胸、脓气胸等。在病房中应将不同病因的患儿尽量隔离。虽同是肺炎,恢复期与新入院病人应分开住房,医务人员接触不同患儿时,应戴口罩,接触每一患儿后都应洗手。

二、腹　　泻

案例分析 3-2

患儿,男,10个月。因呕吐、腹泻3天加重1天入院。入院诊断为小儿腹泻病,经治疗1周后病情明显好转。
问题:患儿出院时应给家长提出哪些本病的预防措施?

腹泻(diarrhea)　是多病原、多因素引起的以大便次数增多和大便性状改变为特点的消化道综合征。是我国婴幼儿最常见的疾病之一,是造成小儿营养不良、生长发育障碍的主要原因之一。发病年龄多在2岁以下,1岁以内者约占半数。

（一）病因

1. 易感因素

（1）消化系统发育不成熟,胃酸和消化酶分泌少,且酶活力低。神经系统对胃肠道调节功能较差。生长发育快所需营养物质相对较多,胃肠道负担较重。

（2）机体防御功能差:胃酸偏低,胃排空较快,对进入胃内细菌杀灭能力弱;血清免疫球蛋白(尤其是IgM、IgA)和胃肠道分泌型IgA均较低。正常菌群尚未完全建立或滥用广谱抗生素所致肠道菌群失调。

（3）人工喂养:母乳中含有大量免疫物质,有很强的抗肠道感染作用。动物乳中虽有一些免疫物质,但在加热过程中被破坏,而且人工喂养的食物和食具极易受污染,故人工喂养儿较母乳喂养儿更容易发生肠道感染。

2. 感染因素

（1）肠道内感染:可由病毒、细菌、真菌、寄生虫引起,以病毒感染最为常见。

1）病毒感染:感染性腹泻在寒冷季节80%由病毒感染引起,最常见的是轮状病毒,是秋冬季腹泻的主要病原。其次有星状病毒、杯状病毒科的诺沃克病毒、肠道病毒(柯萨奇病毒、埃可病毒、肠道腺病毒)等。

2）细菌感染(不包括法定传染病):①致腹泻大肠埃希菌:根据可引起腹泻的大肠埃希菌的不同致病毒性和发病机制,将已知菌株分为五组,包括致病性大肠埃希菌、产毒性大肠埃希菌、侵袭性大肠埃希菌、出血性大肠埃希菌、黏附—集聚性大肠埃希菌;②空肠弯曲菌也是小儿腹泻的常见病原之一;③其他:还包括耶尔森菌、鼠伤寒沙门氏菌、难辨梭状芽胞杆菌、金黄色葡萄球菌等。

3）真菌和原虫:致腹泻的真菌主要为白色念珠菌,还有曲菌、毛霉菌。原虫感染如蓝氏贾第鞭毛虫、隐孢子虫、阿米巴原虫和结肠小袋虫等。

（2）肠道外感染:小儿患中耳炎、上呼吸道感染、肺炎、泌尿系感染、皮肤感染或其他急性感染性疾病时可伴有腹泻症状,这是由于发热、病原体毒素的影响,使消化功能紊乱,消化酶分泌减少，肠蠕动增加所致。病原体（主要是病毒）亦可同时感染肠道。

3. 非感染因素

（1）饮食因素：喂养不当是引起腹泻的主要原因之一，食物过多、过少或过早喂食大量淀粉类或脂肪类食物，以及突然改变食物性质等均可引起消化功能紊乱。婴儿肠道对单糖、双糖等糖类不耐受，或肠道缺乏某种酶（主要是双糖酶中的乳糖酶缺乏）对糖的消化吸收不良而引起腹泻。

（2）过敏因素：主要表现为对牛奶或大豆过敏而引起腹泻，对牛奶过敏儿肠道乳糖酶活性也低。

（3）气候因素：气候突然变化、腹部受凉使肠蠕动增加；天气过热消化液分泌减少或由于口渴吃奶过多等都可能诱发消化功能紊乱导致腹泻。

（二）临床表现及分型

1. 分型及分期

（1）分期：连续病程在两周以内为急性腹泻；病程2周至2月为迁延性腹泻；病程在两个月以上为慢性腹泻。

（2）分型：根据病情可分为轻型、重型腹泻。轻型腹泻多为肠道外感染、饮食、气候等因素引起，主要为胃肠道症状，无脱水及全身中毒症状；重型腹泻多为肠道内感染引起。肠道内感染性腹泻临床又称肠炎。除有较重的胃肠道症状外，还伴有脱水、电解质紊乱或有明显中毒症状。

2. 急性腹泻

（1）腹泻的共同临床表现

1）胃肠道症状：轻型腹泻患儿有食欲不振，偶有呕吐，大便次数增多，但每次大便量不多，呈黄色或黄绿色，稀薄或带水，有酸臭味，可有奶瓣或混有少量黏液；重型腹泻患儿常有呕吐，严重者可吐咖啡样液体，每日大便可达10余次至数10次，每次量较多，呈蛋花汤样或水样，可有少量黏液。侵袭性细菌性肠炎大便呈黏液脓血便。

2）全身中毒症状：轻型腹泻患儿偶有低热，重型腹泻患儿有发热、精神萎靡或烦躁不安、嗜睡甚至昏迷等。

3）水、电解质及酸碱平衡紊乱：由于吐泻丢失体液和摄入量不足可以导致脱水，脱水程度分为轻、中、重度三种。由于丢失水和电解质的比例不同，可造成等渗、低渗或高渗性脱水，其中以等渗性脱水最常见，高渗性脱水少见。

①代谢性酸中毒：腹泻丢失大量碱性物质；进食少和肠吸收不良，摄入热量不足，体内脂肪分解增加，酮体生成增多；脱水时血容量减少，血液浓缩，循环缓慢使组织缺氧，导致乳酸堆积；肾血流量不足，尿量减少，酸性代谢产物潴留体内。临床表现见本章第四节。

②低钾血症：腹泻患儿都有不同程度的缺钾，久泻和营养不良者显著。腹泻症状轻重与血钾降低程度及快慢有关。原因：呕吐和腹泻丢失大量钾盐；进食少引起钾摄入量不足；肾脏保钾功能较差，缺钾时尿中仍有一定量的钾离子继续排出。脱水未纠正前，由于血液浓缩、酸中毒时发生 H^+-K^+ 交换，钾离子由细胞内向细胞外转移，故体内钾总量虽然减少，但血清钾多数正常。随着脱水、酸中毒被纠正、随尿量增多钾排出增加、大便继续失钾以及输入葡萄糖合成糖原时消耗钾等因素使血钾浓度迅速下降，容易出现不同程度的缺钾症状，其临床表现见本章第四节。

③低钙和低镁血症：腹泻患儿因进食少和吸收不良，大便丢失钙、镁，可使体内钙、镁减少，但一般不严重，营养不良或活动性佝偻病患儿则较低。脱水、酸中毒时由于血液

浓缩、离子钙增多，患儿不出现低钙血症的症状，待脱水、酸中毒纠正后才出现（手足搐搦或惊厥）。极少数久泻和营养不良患儿输液后出现震颤、抽搐，用钙剂治疗后无效时应考虑有低镁血症的可能。

（2）几种常见类型肠炎临床特点

1) 轮状病毒肠炎：是秋、冬季小儿最常见的腹泻，也称秋季腹泻。其特点是：呈散发或小流行，经粪-口径感染，也可通过气溶胶形式经呼吸道感染而发病。潜伏期1~3天，多发生在6~24个月婴幼儿。婴儿起病急，常伴发热和上呼吸道感染症状。病初即发生呕吐，后出现腹泻，大便次数多、量多、水分多，呈黄色水样或蛋花样便带少量黏液，无腥臭味，常并发脱水、酸中毒及电解质紊乱。近年报道，轮状病毒可引起肠外损害，部分患儿表现为血清心肌酶谱异常，提示心肌受累；神经系统可引起脑炎、良性惊厥等中枢神经系统损伤；其他还可见肝炎、肾脏损害等。本病为自限性疾病，自然病程3~8天。大便镜检偶有少量白细胞，感染后1~3天大量病毒从大便中排出，最长可达6天。血清抗体一般在感染后3周上升。粪便酶联免疫吸附试验、乳胶凝集试验、荧光细胞检查法等技术有助早期诊断。

2) 大肠埃希菌性肠炎：多发生在气温较高的季节，以5~8月为多。①致病性大肠埃希菌性肠炎：病情轻重不等，大便呈蛋花汤样，腥臭，有较多的黏液，偶见血丝或黏冻便，常伴有呕吐，多无发热和全身症状，主要表现水、电解质紊乱，病程1~2周；②产毒性大肠埃希菌肠炎：是婴幼儿腹泻的主要病原之一。潜伏期1~2天，起病急，主要症状为呕吐、腹泻，大便呈水样或蛋花样混有黏液，无白细胞，常发生明显的水、电解质和酸碱平衡紊乱，自限性疾病，自然病程3~7天，亦可较长；③侵袭性大肠埃希菌肠炎：潜伏期长短不等。起病急，高热，大便次数多，大便呈黏液状，带脓血，有腥臭味。常伴恶心、呕吐、腹痛和里急后重等症状，有时可出现严重的中毒症状，甚至休克。临床症状与细菌性痢疾较难区别，需做大便培养鉴别；④出血性大肠埃希菌肠炎：主要为O157：H7。潜伏期平均为3天，典型的病程以腹部痉挛性疼痛和非血性腹泻发病，1~2天后转为血便，临床上以显著性血便为特征，多数7天后恢复，严重病例可导致溶血尿毒综合征和血小板减少性紫癜等并发症。

3) 空肠弯曲菌肠炎：全年均可发病，多见于夏季。可散发或暴发流行。以6个月至2岁婴幼儿为多见，家禽、家畜是主要的传染源，经粪-口途径传播。临床起病急，症状与细菌性痢疾相似，发热、呕吐、腹痛、腹泻、大便呈黏液或脓血便，有恶臭味，腹痛剧烈易误诊为阑尾炎。产毒株感染可引起水样便，大便镜检有大量白细胞及数量不等的红细胞，可并发严重的小肠结肠炎、败血症、肺炎、脑膜炎、心内膜炎、心包炎等。近年大量研究表明空肠弯曲菌感染与吉兰-巴雷综合征、反应性关节炎等疾病有关。

4) 金黄色葡萄球菌肠炎：多继发于应用大量抗生素后或继发于慢性疾病基础上，病程与症状常与菌群失调程度有关。起病急，中毒症状重，表现为发热、呕吐、腹泻、不同程度脱水和电解质紊乱，甚至发生休克。典型大便为暗绿色，量多带黏液，少数为血便。大便镜检有大量脓细胞和成簇的革兰阳性球菌，培养有葡萄球菌生长，凝固酶阳性。

5) 真菌性肠炎：多发生在体弱、营养不良小儿，长期滥用广谱抗生素或肾上腺皮质激素。2岁以下婴儿多见，为白色念珠菌感染所致。常伴有鹅口疮，大便次数多，呈黄色稀便，泡沫较多，带有黏液，有时可见豆腐渣样物质。大便镜检可见真菌孢子和菌丝，沙氏培养基作真菌培养以确诊。

3. 迁延性腹泻和慢性腹泻

（1）造成腹泻迁延的病因很复杂，如感染、食物过敏、酶缺陷、免疫缺陷、药物因素、先天性畸形等，其中以急性腹泻治疗不彻底或治疗不当、迁延不愈最为常见。

（2）患儿多无全身中毒症状，脱水、代谢性酸中毒也不太明显，而以消化功能紊乱和慢性营养紊乱为主要临床特点。腹泻迁延不愈，食欲低下，吸收不良，体重下降，加重营养不良、贫血、多种维生素缺乏，易并发呼吸道等其他部位的感染，形成恶性循环，若不积极正确的治疗，病死率较高。

（三）预防

考点：腹泻的预防

1. 提倡母乳喂养，降低腹泻发病率。
2. 养成良好的卫生习惯，注意乳品的保存和奶具、食具、便器、玩具等的定期消毒。照看人及小儿要养成饭前、便后洗手的良好习惯。注意饮食卫生，不喝生水，生吃瓜果要洗净。
3. 母乳和人工喂养都应该按时添加辅食，逐步添加，开始添加辅食时切忌几种辅食同时添加。
4. 做好消毒隔离工作，防止疾病传播。因轮状病毒传染性很强，因此要把腹泻的孩子与非腹泻儿分开，在护理病儿、换尿布后、处理吐泻物后必须用肥皂洗净双手，防止交叉感染，吐泻物应用生石灰拌均匀，静置2小时后倒掉。
5. 避免长期滥用广谱抗生素。
6. 增强体质　生活要有规律，要经常到户外活动，以增强婴幼儿抵抗力。

三、营养性缺铁性贫血

案例分析 3-3

患儿，女，15个月，因皮肤黏膜苍白半年余入院。患儿为早产儿，出生体重2.4kg，无窒息史，母乳喂养至1周岁，未按时添加辅食。体检：体温37℃，脉搏102次/分，呼吸22次/分，体重8.3kg。全身皮肤稍苍白，浅表淋巴结未触及，睑结合膜稍苍白。心肺（－）。腹平软，肝右肋下2.5cm，质软。血常规：红细胞2.8×10^{12}/L，血红蛋白80g/L，白细胞10.5×10^9/L，中性粒细胞0.65，淋巴细胞0.35。
问题：1. 该患儿的初步诊断是什么？
　　　2. 该病预防措施有哪些？

营养性缺铁性贫血（nutritional iron deficiency anemia）是由于体内铁缺乏致使血红蛋白合成减少的一种贫血，是婴幼儿最常见的疾病之一。临床上是以小细胞低色素性贫血、血清铁蛋白减少和铁剂治疗有效为特点。本病对小儿健康危害较大，是我国儿童保健重点防治的"四病"之一。

（一）病因

导致婴幼儿缺铁的因素较多，主要有：

1. 储铁不足　胎儿在妊娠最后3个月从母体获得的铁最多，但早产、多胎、孕妇缺铁或生后脐带结扎过早、胎儿输血，均可使体内储铁减少，而过早发病。
2. 铁的摄入不足　饮食中铁供给不足是导致缺铁性贫血的主要原因。人乳、牛乳含铁均不够婴儿所需，长期以乳类喂养，未及时添加含铁辅食，则易发病，牛乳喂养更易发病。幼儿及儿童因偏食、挑食也可因铁不足而发病。
3. 生长发育迅速　婴儿期生长最迅速，血容量也相应增加，若不及时添加含铁食品，则易发病，故婴儿期该病发生率较高。
4. 铁的吸收和利用障碍　当小儿食物搭配不合理、患急慢性感染及长期腹泻、呕吐等，均可使铁及蛋白质的吸收和利用障碍、铁消耗增多；婴儿胃酸过少可影响铁的吸收。
5. 铁的丢失过多　正常婴儿每天排出的铁量相对比成人多；钩虫病、肠息肉等原因所致慢性失血均可使铁丧失过多而发病。用不经煮沸处理的鲜牛奶喂养的婴儿可能因对蛋白过敏而发生小量肠出血，每天失血约 0.7ml。

（二）临床表现

任何年龄均可发病，以 6 个月~2 岁最多见。发病缓慢，症状开始多不明显，不少患儿因其他病就诊时才发现贫血。临床表现随病情轻重而有不同。

1. 一般表现　皮肤、黏膜逐渐苍白，以唇、口腔黏膜、甲床最明显。易疲乏无力，不爱活动。年长儿可诉头晕、眼前发黑、耳鸣等。无发热或有低热。

2. 骨髓外造血反应　肝、脾、淋巴结轻度肿大，年龄越小，病程越长，贫血越重，肝脾肿大越明显。

3. 非造血系统症状

（1）呼吸和循环系统：呼吸、心率增快，是机体对缺氧的代偿反应。明显贫血时代偿失调，则心脏扩大、心前区有收缩期杂音，甚至心力衰竭。

（2）消化系统：胃肠蠕动减慢，消化酶减少，食欲低下。少数有异食癖，如喜食生米、泥土、墙皮、煤渣、纸屑等。常有呕吐、腹泻，可出现口腔炎、舌炎或舌乳头萎缩，重者可有萎缩性胃炎或吸收不良综合征的症状。

（3）神经系统：婴幼儿常表现为烦躁不安或委靡不振，年长儿常表现为精神不集中、记忆力减退、对周围事物不感兴趣，智力多低于同龄儿，给铁剂治疗后，这些症状可获改善。

（4）其他：由于细胞免疫功能低下，常易合并感染；因上皮组织异常而出现反甲、皮肤角化。

（三）辅助检查

1. 血常规　血红蛋白比红细胞降低明显。周围血涂片可见红细胞大小不等，形态不一，以小细胞为多，中央浅染区扩大，甚至环形。红细胞平均容积（MCV）、红细胞平均血红蛋白量（MCH）、红细胞平均血红蛋白浓度（NCHC）均降低，呈小细胞低色素性。网织红细胞数正常或轻度降低，白细胞、血小板一般无改变。

2. 铁代谢的检查

（1）血清铁蛋白（serum ferritin, SF）：较灵敏地反应体内储铁情况，在铁减少期（iron depletion, ID）即已降低，红细胞生成缺铁期（iron deficiency eryth ropoiesis, IDE）、缺铁性贫血期（iron deficiency anemia, IDA）更明显。缺铁合并感染、肿瘤、心脏和肝脏疾病时，SF 值可不降低。

（2）红细胞游离原卟啉（free erythrocyte protoporphyrin, FEP）：FEP 升高而未出现贫血，是 IDE 期的典型表现，FEP 升高也见于铅中毒、慢性炎症和先天性原卟啉增多症等，应予鉴别。

（3）血清铁（serum iron, SI）、总铁结合力（total iron binding capacity, TIBC）和转铁蛋白饱和度（transferin saturation, TS）：反映血浆中铁含量，通常在 IDA 期出现异常，即 SI 和 TS 降低、TIBC 升高。SI 生理变异较大，在感染、恶性肿瘤、类风湿性关节炎等病时也可降低，TIBC 生理变异较小，但在病毒性肝炎时也可增高。

（4）骨髓可染铁：也可检测体内储存铁，敏感、可靠。骨髓涂片用普鲁氏兰染色镜检，缺铁时细胞外铁减少，观察红细胞内铁粒幼细胞数多 <15%。

3. 骨髓象　呈增生活跃或明显活跃。以中晚幼红细胞增生为主，各期红细胞均较小，血红蛋白含量少，染色偏蓝，显示胞浆成熟度落后于胞核。巨核细胞系和粒细胞系一般无明显异常。

（四）预防

该病的预防主要是做好卫生宣教，使家长认识到本病对儿童健康的危害性和做好预防工作的重要性。

考点：缺铁性贫血的预防

1. 做好母亲保健工作，孕妇及哺乳期母亲应食用含铁丰富的食物，预防早产。
2. 提倡母乳喂养，做好喂养指导。及时添加含铁丰富和铁吸收率高的辅食，如肝、肉类、鱼、动物血等，并合理搭配膳食。婴儿如以牛乳喂养，要煮沸后食用，以减少肠道出血。
3. 婴幼儿食品（牛奶制品、谷类制品等）可加入适当铁剂进行强化。低体重儿、早产儿、多胎宜自生后2个月给予铁剂预防。
4. 积极防治疾病，坚持正确用药，全程治疗，正确应对服药后的反应。
5. 强调贫血纠正后，仍要坚持合理安排儿童膳食，培养良好饮食习惯，这是防止复发及保证正常生长发育的关键。

四、维生素 D 缺乏性佝偻病

案例分析 3-4

患儿，女，12个月，因哭吵、夜啼1月就诊。患儿为早产儿，出生于北京，生后人工喂养，常居于室内，近2月哭吵频繁，常夜间啼哭、多汗，进食减少，查体：头发稀少。前囟 2.5cm×2.5cm，胸部可见肋骨串珠，轻度鸡胸，心、肺、肝及四肢脊柱无异常，无病理征。

问题：1. 根据上述描述该患儿可能患何种疾病？
 2. 应该做哪些辅助检查以帮助诊断？
 3. 本病应如何预防？

维生素 D 缺乏性佝偻病（rickets of vitamin D deficiency） 是儿童体内维生素 D 不足使钙磷代谢紊乱，导致以骨骼改变为特征的慢性营养缺乏性疾病。多见于2岁以下儿童，婴儿期更为常见。

（一）病因

1. 围生期维生素 D 不足　母亲妊娠期，特别是妊娠后期维生素 D 不足，以及早产、双胎使得婴儿体内储存不足。
2. 日光照射不足　日光中的紫外线必须照在皮肤上才能产生维生素 D。长期住在高层而不出户的儿童，虽室内光线充足，但玻璃阻挡紫外线通过；北方寒冷季节，日照时间短，紫外线照射不充足；儿童衣着严实，户外活动少等，均易导致维生素 D 缺乏。
3. 维生素 D 摄入不足　婴儿食物中包括母乳，含维生素 D 很少或比例不当，可影响钙、磷的吸收。单纯用谷类食物喂养时，因其中含有大量植酸，容易与小脑中钙、磷结合成为不溶解的植物钙，而影响钙、磷吸收。若不及时添加维生素 D，不晒太阳，就易引起维生素 D 缺乏。
4. 生长过速　婴幼儿生长发育快，尤其是早产、双胎儿，体内储存维生素 D 不足，出生后生长速度较足月儿快，易发生佝偻病。
5. 疾病及药物因素　慢性腹泻、肝胆系统疾病、慢性肾脏病影响维生素 D 的吸收及代谢；长期应用苯妥英钠、苯巴比妥等药物，可加速维生素 D 的分解和代谢；糖皮质激素能拮抗维生素 D 对钙的转运而导致佝偻病。

（二）临床表现及辅助检查

多见于婴幼儿，特别是小婴儿。一般先出现神经精神症状，继而出现骨骼改变，伴肌肉松弛。重症佝偻病患儿可见消化功能紊乱、心肺功能障碍并可影响智能发育及免疫功能等。临床上分为初期、激期、恢复期、后遗症期。

1. 初期　多见6个月以内，特别是3个月以内的小婴儿。多为神经兴奋性增高的表现，如易激惹、烦闹、睡眠不安、夜间惊啼。常伴与室温、季节无关的多汗，尤其是头部多汗，致婴儿常摇头擦枕，形成枕秃。此期常无明显骨骼改变，骨骼 X 线检查多正常或仅见长骨临时钙化带稍模糊。血生化检查血磷浓度降低，碱性磷酸酶增高，血清 25-（OH）D_3 降低。此期可持续数周或数月，若未经适当治疗，可发展为激期。

2. 激期　早期维生素 D 缺乏的婴儿未经治疗，病情继续加重，除初期的非特异性神经精神症状更加明显外，主要表现为骨骼改变和运动机能发育迟缓。

（1）骨骼改变

1）头部：①颅骨软化：最多见于 6 个月以内婴儿，以手指轻压颞骨或枕骨中央部位时有乒乓球样感；②方颅：多见于 9 个月以上患儿，由于骨样组织增生致颅骨及顶骨双侧呈对称性隆起，形成方颅；③前囟增大及闭合延迟：重者可延迟至 2~3 岁才闭合；④出牙延迟：可迟至 1 岁出牙，3 岁才出齐，有时出牙顺序颠倒，缺乏釉质，易患龋齿，正在钙化过程中的恒牙也可受到影响。

2）胸廓畸形：多见于 1 岁左右儿童。①肋骨串珠：肋骨和肋软骨交界处可触及或可看到钝圆形隆起，系该处骨样组织堆积膨大所致，以两侧第 7~10 肋最明显；②肋膈沟：由于肋骨软化，膈肌长期牵拉使膈肌附着部位内陷，形成横沟，称肋膈沟或郝氏沟；③鸡胸或漏斗胸：由于肋骨骺部内陷，以至胸骨向外突出，形成鸡胸，如胸骨剑突部向内凹陷，则形成漏斗胸。

3）四肢、脊柱及骨盆畸形：①腕踝畸形：多见于 6 个月以上儿童，在手腕、脚踝处可扪及甚至看到肥厚的骨骺，形成钝圆形环状隆起，称为"手镯征"或"脚镯征"；②下肢畸形：见于儿童开始行走后，可出现股骨、胫骨、腓骨弯曲，形成严重膝内翻（"O"形腿）或膝外翻（"X"形腿）；③脊柱：经常久坐可致脊柱后凸，偶见侧弯；④骨盆：重症者骨盆前后径变短形成变平骨盆，女婴成年后可致难产。

（2）全身肌肉松弛：低血磷使肌肉糖代谢障碍，致患儿肌张力低下；韧带松弛，表现为头颈软弱无力，坐、立、行等运动机能发育落后；此外还有大关节易过度伸展，腹肌张力低下致腹部膨隆如蛙腹。

（3）其他：患儿表情淡漠，语言发育迟缓，免疫力低下，常伴有肺炎及腹泻等感染。

（4）血生化改变：活动期患儿血清钙降低，血磷明显降低，钙磷乘积常小于 30，碱性磷酸酶明显增高，1,25-（OH）$_2D_3$ 下降。

（5）X 线改变：一般摄腕部 X 线正位片，可有下列改变：①干骺端临时钙化带模糊，呈毛刷样，骨样组织向干骺端四周伸出呈杯口状改变；②长骨骨骺软骨盘增宽（>2mm），与干骺端的距离加大；③骨质普遍稀疏，密度减低，可有骨干弯曲畸形或青肢骨折。

3. 恢复期　以上任何期经过治疗及日光照射，临床症状减轻或接近消失，精神活泼，肌张力恢复。血清钙磷浓度数天恢复正常，钙磷乘积也逐渐恢复正常。碱性磷酸酶 1~2 个月恢复正常。X 线表现于 2~3 周后即有改善，临时钙化带重新出现，骨骺软骨盘 <2mm，逐步恢复正常。

4. 后遗症期　2 岁以后儿童，临床症状消失，血生化及骨骼 X 线检查正常，仅遗留不同程度的骨骼畸形。

（三）预防

佝偻病的预防必须从胎儿期开始，1 岁内婴儿是重点对象。

考点： 佝偻病的预防

1. 胎儿期的预防　妊娠后期（即 7、8、9 三个月），胎儿对维生素 D 和钙、磷的需要量不断增加。因此，作好孕期保健非常重要。

（1）孕妇应经常到户外活动，多晒太阳。

（2）饮食应含有丰富的维生素 D、钙、磷和蛋白质等营养物质。

（3）防治妊娠并发症，对患有低钙血症或骨软化症的孕妇应积极治疗。

（4）冬春季妊娠或体弱多病者可于妊娠后期补充维生素 D 和钙剂以预防先天性佝偻病。每天口服维生素 D 400~800IU，或者每月 5 万 ~10 万 IU 1 次或分次口服；或者 1 次给予 15 万 ~20 万 IU。同时服用钙剂。

2．新生儿期的预防

（1）提倡母乳喂养，并尽早开始晒太阳。

（2）对早产儿、双胎儿、人工喂养儿或冬季出生的婴儿可进行药物预防。于生后 1~2 周开始，每日口服维生素 D 500~1000IU，连续服用。不能坚持口服者可给维生素 D 10 万 ~20 万 IU 1 次肌内注射（可维持 1~2 个月）。

3．婴儿期的预防　婴儿期生长发育速度快，较易发生佝偻病，必须坚持采取综合性预防措施。

（1）提倡母乳喂养，及时添加辅食，保证儿童对各种营养素的需要。在有条件的地区，人工喂养者可用维生素 D 奶。

（2）多晒太阳是预防佝偻病的简便、有效的措施，夏秋季尽量暴露婴儿皮肤并逐渐增加晒太阳的时间。平均每日户外活动应在 1~2 小时。

（3）对体弱儿或在冬春季节，应用维生素 D 预防。①每日法：每日口服维生素 D 400~800IU，至周岁；②每月法：维生素 D 5 万 ~10 万 IU 每月 1 次或分次口服，至周岁；③每季法：每季 1 次肌内注射维生素 D 20 万 ~30 万 IU，至周岁。有条件者宜采用每日法，不能口服时可肌注。夏季接触日光充分时可暂时停用维生素 D。

4．幼儿期的预防　儿童 1 岁后可采用"夏秋晒太阳，冬春服维生素 D"的预防方法。

5．儿童期的预防　4 岁以后至青春期儿童可出现晚发性佝偻病。对于经常易疲劳、乏力、两腿酸软、腿痛、关节痛而无其他原因可解释者应进一步检查并给予防治。

第八节　各年龄期儿童保健重点

一、胎儿期保健

考点：各年龄期儿童保健的重点

胎儿期保健是通过对孕母的保健，保护胎儿宫内健康发育生长，直至安全娩出。胎儿期保健的重点在于预防。

1．预防先天性发育不全　①预防各种病毒及原虫的感染；②孕母患病应积极治疗，要谨慎用药，患病时应在医生指导下用药，不可滥用；③避免放射线照射；④避免接触铅、汞、苯、有机磷农药等化学物质或被化学物质污染的环境，防止中毒；⑤保证充足的营养、热能及维生素、铁与锌等微量元素的供给；⑥孕母应禁酒、禁烟；⑦保持愉快情绪。对高危产妇除定期产前检查外，应加强观察，一旦出现异常情况，应及时就诊，必要时可终止妊娠。

2．预防遗传性疾病　应避免近亲结婚，有遗传性疾病家族史者怀孕后可通过遗传咨询，预测风险率和产前诊断，以决定胎儿是否要保留。

3．预防早产　早产的原因很复杂，常与孕母患某些疾病（如妊娠并发症、急、慢性疾病等）有关，故预防早产必须重视定期产前检查，发现危险因素即应加强监护，积极处理，防止给胎儿造成危害，引起早产。

4．加强孕母营养　胎儿最后 3 个月生长发育迅速，尤其是脑的发育明显加快。孕母后期应加强营养供应,保证胎儿生长发育及分娩后授乳营养的储备。孕后期胎儿骨骼发育加快,足月儿骨骼的钙盐80%是后3个月从母体获得,若钙与维生素D不足,易引致新生儿低血钙或胎儿性佝偻病。

二、新生儿期保健

1. 出生时保健　新生儿娩出后应迅速清理口腔内黏液,保证呼吸道通畅;严格消毒、结扎脐带;记录出生时评分、体温、呼吸、心率、体重与身长;设立新生儿观察室,出生后观察6小时,正常者送入婴儿室,高危儿送入新生儿重症监护室;提倡母婴同室,尽早喂母乳。新生儿出院回家前应根据要求进行先天性遗传代谢病筛查和听力筛查。

2. 新生儿期保健　建立和加强新生儿家庭访视制度,定时进行访视;进行全面体格检查,如体重、身长、体温、头围、面色、皮肤等;了解新生儿出生后的健康、喂养、疾病等方面的情况;指导母亲做好新生儿脐带、皮肤及其他方面的护理;指导并鼓励母乳喂养;做好预防接种及定期体格检查的安排;预防各种常见的新生儿疾病。应接种卡介苗和乙肝疫苗。

三、婴儿期保健

1. 合理喂养　婴儿期的体格生长十分迅速,需大量各种营养素满足其生长的需要,但婴儿的消化功能尚未成熟,故易发生消化紊乱和营养不良等疾病。因此,应提倡纯母乳喂养至4~6个月;部分母乳喂养或人工喂养婴儿则应选择配方奶粉。4个月后开始添加辅助食品,由一种到多种,由少量开始逐渐增加。添加辅助食品时应注意观察婴儿的食欲及消化功能,防止发生消化不良和腹泻。

2. 促进感知觉发育　婴儿期是感知觉发育的快速时期。要利用带有声、色的玩具促进感知觉发展,要训练他们认识周围的人和物,培养他们的观察力。

3. 生长监测　应用生长发育监测图监测婴儿的生长和营养状况,早期发现偏离,及时分析其原因,采取有针对性的措施及时矫治。

4. 定期健康检查　婴儿在生后第1年内定期健康检查4~5次;生后6个月或9个月要检查一次血红蛋白。

5. 体格锻炼　坚持户外活动,增强身体对外界环境的适应能力。

6. 预防接种　按照计划免疫程序,在1岁内完成各种疫苗的基础免疫。

7. 预防常见病　呼吸道感染、腹泻等感染性疾病和贫血、佝偻病等营养性疾病威胁婴儿健康,必须积极预防。

四、幼儿期保健

1. 由于感知能力和自我意识的发展,对周围环境产生好奇、乐于模仿,幼儿期是社会心理发育最为迅速的时期。

2. 该时期应重视与幼儿的语言交流,通过游戏、讲故事、唱歌等促进幼儿语言发育与大运动能力的发展。

3. 应培养幼儿的独立生活能力,安排规律生活,养成良好的生活习惯,如睡眠、进食、排便、沐浴、游戏、户外活动等。

4. 每3~6个月应进行一次体格检查,预防龋齿。

5. 由于该时期的儿童已经具备一定的活动能力,且凡事都喜欢探个究竟,故还应注意异物吸入、烫伤、跌伤等的预防。

五、学龄前期保健

1. 此期儿童的特点是生长速度减慢，而智力发展快、独立活动范围大，是性格形成的关键时期。因此，加强学龄前期儿童的教育较重要，应注意培养其学习习惯、想象与思维能力，使之具有良好的心理素质。

2. 应通过游戏、体育活动增强体质，在游戏中学习遵守规则和与人交往。学前教育在人类发展中有极其重要的作用，心理、智能、语言、情绪和性格的发展，都是在学龄前期打下基础，绝不能把学前教育简单地理解为"教知识"。学前教育是通过讲故事、组织各种游戏、参观、绘画、欣赏音乐歌舞、体操、运动会、郊游等，培养儿童学习能力、分辨是非的能力、品格毅力等，发展儿童的好奇心和求知欲等，还要通过日常生活内容锻炼独立生活能力，为入小学打好基础。

3. 每年应进行1~2次体格检查，进行视力、龋齿、缺铁性贫血等常见病的筛查与矫治。保证充足营养，预防溺水、外伤、误服药物以及食物中毒等意外伤害。

六、学 龄 期

1. 此期儿童求知欲强，是获取知识的最重要时期，也是体格发育的第二个高峰期。

2. 该时期应提供适宜的学习条件，培养良好的学习习惯，并加强素质教育。应引导积极的体育锻炼，不仅可增强体质同时也培养了儿童的毅力和意志力。进行法制教育，学习交通规则和意外伤害的防范知识。在青春期应进行正确的性教育以使其在生理和心理上有正确的认识。

3. 合理安排生活，供给充足营养，预防屈光不正、龋齿、缺铁性贫血等常见病的发生。

七、青春期保健

详见第四章青春期保健。

第九节　儿童保健工作内容

一、散居儿童保健工作内容

散居儿童保健是指对居住在家庭中，由父母或其他家庭成员照料的7岁以下儿童，进行系统的医学监督和保健管理。在城市，承担散居儿童保健工作的机构为儿童保健所、妇幼保健院（所）、综合性医院保健科和基层卫生所；在农村，承担散居儿童保健工作的机构是妇幼保健院（所、站）、乡卫生院妇幼保健组及村卫生所（室）。

（一）儿童保健系统管理

1. 目的　根据儿童不同时期生理、心理、社会特点和保健需求，结合本地区实际情况，对儿童进行系统保健，以促进儿童健康成长。

2. 对象　凡属于辖区范围内散居在各个家庭中的新生儿至入小学前儿童（包括居住3个月以上临时户口儿童）均为散居儿童保健系统服务的对象，其中重点是3岁以下婴幼儿。

3. 内容　建立本地区儿童健康档案数据库，定期收集本地区儿童健康资料，分析常见疾病发病率和死亡率，发现影响本地区儿童健康的主要因素，为本地区和国家政府制定相关政策提供依据。详细内容参阅第十四章。

4. 方法　①以街道（乡）为基础，建立健全三级儿童保健网，并由专职儿童保健工作者进行系统管理；②各医疗、卫生保健单位应开设地段儿童保健门诊，配合防疫部门开展计划免疫；③开展家庭访视，做好新生儿、健康儿童和体弱儿等的专案管理；④宣传指导家长正确使用儿童生长发育监测图，进行家庭自我监测；⑤利用多种形式开展儿童保健知识宣传教育，详细内容参阅第十三章；⑥建立逐级会诊和转诊制度。

（二）儿童系统保健的形式

散居儿童人数众多、居住分散、家庭环境和条件各异、保健需求不尽相同，为了使每个儿童都能得到系统、有效的保健服务，必须进行科学的管理。目前我国散居儿童保健主要采取两种形式：①建立儿童保健负责地段；②在各级儿童或妇幼保健机构开设儿童保健门诊。

1. 儿童保健责任地段

（1）确定儿童保健责任地段

1）城市：城市儿童保健责任地段是以市、区儿童或妇幼保健机构为中心，联合所在辖区范围内的保健单位（包括专科医院保健科、综合性医院儿科、教学和科研单位），采取就近划片包干管理或以街道（居委会）为单位，实行地段保健负责制，统一管理内容、方法和评价指标，分工负责。

2）农村：农村儿童保健责任地段是以乡为单位，建立乡村医师保健责任制，采取县、乡、村分级管理。由于目前我国农村儿童保健基础较差，多采取试点的工作方法，在乡、村逐级进行评价，落实各项保健任务。

（2）责任地段工作任务

1）调查儿童系统保健基础资料：①了解地段内人口资料，如总人口数、各年龄组儿童数、出生情况、死亡情况等；②了解儿童家庭背景，掌握儿童健康情况。

2）建立儿童系统保健管理常规：根据不同年龄儿童特点建立相应的管理常规，详细内容参阅第十四章。

3）定期进行统计工作：包括新生儿访视率、定期体检覆盖率、婴儿及儿童死亡率、儿童体格发育状况等，详细内容参阅第十四章。

2. 儿童保健门诊

（1）儿童保健门诊的任务

1）社区儿童保健：承担所管辖区范围内7岁以下儿童系统保健，包括生长发育监测、定期体格检查、疾病筛查、体弱儿童管理等。

2）健康咨询：向儿童家长提供所需的卫生保健信息及有关保健技能，针对他们的问题提出适当的建议和专业技术服务。

3）开展儿童健康教育：定期对儿童及家长开展卫生保健宣传教育，提高其自我保健意识和保健知识水平。

4）常见病、多发病的防治：主要针对儿童常见"四病"开展防治工作。

5）儿童心理行为评定与干预：定期进行儿童心理行为评定，早期发现偏离或异常，早期干预。

6）其他工作：根据儿童保健工作需要，开展儿童保健应用科学研究；为基层卫生人员或医学院校学生提供培训或实习基地。

（2）儿童保健门诊的工作内容

1）健康检查：对新生儿、婴幼儿和学龄前儿童定期进行体格检查和心理行为评定。

2）早期随访和干预：对管辖范围内的儿童实行定期随访，针对问题进行早期干预，并建立各级转诊制度。

3）计划免疫：按照儿童计划免疫程序，为所管辖区地段儿童实施预防接种，详见本章第二节。

4）健康教育：对儿童及家长开展有针对性的、多种形式的健康教育，详见第十三章。

5）常见疾病防治：对儿童常见"四病"采取积极有效的防治，详见本章第八节。

（三）儿童保健系统管理的工作内容

儿童保健系统管理是由各级儿童或妇幼保健机构组织实施保护儿童健康的服务形式，旨在消除不利因素，促进有利因素，全面提高儿童的健康水平。

1. 新生儿期保健的系统管理

（1）家庭访视：由妇幼保健人员定期入户对新生儿进行询问、检查和指导。正常新生儿于生后28天内访视不少于3~4次，每次访视内容应有所侧重，并做好详细的访视登记。

1）初访：应在新生儿出生后1~3天进行，访视内容包括：①查看新生儿居室的卫生状况，如通风是否良好、室温是否适宜、室内用具是否消毒、新生儿的衣被及尿布是否符合卫生要求等；②询问母亲有关新生儿出生时的情况，如分娩方式、有无窒息、出生体重和身长、哭声、吃奶、睡眠、大小便情况；③了解新生儿接种卡介苗和乙肝疫苗的情况；④观察新生儿的一般情况，如呼吸节律及频率、面部及全身皮肤颜色、有无黄疸、四肢活动及神经反射情况；⑤测量新生儿体温、体重、身长、头围、胸围，检查新生儿有无畸形、脐部有无出血或渗血、皮肤皱褶处有无糜烂、肺部及心脏听诊有无异常、腹部触诊有无异常、下肢有无水肿和硬肿等；⑥宣传指导母乳喂养和新生儿护理，如哺喂、保暖、洗澡、预防感染等方法示教。

2）复访：于新生儿出生后5~7天进行，访视内容包括：①观察新生儿的一般健康情况；②了解初访指导内容执行情况，并对新生儿喂养、护理中出现的新问题给予指导；③注意检查新生儿生理性体重下降、生理性黄疸、脐带脱落情况。

3）三访：于新生儿出生后10~14天进行，访视内容包括：①了解新生儿体重恢复和黄疸消退情况，如果体重未恢复到出生时体重、黄疸未消退，应分析原因，给予指导；②检查新生儿的视力和听力；③指导家长帮助新生儿建立正常的生活规律，指导家长为新生儿补充鱼肝油的方法和剂量。

4）满月访：于新生儿出生后28~30天进行，访视内容包括：①对新生儿进行全身体格检查、测量体重，如果体重增加不足600g，应分析原因；②正常者转入婴儿期保健系统管理，异常者转入体弱儿门诊进行专案管理。

（2）高危新生儿保健的系统管理

1）对象：出生体重<2500g、胎龄<37周、有宫内缺氧或产时窒息的新生儿、有先天畸形的新生儿、其母亲孕期患有疾病的新生儿。

2）专案管理：①对出生体重达到3000g、一般情况正常、家庭访视未见异常者，可转入婴儿保健系统管理；②对出生体重<2500g、胎龄<37周者接到报告后立即专案管理，当日访视，以后根据情况增加访视次数。③对出生体重<2000g的新生儿，若体温不升，吸吮能力和生活能力弱者，每日访视1次，至体温正常，吸吮能力增强后每周访视1次；若出生后情况较好者，每周访视1~2次，满月后每两周访视1次至出生后2个月。④对出生体重<1500g的新生儿，要增加访视次数，专案管理延长至出生后3个月。⑤对出生体重过低、吸吮能力很差的新生儿，应送医院治疗。

（3）建立转诊制度：各地应根据当地实际情况建立转诊制度，以保证重症患儿及时得到治疗。

（4）健全统计制度：详见第十四章。

2. 健康儿童保健的系统管理

（1）婴幼儿期保健系统管理

1）建立地段医师或乡村医师管理制度：为了使7岁以下儿童得到连续系统的保健服务，在城市建立地段医师负责制度，在农村建立乡村医师负责制度。根据各地的具体条件，制订地段医师和乡村医师的服务范围、内容、工作质量指标和制度，以保证各项保健措施能够贯彻执行。

2）定期健康检查：出生后3、6、9和12个月各进行1次健康检查，以了解儿童生长发育和健康情况。

3）生长发育监测：应用生长发育图监测儿童生长发育状况，以早期发现儿童生长发育偏离，早期干预，促进儿童健康成长。

4）健康评价：对婴儿体格和神经心理行为发育进行评价，将筛查出的体弱儿转入专案管理。

5）早期教育：详见本章第三节。

6）健康教育：详见第十三章。

7）常见疾病防治：①合理喂养，加强对营养性缺铁性贫血和维生素D缺乏性佝偻病的预防，详见本章第八节；②按计划进行预防接种，做好传染病、常见病、多发病的防治工作。

（2）学龄前儿童保健系统管理：①结合年龄特点，建立合理的生活制度，培养良好的生活习惯；②注意儿童视力的保护和个性的塑造；③每年进行1次健康检查。

3. 体弱儿童保健的系统管理

（1）对象：包括：①早产儿、双胎或多胎儿、低出生体重儿、满月时体重增加不足600g的婴儿、生长监测中体重不增或下降的儿童；②患有先天畸形、遗传代谢性疾病、免疫功能低下或缺陷、消化功能紊乱、中度以上营养不良、中度及以上营养性缺铁性贫血、活动性维生素D缺乏性佝偻病、反复发作性支气管炎或哮喘、慢性疾病（如结核、慢性肾炎）、智力低下等儿童。

（2）系统管理：①建立专案管理：在其健康档案上标记"体弱儿"字样，注明病种以便于查找；②除了健康儿童管理内容外，应根据每一个体弱儿童的具体情况，制订确实有效的治疗方案，定期到儿童保健门诊复诊，一般每2~4周检查1次，逾期未检查者要上门访视或追访；③针对不同病因，进行疾病防治知识的宣传教育，指导合理喂养和正确护理；④对已恢复健康的体弱儿，应及时结案，并转入健康儿童保健系统管理。

4. 预防传染病的管理　①定期开展传染病防治知识宣传教育，配合防疫部门做好儿童计划免疫工作，建立预防接种卡，全程足量的对儿童进行预防接种；②发现传染病患儿应在24小时内进行家访，确诊后填写传染病登记卡，及时上报，采取有效措施，对患儿进行隔离和治疗；③对疑似患儿也应检疫、隔离和观察；④对传染病密切接触者及时给予被动免疫或药物预防，必要时转上级医院治疗；⑤对疫源地及患儿用具、排泄物等进行消毒，以防止传染病继续蔓延，达到控制传染病的目的。

5. 儿童保健系统管理其他工作

（1）信息管理：各级儿童保健机构要设立信息科（组），并有专职人员从事信息管理，通过统一的妇幼卫生报表、专题调查和抽样定点监测途径，收集儿童保健资源、儿童保健服务和儿童健康水平等重要信息，即可作为卫生行政部门和业务机构分析现况、评价工作效果和决策的主要依据，又可供历年工作情况的比较。详见第十四章。

（2）理论研究与技术推广：积极开展儿童常见病和多发病、儿童意外伤害、儿童心理行为问题等防治措施的研究；积极推广和应用婴幼儿科学喂养、儿童生长发育监测、计划免疫、口服补液疗法等适宜技术。

二、集体儿童保健工作内容

集体儿童是指在托儿所、幼儿园集体生活、学习、活动的儿童，集体儿童保健是根据托幼机构内儿童的保健重点，采取相应措施，保障和促进儿童身心健康发展。

（一）建立健康检查制度

1. 入园（所）前健康检查 在辖区指定的医疗卫生机构，按统一要求进行全面健康检查，防止儿童将传染病带入园（所）。入园（所）前健康检查主要包括：①询问儿童基本情况：如生长发育史、预防接种史、常见病及急性传染病史、过敏史等；②体格测量：重点为体重、身高（长）、头围、胸围等；③体格检查：检查内容见本章第五节；④辅助检查：血、尿、大便常规，OT试验，胸部X线透视，乙型肝炎表面抗原和肝功能等；⑤凡患有急、慢性传染病和近期内有传染病接触史者不能入园（所）。

2. 定期健康检查 以评价儿童入园（所）后生长发育和健康状况。

（1）检查次数：婴儿每3个月1次、幼儿每半年1次、3岁以上儿童每年1次，如果体检中发现异常或疾病，需要积极采取相应的治疗干预措施。

（2）检查内容：①每次按常规进行体格测量、体格检查、血常规检查，每年进行1次胸部X线透视；②发育筛查：每年进行1次发育筛查，4岁以下儿童采用丹佛发育筛查量表筛查，4岁以上儿童采用学前儿童能力筛查；③听力筛查：目前主要采用行为测听和电生理测听两种方法，电生理测听常采用耳声发射和听觉诱发电位筛查儿童听力；④视力筛查：3岁以下儿童采用询问眼病史、眼表检查、屈光筛查、红光反射检查、眼位和眼球运动评估、视力评估；3岁以上儿童除了上述3岁以下儿童检查项目外，还需进行与年龄相应的视力检查。

3. 晨、午、晚间检查和全日健康观察

（1）晨间检查：儿童每天早晨入园（所）前，由保健医师认真检查，检查步骤包括：①问：向家长询问儿童离园（所）后到来园（所）期间的生活情况和一般健康情况；②看：保健医师观察儿童精神、面色、眼神和皮肤是否正常，有无流涕、流泪、结膜充血等疾病征象；③摸：保健医师用手触摸儿童额部和手心，以筛查儿童有无发热；④查：根据当地儿童传染病流行情况，对易感儿童进行重点检查，以便及早发现传染病患儿，同时检查儿童是否携带不安全物品（如小刀、玻璃球、玻璃片等）。

（2）午、晚间检查和全日健康观察：①保健医师每日中午、晚间应巡视各班级1次，并向各班保教人员了解儿童缺勤情况和原因；②保健医师和保教人员应随时观察儿童健康情况，发现可疑或异常情况应及时采取相应措施，妥善处理。

4. 特殊情况回园（所）检查 ①对离开园（所）3个月以上儿童，返回前须再次进行健康检查；②对患传染病的儿童，经隔离或治疗后恢复健康，并通过医师证明隔离期已满、无传染性，经保健医师体格检查证实其健康后方可回园（所）；③对有传染病接触史的儿童，应待检疫期过后无症状才可回园（所）。

5. 健康记录 每个儿童均应建立健康档案，定期进行健康分析，对发现的问题及时进行矫正。

（二）建立疾病防治制度

1. 防治传染病 对传染病应采取早预防、早发现、早隔离和早治疗的综合保健措施，消除或切断传染源、传染途径，保护易感儿童。

（1）建立卫生消毒制度：儿童使用的餐具、茶杯、玩具、便盆及生活设施等，都要定期清洗和消毒。

（2）个人卫生和环境卫生：培养儿童良好的卫生习惯（参阅本章第四节），保教人员应仪表整洁，炊事人员应注意厨房和饮食卫生；经常开窗通气，保持室内空气新鲜；定期清扫室内外环境，消灭蚊虫滋生地。

（3）计划免疫：必须全程、足量和按时给儿童进行预防接种，认真做好接种登记，对因故未按时接种的儿童应及时补种。

（4）发生传染病后的管理：应及时向防疫部门报告，及时隔离传染源，对接触者采取多种方法进行预防和检疫，对所在班级进行有效的消毒，以切断传染途径。常见传染病的潜伏期、隔离期及检疫期见表3-3。

表3-3 儿童常见传染病的潜伏期、隔离期及检疫期

疾病名称	潜伏期（天）	患儿隔离期	接触检疫期
乙型病毒性肝炎	60~180	自发病起不少于30天	观察6个月（第3、6个月复查）
百日咳	2~21	自发病起不少于28天	观察14天
白喉	1~10	症状消失、鼻咽试纸培养2次阴性，不少于7天	观察7天
麻疹	8~20	出疹后5天（并肺炎10天）	观察2周，曾被动免疫者3周
风疹	14~21	出疹后5天	观察2~3周
水痘	12~21	全部结痂后	观察15~21天
甲型病毒性肝炎	15~50	自发病起不少于30天	观察40天（第2、4、6周复查）
流行性感冒	数小时至4天	症状消失	集体免疫
流行性腮腺炎	8~35	起病后7~10天	观察3周
流行性乙型脑炎	4~21	体温正常	无
流行性脑脊髓膜炎	1~10	体温正常，鼻咽分泌物培养阴性	观察7天，考虑用磺胺类药物预防
猩红热	1~12	抗生素治疗起6天	观察7天
伤寒	7~23	症状消失2周，大小便培养2次阴性	观察2周
副伤寒	2~15	症状消失2周，大小便培养2次阴性	观察2周
狂犬病	10天至1年	病程中隔离	被咬者接种疫苗
细菌性痢疾	数小时至7天	症状消失1个月，大便培养2次阴性	观察7天
阿米巴痢疾	5天至1年	症状消失，大便连续3次检查无滋养体及包囊	大便检查包囊阴性
霍乱、副霍乱	数小时至5天	症状消失，隔日大便培养3次阴性	留检5天或集体免疫

2. 防治常见病和多发病　①经常开展儿童常见疾病的健康教育，以提高托幼机构保教人员、家长和儿童的防病意识；②将急性呼吸道感染、腹泻、肠道寄生虫感染、营养不良、营养性缺铁性贫血、维生素D缺乏性佝偻病等作为防治的重点，对定期健康检查发现的疾病应彻底治疗，并做好登记。

3. 体弱儿的管理工作　对体弱儿应加强保健管理，建立专案，进行必要的照顾，并针对体弱儿童具体情况进行有效的治疗和适当的体格锻炼。

（三）建立合理的生活和体格锻炼制度

1. 建立合理的生活制度　根据不同年龄儿童的生长发育特点和季节，将儿童一天的生活内容（如进餐、睡眠、活动、学习等）在时间、顺序、次数和间隔方面进行合理安排，详见本章第三节。

2. 建立合理的体格锻炼制度　体格锻炼能增强儿童身心健康和抗病能力，培养儿童顽强的品格和坚忍不拔的意志，是儿童保健的一项积极主动措施。集体儿童保健机构应有组织、有计划地开展体格锻炼，对体格锻炼的实施和效果，应进行登记和分析，不断改进锻炼的内容和方法，详见本章第三节。

（四）建立早期教育制度

托幼机构的早期教育应贯彻在各项活动中，通过对儿童生活照顾和游戏等活动进行。

1. 早期教育内容　积极促进儿童心理行为发展，进行道德品质和人际交往的培养，进行各种生活技能训练，结合生活环节培养儿童良好的生活和卫生习惯，详见本章第三节。

2. 早期教育效果评价　建立儿童智能开发档案，进行纵向观察，以评价早期教育的效果和改进早期教育的方法。

（五）建立合理的膳食管理制度

为了保证儿童生长发育的需要，集体儿童机构必须重视儿童合理营养，每日应根据不同年龄儿童生长发育情况和活动量来决定热量和营养素的供给。

1. 儿童膳食应专人负责　规模大的托幼园（所）可成立膳食委员会，定期研究儿童合理膳食和伙食费的使用情况。

2. 制订膳食计划　根据季节供应情况，制定适合儿童年龄的食谱。根据不同年龄儿童营养需要量、各种食物供给量标准和经费情况，合理安排儿童每日三餐的食谱。儿童食物的烹调方式既要注意合理营养，还要注意色、香、味的多样化。

3. 按时适量进餐　准确掌握儿童出勤人数，做到每天按照儿童出勤人数供应食物。按时开餐，两餐间隔3~4小时，进餐时间不少于20~30分钟，以保证儿童吃饱吃好。

4. 托幼园（所）工作人员（包括炊事员）的饮食要与儿童食物严格分开，不允许侵占儿童的食物。

（六）建立安全管理和家长联系制度

1. 建立安全管理制度　托幼机构要建立安全管理制度，制定各种安全管理措施，对入园（所）后的儿童及其家长需定期进行安全教育，防止意外伤害发生，保障儿童人身安全。一旦发生儿童意外伤害，应立即采取急救处理或送医院救治，并及时向有关部门报告；同时，认真分析原因，从中吸取教训，加强安全管理。

2. 建立家长联系制度　托幼机构的工作离不开家长的支持和合作，应采取多种形式，加强与家长的联系，定期召开家长会，向家长宣传儿童保健知识，使托儿园（所）教育与家庭教育协调一致。对无故缺席的儿童，应及时家访，了解儿童缺席原因，针对儿童缺席原因采取相应措施。

（七）建立保健资料登记、统计制度

托幼机构日常的卫生保健工作应有固定登记册和统计报表，做到每月、每季、每年均有儿童保健工作小结，以评价儿童保健工作质量，有利于改进和提高儿童保健工作。

1. 常用资料登记　包括出勤、体格检查、智力测定、膳食调查、预防接种、体格锻炼、体弱儿童、缺点矫治、传染病、疾病、意外伤害、死亡、家长联系等资料的登记。

2. 卫生统计指标 包括出勤率、体格发育评价、膳食评价、预防接种率、缺点矫治率、传染病发病率、各种常见疾病的患病率等。

实训二 预 防 接 种

【实训目的】
1. 掌握儿童计划免疫程序。
2. 熟悉预防接种程序和方法。
3. 了解预防接种用物准备。

【时间安排】 2学时。

【实训地点】 多媒体教室或实践技能训练室，有条件的学校可选择妇幼保健院儿童保健科或社区儿童保健中心。

【实训准备】
1. 准备好接种场所
（1）接种场所应当按照登记、健康咨询、接种、记录、观察等服务功能进行合理分区，接种场所室外要设立醒目的标志，确保接种工作有序进行。
（2）在接种场所显著位置公示相关信息和资料，包括：①预防接种工作流程；②疫苗品种、免疫程序、接种方法、作用、禁忌证、不良反应和注意事项等；③接种服务咨询电话；④相关的宣传资料。
（3）接种室内宽敞明亮、通风保暖，准备好接种工作台、坐凳及提供儿童和家长等候接种的设施。做好室内清洁，使用消毒液或紫外线消毒，并做好消毒记录。

2. 准备药品和器材
（1）消毒和注射器材：①准备75%乙醇、镊子、棉球杯、无菌干棉球或棉签、治疗盘、洗手液等；②一次性注射器使用前要检查包装是否完好，在有效期内使用；③注射器回收用安全盒、毁形器、截针器及污物桶等。
（2）体检器材：体温表、听诊器、压舌板、血压计。
（3）常用急救药品：1∶1000肾上腺素、糖皮质激素等药物。

3. 接种工作人员穿戴工作衣、帽、口罩，双手洗净。

【实训内容】
1. 核实接种者
（1）接种工作人员应查验儿童预防接种证和接种卡，核对受种者姓名、性别、年龄，出生年、月、日及接种记录，确认是否为本次受种对象，应接种何种疫苗。接种工作人员如发现原始记录中受种者姓名、出生年、月、日有误时，应及时更正。
（2）对不属于本次受种的对象，向儿童家长或其监护人做好解释工作。对有接种禁忌证者，应当对其家长或其监护人提出建议，并且在儿童的接种证和接种卡上记录。

2. 健康状况询问和接种前告知
（1）询问受种者的健康状况，并如实记录。
（2）告知受种儿童的家长或其监护人，所接种疫苗的品种、作用、禁忌证、不良反应以及注意事项，告知可采取口头或文字方式。
（3）受种儿童的家长或其监护人要求自费选择接种第一类疫苗同品种疫苗的，应当告知费用承担、异常反应补偿方式及其他有关内容。

3. 接种现场疫苗管理

（1）接种前将疫苗从冷藏容器内取出，严格核对接种疫苗的品种，检查疫苗外观质量，凡过期、变色、污染、发霉、有摇不散的凝块或异物、无标签或标签不清、安培有裂纹的疫苗一律不得使用。

（2）使用冻干疫苗时，用注射器抽取稀释液，沿安培内壁缓慢注入，轻轻摇荡，使疫苗充分溶解，避免出现泡沫；使用含有吸附剂的疫苗前，充分摇匀。

（3）吸取疫苗后，将注射器的针头向上，排空注射器内的气泡，直至针头上有一小滴疫苗出现为止。

4. 接种操作

（1）接种操作前严格实行"三查七对"制度：①"三查"是指检查受种者健康状况和接种禁忌证，查对预防接种证和接种卡，检查疫苗、注射器外观与批号（注：卡介苗注射器及针头为1ml专用注射器）、有效期；②"七对"是指核对受种对象的姓名、年龄、疫苗品名、规格、剂量、接种部位、接种途径；③接种工作人员经"三查七对"核实无误后，方可对符合条件的受种者实施接种。

（2）接种疫苗

1）口服法：适用于接种脊髓灰质炎疫苗。接种方法：①用消毒的药匙将脊髓灰质炎疫苗送入儿童口中，用凉开水送服咽下；②如果儿童服后吐出，应先饮少量凉开水，休息片刻后再服。

2）肌内注射法：主要用于接种乙肝疫苗和百白破三联疫苗。接种方法：①家长取坐位，小儿坐在家长腿上；②家长左臂抱紧小儿，右臂或两腿固定小儿双腿，右手握住小儿左手，以防止小儿在接种过程中乱动；③接种人员用相应规格注射器吸取1人份疫苗后，排尽注射器内空气；④取小儿上臂三角肌为注射部位，常规消毒皮肤；⑤接种人员左手将注射部位三角肌绷紧，右手以平执式持注射器，将针头快速垂直刺入肌肉，回抽无血，缓慢推注疫苗，注射完毕用消毒干棉签或棉球按压片刻。

3）皮内注射法：主要用于接种卡介苗。接种方法：①家长取坐位，小儿坐在家长腿上；②家长左臂抱紧小儿，右臂或两腿固定小儿双腿，右手握住小儿左手，以防止小儿在接种过程中乱动；③接种人员用相应规格注射器吸取1人份疫苗后，排尽注射器内空气；④取小儿上臂三角肌中部略下处皮肤为注射部位，常规消毒皮肤；⑤接种人员左手将注射部位皮肤绷紧，右手以平执式持注射器，针头斜面向上、与皮肤呈10°~15°，将针头快速刺入皮内，缓慢推注疫苗，使注射部位形成一个圆形隆起的皮丘，注射完毕，针管顺时针方向旋转180°后，快速拔出针头。

4）皮下注射法：主要用于接种麻疹疫苗。接种方法：①家长取坐位，小儿坐在家长腿上；②家长左臂抱紧小儿，右臂或两腿固定小儿双腿，右手握住小儿左手，以防止小儿在接种过程中乱动；③接种人员用相应规格注射器吸取1人份疫苗后，排尽注射器内空气；④取小儿上臂外侧三角肌下缘附着处皮肤为注射部位，常规消毒皮肤；⑤接种人员左手将注射部位皮肤绷紧，右手以平执式持注射器，针头斜面向上、与皮肤呈30°~40°，将针头快速刺入皮下，回抽无血，缓慢推注疫苗，注射完毕，用消毒干棉签或棉球按压针刺处，快速拔出针头。

5. 接种后物品处理　接种完毕，剩余的活疫苗要焚毁，注射器投入安全盒或防刺穿的容器内统一回收销毁，空安瓿、棉签、棉球等物品放入专用的容器内统一处理。

6. 接种记录、观察与预约

（1）接种记录：接种工作人员实施接种后，及时在预防接种证和接种卡上记录所接种疫苗的年、月、日及批号、疫苗名称、厂家，接种记录书写要求完整、工整，不得使用其他符号代替。

（2）观察与预约：受种者接种疫苗后留在接种现场观察 15~30 分钟。如出现不良反应，应及时处理和报告。如无特殊，向接种疫苗儿童的家长或其监护人预约下次接种疫苗的种类、时间和地点。

实训三　婴儿抚触

【实训目的】
1. 掌握婴儿抚触的动作要领。
2. 学会婴儿抚触的指导方法。

【时间安排】　2学时。

【实训地点】　多媒体教室或实践技能训练室，有条件的学校可选择妇幼保健院儿童保健科或社区儿童保健中心。

【实训内容】　婴儿抚触是一种通过抚触婴儿皮肤和机体，使刺激从皮肤感受器上传到中枢神经系统，从而促进婴儿身心健康发育。

1. 抚触前准备
（1）准备好抚触场所：保持适宜的室温（一般 28~30℃），确保婴儿舒适，不受干扰。
（2）准备好物品：室温计 1 个、尿布 1 块、包被或大毛巾 1 条、替换衣物润肤用品等。
（3）操作者进行婴儿抚触前，应剪短指甲、洗净并温暖双手、双手涂润肤油。

2. 操作方法及程序
（1）将婴儿放置在抚触床上的包被上，解开婴儿衣物，更换尿布，检查全身情况。
（2）抚触顺序：头面部→胸部→腹部→四肢→手足→背部，要求动作要到位，开始轻柔，然后逐渐加力，整套动作要连贯。

1）头面部：①操作者用两手拇指从婴儿前额中央向两侧滑动（实训图 3-1A）；②操作者用两手拇指从婴儿下颌中央向两侧、向上滑动，使婴儿的上下唇形成微笑状（实训图 3-1B）；③操作者用两手掌面从婴儿前额发际向上、后滑动，至婴儿后下发际，并停止于婴儿两耳后乳突处，再轻轻按压（实训图 3-1C）。

2）胸部：操作者两手掌面分别从婴儿胸部的外下方向对侧外上方交叉滑动，在婴儿胸部呈一个大的交叉滑动（实训图 3-1D）。

3）腹部：①操作者右手指腹从婴儿的右下腹滑向婴儿右上腹，形如英文字母 I；②操作者右手指腹从婴儿的右上腹经婴儿左上腹滑向婴儿左下腹，如划一个倒写的英文字母 L；③操作者右手指腹从婴儿的右下腹经婴儿右上腹、左上腹滑向婴儿左下腹，由右向左如划一个倒写 "U"；④在做上述抚触时，操作者要用关爱的语调向婴儿说 "我爱你"（I LOVE YOU），以传递爱和关怀（实训图 3-1E）。

4）四肢：操作者两手握住婴儿一侧上肢近端，从上臂至手腕轻轻按摩（实训图 3-1F）；同时按摩大肌肉群和关节。对侧及双下肢做法相同（实训图 3-1G）。

5）手与足：①操作者两手拇指指腹从婴儿手掌面的根侧依次推向指侧（实训图 3-1H）；②操作者两手拇、食指指腹轻轻提拉揉捏婴儿各手指关节；③婴儿足部抚触与手部抚触相同（实训图 3-1H、3-1I）。

6）背部：①婴儿呈俯卧位；②操作者两手掌分别于婴儿脊椎两侧，由中央向身体两侧滑动；③操作者两手掌分别从婴儿颈部滑向婴儿臀部（实训图 3-1J）。

（3）抚触要求：每个部位重复按摩 4~6 次。

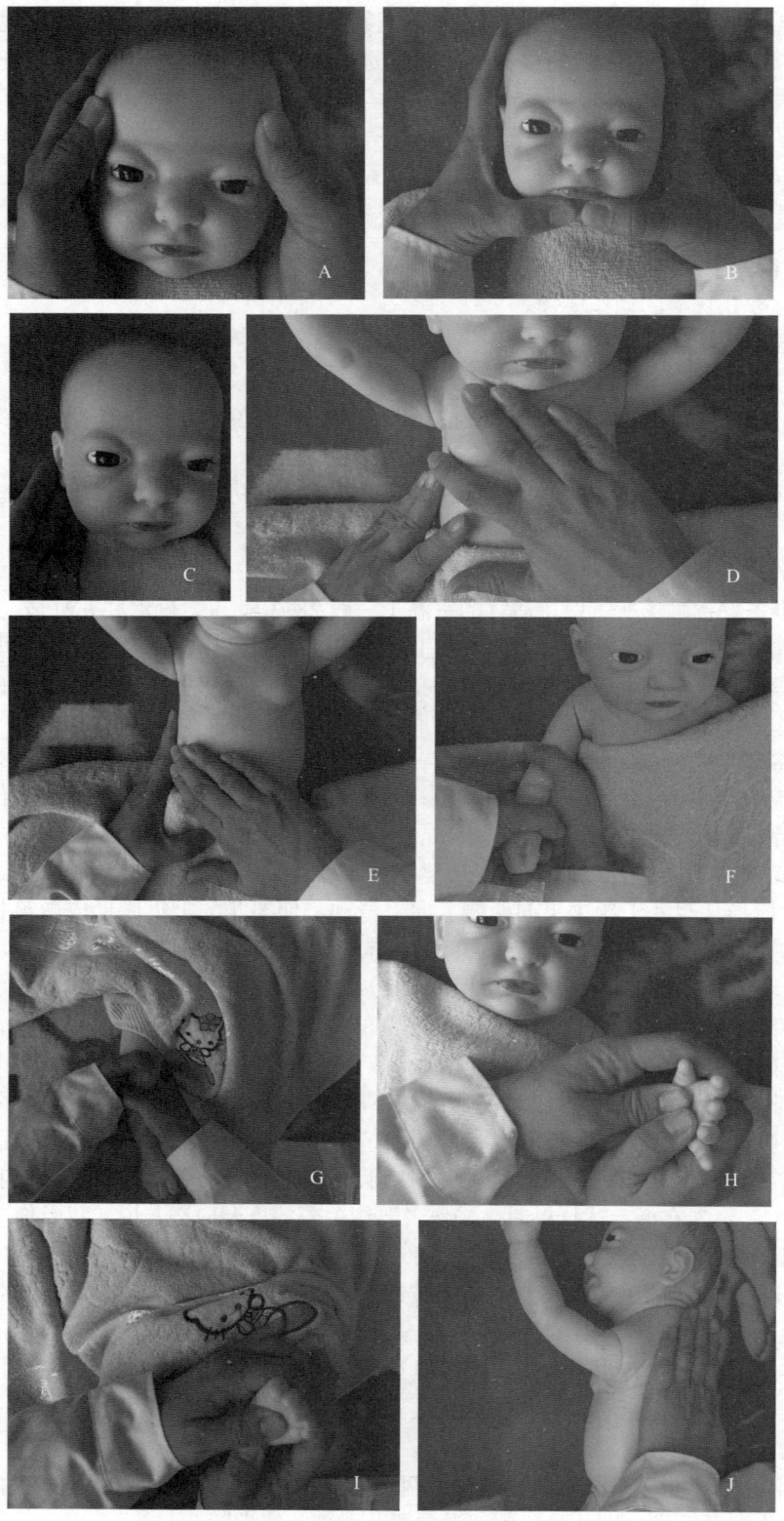

实训图 3-1　婴儿抚触

3. 注意事项

（1）有特殊情况的婴儿，如窒息抢救、颅内出血、皮下出血、皮疹等暂时不宜抚触。

（2）根据婴儿状态决定抚触时间，一般每天 1~2 次为佳，每次 10~15 分钟，按摩宜在两餐间进行，建议最好在婴儿沐浴后进行，注意避免在婴儿饥饿或进食后 1 小时内抚触。

（3）抚触前，操作者需温暖双手、将婴儿润肤油倒在掌心。

（4）不要让婴儿的眼睛接触润肤油。

（5）开始时轻轻抚触，随后逐渐增加压力，让婴儿慢慢适应。

（6）确保抚触不受打扰，抚触时操作者应注意与婴儿进行目光与语言交流。

（7）抚触中，不要强迫婴儿保持固定姿势。如果出现婴儿哭闹、肌张力增高、兴奋性增加、肤色改变等，应暂时停止抚触；如上述表现持续 1 分钟以上者应完全停止抚触。

目标检测

1. 培养儿童的生活习惯应包括
   A. 饮食习惯
   B. 睡眠习惯
   C. 大小便习惯
   D. 卫生习惯
   E. 以上都正确

2. 新生儿期的保健护理重点为
   A. 保温
   B. 合理喂养
   C. 注意清洁卫生
   D. 预防交叉感染
   E. 以上都正确

3. 母乳具有增强免疫力的作用，因为
   A. 母乳中含有分泌型 IgA
   B. 母乳中含乳铁蛋白少
   C. 母乳中无巨噬细胞
   D. 母乳不易污染
   E. 以上均不对

4. 根据婴儿每日约需热量及水的多少可推算婴儿每日所需 8% 糖牛奶为
   A. 100~110ml/kg
   B. 80~100ml/kg
   C. 120~130ml/kg
   D. 120~130ml/kg
   E. 90~120ml/kg

5. 按计划免疫程序 6 个月婴儿应接种
   A. 卡介苗
   B. 乙肝疫苗
   C. 流脑疫苗
   D. 乙脑疫苗
   E. 麻疹疫苗

6. 1~3 岁儿童每日平均睡眠时间是
   A. 7~8 小时
   B. 9~10 小时
   C. 10~11 小时
   D. 12~13 小时
   E. 15~16 小时

7. 母乳中钙磷比例为
   A. 1:2   B. 2:1
   C. 2:3   D. 1:3
   E. 1:1

8. 为了提高母乳喂养率，胎儿娩出后应
   A. 尽早哺乳
   B. 2~4 小时后哺乳
   C. 5~6 小时后哺乳
   D. 24 小时后哺乳
   E. 3 天后哺乳

9. 5 个月婴儿不应添加的辅食是
   A. 蛋黄   B. 米糊
   C. 菜泥   D. 饼干
   E. 果泥

10. 按计划免疫程序 4 个月婴儿应接种
    A. 流脑疫苗
    B. 乙脑疫苗
    C. 卡介苗
    D. 脊髓灰质炎疫苗
    E. 乙肝疫苗

11. 婴幼儿时期最常见的肺炎是
    A. 支气管肺炎
    B. 大叶性肺炎
    C. 间质性肺炎
    D. 支原体肺炎

E. 干酪性肺炎
12. 儿童缺铁性贫血最主要的病因为
    A. 体内储铁不足
    B. 生长发育快
    C. 铁摄入量不足
    D. 铁的丢失或消耗过多
    E. 铁利用障碍
13. 营养性缺铁性贫血的好发年龄是
    A. 2~3 个月　　　B. <6 个月
    C. 6 个月~2 岁　　D. 2~3 岁
    E. 3~4 岁
14. 引起婴儿佝偻病的主要原因是
    A. 缺钙
    B. 缺乏维生素 D
    C. 甲状旁腺功能不全
    D. 食物中热量和蛋白质不足
    E. 食物中钙，磷比例不当
15. 婴儿秋季腹泻的主要病原是
    A. 轮状病毒
    B. 肠道腺病毒
    C. 鼠伤寒沙门菌
    D. 致泻性大肠埃希菌
    E. 隐孢子虫

（周健林　郑　惠）

第四章　青春期保健

第一节　青春期少女的生理、心理和社会特点

一、生 理 特 点

青春期是由儿童发育到成熟的一段过渡时期，即由儿童向成人的过渡阶段。对于女性，青春期是指从月经来潮到生殖器官逐渐发育成熟的时期。国外医学界将青春期定为10~19岁，我国医学界定为13~18岁。近年随着我国经济的发展，儿童营养状况有所提高，女性进入青春期的年龄可提前至11岁，甚至10岁。青春期是人体生长发育的第二个高峰，生理上发生巨大变化。

1. 体格生长　身高和体重再次快速增长是青春期到来的重要特点，青春期女孩身高平均可增长9cm、体重增加8~10kg。

2. 各重要脏器功能发育成熟

（1）心脏：重量增加至出生时的10倍，心肌增厚，心肌纤维比童年时代显著增粗，张力增加，心搏出量明显增加，接近成人标准。

（2）肺脏：重量增加为出生时的9倍，肺活量明显增加，10~13岁为1400ml，14~15岁为2000~2500ml，到20岁时可达4800ml。呼吸功能日趋完善。

（3）脑：重量及容量变化不大，但在青春期，神经系统的结构已接近成年，思维活跃，对事物的反应能力提高，分析能力、记忆能力增强。

3. 内分泌系统发育成熟　肾上腺开始分泌性激素，刺激毛发生长，出现阴毛、腋毛。

4. 生殖系统发育成熟　下丘脑—垂体—卵巢性腺调节系统形成，卵巢开始分泌雌激素及少量雄激素，排卵后分泌孕激素。性激素经血液循环到达全身，出现第二性征及内、外性器官发育。

（1）第一性征：随着卵巢发育与性激素分泌的逐步增加，女性生殖器各部也有明显的变化，称为第一性征。外生殖器从幼稚型变为成人型，阴阜隆起，大阴唇变肥厚，小阴唇变大且有色素沉着，阴道的长度及宽度增加，阴道黏膜变厚，出现皱襞；子宫增大，尤其子宫体明显增大，使子宫体占子宫全长的2/3；输卵管变粗，弯曲度减少；卵巢增大，皮质内有不同发育阶段的卵泡。

（2）第二性征：是指除生殖器官以外，其他女性所特有的征象。女孩的音调变高，乳房丰满而隆起，出现腋毛及阴毛，骨盆横径的发育大于前后径的发育，胸、肩、臀部的皮下脂肪更多，显现了女性特有的体态。

（3）月经来潮：月经初潮是青春期开始的一个重要标志。女性月经初潮多在青春发育期出现，一般年龄为10~18岁，大多数女孩子于12~14岁月经初潮，极少数早于10岁或迟于18岁。月经来潮与卵巢和子宫内膜的周期性变化有关。从青春期开始，卵巢内的卵细胞陆续发育成熟并排出，与此同时卵巢分泌雌激素和孕激素，促使子宫内膜增厚和血管增生，为受精卵在子宫内着床发育提供条件。如果排出的卵子没有受精，卵巢的雌激素和孕激素

考点： 月经初潮是青春期开始的重要标志

的分泌减少，引起子宫内膜坏死脱落，血管破裂出血。脱落的子宫内膜碎片连同血液一起由阴道排出，形成月经。月经周期一般为28~30天，经期为3~7天，经量为30~60ml。由于青春期的卵巢功能尚不健全，故初潮后月经周期也多无一定规律。经过一段过渡时间，多数女性可以形成规律的月经，少数可发生青春期无排卵性功血。此外情绪波动，剧烈运动，情绪紧张，环境、气候的改变，生活规律的改变都可能影响月经周期、经期及经量。

二、心理和社会特点

1. 智力特点　青春期女性，在视觉和听觉方面都有了突出的发展。反应能力强，观察事物快而准确。语言表达和概括能力有了显著的提高。开始注意在理解的基础上记忆而不再一味地死记硬背。抽象思维能力也有了进一步提高，具体表现在开始根据事物的本质特征和内在联系进行较恰当的判断、推理和论证，且女性形象思维能力较男性更强。从思维发展来说，青春期少女的抽象逻辑已经在一定程度上占有优势。思维的独立性和批判性也有明显的发展，能够提出自己的看法和疑问，但是容易片面和肤浅。

2. 情感特点　青春期的情感反应强烈且情绪多变，对新鲜事物充满兴趣，具有较强的责任感、义务感，有强烈的友谊需求。但是，这些情绪易波动，平时易烦躁不安或出现莫名其妙的对立情绪，有时还表现出互相矛盾的情感，既能对别人有同情心，又可能会讥笑、欺侮弱小或身体不健全的人。在个性心理特征方面集中表现为自我意识增强和迅速发展。在行为方式上常有成人感，讨厌别人将自己当成孩子看，不愿意接受家长在生活方面的特别照顾，不喜欢父母干预自己的活动，甚至产生摆脱父母监护的抵触心理。他们希望自己受到人们重视。

3. 情绪特点　青春期少女热情活泼、富有活力，激情满怀，乐于参加各种活动，对未来充满着美好的憧憬和幻想。但在月经初潮后或月经期常可出现心理压力大，自我厌恶感，注意力不集中，情绪波动。青春期少女自我占据绝对的中心位置，从自我认识到自我满足，到表现自我。绝大部分青春期女性的感情是外露的，随着身体的发育，女性特有的体型和身材成为自我意识的敏感点。她们开始注意自身的面容和打扮，并且开始按着自己的道德标准和审美观点选择朋友。同异性的交往发生变化，喜与异性建立友情，并产生仰慕心理，但又对异性存在神秘、害羞、紧张、恐慌等心理。

4. 意志特点　青春期少女在活动中的主动性、进取精神及自制力都明显的增强。但由于身体成熟和思想发展的不平衡，在意志上都有受情绪的影响而波动的现象。其行为有时容易受环境或他人的暗示，因主观、片面地看问题而产生偏差。果断与轻率并存，缺乏坚韧的毅力和自制力。

第二节　青春期保健的内容

一、生活卫生指导

培养良好的生活、卫生习惯，注意心理健康，增强健康意识。

1. 合理安排生活、工作和学习，培养良好的卫生习惯，注意体格锻炼和适当的劳动。按照不同年龄有计划地系统安排锻炼内容，循序渐进。

2. 培养良好的饮食习惯，注意营养，合理搭配。三餐定时，不挑食，不偏食，不暴饮暴食，不盲目节食减肥，不食用含激素类的保健品。

3. 养成良好的个人卫生习惯。如口腔卫生、用眼卫生和写字、读书、站、坐等正确姿势等，以防龋齿、近视和脊柱弯曲的发生。

4. 保证充足的睡眠，每日8~9小时，不熬夜，养成良好的睡眠习惯。

5. 乳房保健　少女青春期乳房开始发育，应及时穿戴乳罩，松紧适当，过紧会影响乳房正常发育，过松则不能防止乳房下垂。

6. 预防生殖器官疾病　在第二性征发育后，青春期少女会出现阴道分泌物，即白带。正常白带为乳白色，无臭味。白带主要由阴道渗出液和宫颈黏液组成，还有少量的子宫腔和输卵管分泌物及阴道、宫颈、宫腔和输卵管脱落的上皮细胞、白细胞和乳酸杆菌。由于体内雌激素水平呈周期性变化，当排卵期雌激素水平升高时，白带量增多，呈透明蛋清样，平时白带量少，月经来潮前因盆腔充血，阴道渗出液增加，白带又会有所增加。由于女性生殖道与体表相通，致病微生物容易进入。预防生殖器官疾病应注意：

（1）保持外阴清洁，用清水清洗外阴，切勿清洗阴道内部，以免破坏其正常的酸性环境。

（2）使用纯棉内裤，并保持干燥和清洁。

（3）不穿透气性差和过紧的衣裤，以免影响局部透气性和血液、淋巴循环，造成外阴炎及阴道炎。

（4）清洗外阴及内裤的盆和毛巾要个人专用，且常消毒备用。

（5）如发现白带增多、有异味、性状改变或自觉外阴瘙痒应及时就诊。

7. 防止沾染吸烟、酗酒、吸毒等不良嗜好。

8. 提高心理素质，培养乐观、开朗的性格，增强环境适应能力。

二、月经期卫生指导

1. 开展月经生理、月经期卫生和心理教育，使青春期女性了解生殖器官解剖与生理、第二性征的发育、月经来潮等相关知识，消除对月经不正确的看法。认识正常月经期的临床表现，避免精神紧张和情绪波动。

2. 月经期卫生指导　多数女性经期无特殊症状。有些女性可有下腹及腰骶部下坠感、膀胱刺激症状（如尿频）、轻度神经系统不稳定症状（如头痛、失眠、精神忧郁、易激动）、胃肠功能紊乱（如食欲不振、恶心、呕吐、便秘或腹泻）以及乳房胀痛、鼻黏膜出血、皮肤痤疮等，但一般并不严重，不影响少女的工作和学习。月经期由于盆腔充血，子宫颈口松弛，子宫内膜剥脱留下创面，阴道酸性环境改变，机体抵抗力减弱，因此应加强自我保健并采取卫生保健措施。

考点：经期卫生指导

（1）保持心情舒畅，消除心理障碍。

（2）注意个人卫生，养成良好卫生习惯，保持外阴清洁，勤换会阴垫，会阴垫应保存在干燥处。尽量不用卫生栓，因其吸水膨胀后影响经血外流，易造成经血倒流和盆腔感染。

（3）劳逸结合，保证休息。避免过度劳累及剧烈运动，减少盆腔充血。

（4）合理饮食，加强营养，注意保暖，避免吃生冷辛辣及刺激性的食物。

（5）禁止盆浴、坐浴或阴道冲洗，宜采用淋浴方式。

三、心理健康及性教育

1. 心理卫生和健康行为指导　青春期曾被称为"危险时期"。因此教师、家长和保健工作者都应该特别关心少女的心理活动，给予正确的引导和有计划的系统教育。

2. 恰当的性教育　性意识有两层含义：一是指对性别的意识，二是对"性的关注"。进入青春期以后少女由于性功能的逐渐成熟，表现出对性的特别关注、兴趣和向往，也就是通常人们所说的青春期性意识觉醒。少女性意识的表现是多种多样的,如性兴趣、性幻想、性梦幻、性好奇、性吸引、性兴奋、性羞涩感等。青春期性意识的觉醒是受人性本能的自然规律支配的,但性意识是朝健康、正常的方向还是朝变态、堕落的方向发展,则是环境和教育的结果。青春期性意识的教育是少女性心理教育的重要内容。与异性正常交往的欲望应该予以满足,而另一些性欲望,如性尝试的欲望,则应该加以约束。因此有必要对少女实施必要的性教育,给予正确的引导,并按不同年龄针对青春期少女的生理、心理状态及理解能力,略早或同步于身心发育,循序进行不同内容的教育。性教育应掌握适时、适度、适当的原则。性教育的内容包括:男女生殖器官的解剖、生理知识;生命的形成和生育过程;青春期发育的表现;月经、手淫;性道德教育等。

四、常见健康问题的预防

 案例分析 4-1

患者,女性,15岁,未婚。月经量多3年。患者13岁初潮,此后3年均经期延长,周期缩短,(10~18)天/(20~25)天,量多,伴有大血块,伴痛经,头晕,最多一次出血40余天方净。予以人工周期治疗后症状明显改善,停药后病情反复。查体:T36.5℃,BP 90/60mmHg,P 82次/分,R 16次/分;面色苍白;腹部—直肠指诊:子宫中位,略小,活动,双侧附件未及。腹部子宫附件B超示:均未发现明显异常。实验室检查:Hb 65g/L。

问题: 1. 该病人可能的诊断是什么?
2. 可能的病因是什么?

1. **青春期功能失调性子宫出血** 青春期是下丘脑—垂体—卵巢轴以及性激素靶器官的成熟过程,若在性腺轴的发育成熟过程中发生障碍,可能导致功能失调性子宫出血,以无排卵性功血多见。功能失调性子宫出血是指月经周期不规则、经期延长或经量增多,主要是由下丘脑—垂体—卵巢轴功能紊乱所致,而无器质性病变。发病因素包括精神紧张、环境变化、过度劳累或营养不良等。半数以上的青春期功血在下丘脑—垂体—卵巢轴功能发育成熟后,即可自行调整而痊愈。保持心情平和,注意生活规律,保证营养的摄入可有助于预防和治疗青春期功血。如出血时间长,经量多而出现头晕、贫血等症状时,应进行治疗。治疗原则为止血,调整月经周期,促进卵巢功能恢复和排卵,防感染及纠正贫血。

2. **痛经** 指在经期或经期前后出现较严重腹痛、腹坠或其他不适,严重影响生活和工作者。痛经分原发性和继发性两种,青春期痛经多为原发性,是指生殖器官无器质性病变的痛经。腹部热敷和按摩,喝热饮,局部注意保暖可减轻疼痛。经期避免淋雨、冷水浴,防止过冷刺激,不参加剧烈运动和重体力劳动可以避免和减轻痛经。

3. **闭经** 分为原发性闭经和继发性闭经。凡女性年龄超过16岁,第二性征已发育,或年龄超过14岁,第二性征尚未发育,且无月经来潮者称为原发性闭经。而女性已有规律月经以后,因某种病理原因致连续停经6个月以上者,或按自身原来月经周期计算,停经3个周期以上者称为继发性闭经,青春期闭经以原发性为主,需要与隐性闭经相鉴别,后者是指有月经形成但不能排出,常见于某些先天性生殖器发育畸形,如处女膜、阴道、宫颈闭锁,阴道完全横隔等。如出现闭经,应及时就诊,对因处理。

4. **贫血** 12~20岁阶段的少女约有半数发生轻度贫血,因发生在青春期,故称青春期贫血。由于青春期受激素的影响,身体生长发育明显加速,此时,制造红细胞的主要原料铁和蛋白质如果摄入不足,则可能出现贫血。进入青春期后月经来潮,增加消耗,若月经过多将加重贫血。另外饮食中营养不足,或因慢性胃肠道疾病使消化吸收功能不良,偏食、挑食或节食者更易出现贫血。给予充足营养，特别是铁和蛋白质的摄入，合理膳食，及时治疗胃肠道疾病可预防贫血的发生。

5. 青春期特殊行为　由于少女独立意向的发展，加之认识能力有限，易受社会不良风气的影响而沾染一些影响健康的不良习惯和行为，如吸烟、酗酒、吸毒和青少年性行为等。不正当性行为常导致少女妊娠和性疾病传播，严重危害少女的身心健康。

（1）不良习惯和行为

1）神经性厌食症：发病率呈上升趋势，女性多于男性，尤以青春期女性多见，主要是因为青春期女性对苗条身材的追求欲强。神经性厌食症是一种有生命危险的饮食障碍，其特征是强迫自己挨饿，对发胖有一种强迫性的恐惧。结果导致体重减轻，常引起营养不良、代谢和内分泌紊乱，如少女闭经、第二性征不明显。家庭治疗是治疗神经性厌食症的最有效途径。让厌食症患者确信她可以通过除饥饿以外的其他途径来获得自我控制和较高的自尊。

2）神经性易饿症：其特征是周期性暴饮暴食，然后通过服用大剂量的药物如泻药和催吐剂进行强迫性的呕吐活动。厌食症者常常患有暴食症。促使排泄的药物如泻药和利尿剂，可能导致体内的钾离子丢失，引发心律失常以及诱发心脏病等。

3）不良嗜好：滥用药物、吸烟、酗酒等，家长应加强监管，及时纠正。

（2）少女妊娠和不安全流产：性成熟的提前使青少年婚前性行为增加和少女怀孕现象已经成为全球性公共卫生问题。

目标检测

1. 下列有关青春期生理特点错误的是
   A. 神经内分泌系统调节功能稳定
   B. 生殖系统发育成熟
   C. 体重增长迅速
   D. 身高快速增长
   E. 神经内分泌系统调节功能不稳定

2. 青春期保健的内容不包括以下哪一项
   A. 生活指导
   B. 心理健康指导
   C. 卫生指导
   D. 性教育指导
   E. 高血压的预防

3. 有关青春期性教育的内容不包括下列哪一项
   A. 性生理教育
   B. 性心理教育
   C. 性法制教育
   D. 性道德教育
   E. 预防性传播性疾病的知识

4. 有关青春期生活卫生指导错误的是
   A. 培养良好的饮食习惯
   B. 乳房保健
   C. 培养良好的卫生习惯
   D. 美容保健
   E. 培养良好的睡眠习惯

5. 18岁未婚女性，16岁月经初潮，量少，3~6个月来潮一次，末次月经8个月前，经量更少。追问病史，不食肥肉，每日饭量100~150g及少量蔬菜，检查：体形消瘦，发育尚可，阴毛稀少，外阴未婚式。肛查：子宫略小，双附件正常。此患者治疗首选
   A. 小剂量雌激素周期治疗
   B. 补充多种维生素
   C. 用HCG诱发排卵
   D. 纠正全身健康状况
   E. 脉冲式微量GnRH治疗

（贾　佳）

第五章 婚前期保健

第一节 概述

婚前期保健是对准备结婚的男女双方在结婚前所进行的一系列保健服务,是保证家庭幸福、提高出生人口素质的基础保健工作,也是生殖健康服务的重要组成部分。

一、婚前期保健的概念和重要意义

(一)婚前保健的概念

1. 婚前保健(premarital health care) 是对即将婚配的男女双方在结婚登记前进行的健康检查和保健指导。

2. 婚前保健的目的 是保障男女青年健康婚配,避免有血缘关系和遗传性疾病之间的人结婚和生育,防止各种遗传性疾病的延续和传染病的传播。

3. 婚前保健技术服务的内容 分为婚前医学检查、婚前卫生指导和婚前卫生咨询3个方面。这些服务对促进婚姻美满、家庭幸福、生殖健康,预防和减少严重先天性病残儿的出生,起到了积极作用。随着人们对自身健康及下一代的健康日益重视,我国婚前保健已由强制、必需的原则,发展为倡导、自愿的原则;因此要求婚前保健机构应为群众提供高质量、高品质的服务,以满足不同人群的服务需求。

(二)婚前保健的重要意义

考点:婚前保健的重要意义

1. 有利于男女双方和下一代的健康 婚前保健为即将结婚的男女进行1次全面的体格检查和有重点的辅助检查,从而可尽早发现影响结婚和生育的疾病,及时给予干预和指导。通过婚前保健,作出对男女双方和下一代健康有利的决定和安排。

2. 有利于提高出生人口素质 通过婚前医学检查和婚前卫生咨询,不但可以筛查出一些遗传性疾病和传染病,而且可帮助准备结婚的男女制订对婚育有利的决定,以避免遗传性疾病向下一代传递和传染病在母婴间的传播,有利于提高出生人口素质。

3. 有利于促进婚后夫妻生活的和谐 通过婚前卫生指导,准备结婚的青年男女能获得有关性保健的知识,从而做好婚前生理和心理方面的准备,争取顺利、幸福地度过新婚期,为建立和谐的夫妻生活奠定基础。

4. 有利于调节生育计划 通过婚前卫生指导,准备结婚的男女双方可获得有关受孕的原理和必备条件的相关知识,从而根据自己的意愿和计划提出咨询。医师按照咨询对象的需求,结合其生理、心理和社会条件,帮助制订生育调节计划,指导科学的避孕方法,提高计划妊娠的受孕率,减少计划外妊娠。

5. 有利于家庭幸福 通过婚前卫生保健和婚前卫生咨询,使服务对象了解男女性生理、心理和卫生保健等方面的知识,有利于家庭的幸福。只有家庭获得了幸福,社会才能和谐发展。

二、婚前保健的伦理学原则和工作特点

（一）婚前保健的伦理学原则

为切实保障服务对象的知情选择权，在婚前保健服务中，应坚持有利和不伤害、公正和不歧视、尊重和提供合理建议的伦理学原则。

1. 有利和不伤害　　有利和不伤害是指在婚前保健服务中，医务人员有帮助服务对象减轻痛苦、缓解症状、治愈疾病的义务，同时不给服务对象带来完全可以避免的精神和肉体上的痛苦、损害、疾病甚至死亡。在婚前服务保健中，坚持有利和不伤害原则，使服务对象在婚前检查后能理智自主地选择有利于自身健康、婚姻和生育的行为，做到需要与自愿的最佳结合。

2. 公正和不歧视　　婚前保健强调公平地分配受检双方的受益或牺牲，不得有所偏颇。无论年龄、性别、种族、职位、经济收入、社会地位、身体状况，一视同仁，不能有所歧视。

3. 尊重和提供合理建议　　婚前保健强调尊重服务对象的尊严和人格，尊重服务对象的知情同意权、自主选择权、隐私权和保密权。医务人员应为服务对象提供做出理智决定所必需的详细信息，从而使服务对象在不受其他人不正当影响或强迫的情况下，自愿做出决定。婚前保健所提供的指导和咨询是非指令性的，应该采用建议的方式。

（二）婚前保健工作的特点

1. 服务对象不同于一般患者　　婚前保健的服务对象绝大多数是青年男女，其工作和学习任务较重、缺乏自我保健意识。因此必须做好广泛的宣传教育工作，改善服务态度，提高工作效率。

2. 服务过程不同于一般医疗　　婚前保健技术服务过程是执行《中华人民共和国母婴保健法》简称《母婴保健法》）的执法过程，因此必须依法实行统一管理，并达到优质服务的目的。

3. 服务性质不同于一般看病　　婚前保健服务应充分体现以预防为主、以保健为中心、主动向服务对象提供"防治结合"的服务精神。原卫生部相继制定了"婚前保健门诊常规"和"婚前保健工作常规"，使婚前保健工作得以健康发展。

4. 婚前医学检查不同于一般的体格检查　　婚前医学检查的重点是影响生育的疾病，包括常见的严重遗传性疾病、指定传染病、有关精神疾病、重要脏器和生殖系统的疾病。

第二节　婚前医学检查

婚前医学检查是对准备结婚的男女双方可能患影响结婚和生育的疾病进行的医学检查，通过详细询问病史、全身体格检查、生殖器官检查和必要的辅助检查，以确定有无影响结婚和生育的疾病。婚前医学检查为《母婴保健法》规定医疗机构应当为公民提供的三项婚前保健技术服务内容之一。

一、检 查 内 容

（一）婚前医学检查的主要疾病

《母婴保健法》规定婚前医学检查的主要疾病有：严重遗传性疾病、指定传染病、有关精神病；并且规定医疗保健机构应当出具婚前医学检查证明。

1. 严重遗传性疾病　　指由于遗传因素引起患者严重致残和（或）致愚，从而全部或部分丧失自主生活能力，但并未丧失生育能力；且子代再发风险高，医学上认为不宜生育的疾病。

2. 指定传染病 指《中华人民共和国传染病防治法》中所规定的艾滋病、淋病、梅毒、麻风病以及医学上认为影响结婚和生育的其他传染病,这些传染病在传染期内均暂缓结婚。

3. 有关精神病 指精神分裂症、躁狂抑郁型精神病以及其他重型精神病。

4. 影响结婚和生育的重要脏器(如心、肝、肾、肺等)疾病及生殖系统发育畸形和疾病等。

(二)婚前医学检查的内容

考点：婚前医学检查内容

婚前医学检查的内容主要包括病史询问、体格检查、常规辅助检查和其他辅助检查。

1. 病史询问 详细的病史询问与各种检查手段具有同等重要的作用,有时还能发现一些体格检查难以检查出的异常情况,为疾病诊断提供可靠的依据。病史询问主要包括以下几个方面的内容。

(1)双方健康情况：重点询问与婚育有密切关系的遗传性疾病、传染病、精神疾病、重要脏器和生殖系统的疾病,并注意询问所患疾病的诊断、治疗和目前恢复情况。

(2)双方血缘关系：《中华人民共和国婚姻法》规定："直系血亲和三代以内的旁系血亲禁止结婚。"近亲婚配的风险是子代常染色体隐性遗传病的发病率显著增高,婚前医学检查是限制近亲婚配的一项优生措施,必须认真询问,以便了解真实情况。

(3)个人史：主要询问可能影响生育功能的工作和生活环境、接触有害因素的时间和剂量、饮食习惯、生活习惯、烟酒嗜好等。

(4)月经史和妊娠分娩史：女性对象应详细询问月经初潮年龄、月经周期、经量、经期、伴随症状、末次月经等,有助于发现某些影响婚育的疾病。既往有妊娠分娩史者,应详细询问有无不良孕产史或人工流产史；若已生育过出生缺陷或遗传性疾病患儿者,应详细询问孕产期情况、致畸因素、家族遗传性疾病史等。

(5)家族史：以父母、祖父母、外祖父母及兄弟姐妹为主,重点询问有无近亲婚配和与遗传有关的病史。对疑有遗传性疾病家族史的服务对象,应收集家系发病情况,绘制家系图,判断遗传方式。

2. 体格检查

(1)全身检查：包括：血压、体重、身高、步态；注意身材是否特殊矮小、巨大、过胖或过瘦；精神状态、语言、音调及行为是否异常；皮肤、毛发有无异常,有无异常色素沉着、皮疹、水肿；有无盲或色盲、聋、哑、面部特殊体征；淋巴结、甲状腺是否肿大；双侧乳房是否对称,有无乳头凹陷、泌乳,是否扪及肿块；心脏是否扩大、心率有无增快或减慢、心律是否整齐、心脏有无病理性杂音；肝脾是否肿大；脊柱、四肢有无畸形。

(2)生殖器官检查：检查女性对象时应常规进行直肠—腹部双合诊,如发现内生殖器存在可疑病变而必须进行阴道检查时,务必先向受检查者本人和(或)家长说明理由,征得同意后方可进行；检查时动作要轻柔、细致,尽量避免损伤处女膜；检查外阴部时,应注意是否有炎症、溃疡、异常分泌物、赘生物等,以免将性病漏诊。检查男性生殖器时应注意阴囊外观、睾丸大小及质地、附睾、输精管、精索、阴茎、包皮、尿道外口有无异常。

(3)提示遗传性疾病的一般体征：如发现有下列体征之一,应考虑患有遗传性疾病的可能：①精神状态异常；②智力低下；③特殊面容；④先天性耳聋；⑤先天性眼畸形、先天性视力低下；⑥先天性头颅、骨骼畸形；⑦发育迟缓；⑧肌肉萎缩或假性肥大、肌张力异常、共济失调、四肢震颤等；⑨非感染性肝脾肿大、严重贫血；⑩皮肤病变或颜色改变,久治不愈。

3. 辅助检查

(1)常规辅助检查：血常规、尿常规、乙型肝炎病毒表面抗原、血清丙氨酸氨基转移酶、非梅毒螺旋体抗原血清试验、人类免疫缺陷病毒(HIV)抗体、结核菌抗体、阴道分泌物检查和胸部透视。

（2）其他辅助检查：乙型肝炎病毒血清学标志、梅毒螺旋体抗原血清试验、淋球菌、衣原体、精液、生殖激素、染色体、B型超声波、乳腺钼靶等检查，应根据临床需要在服务对象知情同意下进行。

二、医学建议与随访

（一）医学建议

根据婚前医学检查结果，婚检医师应向服务对象提出医学建议，出具《婚前医学检查证明》。婚前医学检查的医学建议包括以下几个方面。

1. **建议不宜结婚**　对于以下服务对象建议不宜结婚：

（1）对双方为直系血亲或三代以内旁系血亲关系者，建议禁止结婚。由于近亲婚配双方的基因来源于同一祖代，个体间容易携带相同的隐性致病基因，使隐性致病基因呈纯合子的概率增高；因此，近亲婚配明显提高了常染色体隐性遗传病的发病率。据统计，近亲婚配的后代与非近亲婚配的后代相比遗传病发生率高150倍、胎儿畸形率高3倍，低能儿出生率明显增高。

> **链　接**
>
> **基因传递规律**
>
> 亲属级别是按基因传递规律进行区分。一级亲属是指父母与亲生子女之间、同胞兄弟姐妹之间及异卵双生子之间，其基因有1/2可能相同；二级亲属是指一个人和他的祖父母、外祖父母、叔、伯、姑、舅、姨之间，其基因有1/4可能相同；三级亲属是指一个人与其表（堂）兄弟姐妹之间和曾祖父母与曾孙子女之间，其基因有1/8可能相同。

（2）对一方或双方均患有重度或极重度智力低下、不具备婚姻行为能力者，建议不宜结婚。

（3）对患有重型精神病，在病情发作期有攻击危害行为者，建议不宜结婚。

2. **建议暂缓结婚**　对于以下服务对象建议暂缓结婚：

（1）对患有指定传染病在传染期内者，建议暂缓结婚；对于可能会终生传染的不在发病期的传染病患者或病原体携带者，应向受检者说明情况，提出医学建议，若受检者坚持结婚，应注明"尊重受检者意愿，建议采取医学措施"。

（2）对患有精神分裂症、躁狂抑郁性精神病或其他精神病患者在发作期内或其他医学上认为应暂缓结婚的患者，建议暂缓结婚。

3. **建议不宜生育**　对于以下服务对象建议不宜生育：①患有严重遗传性疾病，子代再发风险高，且不能进行产前诊断者；②女性服务对象患有严重重要脏器疾病。

> **链　接**
>
> **产前诊断**
>
> 产前诊断（prenatal diagnosis）是指在胎儿出生之前采用影像学、生物化学、细胞遗传学及分子生物学等技术，了解胎儿在宫内的发育状况，对先天性和遗传性疾病作出诊断，以便进行选择性流产。产前诊断主要从以下四个方面进行检测：①观察胎儿外形：利用B型超声、X线检查、胎儿镜、磁共振等观察胎儿体表畸形；②染色体核型分析：利用羊水、绒毛细胞或胎儿血细胞培养，检测染色体病；③检测基因：利用DNA分子杂交、限制性内切酶、聚合酶链反应技术检测DNA；④检测基因产物：利用羊水、羊水细胞、绒毛细胞或血液，进行蛋白质、酶和代谢产物检测，诊断胎儿神经管缺陷、先天性代谢疾病等。

4. 建议采取医学措施 在尊重受检查者意愿的情况下，建议对以下服务对象采取医学措施：①患有终身传染的传染病；②终身传染的病原体携带者；③患有影响性生活的生殖道畸形；④重要脏器功能损害，不可逆转；⑤恶性肿瘤晚期。

（二）随访

对于在婚前医学检查中发现有以下情况者，应有专册登记、专人管理、及时做好随访工作。

1. 对于应"暂缓结婚"、"不宜生育"、"建议采取医学措施"者，了解其是否落实相应的医学建议和防治措施。

2. 对于暂时不能确诊的疑难病症患者或需要进一步检查者，了解最终的诊断结果。

3. 对患有与婚育互有影响的某些重要脏器疾病而暂不宜生育、且在婚前医学咨询时已提供避孕指导者，应随访其使用情况，以避免避孕失败而行人工流产。

第三节 婚前卫生指导与咨询

一、婚前卫生指导

婚前卫生指导是对准备结婚的男女双方进行的以生殖健康为核心、与结婚和生育有关的保健知识的宣传教育。婚前卫生指导是《母婴保健法》规定医疗机构应当为公民提供的三项婚前保健技术服务内容之一。

（一）婚前卫生指导的内容

1. **性保健指导**

（1）在婚前卫生指导中进行科学、健康、适当的性保健指导和性健康教育，将有利于服务对象对性生活有正确的认识，使服务对象的夫妻性生活从新婚开始就能沿着健康的方向发展。

链　接

性健康教育

性健康教育是指对婚前青年男女进行以人格教育为主体，包括性生理、性心理和性道德的教育。通过性健康教育使即将结婚的男女接受科学的性知识，纠正与性有关的认识和行为偏差，保持性生理和性心理健康，树立健康的性意识和正确的性观念，培养良好的性道德，促进青年男女在生理、心理和社会三个方面的发展与成熟。

（2）利用婚前保健服务时机，为缺乏性经验的服务对象提供性保健指导，主要包括有关新婚期性生活的技巧、正确认识处女膜、如何顺利度过新婚之夜、过好首次性生活、做好计划生育、落实好避孕措施、注意性生活前后的性卫生、预防膀胱炎等问题的指导。

2. **新婚节育指导** 新婚夫妇在性交时心情较紧张，又缺乏经验；因而选择的避孕方法应简单易行，不影响性生活。避孕方法的选择应根据新婚夫妇要求避孕的期限，结合其职业、文化程度、健康状况和女方月经情况等帮助夫妇知情选择切实可行的避孕方法。新婚期采用的避孕方法以停用后短期内可恢复生育功能并不影响下一代的健康为宜。

3. **生育保健指导** 在婚前卫生指导中，应为服务对象提供生育保健知识，指导他们在婚后能做到计划受孕、预防出生缺陷。有关生育保健指导的具体内容详见第六章"孕前期保健"。

（二）婚前卫生指导的方法和规范要求

1. 婚前卫生指导方法

（1）提供资料：为服务对象提供婚前卫生指导手册，如《新婚必读》、《新婚指南》、《新婚保健》等，以使服务对象能通过自学获得婚前保健知识，提高自我保健能力。

（2）环境宣传和观看录像：在进行婚前宣传教育的地方设置宣传栏或陈列室，向服务对象展示婚前保健有关用品，以增加其感性认识和宣传教育气氛。根据婚前保健知识制作录像，并在服务对象进行婚前医学检查期间播放，组织分批观看。

（3）集体听课与个别指导：婚前保健机构应开设婚前学校、婚前卫生指导班等系列讲座；并对服务对象提出的问题，给予详细解答和个别指导。

2. 婚前卫生指导的规范要求　在原卫生部制定的《婚前保健工作规范（修订）》中明确规定：由省级妇幼保健机构根据婚前卫生指导的内容，制定宣传教育材料。婚前保健机构通过多种方法系统地为服务对象进行婚前生殖健康教育，并向婚检对象提供婚前保健宣传资料。宣教时间不少于40分钟，并进行效果评估。

二、婚前卫生咨询

考点：婚前卫生咨询原则

婚前卫生咨询是由从事婚前保健的医师与准备结婚的男女双方就医学检查结果及他们提出的有关问题进行面对面的解答、交换意见和提供信息，帮助服务对象在知情的基础上作出适宜的决定。婚前卫生咨询是《母婴保健法》规定医疗机构应当为公民提供的三项婚前保健技术服务内容之一。

（一）婚前卫生咨询应遵循的基本原则

1. 尊重原则　咨询服务者与服务对象间建立良好的关系将有利于提高咨询对象对服务者的信赖，是咨询工作有效与否的关键。

2. 负责原则　咨询服务者应认真询问服务对象的要求，通过反复提问，总结归纳，从而分析出服务对象确切的需求。

3. 互动原则　在咨询服务中，服务者应避免说教式讲授科学知识，更不应强求服务对象接受自己的指导意见；而应鼓励服务对象积极参与，发表看法，提出问题；从而有针对性地解决问题，使服务对象作出自愿的、适宜的选择。

4. 知情选择原则　咨询服务的目的是帮助服务对象作出决定，服务对象在理解、信任的基础上作出的"知情选择"，才会付诸于实际行动。

5. 保密原则　在咨询服务中如发现服务对象存在有个人隐私，应予以保密。但是，如果服务对象检查出某些影响婚育的疾病，则不应帮助其保密，应说服服务对象自己直接向婚配对象说明或委托婚前保健医师告知。

（二）婚前卫生咨询的内容

1. 对婚前医学检查结果的解释与指导　婚前医学检查后，根据病史、体格检查和辅助检查结果，进行婚育指导。如服务对象存在与婚育有关的疾病或异常情况时，应进行就诊指导，介绍或转诊至有关医疗机构作进一步诊治。

2. 避孕咨询指导　为服务对象提供适合新婚至孕前使用的避孕方法的信息（包括避孕原理、适应证、禁忌证、使用方法、可能发生的不良反应等），以帮助服务对象根据自身情况，知情选择适宜的避孕方法。

3. 婚育保健咨询指导　根据服务对象的需求和具体情况，提供新婚期保健指导、孕前保健指导、孕期保健指导、儿童保健指导等，帮助服务对象制订生育计划和相应的措施。

（三）婚前卫生咨询的步骤

1. 问候　可以缓和气氛，有利于咨询服务者与服务对象间建立良好的关系。

2. 询问　目的是掌握服务对象需要了解或解决的主要问题；因此咨询者应采取恰当的咨询技巧，引导服务对象准确地表达需要咨询者为其解决的问题。

3. 采集信息　根据服务对象提出的问题，咨询者应该围绕这些问题全面了解服务对象的情况，有针对性地采集相关信息，以帮助咨询者进行分析。

4. 分析、解答和建议　咨询者在全面掌握服务对象所需要解决的问题和相关信息后，对服务对象提出的问题进行科学地分析和解答；同时应该向服务对象提出相关的医学建议，让服务对象在充分知情的情况下，做出恰当的选择。

5. 预约随访　在咨询结束前，咨询者应该与服务对象约定随访日期，以便服务对象可以有充分的时间进行思考和（或）与家人商量后再做出决定。同时，可以通过随访，追踪服务对象所做出的决定是否已经执行、已选择的方法是否正确使用。

目 标 检 测

1. 有关婚前保健的重要意义错误的是
   A. 有利于下一代的健康
   B. 有利于提高出生人口素质
   C. 有利于有效调节生育计划
   D. 有利于促进夫妻和谐生活
   E. 有利于节约家庭经济开支

2. 婚前医学检查的内容不包括
   A. 病史询问
   B. 体格检查
   C. 头颅磁共振检查
   D. 染色体检查
   E. 常规辅助检查

3. 婚前医学常规辅助检查不包括
   A. 乙型肝炎病毒表面抗原
   B. 染色体
   C. HIV 抗体
   D. 血清丙氨酸氨基转移酶
   E. 结核菌抗体

4. 婚前医学检查的主要疾病不包括
   A. 严重遗传性疾病
   B. 指定传染病
   C. 有关精神病
   D. 影响婚育的重要脏器的疾病
   E. 乳腺炎

5. 有关婚前卫生咨询的基本原则错误的是
   A. 尊重原则
   B. 互动原则
   C. 开放原则
   D. 保密原则
   E. 知情原则

（郑　惠）

第六章 孕前期保健

第一节 孕前期妇女的生理、心理和社会特点

一、生 理 特 点

1. 神经内分泌系统调节功能完善 健康育龄妇女下丘脑—垂体—卵巢性腺调节系统发育成熟、功能完善,为孕育下一代奠定了基础。
2. 生殖系统发育成熟 孕前期妇女的外生殖器已发育为成人型,阴阜隆起,大阴唇变肥厚,小阴唇变大且有色素沉着,阴道的长度及宽度增加,阴道黏膜变厚,出现皱襞;子宫增大,尤其子宫体明显增大,使子宫体占子宫全长的 2/3;输卵管变粗,弯曲度减少;卵巢发育成熟,出现周期性排卵并分泌性激素;在卵巢性激素的作用下,子宫内膜发生周期性变化,宫颈、阴道也出现相应的周期性改变。乳房丰满而隆起,出现腋毛及阴毛,骨盆横径的发育大于前后径的发育,胸、肩、臀部的皮下脂肪更多,显现了女性特有的体态,为妊娠做好准备。

二、心理和社会特点

（一）孕前期妇女的心理特点

1. 自豪感和幸福感 多数妇女对孕育下一代有充分的心理准备,表现出积极的情绪。认为孕育下一代是一件神圣和幸福的事情,盼望新生命给家庭带来欢乐,为此感到自豪和幸福。
2. 焦虑和抑郁 少数妇女因急切希望怀孕,但又迟迟未孕时,可能会出现紧张、焦虑情绪。极少数妇女因健康问题或与家人在生育问题上的分歧,表现出消极、抑郁情绪。

（二）孕前期妇女的社会特点

1. 孕前期妇女的家庭经济条件、居住环境、夫妻双方工作压力、家庭成员是否和睦等因素均会对妊娠带来影响。
2. 随着新生命的来临家庭中可能将增加数位成员,在这些复杂的关系中,夫妻之间任一方的问题,均会影响家庭成员之间的关系。

第二节 孕前期保健的重要意义和内容

一、孕前期保健的重要意义

考点：孕前期保健的重要意义

1. 保护母婴安全 妊娠和分娩虽然都是生理过程,但是孕育一个新生命将会增加母亲生理和心理负担。通过孕前保健的医学检查,对母亲的健康情况能否胜任孕育新生命的负担和是否会影响胎儿等进行评价,及时发现不利的危险因素,从而采取相应的干预措施,

对保护母婴安全有非常重要的意义。

2. 提高出生人口素质　孕前保健可指导准备孕育新生命的夫妇在最佳的生理、心理和环境状态下做到有计划受孕，为新生命的诞生创造最佳的起点，以降低出生缺陷患儿的发生率，提高出生人口素质。

二、孕前期保健的内容

考点：孕前期保健的内容

孕前期保健应在妇女计划受孕前4~6个月进行，内容包括孕前医学检查、排卵监测、孕前生活与卫生指导和孕前咨询。

（一）孕前医学检查与排卵监测

1. 孕前医学检查

（1）询问一般情况：了解孕前夫妇及双方家庭成员的健康状况，重点询问与婚育有关的孕育史、疾病史、家族史、生活方式、饮食习惯、营养状况、职业及工作环境、运动和劳动情况、社会心理状况、人际关系等。

（2）体格检查：进行全身体格检查，检查中应注意体格发育情况、有无内外生殖器官发育异常、有无遗传性疾病、传染病、内分泌系统疾病、精神疾病、智力障碍等。

（3）常规辅助检查：包括血常规、尿常规、血型、血糖及尿糖、血脂、肝功能、肾功能、电解质、乙型肝炎表面抗原、梅毒螺旋体抗原血清试验、人类免疫缺陷病毒抗体、心电图、胸部X线、妇科超声波检查、生殖道分泌物检查等。

（4）专项检查：对可能影响孕育的疾病进行专项检查，确诊者及时进行治疗，以免在疾病状态下妊娠导致胎儿流产、早产、死胎、畸形，危及母婴安全。专项检查的疾病包括：严重遗传性疾病、指定传染病、有关精神疾病、重要脏器和生殖系统的疾病。

2. 监测排卵　根据妇女生殖系统正常的周期性生理变化，采用月经周期推算、基础体温测定和（或）宫颈黏液观察等方法，自我掌握排卵规律。

（1）根据月经周期推算：大部分妇女排卵发生于下次月经来潮前12~16天，平均14天。一般来说，从排卵前3天至排卵后1天最易受孕，为"易孕期"；因此，可根据以往12个月以上的月经周期记录，推算出目前月经周期中的"易孕期"。最简单的方法可用公式计算：

以往最短月经周期天数 −19= 排卵前安全期的末1天

以往最长月经周期天数 −10= 排卵后易孕期的末1天

但是排卵日期会受环境、情绪、身体状况、药物等的影响而发生变化。

（2）基础体温测定：基础体温随月经周期而变化，在月经后和卵泡期基础体温较低，排卵后体温上升0.3~0.5℃，一直持续到月经前1~2天或月经第1天，体温又将回到原来水平；因此，基础体温上升前后2天是排卵期，此期最易受孕，为"易孕期"。

（3）根据宫颈黏液性状判断：宫颈黏液的性状随着月经周期不同阶段性激素的水平而变化。月经期前后雌激素水平较低，宫颈黏液量少、稠厚，提示不宜受孕。月经中期随着雌激素水平增高，宫颈黏液逐渐增多、变稀，至排卵期宫颈黏液变为透明、富有弹性，出现这种宫颈黏液最后1天的前后48小时内会发生排卵。

（二）孕前生活与卫生指导

1. 建立健康的生活方式

（1）合理营养：孕前3~6个月开始培养良好饮食习惯，合理饮食，营养均衡，每天需要摄入足量的优质蛋白质、维生素、微量元素，多食含叶酸丰富的食物，可以为生成良好的卵子和精子创造条件，也为妊娠后胎儿生长发育蓄积营养。

（2）休息与运动：建立规律作息时间，保证充足的睡眠，坚持适当运动。运动时应注意气候和环境变化，不要在烈日、狂风、雨雪等恶劣气候和不良空气质量环境中运动；运动后应注意补充水分和碱性食物，有利于身体健康。

（3）改变不良的生活习惯：饮酒、吸烟、吸毒均会引起染色体畸变，影响生殖细胞和胎儿的生长发育，导致胎儿流产、早产、死胎、畸形或智力低下等。夫妻双方均应在孕前至少3个月戒除烟和酒，吸毒者要戒毒后方可怀孕。

（4）远离宠物：猫、狗等宠物均可能传染弓形虫病，孕妇感染弓形虫后会导致流产、胎儿畸形和胎儿宫内发育迟缓。因此，孕前期夫妻双方均应远离宠物。

（5）避免接触有害因素：夫妻双方在生活和工作环境中，应尽量避免接触电离辐射、噪声污染、有毒金属（如铅、汞、砷等）、有毒化学物质（如苯、二硫化碳、氯乙烯、农药等）。孕前服药可在母亲体内蓄积，应避免使用抗癌药、麻醉剂、避孕药、己烯雌酚等，以免影响胎儿发育。如果必须服药，应在医生指导下尽可能用对胚胎无影响的药物。

2. 孕前心理准备　心理因素在女性妊娠过程中具有双重作用，良好的心理状态能促进健康妊娠，消极的心理状态会影响受孕和妊娠过程。孕前期心理准备应注意以下几个方面：

（1）愉快地接受孕期的各种变化：妊娠将使妇女在体力、体型、饮食、生活习惯、精神状态、情绪、心理依赖等方面发生变化，所有希望作母亲的人都应以平和自然的心态来对待这些变化，经常与丈夫和有孕育经验的人交流，向妇幼保健相关人员咨询，消除不良情绪，为孕育胎儿做好心理准备。

（2）学习孕育知识：了解受孕及妊娠过程中出现的生理现象，充分认识妊娠是妇女能够完成的生理过程。树立正确的生育观念，生男生女都一样，不因孩子的性别而担忧、焦虑和痛苦。

（3）接受未来家庭心理空间的变化：新生命的诞生将会使夫妻双方的两人生活格局变为三人生活格局，孩子不仅要占据父母的生活空间，而且要占据夫妻的心理空间，使夫妻感到难以适应；因此，需要准备好做母亲的心态，保持精神愉悦和心理健康，创造和谐的家庭环境。

3. 制订妊娠计划

（1）选择最佳生育年龄：女性最佳生育年龄为25~30岁，男性最佳年龄为25~35岁。这个时期是男女生殖功能最旺盛的阶段，生殖细胞质量好，受孕成功率高。女性35岁、男性40岁以后，生殖功能开始衰退，生殖细胞染色体畸变的几率增加。女性18岁前或35岁后，妊娠危险因素增加，难产、手术产、早产的发生率和病残儿出生率均明显增高，不宜妊娠。

考点：最佳生育年龄和最佳受孕季节

（2）选择最佳受孕季节：最佳受孕季节为7、8、9月份。这个时期正值秋高气爽、气候温暖、蔬菜水果供应丰富，对孕妇营养补充和胎儿发育十分有利。

4. 调整避孕方法　制订受妊娠计划后，夫妻双方要调整避孕方法，停用口服避孕药，妻子取出宫内节育器，改用避孕套或阴道隔膜，半年后再考虑受孕，彻底消除药物影响和调节宫内环境。

5. 预防感染　在计划受孕前应采血检测弓形虫（toxoplasma, T）、风疹（rubella virus, R）、巨细胞病毒（cytomegalo virus, C）、单纯疱疹病毒（herpes simplex virus, H）和其他（other, O）感染，没有感染过风疹和乙型肝炎病毒表面抗体阴性者，应在受孕前3~6个月接种风疹疫苗和乙型肝炎疫苗，以增强免疫力。

(三) 孕前咨询

孕前咨询的服务对象主要为曾经生育过出生缺陷患儿或有关异常妊娠史的家庭，孕前咨询的目的是评估本次妊娠发生出生缺陷和（或）自然流产的风险。

1. 造成出生缺陷的因素

（1）遗传性因素：遗传性疾病患者子代再发风险率，可以根据遗传性疾病类型和遗传方式作出估计。

1）常染色体显性遗传病：夫妻一方患病，子女预期危险率为1/2。未发病的子女，其后代通常不发病。

2）常染色体隐性遗传病：夫妻为携带者，生育过一患儿，再生育子女预期危险率均为1/4。夫妻一方患病，另一方正常，且非近亲结婚，其子女通常不发病，均为携带者。若另一方正常，为近亲结婚，其子女的发病率明显增多。

3）X连锁显性遗传病：夫为患者，妻正常，其女儿均发病，儿子均正常。妻为患者，夫正常，其子女各有1/2发病。预期危险率女儿高于儿子，但女儿症状较轻。

4）X连锁隐性遗传病：妻为携带者，夫正常，其儿子预期危险率为1/2。夫为患者。其儿子通常不发病。妻为患者，夫正常，其儿子均发病，女儿均为携带者。

（2）环境因素

1）生物致畸：主要为TORCH感染。

2）非生物因素：主要为电离辐射、射线、重金属、毒物、药物、酒精、烟等。

2. 造成自然流产的因素

（1）遗传因素：染色体异常是自然流产最常见的原因，包括胚胎染色体异常和流产夫妇的染色体异常，自然流产的风险率与受影响的具体染色体和涉及的部位多少有关。

（2）环境因素：孕妇接触有害有毒物质（如镉、汞、铅、放射性物质等）可导致流产的发生。

（3）免疫因素：在自然流产中有40%~80%临床上找不到明确病因，称为不明原因自然流产。近年研究发现主要与免疫因素有关，主要包括：

1）自身免疫因素：患者体内可能存在自身免疫性抗体，如抗精子抗体、抗卵巢抗体、抗子宫内膜抗体、抗胚胎抗体、抗磷脂抗体、抗核抗体等；导致流产的机制可能与影响受精卵着床、损伤血管内皮细胞、引起内膜产生细胞毒、胎盘发生病理改变等有关。

2）封闭抗体：其作用主要是使胎儿免受母体免疫系统的攻击，妊娠得以维持。研究发现，复发性自然流产夫妇间缺乏适宜的同种免疫反应，产生封闭抗体少，导致胚胎组织难以逃避母体免疫系统的攻击。

3）辅助性T细胞细胞因子失衡：Th_1型细胞因子具有胚胎毒作用，可阻止早期胚胎发育，Th_2细胞因子对正常妊娠的维持起重要作用。正常妊娠时Th_1和Th_2两型细胞因子互为抑制，处于动态平衡，维持正常的细胞免疫和体液免疫功能。

（4）母体因素

1）全身性疾病：孕妇患严重心脏病、高血压、肾炎、严重贫血、急性传染病等可危害胎儿，导致流产。

2）生殖器官的疾病：孕妇患子宫畸形、子宫颈内口松弛、宫颈重度撕裂、盆腔肿瘤等，可引起流产。

3）内分泌功能异常：孕妇患甲状腺功能亢进或低下、糖尿病、黄体功能不足等都可影响胎儿发育，导致流产。

目标检测

1. 孕前期保健应在妇女计划受孕前
   A. 1~2 个月开展
   B. 3~4 个月开展
   C. 5~6 个月开展
   D. 4~6 个月开展
   E. 7~8 个月开展
2. 最佳生育年龄
   A. 女性 25~30 岁，男性 25~35 岁
   B. 女性 20~25 岁，男性 25~30 岁
   C. 女性 30~35 岁，男性 30~35 岁
   D. 女性 25~30 岁，男性 30~35 岁
   E. 女性 30~35 岁，男性 30~40 岁
3. 最佳受育季节
   A. 1~2 月份
   B. 5~6 月份
   C. 7~9 月份
   D. 8~9 月份
   E. 5~8 月份
4. 准备怀孕的夫妇到妇幼保健部门或医疗机构进行医学检查的时间应该在孕前
   A. 1~2 个月
   B. 4~5 个月
   C. 5~6 个月
   D. 4~6 个月
   E. 2~4 个月
5. 孕前期保健的目的不包括
   A. 充分做好孕前期的各项准备
   B. 进行妊娠指导
   C. 消除周围环境中的有害因素影响
   D. 进行遗传性疾病筛查
   E. 合理安排受孕
6. 孕前期医学检查的内容不包括
   A. 询问一般健康情况
   B. 进行体格检查
   C. 常规辅助检查
   D. 胸部 CT 检查
   E. 对影响孕育的疾病进行专项检查
7. 孕前期生理变化不包括
   A. 全身各系统发育成熟
   B. 卵巢停止排卵
   C. 神经内分泌系统调节功能完善
   D. 第二性征出现
   E. 子宫内膜出现周期性变化
8. 孕前期应避免接触的有害因素不包括
   A. 电离辐射
   B. 农药
   C. 己烯雌酚
   D. 噪声污染
   E. 维生素
9. 关于孕前期生活指导不正确的是
   A. 忌烟酒
   B. 远离宠物
   C. 多食酸性食物
   D. 多吃水果和蔬菜
   E. 适当进行有氧运动
10. 孕前医学专项检查的疾病不包括
    A. 指定传染病
    B. 有关精神疾病
    C. 心肌炎
    D. 生殖系统的疾病
    E. 严重遗传性疾病

（郑　惠）

第七章 妊娠期保健

妊娠是一个特殊的生理过程，整个妊娠期间妇女身心发生一系列的变化以适应妊娠状态，如果孕妇的变化超出生理范围，就有可能影响母儿健康，甚至危及母儿生命。妊娠期保健是从妊娠开始到胎儿及其附属物从母体娩出为止，通过对孕妇和胎儿进行系统的检查、监护、保健指导及疾病防治工作，有效降低妊娠期合并症、并发症的发生率，避免或减轻妊娠合并症、并发症对母儿的危害，降低孕产妇及围产儿死亡率，降低病残儿出生率，维持正常妊娠，维护母儿健康。

第一节 妊娠期妇女的生理、心理及社会特点

一、生理特点

（一）妊娠期母体的生理特点

考点：妊娠期妇女的生理特点

妊娠期孕妇在胎盘所产生的激素和神经内分泌的影响下，全身各系统均发生一系列适应性的变化。

1. 生殖系统 卵巢略增大，停止排卵。一侧卵巢可见妊娠黄体，产生雌激素和孕激素维持早期妊娠，黄体功能于妊娠10周后由胎盘取代。妊娠早期，阴道、宫颈变软，充血呈紫蓝色。宫颈分泌物增多、黏稠，形成黏液栓，可以防止细菌侵入宫腔。由于雌激素水平升高，阴道酸性增加，增强其自净作用。子宫逐渐增大、变软，于妊娠12周以后，增大的子宫超出盆腔，可在耻骨联合上方触及。妊娠晚期的子宫呈不同程度右旋，宫底达上腹部，使膈肌上移，孕妇呼吸加快。接近预产期胎先露入盆后，子宫底部下降，孕妇感到上腹部较前舒适，但行走出现不便。

2. 乳房 妊娠期受雌、孕激素的刺激乳房逐渐增大，孕妇自觉乳房胀痛。乳头和乳晕着色，乳晕出现结节状的皮脂腺隆起称为"蒙氏结节"。于妊娠晚期，乳房增大更为明显，部分孕妇可有少量乳汁分泌。

3. 血液循环系统 自妊娠6~8周起血容量开始增加，至妊娠32~34周达高峰，总量增加约1450ml，血浆增加多于红细胞增加，出现生理性血液稀释。妊娠期间血液呈高凝状态，利于预防产后出血。妊娠晚期受增大子宫的影响心脏向左、向上、向前方移位，使部分孕妇在心尖区可闻及Ⅰ至Ⅱ级吹风样收缩期杂音。心排出量于妊娠10周开始增加，至妊娠32~34周达高峰。心率于孕晚期休息时每分钟增加10~15次。

4. 消化系统 于妊娠6周左右约半数孕妇会出现恶心、呕吐、厌油腻等早孕反应，多于妊娠12周左右消失。由于孕激素的作用，孕妇胃排空时间延长，易出现上腹部饱胀感；胆道平滑肌松弛、胆囊排空时间延长使胆汁淤积，易诱发胆囊炎和胆石病；肠蠕动减弱，容易出现便秘，加之盆腔静脉受压回流障碍可引起痔疮或使原有的痔疮加重。

5. 泌尿系统 妊娠早期增大的子宫压迫膀胱引起尿频，12周后子宫出盆腔上升到腹部尿频缓解，于孕晚期胎先露入盆后可再次压迫膀胱引起尿频。妊娠期间，肾血流量和肾小球滤过率均增加，排尿量增加，夜间更为明显。肾小球对葡萄糖的滤过能力增强，但肾

小管对葡萄糖重吸收能力不能相应增加，约 15% 的孕妇可出现生理性糖尿。妊娠期输尿管蠕动减弱，尿流缓慢，易患肾盂肾炎，以右侧多见。

6. 体重　在妊娠 13 周前体重多无明显变化，以后平均每周增加 350g，最多不超过 500g，整个妊娠期间平均增加 12.5kg。如体重增长过快，应考虑有病理情况。

7. 皮肤　妊娠期因黑色素和雌、孕激素的增多，孕妇的面颊、乳头、乳晕、腹白线及外阴部可出现色素沉着，面颊部蝴蝶形的色斑称为妊娠斑，产后可逐渐消退。随着子宫增大，腹部皮肤弹力纤维过度拉伸断裂，出现紫红色的妊娠纹，经产妇的旧妊娠纹呈银白色。

8. 胎动　部分经孕妇可在妊娠 16 周时自觉有胎动，其他孕妇于妊娠 18~20 周开始自觉有胎动。正常胎动次数为 ≥6 次 /2 小时。

9. 胎心音　用 Doppler 胎心听诊仪于妊娠 10 周即可听到胎心音。用听诊器于妊娠 18~20 周起，可在孕妇腹壁听到胎心音，正常胎心率为 110~160 次 / 分，音质似钟表的"滴答"声。

10. 胎体　于妊娠 20 周以后，经孕妇腹壁可触摸到胎体，妊娠 24 周后，可分辨出胎体的各个部位确定胎位。

（二）胎儿的生理特点

受精后 8 周内的胚体称为胚胎，是主要器官分化形成的时期，此期易受不良因素影响导致畸形。第 9 周起称为胎儿，是各组织器官进一步发育成熟的时期。

> 考点：不同孕龄胎儿的发育特征

1. 妊娠 4 周末　能辨认胚盘与体蒂。
2. 妊娠 8 周末　胚胎已初具人形，可以分辨出眼、耳、口、鼻、四肢，B 超可见胎心搏动。
3. 妊娠 12 周末　外生殖器已发育，部分可分辨性别，胎儿四肢可活动。
4. 妊娠 16 周末　从外生殖器可辨认胎儿的性别，部分孕妇可自觉胎动。
5. 妊娠 20 周末　开始出现排尿和吞咽功能，在孕妇腹壁用听诊器可听到胎心音。自满 20 周至不满 28 周娩出的胎儿称为有生机儿。
6. 妊娠 24 周末　皮脂腺开始具有分泌功能，皮下脂肪开始沉积，皮肤呈皱缩状。
7. 妊娠 28 周末　胎儿有呼吸运动，由于肺泡表面活性物质较少，出生后易患呼吸窘迫综合征，如经特殊护理有可能存活。
8. 妊娠 32 周末　胎儿神经系统发育，对体外强烈声音有反应，出生后加强护理可以存活。
9. 妊娠 36 周末　皮下脂肪发育良好，毳毛明显减少，指（趾）甲已达指（趾）端，内脏功能已具备，出生后能啼哭及吸吮，基本可以存活。
10. 妊娠 40 周末　胎儿已经发育成熟，身长约 50cm，体重约 3400g，皮下脂肪丰满，皮肤呈粉红色，出生后哭声响亮，有很强的吸吮能力，四肢活动有力，生存能力强。

二、心 理 特 点

（一）妊娠早期的心理特点

1. 震惊　由于妊娠初期孕妇身体没有明显的变化，不管是否有心理准备，当被告知妊娠后，多数孕妇会感到震惊，会怀疑其真实性。

2. 矛盾感与焦虑　部分孕妇可能因为没有充分的心理准备，考虑到妊娠会影响以后的生活、工作、学习，或者经济负担过重等，会出现矛盾心理。初次妊娠的妇女由于没有妊娠经验，加上早孕反应的不适感，会为能否顺利完成妊娠及分娩而担忧、焦虑。特别是有过不良孕产史、服药史、受过外界不良因素刺激的孕妇，会对妊娠有很大的压力，精神高度紧张，甚至处于恐惧不安的情绪之中。

3. 情绪不稳定 早孕期间，孕妇的情绪波动较大，易烦躁、发怒，常会为一些不顺心的小事而大发脾气。

4. 内省 由于自己即将成为母亲，孕妇会经常反省过去自己与母亲的关系，会对母亲怀有内疚感。孕妇通过内省形成对母亲角色责任的认识，利于孕妇将来的角色转变。

5. 渴望得到感情支持 妊娠早期虽然孕妇体型变化不明显，但孕妇往往对自己身体的变化过度敏感，关注周围人对自己变化的态度和反应，有时还会抱怨他人对自己关心、重视不够，渴望得到情感支持。

（二）妊娠中期的心理特点

1. 情绪变化 随着妊娠的进展，早孕反应逐渐减轻或消失，孕妇对自身的变化也逐渐适应，多数孕妇情绪稳定，心情愉快，并能维持较长时间。尤其在胎动出现后，增加了妊娠的真实感，注意力由关注自己转移到更多关注胎儿，关注胎儿的生长发育，主动学习关于妊娠、分娩的相关知识，享受着妊娠带来的快乐。但少数孕妇可能由于经济问题或家庭对胎儿性别过度关注等因素，情绪变得更加敏感、易怒，甚至在胎动时出现烦躁不安。

2. 强化对母亲的情感 经历一段时期的妊娠体验后，孕妇体会到做母亲的艰辛，感受到做母亲的责任，会更加理解母亲，增强对母亲的情感。

（三）妊娠晚期的心理特点

1. 焦虑 妊娠晚期胎儿生长迅速，孕妇腹部极度膨隆，身体负担越来越重，行动不便，甚至出现睡眠障碍、腰背痛等症状，孕妇期盼尽早结束妊娠，以解除负担，出现期待性焦虑。随着预产期的逐渐临近，孕妇会因为担心能否顺利分娩、胎儿是否健康、胎儿的性别能否满足家人的愿望、自己能否胜任母亲角色等，感到焦虑不安。

2. 恐惧 恐惧分娩痛苦，担心分娩时出现难产、出现大出血等，担心新生儿会出问题，不安全感加重。

链接

妊娠期心理应激对子代的影响

心理应激是指个体在察觉需求与满足需求的能力不平衡时，倾向于通过整体心理和生理反应表现出来的多因素作用的适应过程。孕期应激，子代会出现短期或长期的生理或行为方面的异常：①对胎儿的影响。妊娠早期的心理应激可导致发生流产的危险性增加；妊娠中晚期，则发生早产、妊娠期高血压的危险增加，还可能导致出生体重低、头围小、畸形等。②对婴儿、儿童的影响。表现为婴儿适应能力差，10岁前的儿童易出现注意力差、多动、易激惹、不容易抑制侵略性行为等。③对子代远期的影响。心理应激是精神分裂症、抑郁症、注意力缺乏失调症的潜在原因，这是由于孕期应激引起的胎儿期内分泌紊乱造成的。早在1995年Barker就认为，成人疾病在孕卵发育时期就埋下了伏笔。

三、社会特点

1. 妊娠早期 尤其是早孕反应明显的孕妇，丈夫多会细心呵护，双方父母也会格外体贴和照顾，单位领导、同事、朋友也会倍加关心、爱护，这会增加孕妇的依赖性和自我关注。如果缺少亲人的呵护与关爱，会加重孕妇的焦虑情绪；如果缺少单位和社会的支持，孕妇因为妊娠影响就业和工作质量而产生心理压力。

2. 妊娠中期 孕妇的腹部逐渐膨隆，给生活和工作带来不便，如果工作紧张，孕妇会有心理压力。随着孕妇早孕反应的消失，情绪趋于稳定，其丈夫、亲友及同事对孕妇的关注、呵护程度会有所减轻。

3. 妊娠晚期 随着预产期的临近，家庭成员尤其丈夫，常会为孕妇能否顺利分娩而担忧，也会因自身经验缺乏而不知所措，同事和朋友也会有同样的担忧。这些状况，不利于孕妇的心理支持，使孕妇心理压力增加。

第二节 妊娠期保健

一、妊娠期保健的目的

1. 及早确定妊娠，为孕妇提供妊娠的心理支持，提供孕期生活与卫生保健指导。
2. 通过定期产前检查，监测孕妇身心状况和胎儿发育状况，保证胚胎和胎儿健康发育。
3. 指导孕妇做好自我监护及分娩准备，坚定孕妇顺利分娩的信心。
4. 预防和及时发现妊娠并发症并给予处理。
5. 做好卫生宣教工作，达到优生优育目的。

二、妊娠期保健的措施

案例分析 7-1

王女士，27岁，已婚。平素月经规律，周期30天，经期4~5天，末次月经是10月8日，因停经46天，恶心、呕吐、乏力4天，前来就诊。

问题：1. 王女士可能发生了什么情况？
2. 为明确诊断，应做什么检查？
3. 如果王女士确诊为早孕，你该如何为她进行保健指导？

（一）妊娠期心理指导

1. **妊娠早期的心理指导** 胎儿大部分组织器官在孕早期形成，此期是胎儿发育的关键时期，如果孕妇受到不良心理因素影响容易导致胎儿出生缺陷，所以做好孕妇的心理调适工作，让孕妇保持轻松愉快的心情，不仅有利于孕妇的身心健康，还有益于胎儿的健康发育。

（1）重视健康教育：加强孕早期孕妇的心理健康教育，对出现的问题及时进行指导。

（2）树立信心：充分发挥孕妇学校的作用，指导孕妇学习有关妊娠、分娩知识，使孕妇认识到只要妊娠期注意均衡营养、不吸烟、不饮酒、不受病毒感染、不滥用药物等，就不易发生胎儿畸形或其他异常妊娠情况。使孕妇对独立完成妊娠、分娩有足够的信心，即使发生胎位不正、骨盆狭窄等异常情况，在先进的现代产科技术条件下，也能及时采取有效措施，最大限度地保证母婴安全。

（3）接受妊娠现实，转变角色：孕妇在体验妊娠的生理变化过程中，会逐渐由确诊妊娠时的震惊和矛盾转为接受妊娠现实。此时要鼓励孕妇正确地认识和面对妊娠，处理好妊娠与生活、工作的关系，并且要转变角色，准备好承担母亲的责任。

（4）稳定情绪：要给孕妇足够的关心，帮助孕妇消除紧张、焦虑情绪。指导孕妇自觉主动地进行自我调节，教会孕妇一些简单的自我调节方法，如注意力转移法、音乐放松法、倾诉法等。指导孕妇保持平和的心态，要关心他人，理解丈夫，自觉营造和谐温馨的家庭氛围，以愉快的心情度过整个妊娠过程。孕妇还应避免观看恐怖刺激的电影、电视，以免情绪波动，影响自身及胎儿的健康。

（5）适当参加户外活动：适当运动可以强健体格、增强胃肠蠕动，预防便秘，还可以通过欣赏自然美景,调节情绪。

(6)社会支持:指导丈夫多与孕妇沟通,要善于理解孕妇的心理变化,了解孕妇的心理需求,给予孕妇足够的关爱和心理支持,这对缓解孕妇的紧张和忧虑是至关重要的。双方父母也应给孕妇更多生活上的照顾、心理上的宽慰,尤其对胎儿的性别,要持"生男生女都一样"的态度,使孕妇感觉新生命的到来使家庭更加温暖、和睦。单位的领导、同事在工作上要给孕妇适当的支持与照顾。多方面的支持和帮助,孕妇就有完成妊娠、顺利分娩的坚定信心和决心。

2. 妊娠中期的心理指导

(1)避免心理过于放松:妊娠中期,随着早孕反应的消失,以及孕妇对妊娠状态的适应,可能会导致思想上的松懈,对孕期检查不够重视,所以要加强健康教育的力度,告知孕妇可能会发生的各种病理状况,坚持定期产前检查。

(2)避免不良因素刺激:家庭及社会要多理解、关心孕妇,为其创造和谐友爱的氛围,避免不良因素的刺激。

(3)鼓励孕妇适当运动:孕期适当活动,如散步、游泳、做孕妇体操等,可增强肌肉力量,有助于舒缓心理及顺利分娩。孕妇可适当从事家务劳动,如无异常可正常工作。

(4)社会支持:让孕妇增加与母亲接触的机会,建立广泛的社会交往,有助于孕妇获得更多的妊娠相关知识。孕妇的丈夫及家庭成员多理解和帮助孕妇,要充分认识妊娠中期保健的重要性,督促孕妇进行定期产前检查。单位领导和同事在工作上对孕妇给予照顾,适当减轻孕妇的劳动强度。母婴保健机构应按时做好产前检查和保健指导。

3. 妊娠晚期的心理指导

(1)分娩知识培训:对孕妇进行分娩前培训,让孕妇了解分娩过程,认识到分娩是一个自然过程,自己有能力完成,树立顺利分娩的信心,并且教会孕妇在分娩过程中如何配合医护人员。

(2)充分做好分娩准备:做好充分的分娩准备可以减轻孕妇的紧张和焦虑,增加其安全感。包括定期的产前检查、分娩医院的选择、母婴用品的准备以及可能出现异常情况时的应对措施等。

(3)社会支持:在妊娠晚期,丈夫、家人、朋友、同事和社会对孕妇要加大心理支持的力度,给予孕妇更多的关心和照顾,积极帮助孕妇做好分娩前的准备工作。母婴保健工作人员要做好妊娠晚期保健工作,多和孕妇及其家人沟通,指导孕妇家属多鼓励、支持孕妇,以缓解孕妇的心理压力和恐惧心理。经济条件许可的孕妇可选择导乐式分娩,由经验丰富的助产人员全程陪伴分娩。

(二)孕期检查

1. 尽早确诊妊娠 生育年龄的妇女,既往月经规律,一旦出现停经,应首先考虑妊娠。结合早孕反应和尿频等表现,借助妊娠试验、B超检查等确定诊断。尽早确诊妊娠,以便保护胚胎,避免有害因素的影响。

考点: 产前检查的时间安排和检查内容

2. 产前检查 在确诊妊娠后即进行第一次产前检查(妊娠6~8周为宜),通过详细地询问病史,全身检查、产科检查及必要的辅助检查,了解孕妇的身体状况,判断是否可以继续妊娠。对于有遗传病史或遗传病家族史者,还需进一步做遗传咨询及产前诊断。一般孕妇应于妊娠20周开始定期检查,妊娠20~36周期间每4周检查一次,妊娠37周后每周检查1次,高危孕妇可酌情增加检查次数。检查内容包括血压、体重、宫高、腹围、胎方位、胎心音等,必要时可进行尿常规等检查。通过产前检查及时了解孕妇的健康状况和胎儿的发育情况,及早筛查出高危妊娠,如妊娠期高血压综合征、前置胎盘、过期妊娠等,及时给予评估与诊治。

链 接

产前诊断

产前诊断是指在胎儿出生前应用影像学、生物化学、细胞遗传学、分子生物学等技术,了解胎儿有无明显的结构畸形,有无染色体或基因病等。产前诊断的对象:35岁以上的高龄孕妇;夫妇一方有先天性疾病或遗传性疾病,或有遗传病家族史;生育过无脑儿、脑积水、脊柱裂、唇裂、腭裂、先天性心脏病儿者;在妊娠早期接受较大剂量化学毒剂、辐射或严重病毒感染的孕妇;有原因不明的流产、死产、畸胎和有新生儿死亡史的孕妇;本次妊娠羊水过多、疑有畸胎的孕妇等。产前诊断方法主要包括羊膜腔穿刺、绒毛取样、脐血取样、胎儿镜、胚胎活检、超声波检查、母体外周血清标志物测定和胎儿细胞检测等。

3. 筛查高危孕妇 第一次产前检查时就要筛查高危孕妇,对高危孕妇要加强管理,做好孕期保健指导。高危孕妇包括:年龄<18岁或>35岁、身高<145cm的孕妇;有流产、难产、死胎、死产等异常孕产史的孕妇;生育过先天性畸形患儿的孕妇;夫妇一方患有遗传性疾病或有遗传病家族史的孕妇;妊娠早期曾受病毒感染、接触过大量放射线或服用过有致畸作用药物的孕妇;患有心脏病、重度贫血、糖尿病、肾炎、甲状腺功能亢进等疾病的孕妇。

(三)妊娠期生活方式指导

1. 衣着 孕期着装应宽大、柔软、舒适,方便更换,选择棉质内衣裤。不宜穿紧身衣裤,以免影响孕妇的血液循环及胎儿发育。孕妇不能束胸,胸罩不可太紧,可选择大小合适、能承托乳房的胸罩,以保持乳房的形状和预防背部肌肉紧张。不穿高跟鞋,宜穿轻便、舒适、宽头的平跟鞋。

2. 运动与休息

(1)运动:妊娠期进行适当的运动可以增强体质,促进胃肠蠕动,防止便秘;促进血液循环,有利于胎儿的生长发育;还可以通过欣赏自然景色使孕妇心情舒畅、减轻疲劳。孕妇宜选择轻松、缓慢的运动,如散步、做孕妇保健操、练习瑜伽功等。针对孕妇特点的孕妇保健操,不仅使孕妇身体强健,还有利于自然分娩,应坚持锻炼,每日2次(详见实训四妊娠期保健指导)。

1)孕妇最适宜的运动时间一般在妊娠4~7个月,运动量应该随妊娠月份增加而逐渐减少,运动方式也应做适当地调整。外出旅游可安排在妊娠中期,但注意不宜劳累,不在旅游高峰期出行,不到人流拥挤的场所。

2)妊娠晚期是孕妇身体负担最重的阶段,容易疲劳,应以休息为主,运动时间每次15~20分钟为宜,每周3次或3次以上。坚持户外散步,可做孕妇保健体操的1~4节,不要长时间固定体位,避免久站、久坐。

链 接

孕妇瑜伽

孕妇瑜伽是妊娠期一种很好的运动方式,一般在妊娠中期开始进行,每周练习2~3次。孕妇练习瑜伽的好处是:①缓解心理压力,稳定情绪、改善睡眠,减轻孕妇的恐惧和焦虑感,使孕妇以较平和的心态面对分娩。②提高身体肌腱的柔韧度和关节的灵活性,增强盆底、腹壁的肌张力,有利于自然分娩及产后的体型恢复。③降低产后抑郁的发生率。孕妇应在专业教练的指导下练习,练习时如感不适感,应调整姿势或停止练习。

(2)休息:孕妇一般可坚持工作到28周,28周后可适当减轻工作量,在预产期前2

周开始休息。孕期每日应保持8~9小时的睡眠时间,午休1~2小时。注意保持室内安静、空气流通。

3. 卫生保健指导

(1) 清洁卫生:孕妇的汗腺和皮脂腺分泌旺盛,应勤洗澡,勤换内衣。每日清洗外阴,保持外阴清洁。沐浴适宜淋浴,尤其28周后不得盆浴,以减少生殖道感染的机会。沐浴用水应温度适宜,禁止热水浴与桑拿,因为水温过高会损伤胎儿的中枢神经系统。

(2) 避免感染:孕妇要在空气新鲜并流通的环境工作和休息,避免到人多的公共场所,避免接触宠物。孕妇在妊娠早期感染病毒,如流感病毒、风疹病毒、腮腺炎病毒等可导致流产、早产或胎儿畸形等;感染弓形虫后影响胎儿脑、眼发育或导致胎儿畸形、流产。孕妇在需要的时候可接受一些必要的预防接种,如狂犬病疫苗、乙型肝炎疫苗、破伤风类毒素等,但禁止接种麻疹、风疹、水痘、腮腺炎、脊髓灰质炎和百日咳疫苗。有流产史的孕妇,不宜接受任何预防接种。

4. 乳房护理 孕妇不宜束胸,以免影响乳腺发育,引起产后乳汁不足。妊娠24周以后,要经常用清洁毛巾沾温水擦洗乳头(不宜用肥皂和乙醇),减少乳腺炎的发生,并且产后哺乳时不易皲裂。乳头平坦或内陷的孕妇,应在妊娠5~6个月时开始纠正,方法是一手托住乳房,另一手的拇指、中指压捏住乳头根部,轻轻向外牵拉,并左右捻转乳头。严重凹陷者可用吸奶器吸牵乳头,使其向外突出,便于产后哺乳。

5. 性卫生指导 妊娠前3个月和后3个月避免性生活,以免诱发流产、早产或胎膜破裂,同时也能减少生殖道感染的发生。妊娠中期可进行有节制的性生活,要注意卫生,避免感染。

6. 吸烟 孕妇主动或被动吸烟均可影响胎儿,烟草中的有毒物质,如尼古丁、一氧化碳、二氧化碳、芳香族化合物、氢氰酸和焦油等,可影响胎儿发育,出现唇裂、腭裂、先天性心脏病、痴呆、低出生体重儿,导致流产、早产和死胎等。

7. 饮酒 孕妇酗酒可影响胎儿在宫内与出生后的生长发育,导致胎儿酒精中毒综合征,其主要临床特征为患儿特殊面容,体格小,智力低下和多种畸形。

8. 咖啡因 茶和咖啡中都含有咖啡因,咖啡因是中枢神经兴奋剂,对成人毒性不大,但对胎儿有一定影响。女性妊娠前或妊娠期间常饮浓咖啡增加流产、小于孕龄儿和死产的发生风险。另外,茶叶中含有较多的鞣酸,孕妇过多的饮用浓茶,会引起缺铁性贫血,严重时可引起胎儿宫内发育迟缓、胎儿窘迫、早产或死产。因此,计划妊娠或已经妊娠者,少用或不用含咖啡因的饮品。

9. 生活环境 在出生缺陷的发生原因中有70%是未知的,其余30%的原因中有20%是环境因素导致的。电磁辐射是造成流产、畸胎的诱发因素,特别是妊娠早期影响最大,孕期应减少电脑、手机、电视、电磁炉、微波炉等的接触时间,使用时最好穿上防护衣;避免生活或工作在噪声环境中;避免接触各种射线发生器、加速器、高压电子管、电子速焊机、彩色显像管等。室内装修采用符合国家标准的室内装修材料,装修后不宜立即入住,入住新房后3个月内不要妊娠,以免对胎儿造成伤害。

(四)妊娠期营养及膳食指导

1. 孕妇的营养需求 母体是胎儿生长发育的环境,孕妇需加强营养,才能保证自身和胎儿的健康。

(1) 热量:孕早期热量不需额外增加,孕中晚期要适量增加。一般糖类摄入量占热量的55%~60%,脂肪占20%~25%,蛋白质占15%~20%。

(2) 蛋白质:蛋白质摄入不足,影响胎儿的发育,还可导致孕妇发生贫血、妊娠高血压综合征等。我国营养学会建议，孕妇在孕中期每日应增加蛋白质 15g（相当于 2 个鸡蛋的蛋白质含量），孕晚期每日应增加 25g（相当于 2 个鸡蛋加 50g 肉类或 100ml 牛奶），其中优质蛋白应占蛋白质总量的 50%。宜多进食瘦肉、鱼、蛋等优质蛋白质丰富的动物性食物。

（3）矿物质：为了满足孕妇自身和胎儿的需要，孕妇对各种矿物质的需要量都有所增加。

1）铁：孕妇铁摄入不足容易导致缺铁性贫血。我国营养学会建议，孕妇每日铁的摄入量在孕中期应为 25g，孕晚期为 35g（一般成年女性为 15g）。动物肝脏、动物血、瘦肉含铁丰富并且吸收率高，是铁的良好来源；蛋类、豆类、黑木耳及各种绿叶蔬菜含铁亦较多但吸收率较低。

2）钙：孕妇如果缺钙可导致肌肉抽搐、影响胎儿骨骼发育。妊娠中期的摄入量应每日 1000mg，妊娠晚期 1200mg，可多饮用牛乳、豆制品、海产品或服用钙剂。孕妇应多晒太阳，有利于钙的吸收。

3）碘：孕妇甲状腺功能旺盛，碘的需要量增加，每日需要量 200μg（孕前 150μg）。若碘摄入不足，可发生单纯性甲状腺肿，严重的导致婴儿呆小症。孕期应多食用紫菜、海带等海产品。

4）锌：锌摄入不足可导致胎儿宫内生长受限、早产、畸胎、死胎等，动物肝脏、瘦肉、蛋黄和海产品含锌较多，牡蛎含锌量最高。

（4）叶酸：叶酸缺乏可导致胎儿神经管畸形。动物肝脏、绿色蔬菜富含叶酸。建议孕妇由计划妊娠开始至妊娠 12 周补充叶酸片。

（5）维生素：孕妇对维生素的需要量增加。维生素通常无法自身合成，要从食物中摄取。

1）维生素 A：维生素 A 缺乏与胎儿宫内发育迟缓、早产和低体重儿有关。但孕早期如果补充过量可导致流产或先天畸形，胡萝卜素（可在体内转变为维生素 A）没有此不良反应。我国暂定的维生素 A 的供给标准：孕妇 1000μg（非孕妇 800μg）。动物肝脏、蛋黄、鱼类富含维生素 A，红、黄、深绿色果蔬中富含胡萝卜素。

2）维生素 B：包括维生素 B_1、维生素 B_2、维生素 B_6、维生素 B_{12}、烟酸等，是参与物质代谢重要的辅酶。B 族维生素广泛存在于谷类、干果、绿叶蔬菜、动物肝脏、牛奶等食物中。

3）维生素 C：若缺乏维生素 C，易发生贫血、坏血病，还可造成流产、早产及胎膜早破等。孕妇每日摄入量为 100~130mg。维生素 C 广泛存在于新鲜蔬菜和水果中。

4）维生素 D：可促进钙、磷吸收，有利于骨骼、牙齿发育。孕妇每日维生素 D 的供给量为 10μg。应多食用蛋黄、肝脏等。

2. 孕妇的膳食指导　孕期营养素摄入不足，会影响孕妇自身健康和胎儿的生长发育；进食过量，易使孕妇肥胖，胎儿发育过大，导致分娩困难，也可增加妊娠期糖尿病的发病率。因此，必须科学合理地安排妊娠期的饮食，注意营养均衡、精细搭配、品种多样化。

（1）妊娠早期：妊娠早期胚胎及胎儿需要的营养量不多，妊娠反应明显的孕妇食欲较差，可少量多餐，均衡膳食，保证优质蛋白、各种维生素、微量元素和水分的摄入。食物宜清淡、易消化，少吃油腻食物，避免刺激性和辛辣的食物。妊娠早期尤其应注意维生素 A 和叶酸的补充。建议每天主食至少要在 150~200g 以上，豆制品 50~100g，牛奶或酸奶 200~250ml，蔬菜 300~400g，水果 50~100g，蛋类 25~50g，肉禽鱼类 100~150g，油脂类 20g，可加一些核桃、花生、瓜子等干果作为零食。

（2）妊娠中期：妊娠中期胎儿生长发育较快，对各种营养素的需求迅速增加。孕妇每日摄入主食 400~500g，可满足需要。另外增加 15g 的蛋白质，多进食瘦肉、鱼、蛋等优质蛋白丰富的动物性食物。中期妊娠正是胎儿脑迅速增长期，叶酸和维生素 A 的补充同妊娠早期；多吃新鲜果蔬以补充维生素C；加强维生素D的补充，进食动物肝脏、蛋黄或服用鱼肝油，多饮用牛乳或服用钙剂。铁的摄入因从食物中难以补足，建议从妊娠4个月开始口服葡萄糖酸亚铁或其他铁剂，预防缺铁性贫血。铁对胃刺激性较大，酸性环境易于吸收，故适合在饭后用水果汁送服。建议每天谷类食物300~400g，豆制品100~150g，牛奶250ml，蔬菜400~500g，水果100~200g，肉禽鱼类150~200g，油脂类25g。

（3）妊娠晚期：妊娠晚期是胎儿生长最迅速、营养素需要量最多的时期。饮食宜少吃多餐，以高蛋白、低盐、易于消化食物为主。妊娠晚期孕妇应食物多样化，保证营养素的全面摄入；多进食新鲜果蔬，不吃或少吃咸鱼、酸菜、香肠、腊肉等腌制或含防腐剂食品；少吃辛辣食品或调味品；不抽烟、不喝酒、不喝浓茶和浓咖啡；避免进食含糖量高的零食；不宜服用补药；可适当添加零食或夜宵，以易消化的食物为宜，如牛奶、水果、饼干、核桃仁等。应当注意：①增加蛋白质摄入量，每日增加25g；②不宜摄入过多脂肪和糖类。妊娠晚期孕妇各系统负荷加大，但活动量减少，总热能供应不宜过高，尤其是36周后，要适当控制，避免胎儿过大造成分娩困难；③注意补锌；④妊娠晚期胎儿骨骼发育加速，需摄入足量的钙和维生素D。建议每天谷类食物400~500g，豆制品100~150g，牛奶250~500ml，蔬菜400~500g，水果100~200g，肉禽鱼类150~200g，油脂类25g。每周吃1~2次动物肝脏或动物血，每次50~100g，多食紫菜、虾皮、海带补充微量元素。整个妊娠期还要注意补碘，目前国内加碘食盐已能补充妊娠期所需的碘量。

（五）胎教

胎儿不仅具有听觉、视觉、活动和记忆能力，还能对外界的声、光、触摸等刺激发生反应，适度的刺激可以促进胎儿各感觉器官功能的发育，还对发掘胎儿的心理潜能有积极作用，为出生后的早期教育奠定基础；孕妇美好联想和良性思维时所产生的神经冲动，能促进胎儿神经细胞的发育。胎教是通过语言、音乐、抚摸等措施，刺激胎儿的听觉、视觉、触觉，促进胎儿身心健康和智力发育的方法，也是父母与胎儿之间的一种愉悦的互动方式。胎教应根据不同时期胎儿发育的特点循序渐进。

1. 孕早期胎教　此期主要是孕妇的自我情绪调整和对胎儿进行一些简单的刺激。孕妇用手轻柔地按摩下腹部，或坐在摇椅中轻轻地摇动，通过羊水震荡给予胎儿压、触觉的刺激，可以促进胎儿神经系统的发育。

2. 孕中期胎教　孕中期胎儿的各个器官迅速发育，是胎教的最佳时期，主要针对胎儿的听觉、触觉、视觉进行训练。

（1）音乐胎教：主要是通过音波刺激胎儿听觉器官，促进胎儿大脑的发育。妊娠16周后，在胎儿觉醒有胎动时进行，每次15~20分钟。胎教音乐应节奏平缓流畅，情调温柔甜美，音响强度不要超过65dB，频率不要超过2000Hz，音源应距离孕妇1m左右。在播放轻松、优雅音乐的同时，孕妇要心情愉悦，联想美好的事物，有利于胎儿的智力开发和性格锻炼。

（2）语言胎教：妊娠20周后，胎儿的听觉功能已经建立，夫妇俩要把胎儿作为听众，通过与胎儿聊天、朗诵诗歌、讲童话故事等，把父母的爱传递给胎儿，促进胎儿对语言的适应性和胎儿情感的发育，有利于胎儿出生后的智力发育和心理适应能力。

（3）抚摸胎教：孕妇轻轻地抚摸腹部，可形成良好的触觉刺激，引起胎儿一定的条件反射，激发胎儿活动的积极性，通过胎儿的反射性躯体蠕动，促进大脑功能的协调发育。抚摸胎教宜在妊娠24周以后进行。每晚睡觉前，孕妇先排空膀胱，平卧床上，放松腹部，用双手由上而下、从左到右轻柔触摸胎儿，使胎儿有所感觉，胎动柔和提示胎儿喜欢，可继续进行，胎动加剧提示胎儿不喜欢，应停止抚触。有早产史或先兆早产的孕妇不宜使用。

（4）视觉训练：妊娠27周以后，胎儿的大脑能够感知外界的视觉刺激。可以每天在胎儿觉醒时用手电筒（弱光）照射孕妇腹壁胎头方向，每次5分钟左右，刺激胎儿视觉的发育。不可用强光刺激，照射时间不宜过长。

3. 孕晚期胎教　孕晚期胎儿各个器官、系统逐渐发育成熟，对外界的各种刺激更加积极，胎教主要是巩固孕中期的各种训练。

（六）孕期用药

1. 药物对胎儿的影响　妊娠期间，药物可以通过影响母体的内分泌、代谢等间接影响胚胎，也可以透过胎盘屏障直接影响胎儿。妊娠不同时期药物对胚胎、胎儿的影响有所区别。

（1）妊娠前期：从女性发育成熟到卵子受精。这段时期使用药物一般比较安全，但要注意有的药物半衰期较长，可能会影响早期胚胎的发育。

（2）受精第1~14日：是受精卵发育到胚细胞的时期。这段时期，如果药物损伤了大量的胚囊细胞，会导致胚胎的死亡。如果只有少量细胞受损，则胚胎的发育不会受到影响。

（3）受精第15日至妊娠12周左右：该期是经典的致畸期。这段时期，首先心脏、脑开始分化发育，继而眼、四肢、性腺与生殖器官发育。由于各种器官在这短时间内内迅速分化，所以极易受到包括药物在内的各种致畸因素的影响而形成畸形。药物毒性影响越早，发生畸形的可能性越大、越严重。

（4）妊娠12周至分娩：胎儿各主要器官基本分化完成，并继续发育成熟。这段时期药物致畸的可能性大大下降，但有些药物仍可能影响到胎儿正常的发育。

2. 孕期用药注意事项
（1）必须有明确的用药指征，在医生指导下用药。
（2）能用一种药物的，就不要联合用药。
（3）能用疗效肯定的老药，就不用尚未确定是否对胎儿有不良影响的新药。
（4）严格掌握药物的剂量和用药时间。
（5）若病情允许，尽量推迟到妊娠中晚期用药。
（6）若确实需要应用对胚胎和胎儿有害的药物，应先终止妊娠再用药。

> **链　接**
>
> **药物危险性分级**
>
> 美国药物和食品管理局（FDA）按药物对胎儿的危险性进行以下分级：
>
> A级　经临床对照研究，无法证实药物对胎儿有危害，所以对胎儿伤害可能性最小，是没有致畸性的药物。如适量维生素等。
>
> B级　经动物实验研究未发现对胎儿有危害，无临床对照实验，可在医生观察下使用。如青霉素、红霉素、胰岛素等。
>
> C级　动物实验表明对胎儿有不良影响，没有临床对照实验，所以只能在充分权衡利弊的情况下谨慎使用。如庆大霉素、异烟肼等。
>
> D级　有足够的证据证明对胎儿有危害性，只有在孕妇患严重疾病，无其他药物可选用的情况下考虑使用。如链霉素等。
>
> X级　各种实验证实会导致胎儿异常，是孕前或妊娠期间禁用药物。如己烯雌酚、甲氨蝶呤等。

三、胚胎及胎儿的健康评估

（一）确定是否为高危儿

具有下列情况之一的围产儿，定为高危儿：①胎龄<37周或>42周；②出生体重

<2500g；③小于胎龄儿或大于胎龄儿；④出生后情况不良，1 分钟 Apgar 评分 0~4 分；⑤产时感染；⑥手术产儿；⑦新生儿的兄姐有新生儿病史或新生儿期死亡者；⑧高危妊娠产妇的新生儿等。

（二）胚胎及胎儿的监护

1. 妊娠早期　早期妊娠多通过 B 型超声直接观察胚胎及胎儿的生长发育情况。B 超在妊娠第 5 周见到妊娠囊，妊娠第 6 周时，可见到胚芽及原始心管搏动，妊娠 9~13 周可测量胎儿颈项透明层了解胎儿发育状况。

2. 妊娠中期

（1）测宫高、腹围：通过宫高、腹围了解胎儿大小，判断胎儿大小于孕周是否符合。如腹部过大，宫高大于妊娠月份，应考虑多胎妊娠、羊水过多或胎儿过大；腹部过小，可能是胎儿宫内生长受限或孕周推算错误。

考点：胎心率的正常值

（2）监测胎心率：一般可以用听筒或超声多普勒监测，正常范围为 110~160 次/分。

（3）超声检查：通过 B 型超声检查，测量胎头双顶径、股骨长度等，可推算胎儿的胎龄和体重 [胎儿体重（g）＝宫高（cm）×腹围（cm）+200]，还可以检查有无胎儿畸形等情况。

（4）其他：生化检验、胎儿染色体异常的筛查与诊断。

3. 妊娠晚期

（1）定期产前检查：了解胎儿大小、胎产式、胎先露、胎方位及胎心率。

考点：监测胎动的方法和意义

（2）胎动计数：胎动监测是孕妇自我监测胎儿情况的简单而有效的方法。妊娠 20 周后孕妇可感觉到胎动，随妊娠时间的延长，胎动逐渐增强，至妊娠足月时，胎动又逐渐减弱。胎动计数于妊娠 30 周开始。每天早、中、晚在固定时间自行数胎动 1 小时，将早、中、晚 3 次胎动数相加后乘以 4，即为 12 小时的胎动数。12 小时胎动计数大于 20 次，提示胎儿宫内情况良好；如果 12 小时胎动计数小于 10 次，提示胎儿宫内缺氧，应及时就诊查找原因。

（3）胎儿影像学监测：B 型超声是目前应用最广泛的监护仪器，可以观察胎儿的大小、胎动和羊水的多少，还可以进行胎儿畸形的筛查，判断胎位、胎盘位置、胎盘成熟度。对可疑胎儿心脏异常者可用胎儿超声心动诊断仪检查。

（4）胎儿血流动力学监测：彩色多普勒超声检查可以监测胎儿脐动脉血流。若舒张末期脐动脉无血流信号，提示胎儿将在 1 周内死亡。

考点：胎儿电子监护的方法、各种胎心变化及其临床意义

（5）电子胎儿监护：电子胎儿监护仪能够连续记录胎心率的动态变化，通过分析胎心率与胎动和宫缩的关系，对胎儿宫内安危情况进行评估。监护一般在妊娠 34 周开始，高危妊娠者可酌情提前。电子胎儿监护仪记录的胎心率（FHR）正常范围为 110~160bpm，如果出现与宫缩有关的胎心率加速，表示胎儿宫内情况良好；早期减速一般认为是宫缩时胎头受压所致；变异减速是宫缩时脐带受压刺激迷走神经所致；晚期减速一般认为是胎盘功能不良、胎儿缺氧的表现，应高度重视。

（三）胎儿成熟度测定

考点：胎儿肺成熟度监测的方法及其临床意义

测定胎儿成熟度的方法，除了计算胎龄、测量宫高、腹围估算胎儿体重及 B 超测胎头双顶径（BPD>8.5cm）外，还可以通过经腹壁行羊膜腔穿刺抽羊水做下列检查。

1. 卵磷脂/鞘磷脂比值（L/S）L/S≥2，表示胎儿肺成熟。

2. 羊水泡沫试验或震荡试验　是一种快速而又简便的测定羊水中肺表面活性物质的方法。如两管液面均有完整泡沫环为阳性，表示胎儿肺成熟。

（四）胎盘功能测定

妊娠晚期监测胎盘功能，能间接判断胎儿的状况，及时发现胎儿宫内窘迫。

1. 胎动　胎动与胎盘功能状态有密切的关系，胎盘功能减退时胎动较前期有所减少。
2. 尿雌三醇测定　妊娠晚期 24 小时尿雌三醇 >15mg 为正常，10~15mg 为警戒值，<10mg 为危险值。
3. 血清人胎盘生乳素（hPL）测定　hPL 水平能较好地反映胎盘的分泌功能，是目前国际上公认的测定胎盘功能的方法。足月妊娠的 hPL 正常值为 4~11mg/L，若 <4mg/L 或突然降低 50%，提示胎盘功能低下。

考点： 胎盘功能检查的方法及临床应用

第三节　妊娠期常见疾病的预防

一、流　产

1. 病因　流产的发生病因主要是胚胎和母体两方面的因素，自然流产约半数是染色体异常所致，对反复发生流产的患者，应作染色体核型分析来明确诊断。
2. 预防原则　①妊娠前积极治疗全身性疾病，如心脏病、高血压、糖尿病、慢性肾炎；②妊娠期积极防治各种感染性疾病；③避免精神刺激和过度劳累，防止外伤；④妊娠早期禁止性生活；⑤加强营养，注意休息；⑥避免接触有害物质。

二、妊娠剧吐

1. 病因　妊娠剧吐与孕妇体内人绒毛膜促性腺激素的增多有关，也受孕妇心理因素影响，如精神过度紧张、焦虑、抑郁。
2. 预防原则　①缓解孕妇心理压力，调整精神状态，保持心情愉快。②饮食宜少量多餐，以富含营养、清淡、易消化为原则。远离刺激性气味，如鱼腥味、油漆味等。③注意饮食及口腔卫生。④保持室内清洁、安静、舒适，空气流通。⑤呕吐严重者住院治疗。

三、异位妊娠

1. 病因　异位妊娠包括输卵管妊娠、卵巢妊娠、宫颈妊娠、腹腔妊娠和子宫残角妊娠，最多见的是输卵管妊娠，其主要病因是输卵管的慢性炎症。
2. 预防原则　①注意经期卫生，防止生殖系统感染。②妊娠前积极防治慢性输卵管炎症。③停经后如果出现一侧下腹部隐痛或出现少量阴道流血，应警惕异位妊娠，要及时到医院就诊；如果突然发生撕裂样疼痛，可能发生了破裂，更应及时就诊。

四、妊娠高血压综合征

1. 病因　妊娠高血压综合征一般发生于妊娠 20 周后，病因不清，高危因素有：孕妇年龄小于 18 岁或大于 40 岁；初产妇；多胎妊娠；妊娠期高血压疾病史及家族史；慢性高血压、慢性肾炎、糖尿病史；血管紧张素基因 T_{235} 阳性；抗磷脂综合征；营养不良；家庭经济状况较差等。
2. 预防原则　①加强健康教育，给予孕期保健指导，定期行产前检查；②合理膳食，多食富含蛋白质、维生素、铁、钙、镁、锌、硒等微量元素的食物，多食新鲜的蔬菜、水果，减少动物性脂肪的摄入；③生活规律，心情愉快，避免精神紧张；④保证足够的睡眠，休息时宜左侧卧位；⑤有高危因素者，妊娠中期以后适当补钙可有效预防妊娠高血压综合征的发生和发展。

五、妊娠合并糖尿病

1. 病因　妊娠合并糖尿病是指在妊娠前已有糖尿病或妊娠后才发生或首次发现的糖尿病，在妊娠早、中、晚期均可发生，以中、晚期妊娠为多见，严重危害对母儿的健康。
2. 预防原则　①在第一次产前检查时就进行妊娠期糖尿病的风险评估，对有高危因素（糖尿病家族史、不良生育史、肥胖等）的孕妇制定监测方案，以便及早发现糖尿病孕妇。②妊娠期糖尿病的孕妇，要控制饮食，适度运动。③要做好血糖的监测。④只要血糖控制良好，不会对母儿造成危害。孕妇要正确对待病情，保持心情舒畅。

六、早　产

1. 病因　早产常见病因为胎膜早破、子宫过度膨隆、前置胎盘、胎盘早剥、妊娠合并症、宫颈内口松弛等，也与外伤、过度劳累、妊娠晚期性生活等有关。
2. 预防原则　①定期产前检查，及时消除可能导致早产的因素。②对高危妊娠加强管理，积极防治妊娠合并症。③妊娠晚期禁止性生活，预防胎膜早破，预防生殖道感染。④宫颈内口松弛者，在妊娠14~18周行宫颈内口环扎术。

七、前置胎盘

1. 病因　前置胎盘是妊娠晚期出血最常见的病因，与多次刮宫、多次分娩等引起的子宫内膜损伤或感染有关，也与胎盘面积过大、胎盘异常等相关。
2. 预防原则　①做好计划生育工作，推广避孕措施，避免多次刮宫，以减少子宫内膜损伤或感染的发生。②加强孕妇管理，定期进行产前检查，做好孕期保健指导工作。③及时发现和处理前置胎盘。

八、胎盘早剥

1. 病因　胎盘早剥是妊娠晚期严重的并发症，与孕妇血管病变（如妊娠期高血压疾病、慢性肾炎等）、腹部外伤、宫腔压力骤降、长时间仰卧位、外转胎位术等有关。
2. 预防原则　①及早防治妊娠期高血压疾病、肾脏疾病。②行外转胎位术时动作要轻柔。③羊膜腔穿刺术应在B超指引下进行，以免误伤胎盘。④多胎妊娠和羊水过多的孕妇，在分娩时避免宫内压力骤减。⑤妊娠晚期孕妇要避免长时间仰卧位，避免腹部外伤。

第四节　高危妊娠的管理

一、高危妊娠的概述

1. 定义　本次妊娠有某种并发症或致病因素可能危害孕产妇、胎婴儿或导致难产者，称高危妊娠。具有高危妊娠因素的孕妇，称为高危孕妇。
2. 高危妊娠的范畴　①年龄<18岁或>35岁，身高在145cm以下的孕妇；②有异常孕产史者，如流产、早产、畸胎、死胎、死产、难产及新生儿死亡等；③孕期有妊娠并发症者，如妊娠高血压综合征、胎儿生长受限、前置胎盘、胎盘早剥等；④妊娠合并内科疾病，如心脏病、重度贫血、肾炎、糖尿病、甲状腺功能亢进等；⑤妊娠期接触有害物质，如放射线、化学毒物或妊娠早期受病毒感染、服用过对胎儿有害的药物；⑥可能发生难产者，如产道异常、胎位异常、胎儿过大、多胎妊娠等；⑦胎盘功能低下者；⑧曾患或现有生殖器官肿瘤或有手术史者。

二、高危妊娠的监护和管理

1. 监护　及早筛选高危妊娠，重点管理，加强监护，发现异常及时处理，是降低孕产妇及围生儿死亡率的重要措施。高危妊娠的监护包括孕妇和胎儿两个方面，详见本章第二节"产前检查"和"胚胎和胎儿监护"。

2. 高危妊娠的管理　通过早孕初查和定期产前检查，及时筛查出高危孕妇，对高危孕妇进行专卡登记和专案管理，并在孕产妇保健手册上做出特殊标记。根据高危妊娠管理程序，对高危因素复杂或病情严重的孕妇，及早转送至县及县级以上医疗保健机构诊治。高危孕妇均应住院分娩，医疗保健机构应全面评估高危因素对孕妇的影响，结合胎盘功能和胎儿成熟度的监测，选择对母儿最有利的分娩方式，适时、有计划分娩，确保母儿安全。有妊娠禁忌证者，经确诊后尽早动员其终止妊娠。通过对高危孕妇的筛查和规范管理，有效提高高危妊娠检出率、高危妊娠随诊率及高危妊娠住院分娩率，降低孕产妇死亡率、围生儿死亡率及病残儿出生率。

实训四　妊娠期保健指导

【实训目的】
1. 掌握妊娠期保健措施，能对不同妊娠期的妇女进行保健指导。
2. 掌握妊娠期保健操的动作要领和注意事项，能正确指导孕妇做操。
3. 培养学生的沟通表达能力和良好的职业素养。

【学时安排】　2学时。

【实训准备】　妊娠期保健视频、多媒体设备、检查床等。

【实训内容和步骤】
1. 复习妊娠期保健理论知识，提出问题。
（1）对不同妊娠期的孕妇如何进行心理指导？
（2）对妊娠期妇女主要从哪些方面进行生活与卫生保健指导？
（3）产前检查的内容有哪些？
（4）如何对胎儿进行健康评估？
（5）妊娠期常见的疾病有哪些？如何预防？
2. 观看妊娠期保健视频，观后对以上问题进行讨论。
3. 妊娠期保健操体操　实训图4-1。教师示教妊娠期保健操的动作要领和指导方法，然后学生6~8人为一组，分别扮演指导者和被指导者进行练习。

第一节　盘腿运动

第二节　骨盆运动

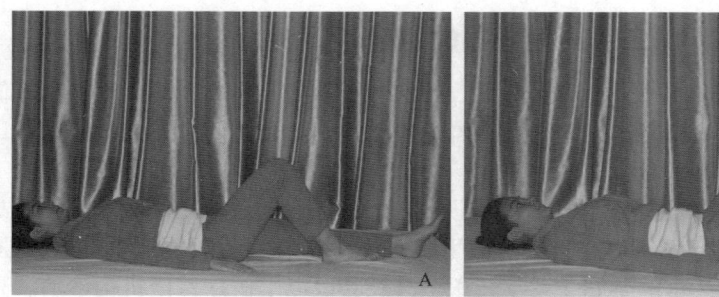

第三节　腹肌运动

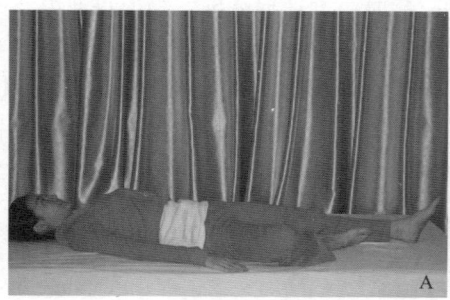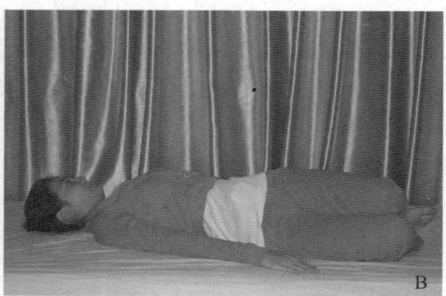

第四节　骨盆扭转运动

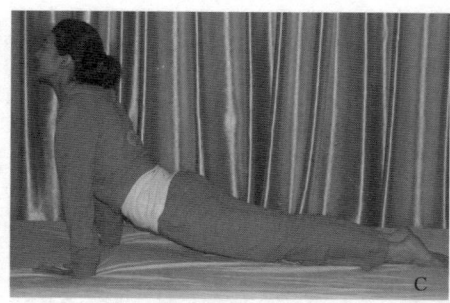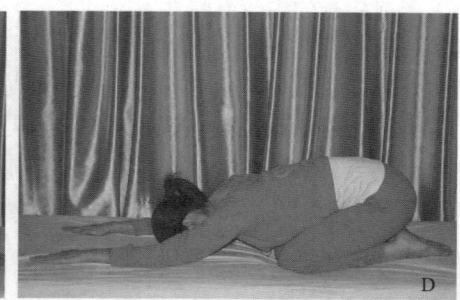

第五节　振动骨盆运动

实训图 4-1　妊娠期保健体操

（1）第一节（盘腿运动）：早晨起床后或晚上临睡前，集中精力，笔直坐好，双脚合十，两手放在双膝上，用手腕力量向下推压双膝，逐渐增加力量，使双膝尽量接近床面。呼吸一次按压一次，反复进行2~3分钟。盘腿运动可以放松腰部及骨盆关节，伸展骨盆底肌肉群，有利于胎儿顺利通过产道。

（2）第二节（骨盆运动）：卧位，双腿屈膝，双臂伸直放在身体两侧。手心和脚底平放在床上，利用脚和手臂的力量缓缓抬高臀部和腰部，使腰背向上呈反弓状，持续10秒后缓慢放下，休息10秒后再重复上述动作。骨盆运动可以放松骨盆的关节与肌肉，使产道出口肌肉柔韧，利于顺产，还可以缓解妊娠期腰背痛。

（3）第三节（腹肌运动）：仰卧位，双臂伸直放在身体两侧。两腿交替屈膝、伸展，左右各重复10次；双腿屈膝，小腿交替上抬，放下，左右各重复10次。腹肌运动锻炼腹部和下肢肌肉。

（4）第四节（骨盆扭转运动）：仰卧位，双臂伸直放在身体两侧。左腿伸直，右腿屈膝并慢慢外展放平，贴近床面后再缓慢恢复原位；右腿伸直，左腿屈膝并慢慢外展放平，贴近床面后再缓慢恢复原位。左右交替进行，各做10次。然后双腿屈膝，并拢，左右缓慢摇摆至床面，重复10次，慢慢放松。骨盆扭转运动可以增强骨盆关节及腰部的柔韧度和力量。

（5）第五节（振动骨盆运动）：跪姿，两手掌和膝部支撑床面并稍分开。吸气时头于两臂中间尽量向下垂，同时拱起背部呈弓状，呼气时慢慢抬头回复跪姿；再吸气时仰头，腰部向前挺伸，同时上身抬起向前伸出，使腰背呈反弓状，接着边呼气边慢慢后撤身体，直至趴下。上述动作重复10次。振动骨盆运动，可以缓解腰痛，锻炼腹部肌肉。妊娠晚期孕妇不宜进行此项运动。

【注意事项】

1. 做操次数可依身体状况而定，开始时不要勉强自己，以后可逐日增加运动量，循序渐进。

2. 做完一遍体操后如果感到累，就应该适当减少运动量。运动适量的感觉为，身体微微发热，略有睡意。

3. 肚子发胀、生病等身体不舒服的时候，可酌减体操的项目、次数、强度等。

4. 妊娠晚期孕妇不宜进行振动骨盆运动。

目标检测

1. 妊娠后孕妇的生理变化，最明显的是
   A. 消化系统
   B. 循环系统
   C. 生殖系统
   D. 泌尿系统
   E. 呼吸系统

2. 关于妊娠早期的生理特点，哪项错误
   A. 子宫增大变软
   B. 血液相对稀释
   C. 乳腺出现蒙氏结节
   D. 阴道、宫颈的防御能力下降
   E. 易患胆结石

3. 哪项不符合妊娠早期妇女的生理特点
   A. 震惊
   B. 关注腹中胎儿的变化
   C. 渴望获得感情支持
   D. 情绪不稳定，易发脾气
   E. 强化对母亲的情感

4. 关于胎儿的特征，正确的是
   A. 妊娠孕20周可用听筒在孕妇腹壁听到胎心音
   B. 妊娠8周末胚胎的各个器官基本形成
   C. 妊娠30周末，指（趾）甲已达指（趾）端
   D. 妊娠20周末，开始出现排尿和吞咽功能
   E. 自满20周至不满28周娩出的胎儿称为有生机儿。

5. 妊娠早期营养指导哪项错误
   A. 由于早孕反应，可依据个人喜好进食
   B. 补充叶酸
   C. 多食偏碱性食物
   D. 清淡易消化食物
   E. 不鼓励大量进食

6. 妊娠期不适宜的运动
   A．孕妇保健操
   B．散步
   C．骑自行车
   D．适当的家务劳动
   E．长途旅行
7. 孕妇接触受弓形虫感染的宠物后，可能会发生
   A．糖尿病
   B．高血压
   C．胎儿过大
   D．早产
   E．胎儿畸形
8. 孕妇每天适宜的睡眠时间
   A．5~6 小时　　　　B．6~7 小时
   C．7~8 小时　　　　D．8~9 小时
   E．9~10 小时
9. 关于胎儿电子监测哪一项是错误的
   A．能连续观察胎心率的动态变化
   B．受宫缩影响
   C．可同时记录宫缩、胎动、胎心的变化
   D．不受任何影响
   E．是监测胎儿宫内安危的一项重要指标
10. 复诊产前检查不包括
    A．询问前次检查后有无特殊情况出现
    B．测量体重
    C．测量子宫长度及腹围
    D．B 型超声了解胎儿大小
    E．听胎心率、复查胎位
11. 胎心率早期减速原因
    A．脐静脉暂时受压
    B．胎头受压
    C．脐动脉受压
    D．胎盘受压
    E．脐带受压
12. 下列哪项不属于高危儿
    A．孕龄 <37 周或 >42 周
    B．妊高征产妇的新生儿
    C．手术产儿
    D．出生体重 <2500g
    E．生后 1 分钟内 Apgar 评分为 5 分
13. 妊娠期产前检查至少应有几次
    A．6 次　　　　　　B．7 次
    C．8 次　　　　　　D．9 次
    E．10 次

14. 下列哪项代表胎儿肺发育成熟
    A．羊水中的胆红素类物 <0.02
    B．羊水中的卵磷脂/鞘磷脂 >2
    C．羊水中的肌酐 ≥176.8μmol/L
    D．羊水中的淀粉酶 ≥450U/L
    E．羊水中的含脂肪细胞达 20%
15. 胎儿成熟度检查不包括
    A．根据宫高和腹围估算胎儿大小
    B．测羊水中卵磷脂/鞘磷脂
    C．测羊水中的雌三醇含量
    D．超声监测胎儿的双顶径
    E．羊水泡沫试验
16. 首次产前检查不包括
    A．询问病史
    B．产科检查
    C．全身检查
    D．葡萄糖筛查试验
    E．辅助检查
17. 关于产前检查错误的是
    A．初次检查应全面体检并询问病史
    B．妊娠早期应测血压
    C．能及早决定分娩方式
    D．妊娠 28 周后每周检查 1 次
    E．复诊时除产科检查外必须要测血压、体重和尿蛋白
18. 与了解胎盘功能无关的是
    A．孕妇尿雌三醇测定
    B．羊水中卵磷脂/鞘磷脂比值
    C．孕妇血清 HPL 值
    D．缩宫素激惹试验
    E．胎动
19. 胎心率基线有变异表示
    A．胎儿有一定的储备能力
    B．胎儿有胎动
    C．宫缩时胎心率增加
    D．胎心不规律
    E．胎心率 >160 次/分
20. 刘某，女性，29 岁。现停经 2 个月，阴道少量出血 3 天，无腹痛。体检子宫增大如鹅蛋大小，宫口闭，为确诊首选下列哪项检查
    A．基础体温测定
    B．A 型超声
    C．B 型超声
    D．诊断性刮宫

E. 尿妊娠试验
21. 王某，孕 34 周，近 3 周宫高增长缓慢，下列哪项检查无意义
    A. 血清胎盘生乳素
    B. 尿雌激素/肌酐比值
    C. 雌三醇测定
    D. 胎动计数
    E. hCG 测定
22. 张某，孕 37 周，产前检查时出现下列何种情况应该做进一步检查，因为还不能提示是否有胎儿宫内缺氧
    A. 12 小时胎动计数小于 3 次
    B. 胎动消失
    C. 胎动频繁挣扎
    D. 胎动受声振刺激后加强
    E. 观察 20 分钟无胎动，提示胎儿储备能力下降
23. 电子胎心监护，以下哪项提示胎儿缺氧
    A. 加速
    B. NST 反应型
    C. 早期减速
    D. 变异减速
    E. 晚期减速

（赵　萍）

第八章 分娩期保健

分娩是一个正常、特殊的生理过程，是孕妇过渡到母亲、胎儿过渡到新生儿的关键时期。大部分的产妇都能顺利生产。有的产妇在产程中会突发各种异常情况如胎儿宫内窘迫、脐带脱垂、产后出血、羊水栓塞、新生儿窒息等均增加母儿的危险性，是母儿患病和死亡的首要原因；有的产妇因为分娩剧烈疼痛的刺激会引起紧张、恐惧等应激反应，影响产程的正常进行，尤其是初产妇对这种刺激反应会更加强烈，甚至发生难产。因此，医务人员不仅要有娴熟的助产技术，及时筛查和排除影响分娩的危险因素，而且要给产妇全面的引导与支持，消除不必要的紧张和恐惧，使其轻松面对分娩，降低产妇、围产儿的患病率和死亡率。

第一节 第一产程保健

案例分析 8-1

产妇，28 岁，职员，G_1P_0，孕 38^{+5} 周。下腹阵痛 2 小时入院。产妇精神紧张，宫缩时表情痛苦，大喊大叫，紧抓其丈夫的手不放。检查：宫缩持续 35 秒，间歇 3~4 分钟，中等强度，枕左前位，胎心音 140 次/分。肛查：宫口开大 2cm，先露 S^{-2}，胎膜未破。

问题：1. 采取哪些方法可以减轻该产妇疼痛？
2. 对该产妇应如何进行产程指导？

第一产程是指从规律宫缩开始至宫口开全，初产妇需 11~12 小时，经产妇需 6~8 小时。在分娩的三个产程中，第一产程的时间最长。正确实施第一产程的保健指导是保证产妇分娩顺利进行的重要措施。

一、生理、心理和社会特点

（一）第一产程产妇的生理、心理及社会特点

1. 生理特点 第一产程也称宫颈扩张期。随着产程进展，宫缩持续时间逐渐延长、间歇时间逐渐缩短，强度逐渐增大，产妇的疼痛感随之增强。因产程时间长，疼痛刺激，体能消耗过大，产妇不能很好休息。若不能及时进食，补充营养和水分，会发生脱水、酸碱平衡失调，甚至全身衰竭。

考点：第一产程产妇的心理特点

2. 心理特点 第一产程产妇的心理特点与生理变化密切相关，会产生抑郁、焦虑、恐惧及依赖心理，这些心理变化会影响产程的正常进展，使产程延长或导致难产。

（1）恐惧：产妇入院后，由于宫缩的疼痛和环境的改变，当规律宫缩开始后表现出对疼痛的敏感、紧张、不安和恐惧，时刻担心自己和胎儿的安危。尤其是初产妇，没有分娩经验，不了解分娩过程，产前从各种途径了解的信息是分娩时的痛苦和危险。周围待产妇的哭叫声，加上自身宫缩的疼痛，对能否顺利分娩缺乏信心。

（2）焦虑：产程开始后，宫缩所致的腹痛，以及对即将发生分娩的不可把握性，是产

妇产生焦虑的最直接原因。第一产程时间相对较长，随着产程的进展，宫缩逐渐增强，腹痛也逐渐加重，产妇期待减轻疼痛和尽快结束分娩，表现为焦虑、易怒、哭泣、烦躁不安、情绪不稳、失去自控；有些产妇对自己能否正常分娩持怀疑态度，没有信心坚持下去，第一产程初期就要求以剖宫产尽快结束分娩。

（3）孤独感与依赖：陌生的分娩环境、与家属分离、缺乏相关的分娩知识、医护人员严肃的态度均能使产妇出现孤独无助感。加上对疼痛的忍受性差，绝大多数产妇都产生强烈的依赖性，尤其是一直生活在优越环境中的初产妇，生活能力、心理承受能力和躯体承受能力以及吃苦耐劳的意志都较为薄弱，对父母、丈夫的依赖心理很强，随着宫缩疼痛的加剧，部分产妇这种依赖心理逐渐加重，表现为强烈要求有亲人在身边陪伴，否则会加重孤独、恐惧与烦躁。依赖表现的强弱还与个人的性格、受教育程度、职业等都有一定的关系。若再遇到医务人员繁忙、照顾不及时或麻木冷漠，得不到应有的心理安慰，会表现出无助、悲观失望、默不作声、抑郁、甚至出现对周围的人和事物极其淡漠、不与周围的人交流、不配合医务人员给予的产程指导。

链 接

分娩疼痛的部位和程度

大多数产妇在产程进展中都会感到不同程度的疼痛。疼痛的部位多在下腹部或腰骶部。据报道有50%的产妇分娩时感受到剧烈疼痛，认为难以忍受（20%甚至可达"痛不欲生"的地步）；35%的产妇感受到中等程度的疼痛，认为可以忍受；仅15%的产妇分娩时有轻微的疼痛感觉。

3. 社会特点 分娩的过程关系到母婴的健康和家庭的幸福，对于产妇及其家庭会产生久远的影响。产妇在分娩时希望得到来自丈夫、亲人、朋友的陪伴和支持，同时家属也会随着产程进展表现出焦虑不安，希望能陪伴在产妇身边，给予支持和帮助，减轻对产妇的担忧程度。为避免痛苦的分娩经历会造成产后乃至远期的心理疾病，医护人员一方面要及时、正确处理产程，另一方面也要对产妇进行精神上和心理上的支持，尽可能满足产妇和家属的心理需求，消除产妇的恐惧、焦虑心理，使分娩顺利进行。

（二）第一产程胎儿的生理特点

第一产程期间，胎儿在子宫收缩的作用下，在产道内沿着产轴逐渐下降，并完成衔接、下降、俯屈、内旋转等动作。在下降过程中，胎头、胎心会出现一些适应性变化。

1. 胎心的变化 正常胎心率为110~160次/分，钟摆律。进入产程后，当子宫收缩时血管受压，进入子宫、胎盘的血液量减少，胎盘绒毛间隙充盈的血液量下降，胎儿暂时处于缺血、缺氧状态，多表现为胎心率加快，是胎儿对暂时缺氧反应良好的表现；宫缩早期的胎心率减慢表示宫缩时胎头受压、脑血流量减少，一般不需特殊处理；在宫缩间歇期，子宫、胎盘缺血状态明显缓解，胎心率恢复正常。

2. 胎头的变化 在经阴道分娩过程中，随着胎先露下降，胎头受产道的挤压，颅骨发生轻度重叠，头颅径线缩小，胎头体积变小，便于娩出，即胎头的可塑性。同时，胎头局部软组织的血液循环受影响，发生水肿，形成产瘤，产瘤一般在出生后一两天自行消失，不需处理。

二、保健内容和措施

（一）保健目的和意义

1. 监测第一产程进展情况。

2. 为产妇提供第一产程的保健指导和心理支持，促进自然分娩。

3. 预防和及时发现、处理第一产程并发症。

（二）保健的内容和措施

考点：第一产程监测的内容

1. 检查与监测的内容

（1）监测宫缩：常用监测宫缩的方法有两种，人工监测和仪器监测，最常用又简单的检查方法是人工监测，检查者将双手掌放于产妇子宫底部的腹壁上，感觉宫缩时宫体隆起变硬，间歇时松弛变软。也可用分娩监护仪监测宫缩情况，注意监测并记录宫缩持续时间、间歇时间和收缩强度。

（2）产程进展情况：①通过肛查和阴道检查，了解宫颈管消失、宫颈口扩张及胎先露下降情况。潜伏期每2~4小时检查一次，活跃期每1~2小时检查一次，宫口接近开全时每半小时检查一次。检查总次数不宜超过10次，如超过10次及时用抗生素预防感染。肛查不清楚者可在严格消毒下行阴道检查，将检查结果详细记录于产程图上。②绘制产程图（图8-1）。在分娩过程中将宫口扩张及胎先露下降情况连续描绘所形成的图形称产程图，通过产程图可以直观了解产程进展情况，预示分娩时间，及早发现产程异常并及时处理，从而降低滞产及母婴并发症的发生。产程图的横坐标为临产时间（小时），左侧纵坐标为宫颈口扩张程度（cm），右侧纵坐标为胎先露下降程度（cm）。一般于临产后开始描记产程图。把每一次肛门或阴道检查了解到的宫颈口扩张和胎先露下降程度标记在坐标图上，用红色"○"表示宫颈口扩张程度，蓝色"×"表示胎先露最低点所处位置，将各标记分别用红线和蓝线相连。

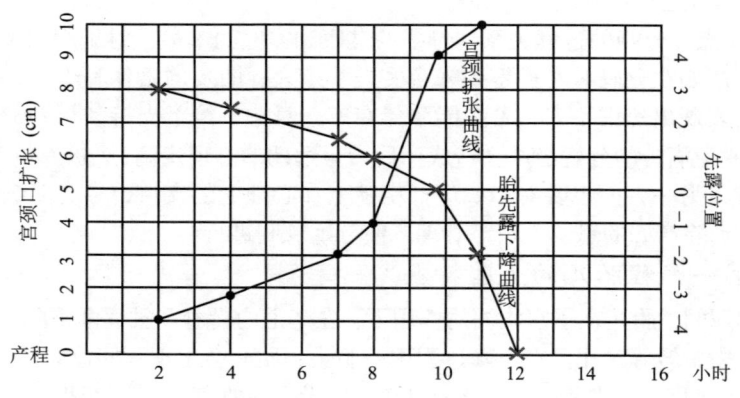

图8-1 产程图示意

（3）监测生命体征：体温、脉搏、呼吸每天测量2次，每2~4小时在宫缩间歇期测量血压1次。第一产程宫缩时血压升高5~10 mmHg。若发现体温≥37.5℃，脉搏＞100次/分，血压升高时增加测量次数并及时处理。有妊娠期高血压疾病的产妇应密切观察血压变化，血压超过150/100 mmHg时及时处理，防止子痫的发生。

（4）胎心的监测：潜伏期每隔1~2小时听1次胎心，活跃期应每隔15~30分钟听胎心1次，注意胎心的频率和节律。听胎心音选择在宫缩间歇期，每次听诊1分钟，并详细记录。胎心率超过160次/分或低于110次/分时，应及时查找原因。高危孕妇，必要时应用胎儿电子监护仪监测胎心的变化，观察胎动、宫缩时胎心率的变化，及时了解胎儿宫内的情况。

（5）羊水的监测：正常情况下，胎膜在宫口近开全时自然破裂。胎膜破裂后应立即听胎心音，记录破膜时间，注意观察羊水的颜色、性状及量。发现异常及时查明原因，防止发生脐带脱垂。

第八章 分娩期保健

2. 产程指导

（1）饮食保健指导：临产后由于子宫收缩疼痛的刺激，产妇食欲明显下降，甚至出现进食后呕吐；孕妇的紧张、恐惧及子宫肌纤维收缩使能量消耗增加；产程中产妇的呼吸加深加快、出汗增多、大喊大叫，可导致水分丢失，如果不及时补充水分和食物，产妇可出现疲劳、衰竭、脱水和电解质紊乱，进而引起宫缩乏力、胎儿窘迫，导致产程异常。因此，指导产妇在宫缩间歇期少量多餐进食高热量、易消化、清淡的食物，以流质和半流质食物为佳，使产妇有良好的产力，维护产程顺利进行。

（2）卫生保健指导：指导并协助产妇擦汗、更衣、沐浴，指导产妇注意外阴清洁，排便后及时清洗外阴部，保持外阴清洁、干燥。

（3）活动与休息：第一产程指导产妇适当活动能有效促进宫颈口扩张和胎先露下降。若胎膜未破，初产妇宫口扩张<5cm、经产妇宫口扩张<3cm时可鼓励产妇在室内适当活动，以加速产程的进展，减轻宫缩疼痛。当初产妇宫口扩张>5cm，经产妇宫口扩张>3cm，或有阴道流血、胎膜已破、使用镇静剂后等情况时，应指导卧床休息，取左侧卧位。指导产妇利用宫缩间歇期闭目休息，以保持体力和精力。

（4）排尿与排便：为避免膀胱充盈影响胎头下降，第一产程应指导产妇每2~4小时排尿1次。因胎头压迫不能自行排尿者，经检查确认膀胱充盈时应给予导尿。初产妇宫口扩张<5cm、经产妇宫口扩张<3cm无禁忌证时可行温肥皂水灌肠，灌肠后既能清除粪便，避免分娩时被粪便污染，又能反射性刺激子宫收缩，加速产程进展。灌肠液为2%温肥皂水500~1000ml，温度为39~42℃。

（5）分娩镇痛：疼痛是产妇对分娩恐惧的重要原因之一，临床常采用无痛分娩来减轻产妇分娩时的疼痛。理想的分娩镇痛具有以下特征：①对母婴的影响小；②具有易采用且起效快、作用可靠、适合各产程的特点；③无运动阻滞，不影响产妇的活动和宫缩；④产妇清醒，可参与分娩过程；⑤满足必要时剖宫手术的需要。常用的镇痛方法有两种，即非药物性分娩镇痛和药物性分娩镇痛。世界卫生组织提倡、目前国内也广泛使用的是非药物性分娩镇痛。非药物性分娩镇痛的方法较多，可根据产妇具体情况选择使用。

1）导乐陪伴分娩：是分娩镇痛心理疗法最重要的模式，详见本章第四节。

2）第一产程体位选择：世界卫生组织于1996年在《正常分娩监护实用手册》中提出产时自由体位，提倡产妇自由选择分娩体位，不提倡采用膀胱截石位或平卧位分娩。目前国内许多医院和妇幼保健机构已不限制分娩体位，并让产妇选择自由体位分娩。自由体位分娩是由产妇自主选择的一种感觉最舒适且能缓解疼痛的分娩体位，是一种更合乎自然分娩的体位，如走、站、蹲、坐位等，这些体位均为竖式分娩。竖式分娩的优点：胎儿纵轴与产轴相一致，可促进胎先露下降，使胎头对宫颈的压力增加，反射性地引起有效宫缩，使宫颈口扩张，加快产程进展，减少难产的发生率。临产初期宫缩不强、未破膜，产妇可在病室内适当活动。初产妇宫口扩张5cm、经产妇宫口扩张3cm以前且胎膜未破者，可选择站立、蹲位或半蹲位、端坐或半卧位等自由体位，以自我感觉舒适、疼痛减轻为原则。一般不主张仰卧位，以免增大的子宫压迫下腔静脉致回心血量减少，血压下降，导致仰卧位低血压综合征。

3）调节呼吸法：指导产妇根据宫缩强度、频率和持续时间主动调整呼吸的频率和节律，嘱产妇在宫缩开始时，用鼻深吸气，然后经口慢慢呼出，全身放松；宫缩间歇期恢复正常呼吸。深呼吸运动可以增加氧气的吸入，同时可以转移产妇的注意力，减轻紧张和恐惧，保持镇静，松弛肌肉，使子宫收缩既有力又协调，更好地控制分娩过程。

4）按摩法：通过按摩可减轻分娩疲劳及因宫缩引起的疼痛。①全身按摩：从头部开始，两拇指以环形动作按摩前额和"太阳穴"，双手移向下颌和颈部，从上向下按摩颈椎部、肩部、

考点：第一产程保健指导的内容

上臂、前臂直至每一个手指；双手掌环绕产妇的手臂，边按压边下滑；双手平铺，用十指尖从乳房到颈根部来回按摩乳房及其周围；腹部应从上到下环形按摩；稍用力揉搓大腿和小腿肌以促进血液循环；按摩双足和每一个脚趾；最后让产妇侧卧，用手指按压脊柱和背部肌肉。②腰部按摩：部分产妇在宫缩时感到明显的腰痛，是因为胎头在下降过程中压迫到了产妇骨盆后部神经所致。可用双手轻轻按摩产妇的腰部和臀部；用一手托住产妇的髋部，产妇选择效果最好的一点作为按压点，在宫缩时按压，宫缩间歇期可按摩或热敷、冷敷等。

5）水浴或水中分娩：可选择温水浴或湿毛巾热敷腰背部减轻疼痛。水的浮力可以缓解身体关节的承受力，水的温度可以使人身心放松，水中分娩可缓解疼痛，加速产程进展。一般在未进入活跃期之前都可进行热水浴。水浴的温度比体温稍高一点即可，不宜太高，产妇不宜单独进行，应有陪伴者。热水浴期间宜多喝水。

6）其他：音乐疗法、催眠疗法、穴位针刺和电刺激疗法、无痛分娩仪等。

7）药物性分娩镇痛：常用的方法有阻滞麻醉和吸入镇痛。多数镇痛药对胎儿呼吸中枢和循环中枢均有抑制作用，会对胎儿产生不良影响，故镇痛药物选择必须是对产妇和胎儿不良作用小、易于给药、药物起效快、安全可靠、对产程无影响或加速产程的药物。常用的药物有：①局部麻醉药丁哌卡因、罗哌卡因，采用连续硬膜外镇痛、腰麻－硬膜外联合阻滞、微导管连续蛛网膜下隙麻醉镇痛方法给药。优点为：镇痛平面恒定，运动神经阻滞轻。也可采用产妇自控硬膜外镇痛输液泵连续给药，产妇根据自己宫缩引起的疼痛情况，按压开关调节药物进入量，可减少用药剂量。②氧化亚氮（笑气）吸入性镇痛。常用氧化亚氮经流量挥发器给药，浓度为40%~50%，与恩氟烷合用，优点是起效快、作用时间短、近期副作用少。使用时应防止产妇缺氧。施行药物性分娩镇痛需要麻醉医生、产科医生和助产士的密切配合完成。

链接

国外常用分娩镇痛法

1. 拉梅兹（Lamaze）分娩法　根据巴普洛夫条件反射的原理，由法国医师提出的预习分娩法。主要包括：①廓清式呼吸，即在所有的呼吸运动开始和结束前均深吸一口气后再完全吐出，而保证胎儿供养；②放松技巧，通过有意识地放松身体肌肉的各种方法，达到减少不必要的肌肉用力和疲倦；③意识控制的呼吸，根据产程的进展，有意识的调节呼吸频率和强度以配合分娩；④画线按摩法，产妇用双手指尖在腹部做环形运动，以达到分散疼痛的目的。

2. 瑞德法　根据恐惧－紧张－疼痛的生物链环原理，由英国医师提出的打破链环、减轻疼痛的方法，主要包括放松技巧和腹式呼吸技巧。

3. 布莱德雷法　又称丈夫教练法，主要指丈夫在分娩中协助产妇实施放松和控制呼吸的技巧，强调丈夫在妊娠、分娩和产后最初几天中的重要性。

3. 心理调适

> **考点：** 第一产程期间产妇心理调适的方法

（1）知识宣教，消除恐惧，增强自信：向产妇详细介绍产房的环境和医务人员，消除对环境的陌生感；对产妇和家属进行分娩知识的宣传教育，使他们了解产程的经过。耐心讲解宫缩与分娩的关系、产程中遇到的问题，以及分娩时如何配合等，使她们了解分娩是正常的生理现象；随时向产妇介绍产程进展情况，增强产妇的自信心，减轻其心理压力和恐惧；给产妇介绍现代的医疗措施能为母子安全度过分娩过程提供安全、有效的医疗保障，消除对自身和胎儿安全的过分担心。

（2）加强心理沟通，减轻产妇焦虑：在第一产程期间，医务人员与产妇主动交谈，语言亲切、态度和蔼，了解她们的感受及需求，及时解决她们提出的问题和需要，这样可以使产妇感到亲切信赖，情绪稳定。对吵闹不安者，要更加热情、细心、耐心地照顾和安慰。倾听产妇叙述各种不适和内心感受，了解引起产妇焦虑的真正原因加以调适，并及时给予鼓励；指导或帮助按摩腹部、压迫腰骶部，以减轻疼痛，避免过多地消耗体力。鼓励产妇下地活动，以分散注意力。支持鼓励其丈夫及家属陪伴，最大限度地减轻产妇的恐惧和焦虑。

（3）给予关怀与鼓励：此时产妇在生理、安全、关爱、尊重的需要比平时强烈，医护人员应态度和蔼，多鼓励产妇，使其消除抑郁，增强信心，促进分娩顺利进行。创造轻松、舒适的环境，减少因环境因素对产妇造成的不良刺激，待产室内物品应摆放整齐，保持清洁、安静。如发生异常情况，应保持冷静，避免言语或肢体语言对产妇造成不良影响。

4. 社会支持　为减轻产妇进入产房与家人分离后产生的紧张与孤独感，助产人员和产妇的丈夫、家人可陪伴产妇分娩。陪伴分娩对产妇是一种社会支持，可以让其随时诉说内心的感受及需求，有助于缓解疼痛，能有效减轻产妇的紧张、孤独和恐惧心理。及时处理产妇的各种情况，避免不必要的医疗辅助手段的损害，降低难产及剖宫产率，使分娩更安全、顺利。目前常采用的陪伴分娩方式是丈夫陪伴分娩、助产士与丈夫共同陪伴分娩、助产士陪伴分娩、导乐陪伴分娩。

5. 第一产程常见疾病的预防

（1）产程延长：多由宫缩乏力引起，初产妇常因精神过度紧张、恐惧、疲劳、能量补充不足等引起宫缩乏力，也见于子宫因素、胎位异常和药物影响等。表现为潜伏期延长、活跃期延长和活跃期停滞。预防原则：①加强产程指导，注意指导产妇休息、补充能量和水、及时排尿和排便；②加强产程观察，有潜伏期延长倾向应及时处理，采取加强宫缩的措施，如刺激乳头、针刺或指压合谷、三阴交、关元等穴位，必要时可行人工破膜和静脉滴注缩宫素，有剖宫产指征者应及时剖宫产；③胎头下降延缓，多因持续性枕后位、枕横位所致，可行手转胎头，若失败应立即改为剖宫产。

（2）宫颈水肿：产妇宫颈水肿多出现在活跃期，由于宫颈前唇长时间受压于胎头和耻骨联合之间或产妇过早使用腹压引起，多见于滞产、头盆不称、骨盆狭窄、胎头俯屈不良、胎方位异常等。预防原则：①产妇临产前参加适当的活动和锻炼，消除产妇的恐惧心理，预防因宫缩无力而造成的滞产；②指导产妇宫口未开全时不要过早用腹压；③有剖宫产指征者应尽早行剖宫产术；④悬垂腹或腹壁松弛者，加用腹带纠正胎儿向前倾斜的姿势；⑤骨盆倾斜度大者，产妇取半坐卧位，上身半卧，双下肢抬高伴膝关节屈曲以缩小骨盆倾斜度。

（3）胎儿窘迫、脐带脱垂：详见本章第二节。

第二节　第二产程保健

案例分析 8-2

产妇，30 岁，G_2P_0，第一妊娠因异位妊娠于 2010 年行手术治疗。现妊娠 39 周，因腹痛 5 小时于 2012 年 4 月 8 日 8 点 30 分入院。入院查体：枕左前位，宫缩持续时间 35~45 秒，间歇时间 2~3 分钟，中等强度，胎心音 146 次/分。宫口开大 2cm，先露 S^{-2}，胎膜未破。入院后产程进展顺利，于下午 4 点 10 分宫口开全，胎膜自然破裂，先露平棘，胎心音 136 次/分，宫缩持续 50 秒，间歇 1~2 分钟，中等强度。送入产房准备接生。此时产妇精神紧张，担心不能自然分娩，要求丈夫陪伴在身旁。

问题：1. 如何监测该产妇的产程进展？
　　　2. 对该产妇应该如何进行产时指导？

第二产程是指从宫口开全至胎儿娩出,初产妇需1~2小时,经产妇约需1小时。第二产程期间,宫缩强烈而频繁,是母子安全最紧张、最关键的时刻,产妇的精神心理因素异常复杂。此期,应严密观察产程,指导产妇与接产人员密切配合,维护产程顺利进行,切实做到防滞产、防感染、防产伤、防窒息、防出血,加强对高危妊娠的产时监护和产程处理,保证母儿安全。

一、生理、心理和社会特点

考点:第二产程产妇的生理和心理特点

(一)第二产程产妇的生理、心理和社会特点

1. 生理特点

(1)规律性宫缩频而强,辅助产力参与分娩过程:进入第二产程后,子宫收缩持续时间逐渐延长,每次可达到1分钟或更长,间歇时间逐渐缩短,仅为1~2分钟,子宫收缩的强度和频率都达到高峰。子宫体部肌肉进一步缩复变厚,子宫下段拉长变薄。随着产程进展,当胎头下降至骨盆出口压迫骨盆底组织时,产妇出现排便感,不由自主向下屏气用力,腹肌、膈肌、肛提肌均有力收缩参与分娩过程,会阴膨隆,极度伸展,厚度由原来的4~5cm延展至2~3mm,肛门松弛。产妇因子宫强烈收缩,阵发性腹痛加剧,不能很好进食和休息,容易出现疲乏无力。

(2)生命体征:第二产程宫缩时血压可升高5~10mmHg,宫缩间歇期与基础血压相比收缩压升高不超过30mmHg。因为产力的加强以及机体能量消耗的增加引起代谢加速,体温有轻度升高,一般不超过38℃,脉搏和呼吸频率加快。

2. 心理特点

(1)紧张、焦虑与恐惧:进入第二产程,频繁的子宫收缩、疼痛强度的加大、胎头下降压迫直肠和盆底组织产生的便意感,使产妇心理压力加大,极度紧张、恐惧与焦虑,可出现无助感、疼痛阈下降,痛觉敏感性提高,表现为表情痛苦,有的呻吟不止,大喊大叫,甚至哭泣。这些紧张、恐惧和焦虑的心理使产妇迫切希望减轻疼痛和尽快结束分娩。产妇这种消极的心理状态可导致产力减弱,产程延长。

(2)孤独感与依赖性:进入第二产程,产妇进入分娩室后与家人分离。陌生的分娩环境及与家人的分离使产妇更加紧张、恐惧和孤独,产生更加强烈的依赖性,害怕无人陪伴,常用手牵拉陪伴者或医务人员的手不肯松开,忧心忡忡,担心出现异常情况无人帮助。

(3)缺乏自信:恐惧会使产妇的自信心丧失,部分产妇因惧怕疼痛和出现意外,时刻担心自己不能顺利完成分娩,对自然分娩缺乏信心,甚至要求剖宫产结束分娩。产妇的恐惧与焦虑源于其自身对即将发生的分娩结果的不可把握性。

3. 社会特点 随着产程的进展、疼痛更加剧烈,产妇会更加焦虑、紧张、烦躁,控制能力差,甚至提出一些无理要求。医务人员对此可能会产生厌烦又无可奈何的情绪,从而影响服务态度,产妇家属因产妇即将进入分娩关键时刻以及与产妇分离而更加紧张、焦虑和担忧,使医务人员和家属对产妇支持力量减弱。

(二)第二产程胎儿的生理特点

1. 胎头"拨露"、"着冠"、娩出 宫口开全后,胎膜多已自然破裂,在良好产力的推动下,胎头下降加速,逐渐"拨露"、"着冠",此后仰伸娩出,复位,外旋转,继之胎肩、胎体娩出,羊水随之涌出。

2. 胎体的变化 胎体在子宫收缩的作用下,呈间歇性下降,经产道逐渐娩出。胎体各部位在通过产道的过程中不断被挤压,发生一系列适应性转动,以适应骨盆各平面不同的

径线；另外，经产道挤压分娩对胎儿出生后生理功能的完善有一定促进作用。胎儿头部不断受挤压，刺激呼吸中枢，有利于胎儿出生后迅速建立正常呼吸。胎儿的胸部受到挤压后，可使 1/3 的肺和呼吸道内的羊水和黏液被排出，有利于预防新生儿湿肺和吸入性肺炎的发生。

3. 胎心率的变化　第二产程期间，子宫收缩频率加快，收缩强度增加，持续时间延长，宫缩时由于子宫—胎盘处于缺血状态，胎盘小叶绒毛间隙血液充盈量进一步减少，加上产妇的屏气用力、胎头受压，胎儿缺氧明显而致胎心率加快，也可表现为宫缩早期胎心率减慢；宫缩间歇期胎心率很快恢复正常。若宫缩过强，间歇期过短，易发生胎儿宫内窘迫。

二、保健内容和措施

（一）第二产程的保健目的、意义

1. 监测第二产程进展情况，维护产程顺利进行。
2. 为产妇提供第二产程的保健指导和心理支持。
3. 预防和及时发现、处理第二产程并发症。

（二）第二产程的保健内容和措施

1. 检查与监测的内容

（1）宫缩情况：第二产程要密切观察宫缩情况，认真检查宫缩持续时间、间歇时间及宫缩强度，对于高危产妇，更要严密观察和护理，及时发现产力异常，防止发生滞产。

（2）胎心监测：进入第二产程，需严密监测胎心音，密切观察胎儿有无急性缺氧，通常每 5~10 分钟听诊胎心率 1 次，每次听诊 1 分钟，注意胎心频率、节律及强度有无异常。有条件的最好使用胎儿监护仪连续监测胎心，注意胎心率与宫缩的关系，如出现胎心异常应立即给产妇吸氧、左侧卧位，同时报告医生，寻找原因及时处理，必要时手术助产结束分娩。

（3）胎先露下降情况：进入第二产程应认真观察胎先露下降的程度，了解胎先露最低点与母体骨盆坐骨棘的关系，并将检查结果描记在产程图上，分析宫颈口扩张曲线和胎头下降曲线的关系。若出现胎头下降停滞，应迅速查明原因，及时处理，防止滞产给母儿带来的损伤。

（4）羊水：产妇如未破膜，应给予人工破膜。破膜后立即听诊胎心音，注意观察羊水的颜色、性状、量。

（5）生命体征：注意观察呼吸、脉搏、血压情况，注意观察妊娠高血压综合征产妇的自觉症状及精神状态，及时发现病情变化并处理。

2. 产程指导

（1）第二产程分娩体位选择：世界卫生组织提倡产妇自由选择分娩体位，不提倡采用平卧位或膀胱截石位分娩。

1）第二产程期间产床床头抬高 30°~60°，产妇自由选择侧卧、半坐卧位或坐位，屏气用力至分娩结束；或在胎头拨露准备接生时转为膀胱截石位。产妇两腿不必受弯曲分开的限制，容易通过屏气、用力等方法协助胎头下降，能减轻疼痛，利于分娩；侧卧位、半坐卧位、坐位分娩可减轻胎儿对腹部的压迫，缓解下腔静脉受压，改善子宫、胎盘血流量，增加胎儿血液供应，降低胎儿呼吸窘迫和新生儿窒息的发生；第二产程时取坐式体位可增加腹压，使产力增加、促进产程进展。

2）自由体位分娩的不足之处：需要医护人员和助产士时刻陪同，并进行产程观察，随时做好接生的准备。为了适应产妇的体位，助产者需要蹲着或者跪着接生，与膀胱截石位

考点：第二产程的保健内容和措施

分娩相比，加大了助产者的工作难度和强度；产妇产程加快，易发生软产道裂伤，保护会阴的难度加大。如果遇到子宫收缩较强、胎儿较小、产程进展较快者，为避免分娩导致软产道损伤，产妇仍需采用膀胱截石位分娩。

（2）指导产妇屏气：宫口开全后，指导产妇正确使用屏气动作可有效增加腹压，加速产程进展。若腹压使用不当可导致宫颈水肿和体力大量消耗。正确使用腹压的方法是：宫口开全后，产妇在宫缩开始时，深吸气后屏气，然后如解大便样向下用力，尽量屏气6~8秒后，再深吸一口气并屏气，如此重复，每次宫缩4~6次；宫缩间歇期，产妇呼气，全身肌肉放松，安静休息。再次宫缩时重复上述屏气动作。当胎头"着冠"后，宫缩时指导产妇张口哈气，宫缩间歇时屏气用力，防止因胎儿娩出过快导致软产道裂伤。

（3）分娩镇痛：可继续采用第一产程介绍的非药物分娩镇痛或药物性分娩镇痛。

（4）放松疗法：可调整产妇的心理－生理功能紊乱。指导产妇学会在宫缩间歇期放松，可消除肌肉和精神紧张，缓解疲劳，有利于保持产力，顺利完成分娩过程。常用的放松疗法如下：①有意识地放松。指导产妇对机体某部位的肌肉进行收缩、放松、再收缩、再放松的反复练习，最后达到有意识地放松局部紧张肌肉的目的；②触摸放松。护理人员或陪伴者用手触摸产妇的紧张部位，如颈部、前臂、腰骶部、下肢等，帮助产妇放松局部肌肉；③意念放松。产妇通过想象美好的事物，使其感到舒适、安全和受到鼓舞，达到身心平和的状态；④放松性音乐疗法。放松性音乐疗法可明显缓解产妇焦虑心理，缩短产程时间、降低剖宫产率及新生儿窒息的发生率。

（5）保持体力：第二产程中产妇的体力和精力消耗很大，为保持良好的产力，指导产妇正确使用腹压，宫缩间歇期注意休息，全身肌肉放松，恢复体力；避免大喊大叫，以免增加能量的消耗，影响子宫收缩；鼓励产妇适当进食高热量、易消化的食物，如牛奶、饮料等。

3. 心理调适 第二产程宫缩频繁，产妇精神高度紧张，焦虑、担心、恐惧的心理进一步加重，医护人员处理问题要果断熟练，给产妇建立信心，同时要给予产妇安慰和理解，缓解产妇的紧张、恐惧心理，使产妇能够密切配合，顺利完成分娩过程。

（1）知识宣教：向产妇适当讲解胎儿娩出过程的相关知识，以及在分娩过程中产妇如何配合才能够促进产程进展并减轻疼痛，当产妇了解到相关知识后，大多数都能稳定情绪，主动配合医务人员顺利完成分娩。

（2）转移注意力：产房的医务人员态度要和蔼，热情主动与产妇交流，转移产妇注意力，缓解其紧张心理，使产妇产生亲切感、信任感，能够听从医务人员在产程中的指导，积极配合完成分娩过程。

（3）及时激励，增强自信心：指导产妇屏气用力及配合技巧时，若产妇能按要求完成，要及时给予表扬和鼓励，用赞美语言夸奖产妇，并及时报告产程的进展情况，使产妇增强信心，主动配合完成分娩。

4. 社会支持 第二产程是产妇心理压力最大、身体承受痛苦最多的时期，助产人员要主动热情、忙而不乱，给产妇更多的支持和关怀，并以娴熟的技术让产妇产生安全的感觉。随着医学模式的改变，陪伴分娩已逐渐开展，在第二产程中，陪伴者时刻伴随在产妇身边，指导产妇正确使用腹压，并告诉产妇配合的技巧，在宫缩间歇期协助进水、进食，为产妇擦去汗液以及按摩缓解疼痛和放松身体，适时称赞、鼓励产妇，缓解产妇的紧张和恐惧，给产妇信心，以保证产妇身心舒适，密切配合，促进分娩的顺利进行。充分体现了"以人为本"的服务宗旨，这也是社会支持的具体体现。

5. 第二产程常见疾病的预防

（1）脐带脱垂：常见于头盆不称、胎位异常、胎膜早破。预防原则：①若胎先露未入盆，破膜后，应抬高臀部卧床休息，防止脐带脱垂；②人工破膜应在宫缩间歇期进行，选择高位人工破膜，羊水流出速度不可过快，以免脐带滑出；③进入第二产程仍未破膜且胎先露高浮者，应在破膜前后严密监测胎心音的变化，及时发现脐带受压的情况。

（2）胎儿窘迫：常见于各种原因引起的母体血氧含量不足、母胎间血氧运输或交换障碍及胎儿自身因素异常等。预防原则：①勤听胎心音，可用胎儿电子监护仪、羊膜镜等协助了解胎儿宫内的状态，观察胎动情况，一旦发现胎儿窘迫应积极寻找原因并及时处理；②认真观察产程进展情况，防止第二产程延长；③产妇有恐惧的心理时，要防止因交感神经兴奋导致胎盘供血不足，引发胎儿窘迫；④当胎儿窘迫纠正效果不佳时，立即手术助产缩短第二产程，使胎儿娩出。

（3）软产道裂伤：常见原因有会阴保护不当、胎儿娩出过快、阴道助产操作粗暴等。预防原则：①正确保护会阴，助产时手法要轻柔；②指导产妇正确使用腹压，防止胎儿娩出过快；③应用器械助产时要严格按照操作规程进行，减少对母儿的损伤。

第三节　第三产程保健

第三产程是指从胎儿娩出至胎盘娩出，需要5~15分钟，最多不超过30分钟。此期是防止预防产后出血、新生儿窒息的关键时期。因此，加强第三产程的保健对保证母儿健康和减少母儿发病率有着重要的意义。

一、生理、心理和社会特点

（一）第三产程产妇的生理、心理及社会特点

1. 生理特点

考点：第三产程产妇的生理、心理特点

（1）子宫收缩：胎儿娩出后，子宫底下降至平脐，宫缩暂停，产妇感觉轻松，数分钟后宫缩重新开始，宫体变硬呈球形，宫底升高达脐上。产妇又感到明显的阵发性腹痛。

（2）胎盘剥离及娩出：因胎儿娩出后子宫容积突然明显缩小，胎盘不能相应缩小与子宫壁发生错位而剥离，胎盘随子宫收缩娩出，同时伴有少量的阴道流血。

（3）产妇疲劳：由于在第二产程中产妇消耗较大的体能，不能得到及时补充，在胎儿娩出后会表现出疲乏无力、嗜睡，甚至因体内热量不足而出现寒战。

（4）生命体征：由于胎儿娩出后，产妇腹部压力骤减，回心血量暂时性减少，心排血量减少，短时间内可有血压下降现象，严重者可出现晕厥或休克。产妇的体温较第二产程有所降低，呼吸变浅、变慢，心率减慢。

2. 心理特点　胎儿娩出后，产妇往往会表现出初为人母的激动、兴奋，或因孩子与其期望的性别不符、或者新生儿有先天畸形、新生儿窒息需要抢救等而出现失望、悲伤等心理变化，负性心理严重时会影响子宫的收缩及乳汁的分泌，甚至引起产后大出血。

（1）兴奋：当听到新生儿的第一声啼哭时，大多数产妇会感到兴奋，情绪激动，急于看到或摸到新生儿，表现为健谈、多问，尤其想了解新生儿的情况，当看到新生儿一切正常时，对新生儿所有的担忧便瞬间消失。

（2）焦虑、失望：第三产程出现的宫缩痛可使部分产妇再度出现焦虑，尤其是看到新生儿的性别与其主观愿望不相符时出现沮丧、失望，或者新生儿有先天畸形、新生儿窒息需要抢救等会更加焦虑，表现为烦躁不安，也会引起心悸、呼吸加快、血压升高、全身肌肉颤抖，也有表现为沉默寡言、表情淡漠或哭泣，有的产妇甚至出现感知异常，注意力

不能集中，对医务人员的指导不能理解。产妇情绪的剧烈变化，会导致子宫平滑肌对缩宫素的敏感性下降，引起子宫收缩乏力，导致胎盘滞留，甚至发生产后大出血。

3. 社会特点　当胎儿娩出后，产妇家属的焦虑、紧张情绪也会随之消失，多将注意力转移到新生儿。个别家属也可因新生儿性别不如意，对产妇态度冷漠，冷言冷语，使产妇的心理压力增加。个别医务人员因产妇分娩结束而放松对产妇的指导和观察，使产妇失去最有力的社会支持。

考点：新生儿的生理特点

（二）新生儿的生理特点

1. 呼吸　胎儿出生断脐后，血液中的二氧化碳增加，刺激呼吸中枢，同时本体感受器和温度感受器也受到刺激，反射性地刺激呼吸中枢使新生儿在出生10秒钟左右产生呼吸运动。新生儿出生后第1小时内呼吸频率为60~80次/分，1小时后降至40次/分左右。

2. 循环系统　新生儿出生后结扎脐带，胎盘循环终止。随着新生儿呼吸的建立、肺泡扩张、肺循环建立，左心压力高于右心压力，卵圆孔、动脉导管关闭，右向左分流停止。新生儿心率睡眠时120次/分，醒时120~160次/分。新生儿血压70/50mmHg。

3. 消化系统　新生儿出生后约24小时内开始排出墨绿色黏稠的糊状胎粪，3~4天内消失。

4. 泌尿系统　新生儿出生后24小时内排尿，超过24小时不排尿应查找原因。新生儿每日排尿6次以上为正常，少数可达20次。

5. 神经系统　新生儿出生即存在吸吮、吞咽、觅食、握持、拥抱等先天反射，当有神经系统疾病时，上述反射消失。新生儿大脑皮质兴奋性较低，处于抑制状态，睡眠时间长，每日睡眠20~22小时。

6. 体温调节　新生儿体温调节中枢发育不完善，基础代谢较低，皮下脂肪少，体表面积相对较大，其体温变化易受外界环境温度因素影响，要注意保暖。

二、保健内容和措施

（一）第三产程的保健目的和意义

1. 监测第三产程进展情况，保证母儿健康。
2. 为产妇提供第三产程的保健指导和心理支持。
3. 预防和及时发现、处理第三产程并发症。

（二）第三产程的保健内容和措施

考点：第三产程的保健内容和措施

1. 检查与监测的内容

（1）产妇检查与监测的内容

1）子宫收缩情况：子宫轮廓清楚，子宫底上升，子宫体变硬呈球形，提示子宫收缩正常；反之，则为子宫收缩不良。

2）胎盘是否剥离：胎盘完全剥离的征象是：①子宫体变硬呈球形，子宫底升高达脐上；②有少量阴道流血；③已剥离的胎盘降至子宫下段，阴道口外露的脐带自行下降延长；④用手掌尺侧在耻骨联合上方轻压子宫下段，外露于阴道口外的脐带不回缩。当确定胎盘已完全剥离，可协助胎盘娩出。

3）检查胎盘、胎膜是否完整：胎盘娩出后，将胎盘铺平，用纱布将母体面血凝块轻轻擦去，检查是否有胎盘小叶缺损。然后提起胎盘，检查胎膜是否完整，胎儿面边缘是否有断裂的血管，以便及时发现副胎盘。

4）检查软产道有无裂伤：胎盘娩出后，用无菌纱布拭净外阴血渍，仔细检查会阴、小阴唇内侧、尿道口周围、阴道、宫颈有无裂伤及活动性出血，若有应立即缝合。

5）生命体征：胎儿娩出后，应立即测量产妇的呼吸、脉搏、血压，有异常者应立即查找原因并及时处理，防止第三产程并发症的发生。

6）评估出血量：正常分娩出血量不超过300ml。常用的评估出血量方法有三种：①容积法：新生儿断脐后，在产妇臀下放一弯盘，接取经阴道流出的血液，测量阴道出血量；②面积法：按浸湿两层敷料的面积估算，15cm×15cm的敷料完全浸湿为10ml；③称重法：失血量≈（有血敷料重量 – 干敷料重量）÷1.05（血液比重为1.05）。

7）留产房观察2小时：产后2小时常被称为第四产程，是预防产后出血的关键时期，应严密观察。胎盘娩出后，测量血压与脉搏，观察阴道流血量、子宫收缩、宫底高度、膀胱充盈、会阴伤口疼痛程度、有无阴道血肿等情况，发现异常及时处理。同时给产妇擦干汗液，清洁会阴，撤掉湿床垫，更换衣服，垫上消毒会阴垫，保暖，有条件的进行擦浴等，让产妇安静休息。

（2）新生儿检查与监测的内容

1）新生儿Apgar评分：用于判断有无新生儿窒息及窒息的严重程度，以新生儿娩出后1分钟的心率、呼吸、肌张力、喉反射及皮肤颜色五项体征为依据进行评分。每项0~2分，满分10分。判定标准：8~10分为正常新生儿；4~7分为轻度窒息，需立即清理呼吸道、人工呼吸、吸氧、药物治疗等措施才能恢复；3分以下为重度窒息，需紧急抢救行喉镜直视下气管内插管并给氧。轻、重度窒息的新生儿在出生后5分钟、10分钟时要进行再次评分，可反映复苏效果，与预后关系密切（表8-1）。

表8-1 新生儿Apgar评分法

体征项目	得分		
	0分	1分	2分
心率	0	<100次/分	>100次/分
呼吸	0	浅漫，不规则	佳
肌张力	松弛	四肢稍屈曲	四肢屈曲活动好
喉反射	无反射	有些动作	咳嗽、恶心
皮肤颜色	苍白	躯干红，四肢青紫	全身红润

2）新生儿体格检查：①测量头围、体重、身长，评价新生儿的发育情况是否与孕周相符；②检查新生儿头部有无产瘤、血肿；③检查新生儿有无唇腭裂、脊柱裂、多指、肛门闭锁等畸形；④检查四肢活动情况是否正常，有无骨折、神经损伤等；⑤注意观察脐带断端是否干燥，有无渗血。

（1）保持产力：胎儿娩出后，产妇已感疲惫无力，指导产妇在宫缩间歇期全身肌肉放松，不要过多讲话，安静休息，减少一切不必要的能量消耗，为完成第三产程保持良好的产力。

（2）指导屏气：当确认胎盘已经全部剥离，助产者在宫缩时左手握住子宫底部（拇指在前，四指在后）并按住，右手轻轻牵拉脐带，嘱产妇向下屏气用力增加腹压，协助胎盘娩出。

（3）建立亲子关系：新生儿处理完毕后，30分钟内将新生儿抱于母体胸前进行直接皮肤接触，并吸吮乳头。母子皮肤接触有利于增进母子感情；新生儿吸吮乳头，不仅能稳定母亲的情绪，还能促进乳腺分泌乳汁，加强子宫收缩，防止产后出血的发生。

2. 心理调适

第三产程的顺利进行与否，直接影响产妇产后的康复。产妇情绪波动过大会导致产后大出血，加强第三产程产妇的心理调适，消除其抑郁、焦虑的心理状态，促进产妇产后康复。

（1）知识宣教：部分产妇对分娩的全过程不了解，缺乏第三产程的相关知识，胎儿娩出后就认为分娩结束了，对医务人员不能很好地配合，轻微的检查刺激就会大声喊叫，有焦虑的产妇表现会更明显。所以，一定要做好知识宣教。

（2）转移注意力：产妇适度的兴奋可保持旺盛的精力，利于第三产程的完成。但过度兴奋会消耗大量的体能，影响第三产程的进展。所以，在第三产程中要指导过度兴奋的产妇安静下来；对好奇、多问的产妇，嘱全身放松、闭目休息，以恢复体力，等待宫缩重新启动，完成胎盘剥离和娩出。

（3）疏导：医务人员或分娩陪伴者要主动与产妇交谈，细心观察胎儿性别对产妇情绪波动的影响，及时发现产妇的焦虑或抑郁情绪，鼓励产妇说出内心的想法和不良感受，针对焦虑的原因进行安抚和劝导，给予同情、理解和支持。充分调动起产妇的满足感与自豪感，使产妇树立信心，与医务人员主动配合顺利完成第三产程。

3. 社会支持　新生儿出生后，分娩的痛苦还没结束，此时产妇的情感脆弱，渴望得到足够的关怀和良好的休息环境来满足心理和生理的需求。丈夫或陪伴者应关爱和体贴产妇，医务人员应给予及时、正确的指导，最大程度减轻产妇的心理负担。助产者做事要从容，继续保证产房安静，避免发出明显的器械碰撞声，设备摆放规整，减少对产妇的感官刺激。通过各方共同努力，使产妇安全度过第三产程。

4. 第三产程常见疾病的预防

（1）产后出血：产后出血的病因有子宫收缩乏力、胎盘因素、软产道损伤和凝血功能障碍。其中以子宫收缩乏力最常见，占产后出血总数的70%~80%。预防措施：①加强孕期保健，注意营养，定期进行产前检查，早期发现合并症和并发症，对有出血倾向或有产后出血史的产妇及时治疗。②及时、正确处理产程：第一产程，防止产妇体力消耗过大，必要时做好输液、输血的准备。第二产程，要避免胎儿娩出速度过快，掌握会阴切开指征及时机，减少会阴裂伤的发生；有产后出血史或有出血倾向者，当胎儿前肩娩出后立即肌肉注射或静脉推注缩宫素10U。第三产程，识别胎盘剥离征象，胎盘剥离前避免过早牵拉脐带、按摩子宫。胎盘娩出后认真检查胎盘胎膜是否完整，如有残留应立即清宫；胎盘粘连、剥离不全者行徒手剥离术。胎盘娩出后子宫收缩不良者可按摩子宫，促进收缩。③分娩结束后认真检查软产道有无裂伤，如有裂伤立即缝合，注意按解剖层次缝合。④产后在产房观察2小时，注意观察生命体征、子宫收缩情况、阴道流血情况及膀胱是否充盈，发现异常情况及时处理。

（2）新生儿窒息：多见于胎儿窘迫的延续、新生儿呼吸道阻塞、颅内出血、肺发育不良、胎儿娩出前4小时内产妇使用了麻醉剂或镇静剂等。预防措施：①积极纠正第二产程的胎儿窘迫；②当胎儿窘迫纠正效果不佳、有产程延长、胎头受压时间过长时，应尽快阴道助产或剖宫产娩出胎儿，缩短第二产程；③在胎儿娩出前4小时内慎用镇静剂，防止新生儿呼吸中枢受抑制引起窒息；④早产儿多发生肺发育不良，分娩前3天或24小时内给产妇使用地塞米松，促进胎肺成熟。

（3）软产道损伤：常见宫颈、阴道、会阴、外阴裂伤，多由胎儿娩出过快、软产道局部病变使其伸展性差、助产者操作不当及胎儿与产道不相适应等引起。预防措施：①第二产程中指导产妇正确使用腹压，防止胎儿娩出速度过快；②积极防治外阴水肿、宫颈水肿；③助产者要规范操作，动作轻柔，切勿粗暴；④提高助产者接产技术，熟练掌握保护会阴的方法及技巧；⑤正确使用缩宫素。

第四节 爱母分娩行动与导乐陪伴分娩

"爱母分娩行动"是世界卫生组织倡导的产时服务的新概念,目的在于促进、保护和支持自然分娩。"导乐陪伴分娩"是"爱母分娩行动"的具体实施和体现,"导乐陪伴分娩"使妇女觉得痛苦的事情——分娩变得神圣而快乐。

案例分析8-3

产妇,24岁,G_1P_0。宫内孕40周,腹痛伴阴道流液2小时,由其丈夫和婆婆陪同入院。产妇精神状态尚好。检查:宫缩中等强度,持续时间30秒,间歇5~6分钟,胎心音150次/分,先露S^{-2},胎膜已破,枕左前位。骨盆外测量正常,心肺听诊正常。产妇在宫缩时小声呻吟,用手按住腹部,对自然分娩没有信心,要求导乐陪伴分娩。

问题: 对该产妇应如何进行导乐陪伴分娩?

一、爱母分娩行动

(一)概述

1. **爱母分娩行动提出的背景** 20世纪70年代末,分娩过程中过多的医疗干预和剖宫产率上升一时成为世界性趋势,在发达地区,特别是城市中基本实行了医疗化的住院分娩。住院分娩能够有效防止产后出血、产褥感染、降低新生儿死亡率,但也可给母婴身心健康带来不同程度的危害。

2. **医疗化住院分娩的不当之处** ①混淆了产妇与患者的界限,增加产妇紧张心理。②会阴侧切术常规使用,剖宫产手术率上升,甚至为了选择分娩日期和时间进行计划分娩或剖宫产,给母婴造成了近期和远期的伤害。③经常性非正当的产时干预,如使用缩宫素促进产程、人工破膜、人工剥膜及扩张宫颈等,产妇失去了自然分娩的权利。④固定的分娩体位等使产妇失去人性化的选择权利。

3. **爱母分娩行动的内容** 1996年世界卫生组织提出"爱母分娩行动"计划,内容是爱护母亲,在母亲分娩过程中加强陪伴,给予生理、心理和情感上的持续支持,增强产妇的分娩信心和力量,顺利完成自然分娩过程,避免不必要的医疗干预和手术给母婴造成的伤害。

(二)"爱母分娩行动"的理论基础

1. **分娩过程的正常性** 分娩是一个正常、自然、健康的过程。健康的产妇和胎儿有能力完成分娩过程。自然分娩是大多数产妇最合适的分娩方式,要重视、支持和保护分娩的正常性。

2. **自然分娩的好处** 分娩是人类繁衍必须要经过的一个正常生理过程,是人类的一种本能行为。产妇和婴儿都具有主动参与并完成分娩过程的潜能。

考点:自然分娩的好处

(1)对产妇的好处:①自然分娩的产妇能体验整个分娩过程,不受任何药物的影响,不经历手术和麻醉的风险。②分娩时腹部的阵痛使孕妇大脑中产生内啡肽,可给产妇带来兴奋的感觉。③垂体分泌的缩宫素不但能促进产程的进展,还能促进产后乳汁的分泌。④产后腹部无伤口,器官没有受到损伤,减少产后出血及感染的机会。⑤产后康复快,既可以及早亲自照顾婴儿,又节省了住院时间,减轻了经济负担。

(2)对胎儿的好处:①分娩过程中,胎儿头部经过产道时受挤压充血,可提高脑部呼吸中枢的兴奋性,有利于新生儿出生后迅速建立正常呼吸。②胎儿胸廓受到有节奏的压缩和扩张,有利于胎儿肺泡的扩张和出生后正常呼吸的建立。③将胎儿呼吸道内的羊水和黏液排挤出来,降低新生儿吸入性肺炎的发生。④通过应激反应可使肾上腺皮质激素增多,促进免疫因子的产生而增强机体的抗病能力。⑤胎体受压,刺激神经末梢,促进胎儿神经系统发育。

3. 支持的重要性　产妇对分娩的信心和能力受周围人和环境的影响。在妊娠和分娩期,母婴连为一体,在产褥期,母婴虽是两个独立的个体,但密切相连。母婴间的联系是非常重要的,必须受到尊重。对产妇、婴儿、父亲及家庭而言分娩的经历都有重要而持久的影响。

4. 维护产妇的自主权　分娩是产妇应有的权利,产妇有权选择安全、满意的分娩场所,产妇有权得到关于妊娠和分娩的科学知识及产时各种干预措施和用药利弊的相关信息,并有选用或拒用的权利,产妇有权经历愉快、健康的分娩过程。

5. 无损伤性　分娩过程不宜常规采用干预措施,许多干预措施对会母婴产生不良影响,必须有指征时才使用。

6. 医务人员的职责　医务人员应根据产妇个性的需求提供相应的服务。"爱母分娩行动"提倡加强产时保健工作,提倡自然分娩,减少不必要的医疗干预,保护、支持、促进自然分娩。从以医生为中心转变至以产妇为中心,转变产时服务模式,更新旧的观念及常规。

(三)"爱母分娩行动"的实施要点

1. 为所有产妇提供分娩陪伴者　陪伴分娩是坚持以产妇为中心的产时服务模式,是值得推广的适宜技术,有利于提高产时服务质量,保护、促进和支持自然分娩,降低剖宫产率和产后出血率。

2. 为公众提供和普及有关产时服务的操作及程序等知识　通过培训班、讲座、宣传手册、知识宣教等形式为公众提供和普及分娩知识。

3. 为产妇提供适合当地文化风俗的监护　我国是个多民族国家,根据不同民族的文化、宗教、习俗尽量满足不同产妇的需求,尊重不同民族产妇的民族忌讳和民族风俗,应注意不同价值观和宗教信仰的差异,在不影响治疗、护理的前提下提供合理的服务。

4. 为临产产妇提供自由活动场所,同意产妇自由选择体位　第一产程不主张采取平卧位或膀胱截石位,鼓励产妇多走动,协助产妇采取直立位、半蹲位或跪位等自由体位以缓解分娩疼痛。

5. 在加强各级妇幼保健机构以及社区服务方面,有明确的规定和程序,以提供良好的围生期保健服务。

6. 不宜常规使用缺乏科学依据的操作　如剃毛、灌肠、静脉滴注、禁食、早期人工破膜,胎儿电子监护等。其他干预措施应有一定限制,如为引产或催产使用的静脉滴注缩宫素率≤10%;会阴切开率≤20%,争取≤5%;社区医院剖宫产率≤10%,接收高危妊娠的医院剖宫产率≤15%;剖宫产史后阴道分娩率≥60%,争取≥75%。WHO 于 1996 年对近 10 年来世界各国产时服务技术方面的研究进行了总结,将目前常用的措施分为 4 大类:①有效的、应鼓励使用的措施,如陪伴分娩、全面支持、自由体位、非药物性镇痛、心理保健等,其中陪伴分娩、自由体位和非药物性镇痛是转变产时服务模式的重要措施;②无效的或有害的、应废弃的措施,如剃毛、灌肠、平卧分娩、常规补液、肛查等;③常用的但不适宜的措施,如限制饮食、全身性药物镇痛、胎儿电子监护、缩宫素静脉滴注、会阴切开术等;④需要进一步研究的措施,如第一产程早期人工破膜、分娩时宫底加压等。

7. 教育医务人员用非药物性镇痛,不鼓励使用镇痛剂和麻醉药　WHO 提倡用非药物

性镇痛,方法如下:

(1)家庭分娩环境:为产妇提供家庭式分娩场所,产妇待产、分娩均在同一房间内进行,分娩所用的所有器械、药品都储藏在壁橱内,床上用品、窗帘、家具等尽可能家庭化,减少产妇紧张心理和维持良好的情绪。

(2)播放音乐:播放平时喜欢听的音乐,哼唱歌曲,转移和分散产妇注意力,降低对宫缩的感受性,增加对不适的耐受力。

(3)按摩和深呼吸:在每次宫缩时调整呼吸,宫缩间歇期有意识放松身体。

(4)自由体位:产妇避免采取平卧位或膀胱截石位,可采取立、坐、蹲、跪等各种体位,以产妇舒适、缓解疼痛为准则。

(5)热敷和温水浴:用湿毛巾热敷腰背部,温水淋浴或盆浴可缓解疼痛。水中分娩可缓解疼痛,加速产程进展。

(6)生物物理疗法:周围神经粗纤维电刺激疗法、耳针等都可以降低疼痛强度。

8. 鼓励所有母亲和家庭,在条件允许的情况下都要接触、搂抱、母乳喂养和照顾自己的孩子,包括患病、早产及有先天性畸形的婴儿。

9. 不主张非宗教性的男婴包皮环切。

10. 力争达到世界卫生组织/儿童基金会倡导的促进母乳喂养成功的10点措施。

链 接

水 中 分 娩

水中分娩在一间特殊的产房进行,产妇泡在形似按摩浴缸的"分娩水池"内,水是经过特殊处理的温水中。水温保持在36~37℃,环境温度为26℃。在助产士的指导下,合理换气、放松……慢慢地小生命就降生了。婴儿出生后,在水中不能超过1分钟。适宜的水温能使产妇感到镇静,促使腿部肌肉放松,宫颈扩张。胎儿娩出后,胎儿的"本能"会使他们在出水之前屏住呼吸,不会呛水。水中分娩可以减轻产妇的疼痛感,对产妇可起到保护作用。在水中有利于产妇休息,更容易变换体位和放松,能缩短产程,减少产妇的会阴侧切率。在有经验的助产士帮助下,正常产妇在水中分娩是安全的。

二、导乐陪伴分娩

(一)概述

1. **导乐陪伴分娩的起源** 孕育新生命是繁衍后代而且幸福的事情,西方国家在20世纪30年代起普及住院分娩,改变了自古以来分娩常由有生育经验妇女或家人陪伴的分娩模式。住院分娩严格的消毒隔离制度使产妇与家人隔离,产妇接触的是陌生而忙碌的医务人员,没有专人陪伴,使大多数女性在分娩中产生强烈的孤独感和恐惧感。为了有效缩短和监测产程,不少产科工作者采用滴注缩宫素、人工破膜、硬膜外麻醉镇痛、常规使用电子监护仪监测等多种医疗措施,使手术产率、工作量及分娩费用随之增加,并给母婴安全和健康带来不良影响。20世纪50年代,狄立斯医生(DriscoI M)通过研究证实了分娩是自然生理过程,若掌握好临产的正确诊断,一对一护理,采用按摩和一些非药物镇痛措施、能预防产程延长。在此基础上,美国的克劳斯医生提出导乐分娩。导乐陪伴分娩,也称之为"精神助产法","导乐"即希腊语"Doula",意思为女生看护者,指一个有爱心、有生育经验和产科专业知识的妇女在产前、产时及产后陪伴孕产妇,特别是在整个分娩过程中持续地给以生理上、心理上及感情上的支持、帮助和鼓励,使产妇在轻松、舒适、安全的环境下,不断地得到支持和鼓励,从而充满自信心,最好地发挥自身潜力,配合产科工作者顺利完成分娩全过程。它不仅是产时服务的一项适宜技术,能降低剖宫产率和产后出血率,也是一种以产妇为中心的服务模式,有利于提高产时服务质量,促进母婴健康。

2. 导乐的条件　凡是有生育体验,富有爱心、同情心、责任心,热情,乐于助人,具有良好的人际交流技能,给人以信赖感的妇女都可以担任导乐。助产士和护士也可以担任导乐。

3. 工作守则

（1）导乐的主要任务：导乐要通过目光、语言及行动来显示自己的信心,帮助产妇在产程中能最好地发挥自己的潜力顺利完成分娩过程。

（2）持续地给产妇以支持和鼓励：指导产妇进行心理调适,通过各种途径让产妇认识到分娩过程中疼痛是正常的,消除其紧张及恐惧心理,当产妇宫缩疼痛剧烈时,采取非药物镇痛疗法缓解疼痛。也可帮助产妇将注意力集中在想象上,如想象宫口在逐渐扩张,胎儿在逐渐下降。

（3）随时准备好使用目光、语言和抚摸等来帮助产妇：要使产妇保持平静、乐观和放松,使产妇感到安全、舒适和受到鼓舞。

（4）细心观察并尽可能满足产妇的各种需要。

（5）熟悉产房的环境、设备和人员,遵守医院的规章制度。

4. 导乐的培训

（1）理论学习：熟悉医院常用的医疗及护理程序,了解产妇在产前、产时及产后早期的基本生理和心理特点,学习分娩基本知识、人际交流技巧、移情训练、支持技巧等心理学技能。

（2）实践训练：由于每个产妇性格、生活经历、需求各不相同,导乐要学会适时、机智地满足产妇的生理和心理需要,表示其对疼痛的同情和理解,让产妇真正感受到导乐无微不至的关怀和鼓励。

（二）导乐陪伴分娩的特点

1. 一对一的服务　医护人员的服务仅对医疗结果负责,丈夫仅给予精神上的支持和爱护,导乐既不同于医护人员,也不同于丈夫。导乐既是产妇的朋友,让产妇感到轻松自在,又是产妇和丈夫的指导者,提供科学有效的方法和建议,用抚摸、按摩、热敷、体位改变等来减缓产妇的痛苦。同时,导乐还作为医护人员和产妇沟通的桥梁,减少产妇的紧张和担忧。

2. 以产妇为主体　导乐陪伴分娩由导乐和丈夫共同承担对产妇的产时支持与帮助,满足产妇的各种生理、心理上的需求。导乐要以亲切的目光、语言、表情去安慰和鼓励产妇,以科学的方法指导产妇减轻痛苦；同时要客观、细致地观察产妇,并根据产妇的需求,指导其进行适当活动、饮食、休息、屏气等。

3. 导乐陪伴分娩与传统分娩相比较,产妇更舒适、安全。导乐陪伴使分娩回归自然,真正体现了世界卫生组织倡导的"爱母分娩行动"的实质。

考点：导乐陪伴分娩的具体实施内容

（三）导乐陪伴分娩的具体实施

1. 产前访视　了解夫妇的要求和计划,在访视过程中相互熟悉,增加彼此信任。陪伴夫妇一起熟悉医院环境,给孕妇形象化地示范放松动作,介绍产程中的各种体位及要求,回答孕妇对分娩担心所提出的问题。

2. 产时指导

（1）持续心理护理：①解除恐惧、焦虑心理：导乐从产妇住进医院待产开始,就陪伴在旁边,向产妇介绍分娩的生理特性,消除产妇的恐惧心理,细心观察产妇出现的各种情况，通过目光和语言显示信心，要持续地给产妇以支持和鼓励，让产妇了解分娩是一个正常、自然、健康的过程，她与别人并没有不同，帮助产妇在产程中能最好发挥她内在的力量完成分娩。②及时报告产程进展情况，不断激励产妇，让产妇掌握主动。在产程中做任何检查和处理，都提前向产妇及家属解释其作用、目的和必要性，让产妇和家人了解产程进展中胎心、宫缩、宫口扩张情况，从而更加积极配合助产士，让产妇听到强有力的胎心，增加幸福感和安全感。

（2）产时陪伴：①第一产程：让产妇尽可能放松，自由走动，经常改变体位，包括站、蹲、跪、坐等，尽量避免取仰卧位。宫缩间歇期应鼓励产妇进食易消化的食物，多喝水，每2~4小时排尿1次，以免膀胱充盈影响子宫收缩及胎头下降。胎膜未破者，温水盆浴可以减轻痛感，胎膜已破者可用大的热毛巾湿敷腹部和大腿内侧，也可用温水淋浴。第一产程晚期产妇宫缩加强，间歇期缩短，更应给产妇以支持和鼓励，以帮助产妇保持体力。②第二产程：仍提倡自由体位，自然屏气，向产妇多解释产程进展，多鼓励产妇，帮助产妇在宫缩时进行非药物性镇痛，减轻痛苦，在间歇期全身放松，并给予体力上的支持照顾。

3. 产后指导　让新生儿与产妇早接触、早吸吮。产后第2天可与产妇夫妇一起回忆分娩过程，畅谈分娩经验。让夫妇尽量分享正面的感受，并补充夫妇遗忘的内容。

（四）导乐分娩临床研究现状

1. 导乐陪伴分娩是近年来国际及国内倡导的一种产时服务模式，鼓励丈夫进产房陪伴分娩，产妇还可以选择自由体位、非药物性镇痛、心理保健等方式，减少分娩痛苦，满足产妇在整个分娩过程中其对安全、自尊、爱与归属的需求，无论在心理上和生理上都降低了不愉快的程度，增加了产妇在分娩过程中的舒适感。由导乐陪伴的产妇由于有了安全感、自信心增强以及得到科学指导，可使产程缩短25%，缩宫素应用减少40%，镇痛药应用减少30%，剖宫产率下降50%，产后母亲恢复快，产后抑郁少，对婴儿关心照顾多，母乳喂养多而使婴儿发病减少。全国各大医院和妇幼保健院正在积极开展"导乐陪伴分娩"的工作，受到了广大产妇及其家属的欢迎。

2. 在临床实践中，我国产科工作者总结提出了全程责任制陪伴分娩，也称"一对一"全程陪伴分娩。这种全新产科服务模式更强调产科质量与母婴安全，其根据产科工作者特点和产妇生理要求，以母婴安全为宗旨，不受8小时工作制度的限制，比单纯的导乐陪伴分娩更先进、更人性化。

目标检测

1. 下列哪项不是第一产程的临床表现
   A. 规律宫缩　　B. 宫口扩张
   C. 胎先露下降　D. 胎头拨露
   E. 胎膜破裂
2. 导致第一产程产妇焦虑的直接原因是
   A. 便秘
   B. 膀胱充盈
   C. 饥饿
   D. 宫缩产生的疼痛
   E. 口渴
3. 下列哪项是产程中观察胎先露下降程度的标志
   A. 骶骨岬
   B. 骶尾关节
   C. 耻骨弓
   D. 坐骨结节水平
   E. 坐骨棘水平
4. 不能缓解产妇宫缩痛的是
   A. 腹部按摩　　B. 肌肉僵硬
   C. 调整呼吸　　D. 温水浴
   E. 转移注意力
5. 在第一产程中指导产妇排尿应
   A. 每半小时排尿1次
   B. 每1小时排尿1次
   C. 每2~4小时排尿1次

    D. 每 4~6 小时排尿 1 次
    E. 每 6~8 小时排尿 1 次
6. 下列哪项不是引起第一产程产妇恐惧焦虑的原因
    A. 宫缩疼痛   B. 胎儿窘迫
    C. 与家人分离   D. 难产
    E. 膀胱充盈
7. 第一产程潜伏期进行肛门检查应
    A. 每半小时 1 次
    B. 每 1 小时 1 次
    C. 每 2 小时 1 次
    D. 每 2~4 小时 1 次
    E. 每 3 小时 1 次
8. 产妇出现抑郁与医务人员相关的是
    A. 给产妇擦汗   B. 心理调适
    C. 满足产妇的需求   D. 麻木和冷漠
    E. 主动热情
9. 在第一产程中产妇的体位选择不合适的是
    A. 站位   B. 坐位
    C. 蹲位   D. 跪位
    E. 平卧位
10. 心理调适不妥的是
    A. 主动和产妇沟通   B. 态度和蔼
    C. 表情严肃   D. 语言亲切
    E. 给予同情和理解
11. 王女士，宫内孕 39 周，已临产。肛查宫口开大 5cm，先露头 S^{+1}，听胎心音的间隔时间应是
    A. 每 10 分钟听一次
    B. 每 15~30 分钟听一次
    C. 每 1~2 小时听一次
    D. 每 3 小时听一次
    E. 每 4~6 小时听一次
12. 解除产妇孤独感的最好的社会支持方式是
    A. 整洁产房环境
    B. 认真观察产程
    C. 给产妇喂食水
    D. 提高助产士的业务技能
    E. 陪伴分娩
13. 第二产程监护胎心音间隔时间为
    A. 5~10 分钟   B. 20~30 分钟
    C. 40~50 分钟   D. 60 分钟
    E. 1~2 小时
14. 第二产程胎头着冠时应指导产妇

    A. 宫缩期屏气
    B. 宫缩时张口哈气
    C. 随意屏气
    D. 宫缩和间歇期都可屏气
    E. 以上均可以
15. 不能减轻分娩期腹痛的是
    A. 体位选择
    B. 按摩
    C. 氧化亚氮吸入
    D. 给硬膜外镇痛输液泵
    E. 给缩宫素
16. 第二产程中，下列不能减轻腹痛的方法是
    A. 调节呼吸方式   B. 按摩腹部
    C. 压迫止痛   D. 转移注意力
    E. 选择仰卧位
17. 关于第二产程中产妇的心理调适不正确的是
    A. 分娩知识宣教   B. 心理劝导
    C. 转移注意力   D. 精神鼓励
    E. 提醒产妇警惕异常情况的发生
18. 关于第二产程指导产妇保持产力不正确的是
    A. 保证水分摄入
    B. 适当进高热量食物
    C. 宫缩间歇期全身放松
    D. 宫缩间歇期闭目休息
    E. 宫缩和间歇期均可屏气
19. 世界卫生组织提倡产妇分娩选择
    A. 自由体位   B. 膝胸卧位
    C. 仰卧位   D. 坐位
    E. 站立位
20. 不是第二产程临床表现的是
    A. 规律宫缩   B. 宫口开全
    C. 胎先露下降   D. 胎头拨露
    E. 胎膜破裂
21. 王女士，孕足月临产，当宫缩时胎头暴露于阴道口，宫缩间歇时又缩回阴道内，称为
    A. 胎头拨露   B. 胎头俯屈
    C. 胎头着冠   D. 胎头仰伸
    E. 胎头下降
22. 下述哪项不是产妇焦虑的表现？
    A. 注意力不易集中
    B. 不能理解医务人员的指导
    C. 感知异常
    D. 烦躁
    E. 出现幻觉

23. 新生儿的两次评分时间选择通常在出生后
    A. 1分钟内、5分钟
    B. 2分钟内、10分钟
    C. 5分钟内、15分钟
    D. 20分钟
    E. 30分钟
24. 下列哪项不是产后出血的原因
    A. 宫缩乏力   B. 软产道裂伤
    C. 胎盘因素   D. 宫缩过强
    E. 凝血功能障碍
25. 新生儿出生后1小时内呼吸频率为
    A. 16~20次/分
    B. 20~30次/分
    C. 30~50次/分
    D. 40~60次/分
    E. 60~80次/分
26. 不是"爱母分娩行动"的理论基础的是
    A. 分娩过程的正常性
    B. 分娩支持的重要性
    C. 维护产妇的自主权
    D. 为缩短第二产程常规会阴切开
    E. 产妇对分娩的信心和能力受到周围人和环境的影响
27. 关于导乐陪伴分娩不正确的是
    A. 是一人对多人的服务
    B. 助产士和护士也可以担任导乐
    C. 在产前、产时及产后陪伴孕产妇
    D. 有生育体验的妇女可以担任导乐
    E. 导乐给产妇以生理上的支持帮助及精神上的安慰鼓励

（庞丽平）

第九章　产褥期保健

产褥期是指产妇从胎盘娩出到全身各器官（乳房除外）的形态和功能逐渐恢复到正常非孕状态的一段时期，需 6~8 周。以分娩为转折点，产妇从孕育胎儿转为哺育新生儿，这段时期产妇要完成自身各方面的功能恢复，还要开始承担并适应母亲角色、哺育新生儿，任务非常艰巨。因此，要特别注意做好产褥期保健，对促进产妇身体复原，预防各种疾病的发生，保证母婴的健康具有重要意义。

第一节　产褥期妇女的生理、心理及社会特点

一、生 理 特 点

（一）生殖系统

产褥期生殖系统的变化最大，主要是子宫复旧。子宫复旧是指胎盘娩出后子宫逐渐恢复到非孕状态的全过程，包括以下几方面。

1. 子宫体复旧　胎盘娩出后，子宫圆而硬，宫底在脐下一横指。随着肌纤维不断缩复，宫体逐渐缩小，每日下降 1~2 cm，产后 10 日子宫降入盆腔，产后 6 周子宫基本恢复到孕前大小。子宫下段逐渐恢复成子宫峡部。

2. 子宫颈复旧　胎盘娩出后，宫颈松弛、壁薄起皱、宫颈外口因充血水肿呈"袖口"状，紫红色。产后 2~3 日宫口可容 2 指，产后 1 周后宫颈内口关闭，宫颈管复原。产后 4 周宫颈完全恢复到非孕时的形态。宫颈外口因分娩时 3 点及 9 点处裂伤，产后形成"一"字形横裂。

3. 子宫内膜再生　产后子宫内膜有较大的创面，坏死脱落的子宫蜕膜随血液、黏液等经阴道排出，称恶露。正常恶露有血腥味，无臭味，持续 4~6 周，总量 250~500 ml。3 周后子宫内膜由基底层再生修复，形成新的功能层，胎盘附着部位的子宫内膜全部修复约需要 6 周时间。

（二）其他系统

1. 生命体征　正常产妇，产后 24 小时内体温稍有升高，一般不超过 38℃。产后 3~4 日尤其在乳汁产生的 24 小时内因乳房血管、淋巴管极度充盈，循环加速和乳腺增大，体温升高达 37.8~39℃，称为泌乳热，持续 4~16 小时可恢复正常。产后脉搏略缓慢，但在正常范围内。产后呼吸深慢，14~16 次 / 分。正常产妇产后血压平稳，但有妊娠高血压疾病的产妇产后血压下降明显。

2. 血液循环系统　产褥早期血液仍处于高凝状态，有利于减少产后出血。妊娠时的生理性贫血于产后 2~6 周恢复正常。产后因卧床时间较长，静脉回流缓慢，易形成静脉血栓。

3. 消化系统　产后 1~2 天产妇常感口渴，喜欢吃流质和半流质饮食。产后因活动少，肠蠕动减慢，腹肌、盆底肌肉松弛，容易发生肠胀气和便秘。

4. 泌尿系统　产后第 1 周尿量增多，以排出妊娠期体内潴留的大量水分。因分娩中膀胱受到挤压引起膀胱黏膜充血、水肿，膀胱肌张力降低、对膀胱内压力的敏感性下降，又

因会阴及会阴伤口肿痛，不习惯卧床排尿等原因，易发生尿潴留。

5. 产后宫缩痛　指产后早期因宫缩引起下腹部阵发性剧烈疼痛，持续 2~3 日自然消失，哺乳时反射性缩宫素分泌增多可使疼痛加剧，经产妇多见于初产妇。

6. 会阴伤口　部分产妇在产后 3 日内可见到会阴伤口处水肿，活动时有疼痛，伤口拆线后症状会自然消失。常见于初产妇。

7. 褥汗　产后皮肤排泄功能旺盛，排出大量汗液，称褥汗。以夜间睡眠、初醒、进食时更明显，可持续 1 周左右。

8. 腹壁　产后腹壁明显松弛，腹壁紧张度在产后 6~8 周恢复。腹壁紫红色妊娠纹逐渐变为银白色。

二、心理和社会特点

（一）心理特点

1. 羞怯与依赖　初为母亲，第一次感受到从未有过的复杂心情，经历着无法描述的不同情感：有喜悦，也有忧伤；有激动，也有压抑；有满足，也有焦虑；有高涨的热情，也有疲倦的感觉。产后 1~3 日为依赖期，孩子的护理多依赖别人完成，关注孩子较少，关注自己较多。总在思考自己的母亲角色，比较理想中与现实中孩子的异同，回顾讲述妊娠、分娩过程及心理感受，期待与别人共同分享。从产后 4 日开始，进入依赖—独立期，身体逐渐恢复，能自我护理，注意力开始转向孩子，并接纳孩子，喜欢给孩子哺乳、洗澡、换尿布等。产后 14 天以后，产妇完全进入新的角色，接受现实中的孩子，与孩子相互认同和默契，独立完成孩子的哺育和护理。

考点：产褥期的生理、心理及社会特点

2. 喜悦　伴随着宝宝健康顺利的出生，产妇感到兴奋、满足、喜悦，言语增多，虽疲劳但不能入睡。

3. 焦虑和抑郁　少数产妇经历妊娠、分娩的痛苦折磨后，如果有新生儿患病等意外事件，或是理想与现实中母亲角色有冲突，丈夫及家人态度不积极等因素，均可使产妇焦虑。表现在产后 3~5 日出现一过性的委屈、哭泣或忧郁表现，一般 24 小时内可恢复正常，少数可能发展为产后抑郁症，以情绪低落、欲望下降、活动降低、评价消极为特征的一组综合征。

（二）社会特点

为了适应社会不断发展的需要，跟上时代不断前进的步伐，产妇面临着工作的挑战和再次就业的压力，加之缺乏育儿经验，需要更多的家庭成员的理解、关心和帮助，工作单位的照顾，社会支持等。

第二节　产褥期保健的内容和措施

案例分析 9-1

产妇 12 月份正常分娩出院后在家休息。因天气较冷，她很少下床活动和出门走动。不喝水，不吃水果，家人每天用鸡汤、肉汤、鱼汤或骨头汤煮菜给她吃，她只吃少量的肉和菜，主要是吃饭、喝汤，喜欢吃红糖煮鸡蛋。

问题：1. 产妇这样长期生活会出问题吗？
　　　2. 应该对她进行哪些保健指导？

一、保健目的

1. 及时做好产妇心理调适，稳定产妇情绪。
2. 做好产褥期保健指导，促进产妇身体早日恢复。
3. 及早预防和及时发现、处理产褥期疾病。

二、保健内容和措施

（一）检查与监测的内容

考点：产后访视时间、检查与检测内容

为产妇和新生儿提供保健的主要方式是产后家庭访视。产褥期家庭访视至少4次，分别在出院后3天、产后7天、14天、28天进行。产后42天母婴应到医院进行全面检查，及早发现异常，给予治疗和保健指导。检查与监测的内容包括：

1. 一般情况 饮食、睡眠、大小便、自觉症状和精神心理状态等。
2. 生命体征 产后要严密观察体温、脉搏、呼吸、血压，特别是产后2小时内，发现异常应及时处理。
3. 乳房情况 泌乳情况、乳房有无红肿、硬结、乳头有无凹陷、皲裂等。
4. 子宫复旧及恶露 子宫底高度、子宫下降速度，恶露的量、颜色、气味等。
5. 会阴伤口和剖宫产腹部伤口 伤口愈合情况，有无红肿和异常分泌物。
6. 合并症及并发症 对妊娠合并高血压的产妇应注意观察血压及自觉症状、精神状态，防止发生产后子痫。对妊娠合并心脏病的产妇应严密观察心脏功能，如出现心悸、胸闷、气短不适等症状时应提高警惕，防止发生心力衰竭。对妊娠合并病毒性肝炎的产妇应注意肝功能的变化情况。

（二）生活与卫生保健指导

考点：产褥期的生活与卫生保健指导

1. 饮食保健指导 正常分娩者，产后稍事休息即可进流质或清淡半流质饮食。产后1~2天，产妇因疲劳体虚，胃肠功能差，宜进清淡、稀软、易消化食物，以后可逐渐恢复普通饮食。饮食要品种多样，富有营养，提供足够热量和水分。动物性、植物性食物搭配，如鸡、鱼、瘦肉、动物肝脏、牛奶、豆类及豆制品、新鲜蔬菜、水果等，少量多餐，除每天正常3餐外，可再加2~3餐。应多进食蛋白质和热量丰富的饮食，适当补充维生素和铁剂，推荐补充铁剂3个月。会阴Ⅲ度裂伤者产后1周内进无渣饮食，剖宫产术后胃肠功能恢复者可进流质饮食1天，半流质饮食1~2天，以后进普通饮食。不宜进食牛奶、豆浆及高糖食品，避免引起肠胀气。

2. 卫生保健指导 注意个人卫生，勤洗漱、勤洗澡、勤换内衣和床单，保持会阴清洁，勤换会阴垫。洗澡以淋浴为宜，不宜盆浴，水温不宜过高。会阴有伤口者，注意保持伤口干燥，拆线后1周内避免下蹲活动，以防过度牵拉，影响伤口愈合。被褥要清洁、松软，床铺应保持清洁卫生、干燥整齐。

3. 运动与休息

（1）产后应卧床休息，健侧卧位为主，经常变换体位。保证充足的睡眠，有助于产妇身体迅速康复。居室应阳光充足，空气新鲜，安静清洁，温度适宜。夏季避免门窗紧闭、衣裤紧束，防止中暑。冬季要注意保暖，室内温度适宜，每天开窗通风换气3~4次，每次20分钟。注意产妇和婴儿不宜直接吹风，谨防感冒。

（2）正常分娩者，产后6~12小时可下床适当活动，产后24小时可在室内随意走动；剖宫产术后24小时可鼓励下床适当活动，以后逐渐增加活动时间及范围。避免过度疲劳、长时间下蹲或站立太久,使腹压增加,影响盆底组织恢复。

(3)产后进行适当的体育锻炼与活动有利于促进子宫复旧、恶露排出、减少晚期产后出血发生;促进胃肠功能恢复,增进食欲,预防便秘及血栓性静脉炎;促进腹肌、盆底肌张力的恢复,预防阴道壁膨出、子宫脱垂及尿失禁,恢复体型的健美。一般于产后第二天开始做产褥期保健操(图9-1),根据产妇自身情况由弱到强,循序渐进地进行产后锻炼,会阴切开或剖宫产者适当推迟活动的时间。保健操共7节,每节做8~16次,每1~2天增加1节,直至产后6周,6周后可选择其他锻炼方式。

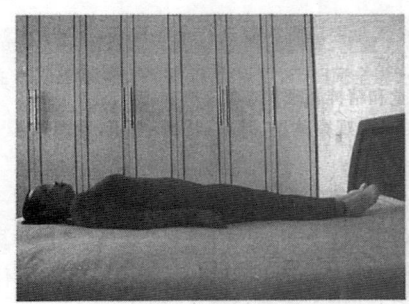

第一、二节 深呼吸、缩肛运动

第三节 抬腿运动

第四节 腹背运动

第五节 仰卧起坐

第六节 腰部运动

第七节 全身运动

图9-1 产褥期保健操

链 接

产妇在做产后运动时应该注意哪些事情?

产妇在做产后运动时应该注意:①做运动前先排尿、排便,并将居室的窗子打开,让空气流通;但产妇最好避免直接吹到风。②饭后不要马上运动。运动不能太劳累,如果运动时出现阴道出血较多或感觉非常疲倦时,应立即停止。③做产后运动应选择在硬木板床上或是榻榻米。不要直接在硬地板上或弹簧床上做运动,以免造成运动伤害。④做运动时头部不要着枕头,应让身体躺平成一线。应穿着运动服或睡衣等较宽松的衣服,以免太紧的衣服影响做动作,无法顺利而充分地伸展。⑤产后腹部肌肉的张力要恢复到孕前的状况,需要2~3个月。各器官的复原与体力的恢复也非一蹴可及,因此,做产后运动一定要有毅力持之以恒。

4. **计划生育保健指导** 产褥期子宫正处于创面出血、易感染的阶段,所以要禁止性生活。产后42天检查生殖器官恢复正常后可进行性生活。有性生活者必须采取避孕措施,哺乳者以工具避孕为佳,不哺乳者根据自身情况选择避孕方法,要求绝育而无禁忌证者可行输卵管结扎术。剖宫产者必须避孕2年后方可再次妊娠。

(三)心理调适

分娩后,产妇从妊娠期及分娩期的不适、疼痛、焦虑中恢复,接纳家庭新成员及新家庭的这一过程称之为心理调适。主要表现在两个方面:①确立家长与孩子的关系。母亲接纳新生儿,视其为家庭中的一员,认识并重视其作为家庭中一员的特殊需要;同时,接纳一个新的家庭成员,调节好从夫妻两人生活方式到夫妻与孩子三人的生活方式。②承担母亲角色的责任。母亲逐渐地表现出情感性的和动作性的护理孩子的技能。

1. **倾听** 应认真、耐心地倾听产妇讲述妊娠、分娩的经历和感受,宣泄不良情绪,对产妇所做的努力和配合要多加赞赏,强化产妇愉悦的心情,消减其焦虑心理,使产妇心情愉快、精神放松,对自身康复和新生儿生长充满信心。

2. **转移产妇注意力** 孩子的啼哭、给孩子哺乳和护理,能促进母子情感连接,使产妇的注意力从自身转向孩子。要使产妇认识到,分娩结束后孩子与母体已经分开,哺育孩子已经开始,让产妇从对妊娠、分娩的回顾中走出来,学习进入新角色。母婴同室或家庭式产妇休养室,让产妇随时与孩子在一起,多抱孩子,促进母子亲情的培养,加速产妇注意力的转移和母亲角色的转换。

3. **鼓励产妇独立** 新生儿的护理包括情感性护理和动作性护理。情感性护理是用积极地态度去认识、考虑孩子的需求,如观察新生儿的需求,用眼睛与其交流,从新生儿的哭闹中了解其需求。动作性护理是具体的护理孩子的行为,如给孩子换尿布、更衣、抚摸、哺乳、沐浴、观察大小便等。指导产妇学习产褥期产妇、新生儿护理知识和技能,制订护理计划,鼓励产妇按计划将情感性护理与动作性护理有机地结合起来,独立完成自身和新生儿的护理,承担起母亲的责任,实现从依赖到独立的过渡。

(四)社会支持

丈夫和家人应该主动分担家务,积极参与产妇和新生儿的护理,培养新家庭的观念,给产妇关心、理解和无微不至的照顾。产妇及家庭成员要有正确的生育观,积极营造良好的家庭氛围,使产妇感受到家庭的温暖和亲人的关爱。医护人员要遵守保护性医疗制度,爱护产妇,耐心倾听并及时解答产妇提出的问题,如有新生儿窒息、出生缺陷或死亡等意外,选择适当的时机和方式,同家属一起告诉产妇,与分娩健康新生儿的产妇分开,避免触景生情,加重精神创伤。母婴保健人员应及时进行产褥期访视,做好检查、监测和指导。

(五)产褥期常见疾病的预防

考点:产褥期常见疾病的预防

1. **产褥感染** 产妇因分娩疲劳,产后机体抵抗力降低,生殖道防御功能减弱,软产道损伤,胎盘、胎膜残留等引起。预防原则:①妊娠晚期禁止性生活及盆浴;加强营养,增强体质;及时治疗阴道炎、慢性宫颈疾病。②分娩期防止急产、滞产、胎膜早破、软产道损伤、产后出血、胎盘胎膜残留等;产妇用物一定要清洁消毒,接产时严格无菌操作。③产褥期禁止性生活及盆浴,保持外阴清洁;加强营养,尽早下床活动,促进恶露排出。

2. 晚期产后出血　主要是胎盘、胎膜残留、子宫胎盘附着面感染或复旧不良、剖宫产术后子宫切口裂开等引起。预防原则：①产后认真检查胎盘、胎膜是否完整，如有残留及时清除；②产后仔细观察子宫收缩情况，子宫收缩不良者及时使用缩宫素；③剖宫产术时认真缝合切口；④做好卫生指导，避免产褥感染。

3. 尿潴留　大多数产妇正常分娩后4~8小时可以自然排尿，少数产妇因会阴伤口疼痛、分娩过程中膀胱受压致黏膜充血水肿、肌张力降低、产后疲劳、不习惯卧床排尿等原因，出现尿潴留。预防原则：①鼓励并帮助产妇产后2~4小时自行排尿；②排尿困难者鼓励产妇多喝水，用温水冲洗外阴或让其听流水声，诱导排尿；③在产妇下腹部热敷或按摩膀胱；④针刺关元、气海、三阴交等穴位，或肌内注射甲硫酸新斯的明0.5 mg；⑤上述方法均无效时留置导尿，3~4小时开放一次，1~2天拔除导尿管可恢复自主排尿功能。

4. 产后便秘　因产后产妇活动减少，肠蠕动减弱，腹肌及盆底肌松弛等引起。预防原则：①调整饮食，多吃蔬菜、水果等富含纤维素的食物。②尽早下床活动并做产褥期保健操。③便秘时可采用：每晚睡前口服果导片1片，或睡前服液状石蜡15~30 ml；每天肛门注入开塞露1支；温肥皂水灌肠等。

5. 子宫脱垂　多是由于产妇分娩时盆底组织、子宫韧带被过度牵拉损伤，张力降低，产后过早参加重体力劳动；或长期腹压增加，影响盆底组织、子宫韧带修复所致。预防原则：①头盆不称者应尽早行剖宫产结束分娩；②避免产后过早做下蹲动作和进行重体力劳动；③积极治疗慢性咳嗽、便秘等疾病；④做盆底肌肉的运动锻炼，如缩肛运动，增强盆底肌肉张力。

6. 产褥中暑　多因夏季室内通风不良，高温潮湿，体内余热不能及时散发引起体温调节中枢功能障碍所致。预防原则：①居室内要清洁、安静，空气要流通，并保持一定的湿度和温度；产妇衣着要宽松透气，既舒适，又利于散热。②指导产妇及家人要能识别中暑的先兆表现，并能及时处理。

实训五　产褥期保健操

【实训目的】
1. 掌握产褥期保健操动作要领。
2. 熟练指导产妇做保健操。

【时间安排】　2学时。

【实训地点】　多媒体教室、实践技能训练室，条件许可时可到医院产科产妇休息室。

【实训准备】
1. 产褥期保健操视频及多媒体设备。
2. 检查床（做产褥期保健操用）。
3. 条件许可时可到医院产科产妇休息室见习。

【实训步骤】
1. 观看产褥期保健操视频。
2. 教师示教产褥期保健操动作要领。
3. 让学生以6~8人为一组，分别扮演指导者和被指导者，分组练习产褥期保健操动作和指导方法，对照图示（图9-1）。
4. 条件许可时可到医院产科产妇休息室见习。

【实训内容】

产褥期保健操（图9-1）

第一节　深呼吸运动。仰卧，深吸气，收缩腹部肌肉，维持数秒钟后呼气，全身放松。

第二节　缩肛运动。仰卧，两臂平直放于身体两侧，收缩肛门，维持片刻后放松，促进盆底组织恢复。

第三节　抬腿运动。仰卧，两臂平直放于身体两侧，双腿交替上抬和并抬，与身体成直角，锻炼腹直肌和大腿肌肉力量。

第四节　腹背运动。仰卧，两臂平放于身体两侧，双膝稍屈并稍分开，双足底平放在床上，尽力抬高臀部和腰部，由肩和双足支撑身体重量，锻炼腰部肌肉力量。

第五节　仰卧起坐。锻炼腹直肌力量。

第六节　腰部运动。跪姿，双膝分开，肩肘垂直，双手平放在床上，腰部左右旋转，运动腰部肌肉。

第七节　全身运动。跪姿，双掌向下平放，双臂支撑在床上，左右腿交替向背后抬高，锻炼腿、腰背部及全身肌肉力量。

【注意事项】

1. 学生要认真观看产褥期保健操视频及教师示教，积极参加产褥期保健操训练。
2. 学生在医院产科产妇休息室见习时要遵守规章制度。
3. 学生要认真完成产褥期保健操训练指导实践报告，通过实践报告的书写，巩固实践课内容。

目标检测

1. 产褥早期血液处于
   A. 高凝状态　　　B. 稀释状态
   C. 纤溶状态　　　D. 血容量减少
   E. 白细胞减少

2. 正常恶露持续多长时间
   A. 1~2周　　　　B. 2~3周
   C. 3~4周　　　　D. 4~6周
   E. 5~6周

3. 不是产褥期产妇的心理变化特点的是
   A. 依赖　　　　　B. 喜悦
   C. 羞怯　　　　　D. 抑郁
   E. 恐惧

4. 产后早期因宫缩引起下腹部阵发性剧烈疼痛称
   A. 子宫痛　　　　B. 疼痛
   C. 腹痛　　　　　D. 痉挛痛
   E. 产后宫缩痛

5. 产后不能久站、久行、久坐、久看，目的是
   A. 避免过劳　　　B. 节制自己
   C. 保养身体　　　D. 休息为主
   E. 适当活动

6. 下列哪项是产后7天检查与监测最重要的内容
   A. 子宫复旧及恶露
   B. 下肢温度及血管搏动
   C. 一般情况
   D. 合并症及并发症
   E. 生命体征

7. 下列哪项不是预防便秘的措施
   A. 多喝水
   B. 多吃青菜和水果
   C. 尽早离床活动
   D. 做产褥期保健操
   E. 温肥皂水灌肠

8. 产后饮食指导不正确的是
   A. 产后饮食要品种多样
   B. 产后1~2天可进清淡易消化饮食
   C. 产后每天3餐外，可加2~3餐
   D. 产后产妇疲劳不宜进食
   E. Ⅲ度会阴裂伤产后1周内进无渣饮食

9. 下列哪项不是产褥期卫生保健指导的内容
   A. 每天2次冲洗或擦洗会阴

B. 每天应用温水洗漱
C. 为保温以盆浴为宜
D. 产妇褥汗多，应勤洗澡
E. 擦洗会阴用 1 ∶ 5000 高锰酸钾溶液或 1 ∶ 2000 苯扎溴铵

10. 产妇会阴有伤口，应该采取什么体位休息
    A. 半卧位　　　B. 平卧位
    C. 俯卧位　　　D. 同侧卧位
    E. 健侧卧位

11. 产后体育锻炼对下列哪项无促进作用
    A. 胃肠蠕动　　B. 排尿
    C. 血液循环　　D. 腹壁肌张力恢复
    E. 盆底肌张力恢复

12. 产褥期保健操指导不正确的是
    A. 产后第 2 天开始做产褥期保健操
    B. 由弱到强，循序渐进
    C. 每节做 8~16 次
    D. 每 1~2 天增加 1 节
    E. 直至产后 6 个月后选择其他锻炼方式

13. 下列哪项不是产褥期生殖系统变化
    A. 宫底 10 天降入盆腔
    B. 产后 1 周后宫颈内口关闭
    C. 经产型宫颈外口呈圆形
    D. 子宫下段恢复成子宫峡部
    E. 胎盘附着处的子宫内膜修复约需 6 周

14. 下列哪项不利于产后排尿
    A. 卧床排尿
    B. 针刺排尿
    C. 热敷下腹部
    D. 温水冲洗尿道周围组织
    E. 鼓励起床自行排尿

15. 引起中暑的因素是
    A. 子宫收缩不良
    B. 早期下床活动
    C. 重体力劳动
    D. 尿潴留
    E. 休息室通风不良

（庞丽平）

第十章 哺乳期保健

第一节 哺乳期妇女的生理、心理和社会特点

一、生理特点

1. 泌乳　妊娠期由于雌激素和孕激素的分泌增多，促进乳腺导管和腺泡的发育，为泌乳做好准备；但是此期雌激素、孕激素与催乳素竞争腺泡壁上的相应受体，因而并不泌乳。分娩后血中雌激素和孕激素浓度迅速下降，在催乳素的作用下，乳腺开始泌乳。

2. 排乳　婴儿吸吮刺激乳头神经末梢，兴奋经传入神经纤维传至下丘脑室旁核，反射性地引起腺垂体分泌催乳素，使血中催乳素维持较高水平。同时，吸吮刺激还可反射性地引起神经垂体分泌缩宫素，促使围绕在腺泡和导管周围的平滑肌收缩，将乳汁迅速挤压到导管及乳窦，并从乳头小孔射出，称为射乳反射。射乳后腺泡迅速排空，泡内压力降低，有利于乳汁的分泌。

二、心理和社会特点

1. 心理特点
 (1) 成就感：实现了做母亲的愿望，乳母感到特别的自豪。哺乳时面对婴儿吸吮、看着婴儿一天天的变化和成长，乳母感到无限的满足和愉悦，尽情享受婴儿成长带来的快乐。
 (2) 依赖：面对家庭人员的增加和孩子的哺育，乳母的生活变得紧张而忙碌，容易对丈夫和（或）父母产生依赖感，以弥补自身哺育经验的不足。
 (3) 担忧和焦虑：哺乳期妇女常因担忧孩子的生长发育是否正常、母乳营养成分和（或）量是否充足、产后体形能否恢复而感到焦虑不安，影响乳汁的分泌和身体健康。

2. 社会特点　世界卫生组织和联合国儿童基金会提出的《促进母乳喂养成功的十点措施》为母乳喂养创造了良好的社会环境，为哺乳期保健提供了重要的社会支持。

> **链接**
>
> **世界母乳喂养周**
>
> 世界母乳喂养周为每年8月1日至7日，是由世界母乳喂养行动联盟组织发起的一项全球性活动，其目的是促进社会和公众对母乳喂养重要性的正确认识和支持母乳喂养。目前在全球已有120个国家参与此项活动。

三、影响泌乳和排乳的因素

1. 生理因素
 (1) 婴儿吸吮：婴儿有力吸吮乳头的刺激，无论对乳汁分泌或排空均十分重要；因此，应做到母婴同室、按需哺乳。
 (2) 母亲身体状况：分娩时失血过多、剖宫产、产后子宫出血、会阴部感染等对乳汁分泌和母乳喂养不利，因此应尽量避免上述情况的发生。

（3）母亲衣着：日本东京女子大学泉谷希光教授研究发现，现代妇女生育后常发生无乳或缺乳的原因与哺乳期穿戴合成纤维胸罩有关，合成纤维进入乳管引起乳管堵塞，使排乳不畅。因此，哺乳期妇女不宜穿戴合成纤维的内衣和胸罩。

2. 心理因素　心理因素除可直接兴奋或抑制大脑皮质来刺激或抑制催乳素及缩宫素的释放，还可通过神经—内分泌来影响调控；因此，哺乳期妇女的心理状态直接影响到乳汁的产生和排出。

（1）哺乳早期：由于缺乏家人的关心、缺乏母乳喂养的自信心、担忧孩子吃不饱、对孩子的健康状况感到焦虑不安等因素，加之乳房缺乏孩子吸吮的刺激，使乳汁分泌反射不能建立，造成以后母乳喂养困难。

（2）哺乳后期：由于担心乳汁不足、乳汁营养不良、孩子生病等因素，加之上班后精神紧张、体力疲劳，使母亲失去继续母乳喂养的信心。很多母亲认为，产后4~6个月孩子添加辅食后可以不用母乳喂养，从而在上班前停止母乳喂养。

3. 营养因素　乳母营养与饮食成分对乳汁的质量有明显影响。Villar认为要保证泌乳成功，母亲必须在孕期储存约4kg以上的脂肪，蛋白质摄入量需在每天推荐摄入量的基础上额外增加20g。

4. 社会及环境因素　社会地位、经济条件和母亲受教育的程度对母乳喂养有明显的影响，因此有关母乳喂养的宣传教育指导能显著提高母乳喂养率。

5. 药物因素　避孕药含有黄体酮、睾丸素、雌激素类衍生物等，进入母体后可抑制泌乳素的生成，使乳汁分泌减少；同时，还会随乳汁进入婴儿体内，影响婴儿的生长发育。

第二节　哺乳期保健内容

一、营养指导

合理膳食对乳母非常重要，在哺乳期间乳母的膳食安排要注意以下几点：

1. 保证充足的能量供应　哺乳期每天能量供应约为3000kcal，其中蛋白质、脂肪和碳水化合物的供能比分别为13%~15%、25%~27%和58%~60%，才能保证乳汁的质量和婴儿的生长发育。

2. 食物多样化、粗细搭配　应尽量做到食物种类齐全，粗细搭配，以保证各种营养素的供给，提高食物的营养价值。乳母每日的膳食组成一般应包括：粮谷类400~500g，禽、鱼、畜肉类150~200g，蛋类100~150g，豆制品50~100g，牛奶250~500ml，蔬菜500g（绿叶蔬菜占1/2以上），水果100~200g，食糖20g，烹调油20~30ml，适当限制食盐。

3. 进食含钙、铁丰富的食物　促进婴儿生长发育和母亲健康需要充足的钙和铁，因此乳母应多摄入含钙丰富（如牛奶、酸奶、海产品等）和含铁丰富（如动物肝脏、瘦肉、鸡蛋、大豆等）的食物。

4. 摄入足够的蔬菜和水果　新鲜蔬菜和水果含有多种维生素、纤维素、果胶、有机酸、无机盐等成分，是乳母每日膳食中不可缺少的食物，每天需要保证供应100g以上。

5. 少食刺激性食物　刺激性大的食物（如香辛料、咖啡、酒等）可通过乳汁影响婴儿，需要特别注意，尽量不食。

6. 注意烹调方法　对于动物性食物（如畜、禽、鱼类）的烹调方法以煮或烧为最好，少用油炸；烹调蔬菜类食物时注意尽量减少维生素的损失。此外，乳母需要特别注意进食鸡、鸭、鱼、肉、菜汤，以促进乳汁分泌。

二、哺乳技术指导

1. 母子同室　母子同居一室，方便母亲直接照护婴儿，减少母亲的担心和忧虑，有利于母亲乳汁的分泌和按需哺乳。

2. 早接触、早吸吮、早开奶　婴儿娩出后，只要母子均健康，应尽早接触、早吸吮、早开奶，这对于正常哺乳的建立具有重要意义，也为母乳喂养成功奠定了基础。

3. 按需哺乳　应根据婴儿的饥饿情况随时进行喂哺，即按需进行；而不是机械的定时进行。

4. 正确的哺乳方法和挤奶方法

（1）哺乳时怀抱婴儿的姿势：①婴儿的头和身体呈一条直线；②婴儿身体贴近母亲；③婴儿的头和颈得到支撑，刚出生的新生儿应托其臀部；④婴儿鼻子对着乳头，下颌贴乳房。

（2）哺乳时母亲手托乳房的姿势：①手贴在乳房下的胸壁上；②示指托住乳房，拇指在上方；③母亲的手指不要离乳头太近。

（3）婴儿正确含接姿势：①母亲用乳头轻触婴儿嘴唇，直至婴儿嘴张大；②迅速将婴儿移向乳房，让其下唇在乳头的下方（下唇外翻）；③婴儿面颊鼓起呈圆形，舌呈勺状环绕母亲乳头及乳晕；④含接时可见母亲乳晕的下方几乎被婴儿嘴唇全包，上方的乳晕比下方多；⑤婴儿吸吮慢而深，能看到婴儿吞咽动作和听到婴儿吞咽的声音。

（4）母亲哺乳姿势、方法及时间：①除分娩最初几天可采取半卧位哺乳外，一般均应采用坐位哺乳，同时足下垫一个小凳子；②吸空一侧乳房再吸另一侧，后吸的一侧，下次哺乳时应先吸；③尽量让婴儿吸奶到满足为止，一般每次哺乳时间为6~20分钟；④哺乳完毕，母亲应先用示指轻压婴儿下颌，待婴儿放松乳头后再轻轻拔出，切忌在婴儿口腔呈负压状态下强行拔出乳头，以免造成乳头损伤；⑤挤出少许乳汁均匀地涂抹在母亲的乳头上，对乳头有保护作用；⑥将婴儿竖直抱起，头靠在母亲肩上，母亲用手轻拍婴儿的背部，帮助婴儿排出吞下的空气；⑦婴儿放在床上时先应右侧卧位。

（5）挤奶手法：母亲将拇指放在乳头及乳晕上方，示指放在乳头及乳晕下方与拇指相对，离乳头根部2cm处，其他手指托住乳房，用拇指和食指面向胸壁轻轻下压（手指固定，不要在皮肤上滑动），重复挤压、放松，沿着乳头依次挤压所有的乳窦。

三、特殊情况下的母乳喂养

1. 母亲方面

（1）心脏病：心功能Ⅰ、Ⅱ级的产妇可以实行母乳喂养，心功能Ⅲ、Ⅳ级的产妇不实行母乳喂养。

（2）肾脏疾病：肾功能不全的产妇，若产后恢复不良，不宜母乳喂养。

（3）高血压：乳母服用降压药物时，应考虑降压药对乳汁分泌的影响和药物进入乳汁后对哺喂婴儿的影响。

（4）糖尿病：妊娠期糖尿病患者，若产后血糖正常，可以实行母乳喂养。

（5）甲状腺功能异常：①甲状腺功能亢进：在有条件随访婴儿甲状腺功能的情况下，提倡接受甲状腺功能亢进药物治疗的母亲实行母乳喂养，但需每2~4周定期检测婴儿的血清甲状腺素和促甲状腺激素；②甲状腺功能减低症：在给予甲状腺素片治疗的前提下，可以母乳喂养，但应检测婴儿血清 T_4 和促甲状腺激素，以除外婴儿是否有先天性甲状腺功能减低症。

（6）过敏性疾病：①孕期过敏性疾病在产后继续存在（如过敏性鼻炎、荨麻疹、哮喘），可局部用药治疗，必要时可全身用小剂量抗过敏药物；②妊娠期严重哮喘需要用药控制的患者，一般产后需要药物预防发作，产后哺乳应重新评价；③产后用药需考虑药物对泌乳和婴儿的影响。

（7）结核病：①目前认为母亲肺结核治疗1周后，母婴可以接触；②婴儿接种卡介苗，可以实行母乳喂养；③母亲接受三联治疗，则给予婴儿异烟肼预防治疗。

（8）感染性疾病：①急性甲型肝炎伴有黄疸时，应暂缓母乳喂养；②由于新生儿接种乙肝疫苗，乙型肝炎 HbsAg 阳性母亲可以母乳喂养、HbeAg 阳性母亲不应母乳喂养；③母亲为艾滋病患者，不应母乳喂养；④母亲患上呼吸道感染或产褥感染时，可以母乳喂养。

（9）癫痫：母亲为癫痫患者，不应母乳喂养。

（10）其他：①母亲运动后因乳汁含有较高水平的乳酸，故应休息30分钟后再哺乳；②乳母发热时，由于乳汁浓缩，可使婴儿发生消化不良，应将乳汁挤出稀释后再喂。

2. 婴儿方面

（1）早产儿的母乳喂养：①生后第1天，每天按60ml/kg乳汁，分成8份，每隔3小时喂1次；②生后第2天，每天按80ml/kg乳汁喂养；③生后第3天，每天按100ml/kg乳汁喂养；④生后第4天，每天按100ml/kg、再增加20ml乳汁喂养；⑤生后第8天起，每天按200ml/kg乳汁喂养，并按此量连续喂养到婴儿体重达到1800g。

（2）双胎儿的母乳喂养：研究发现，单胎儿的母亲每天分泌800~1500ml乳汁，双胎儿的母亲每天能分泌2500ml乳汁，可以满足两个婴儿的营养需要。

（3）患病婴儿的母乳喂养：①一般处理原则：对于患儿（尤其是高危儿）应坚持母乳喂养，如果患儿不能吸吮，母亲可以将奶挤出后用管子、勺子或杯子喂给患儿；②患有半乳糖血症的婴儿：明确诊断后，应立即停止母乳及奶制品喂养，给予不含乳糖的特殊代乳品喂养；③患有苯丙酮尿症和枫糖尿症的婴儿：明确诊断后，减少母乳喂养，给予特殊的氨基酸配方奶粉喂养。

四、哺乳期用药指导

1. 哺乳期用药应注意的问题

（1）药物对乳汁分泌的影响

1）抑制乳汁分泌的药物：①雌激素：促使乳腺导管增生，大剂量抑制腺垂体催乳素的释放，减少泌乳；②溴隐亭：抑制催乳素分泌，减少泌乳；③呋塞米：减少泌乳，可能与大量利尿有关。

2）增加乳汁分泌或促进乳房发育的药物：①氯丙嗪、舒必利：减少催乳素抑制因子的分泌，增加乳汁分泌；②西咪替丁：有抗雄激素的作用，可促进乳房发育和泌乳。

（2）药物透过血乳屏障的难易程度：①药物进入乳汁的难易程度与其性质相关；②大分子药物不易进入乳汁，小分子药物较易进入乳汁；③蛋白结合率高的药物相对不易进入乳汁，蛋白结合率低和脂溶性较强的药物易进入乳汁；④有机碱类药物较易进入乳汁，有机酸类药物较难进入乳汁。

2. 哺乳期可选用的药物 ①呼吸系统药物：如沙丁胺醇（吸入）、茶碱、泼尼松龙；②心血管系统药物：如β受体阻滞剂、甲基多巴、肼屈嗪；③抗凝血药物：如华法林、肝素；

④解热镇痛药物：如对乙酰氨基酚；⑤抗癫痫药物：如卡马西平、苯妥英钠、丙戊酸钠。

3．哺乳期禁用药物　如需应用下列药物，须停止哺乳：①抗生素：乳母服用任何一种抗生素，均必须停止哺乳；②抗病毒药物：大多数抗病毒药物，包括利巴伟林、金刚烷胺；③抗凝血药物：如苯茚二酮；④抗甲状腺药物：如他巴唑；⑤解热镇痛抗炎药物：如吲哚美辛；⑥降血糖药物：如甲苯磺丁脲；⑦阿片类药物：如吗啡、可待因、美沙酮等；⑧苯二氮䓬类：如地西泮、氯氮䓬等；⑨锂盐：如碳酸锂；⑩其他：如溴化物、西咪替丁、烟酸、水杨酸类、麦角胺、抗肿瘤和抗代谢药物。

五、哺乳期避孕指导

哺乳期妇女（尤其是产后 3 个月以上者）大多已恢复了卵巢的排卵功能，因此产后及哺乳期第 1 次恢复性生活时即应采取避孕措施。

1．选择避孕方法的原则　主要包括：①不影响乳汁分泌；②适合乳母产后生理特点，如月经未复潮、引道分泌液较少等；③以男用避孕方法为主。

2．可选择的避孕方法

（1）宫内节育器：是一种安全、高效、可长期使用、取出后很快恢复生育功能的避孕方法，可在产后 6 周或剖宫产后 8~10 周（若月经已复潮，可在月经干净后 3~5 天）到医院放置宫内节育器。

（2）皮下埋植法：为在产后妇女皮下埋植缓释避孕药，埋植 24 小时后开始发挥避孕作用，有效期 5 年，对哺乳无影响，适用于哺乳期妇女。

（3）狄波—普维拉长效避孕针：是哺乳期比较理想的避孕方法，由单纯孕激素制成，不含雌激素，不影响乳汁的分泌和质量，不影响婴儿的生长发育。使用方法为：产后立即或月经来潮第 5 天注射 1 针狄波—普维拉 150mg，以后每 3 个月注射 1 针狄波—普维拉 150mg。

（4）避孕套：男用避孕套和女用避孕套应为哺乳期妇女比较好的避孕工具，为增强避孕效果，最好与避孕膏同时使用。

3．不宜采用的避孕方法

（1）哺乳避孕：当婴儿吸吮母亲乳头时，母亲的垂体分泌泌乳激素和内啡肽，抑制排卵，推迟月经的恢复；但是由于无正常的月经，无法计算，可能发生哺乳期妊娠。

（2）复方避孕药：避孕药中的雌激素对乳汁分泌影响最大，不仅使乳汁分泌量减少，而且使乳汁中营养成分降低。

（3）阴道避孕药膜：因其属水溶性薄膜，而哺乳期妇女阴道较干燥，导致药膜不易完全溶化，杀精子的药物释放不充分，容易发生避孕失败。

六、哺乳期乳房保健

1．哺乳期乳房保健措施

（1）哺乳前：用热毛巾热敷一下乳房或揉一揉乳房，有利于刺激排乳；但是不能用肥皂液、酒精等刺激性强的液体擦洗乳头，以免乳头被损伤。

（2）哺乳时：一定要将乳头及乳晕的大部分放入婴儿口腔中，以减轻婴儿吸吮对母亲乳房的牵拉，同时婴儿也容易较快吃饱。

（3）哺乳结束前：要用示指轻轻按压婴儿的下颌，让婴儿自然吐出乳头，注意避免硬拉乳头引起乳头或乳房损伤。

（4）哺乳后：乳母可用少许乳汁涂抹在乳头上，对乳头起保护作用。

（5）乳房的锻炼：哺乳期间每天用温水洗浴乳房 1~2 次，每天坚持做胸前肌肉的运动（如扩胸运动、俯卧撑等），以加强乳房的锻炼。

（6）穿戴胸罩：哺乳期间应穿戴合适的棉质胸罩，以改善乳房的血液循环，减少乳房下坠。

2. 哺乳期常见乳房疾病的防治

（1）乳头皲裂

1）原因：①孕期未做好乳房保健；②未能掌握正确的哺乳技巧，婴儿吸吮姿势不正确，未将乳晕含入口腔所致；③婴儿吸吮完毕口腔仍处于负压状态时强行拔出乳头。

2）处理：①做好乳房局部清洁和护理；②每次哺乳后用羊脂油涂抹，以保持乳头的柔润；③纠正婴儿的吸吮姿势，避免不正确的吸吮造成反复的乳头皲裂；④穿戴棉质的内衣和乳罩；⑤如因乳头皲裂疼痛影响哺乳时，可使用吸奶器和特制的乳头防护罩。

（2）乳管阻塞

1）原因：常见于乳房未完全吸空、不按时哺乳及乳房受压所引起的乳汁淤积。

2）处理：①进行乳房湿热敷和按摩，以疏通淤积的乳汁；②哺乳时婴儿先吸吮患侧，同时按摩患侧乳房；③每次哺乳时应改变姿势，以利于各部位乳汁引流排空；④帮助婴儿正确含接，有效吸吮；⑤婴儿因某些原因不能吸吮时，及时将奶挤出或吸出。

（3）乳腺炎

1）原因：通常由于乳头皲裂和（或）乳腺导管阻塞等原因引起。

2）处理：①尽早使用吸奶器，在未发生乳腺脓肿时，吸出的乳汁可以哺喂婴儿，如发生了乳腺脓肿，应丢弃吸出的乳汁；②如果乳房某局部表现为红、肿、热、痛等急性炎症过程，应及时到医院就诊，在医师指导下进行抗感染治疗。

目标检测

1. 影响泌乳的因素不包括
   A. 婴儿吸吮
   B. 乳母心理状况
   C. 乳母营养
   D. 家庭环境和经济条件
   E. 乳母运动

2. 哺乳期保健内容不包括
   A. 哺乳期营养指导
   B. 哺乳技术指导
   C. 哺乳期用药指导
   D. 哺乳期避孕指导
   E. 哺乳期工作指导

3. 哺乳期不宜选择的避孕方法
   A. 皮下埋植法
   B. 宫内节育器
   C. 狄波—普维拉长效避孕针
   D. 自然避孕
   E. 避孕套

4. 哺乳期常见乳房疾病不包括
   A. 乳头皲裂
   B. 乳头错觉
   C. 乳管阻塞
   D. 乳汁淤积
   E. 乳腺炎

5. 哺乳期可选用药物
   A. 地西泮
   B. 抗生素
   C. β 受体阻滞剂
   D. 吲哚美辛
   E. 可待因

6. 下列有关母乳喂养的宣传教育中哪项不正确
   A. 临产前准备好奶粉和奶瓶
   B. 母婴同室
   C. 早吸吮
   D. 按需哺乳
   E. 掌握正确的哺乳姿势

7. 哺乳期营养指导不正确的是
   A. 保证充足的能量供应
   B. 食物多样化
   C. 粗细搭配
   D. 摄入足够的水果和蔬菜
   E. 为刺激食欲，可多食辛辣的食物
8. 可以实行母乳喂养的产妇是
   A. 乙型肝炎 HbeAg 阳性的产妇
   B. 患有艾滋病的产妇
   C. 心功能Ⅰ、Ⅱ级的产妇
   D. 患有癫痫的产妇
   E. 肾功能不全尚未恢复的产妇
9. 下列有关哺乳期保健的叙述哪一项是错误的
   A. 提倡按需哺乳
   B. 保证乳母的休息和睡眠
   C. 保证乳母充足的能量供应
   D. 提倡母婴同室
   E. 鼓励心功能Ⅲ、Ⅳ级的产妇实行母乳喂养
10. 下列哪项不属于哺乳期保健目的
    A. 宣传母乳喂养的好处
    B. 提高哺乳技巧
    C. 提供科学育儿指导
    D. 筛查遗传性疾病
    E. 促进母乳喂养

（郑　惠）

第十一章　生育调节期保健

第一节　生育调节期妇女的生理、心理和社会特点

20世纪90年代，"生殖健康"概念的形成，逐渐得到了国际社会的普遍接受和重视，也为我国计划生育事业的发展拓宽了思路，提供了有益的经验。

一、生 理 特 点

1. 20世纪90年代以来，我国15~49岁的妇女群体的数量是前所未有的，将会带来新的问题，值得重视和探讨。我国基本国策要求育龄妇女实行晚婚、晚育、少生、优生，这也是现代社会的趋向。因此，妇女在30~35年的育龄阶段，仅有1~2年处于围产期中，其余几乎近30多年的时间为生育调节期。此期在女性一生中是最长的一个阶段，也是事业和家庭生活最繁忙的时期，对妇女健康的意义重大。

考点： 生育调节期的生理特点

2. 生育调节期约持续30年，跨越女性一生的青年和中年阶段，身心发育成熟而且比较稳定。此期具有活跃的生理功能，其中性生殖活动的调节通过神经系统和下丘脑—垂体—卵巢轴所分泌的激素，逐级精细地进行。下丘脑是性生殖的高级控制中枢，既受大脑皮质活动的影响，也受脑垂体和卵巢分泌的激素的反馈作用所制约。体内外许多因素如社会因素、气候、光线、情绪、嗅味都可能影响妇女的性生殖生理过程。下丘脑—垂体—卵巢轴的功能活动具有周期性的节律，借以调节和控制妇女生殖器官解剖、生理的周期性变化。

二、心理和社会特点

1. 妇女生育调节期的心理状态对生育调节的开展及成效影响很大，主要包含有女性性心理、心理卫生、成才心理、恋爱与婚姻心理、家庭心理、生育心理等方面。生育意愿是指人们对自己生育行为的愿望和期求，而生育调节则是对人们的生育行为进行控制与调节，它必须以生育意愿为心理基础才能落实。

2. 20世纪80年代以来，我国对城乡青年进行的生育意愿与心理调查表明：①多数人愿意只生一胎，部分人希望生两胎；②重男轻女和儿女双全的传统观念影响还较大；③夫妇受教育时间越长，理想子女数目越少，反之亦然；④农村中生育目的养儿防老、传宗接代的传统观念仍重；⑤城市对生育则以应尽的社会职责、调剂家庭生活、维护夫妻感情为主。

3. 大部分生育调节期妇女负担劳动（工作、农务、家务）过重、时间过长，报酬和休息均不足，还要承受生殖健康问题的后果，例如某些节育方法的并发症，这些都加重了生育调节方面一些问题的严重性。

4. 目前，对性与生育调节、生殖健康三者之间的关系和知识了解不够，这一领域尚待我们探讨，社会、经济与文化、地域等因素对生育调节与生殖健康的影响仍待我们进一步研究。

第二节　生育调节期保健

进入21世纪，随着我国人口增长过快，带来了一系列深远的社会、经济与环境变化，"大

人口"、"人口安全"概念随即被提出,对计划生育技术服务又提出了新的、更高标准的要求。

一、保健的概念和意义

(一)生育调节期保健的概念

考点: 生育调节期保健的概念

生育调节期保健是指在实行生育调节过程中,为保护妇女和儿童的健康而提供有效、安全和可接受的生育调节保健服务。对生殖健康的考虑必须从生育调节、计划生育开始,大多数育龄期妇女的生育调节目标是计划生育。自20世纪80年代以来我们就已经认识到仅依靠单纯的避孕技术难以控制人口,避孕技术的发展和成就,不能离开社会问题而独立存在。

(二)生育调节期保健的意义

1. 有利于提高人口素质　生育调节期保健的普及,使育龄妇女通过节育措施,避免在不希望或不良的内外条件下怀孕,如婚前怀孕或接触有害因素及患某些疾病期怀孕。选择在各方面条件恰当的时候妊娠生育,有利于优生。加上少生,可使生活水平和教育质量易于提高,更有利于儿童的健康成长。

2. 有利于保护妇女与儿童健康　生育调节期保健对妇女在生育上的要求,具体可总结为:晚(婚育)、稀(生育间隔)、少(出生数)、优。而早婚、早育、生育过密、多育是严重影响妇女及下一代健康的高危因素。国际计生联(1986)发出号召要努力改变某些国家和地区"妇女15岁开始生育,女性平均寿命仅40岁"的落后面貌。据WHO(1992)估算,全世界每天约发生91万次受孕,其中50%为非意愿情况下怀孕,25%孕妇肯定不要孩子。目前,中止意外妊娠的方法,主要是人工流产。全球每天约进行15万次人工流产,其中有1/3以上是违法的、不安全的。全世界因为此原因导致孕妇死亡约500人/天,而有些落后地区人工流产死亡率竟高达2400/10万。生育间隔过密是婴儿死亡率高的重要高危因素。WHO在印度部分地区调查的结果见表11-1。意外妊娠如任其分娩,则是溺爱或虐待儿童的危险因素。美国有调查研究指出,意外妊娠、分娩的儿童中,许多人有教育和行为问题。

表11-1　生育间隔年限与婴儿死亡率的关系

生育间隔年限(年)	婴儿死亡率(‰)
<1	200
1~	145
2~	100
3~4	80

3. 有利于控制人口增长过快　目前全球人口增长率为1.7%,即每分钟增加146人,每天增加21万人。我国人口增长率为1.2%,每天增加5万人。1930年全球人口为20亿,我国为4.5亿。1988年全球人口为50亿,我国为11.7亿。目前,世界人口总数为69.09亿,我国人口最多,达到13.54亿。预计到2050年世界人口将增至91.5亿,比目前增加22.41亿。现代人均寿命较本世纪以前增加1倍,但年均消耗资源增加9倍。人口增长过快如不加以控制,将是国家和人民无法忍受的负担。除推迟婚龄与生育时间,可使子女数目减少外,经济收入越高地区,生育也越少及越晚。但最主要是普及计划生育保健,推广应用可靠的节育措施,以降低人口出生率。出生率与节育率间有一定依存关系。一般而言,节育率<20%,则人口出生率>34‰;节育率>70%,则出生率<16‰。即节育率提高2.4%,出

生率可下降1‰。自20世纪60年代以来，生育调节的焦点已超出人口学的范畴，生育调节在社会、经济发展过程中对人类健康所起的作用日益受到重视，评审生育调节保健工作的标准已由单纯人口指标扩展到服务质量和生殖健康上。

二、保健的内容和方法

从"大人口"、"人口安全"概念的出发，我们的计划生育技术工作需要从以下几个方面不断改进和加强：①开展避孕方法的知情选择；②为育龄群体提供优质的生殖保健服务；③提高男性参与计划生育的责任感和积极性；④注意流动人口、下岗待业人员等特殊人群的生殖保健需求；⑤减少非意愿妊娠；⑥深入开展生殖健康教育和生殖健康促进。这几方面的工作，对于我们现有的妇幼保健及计划生育技术队伍，不仅需要有为人民服务的奉献精神，而且需要不断学习新的知识，对技术精益求精。

（一）生育调节期保健的内容

"生殖健康"的专业内容主要包括：①生殖与生育调节和性生活能力；②生育调节和性活动过程的安全性；③妊娠分娩与胎儿生长发育成熟。其中生殖与生育调节和性生活能力、生育调节和性活动过程的安全性既有区别，又有联系，均为生育调节期的内涵之一；而妊娠分娩与胎儿生长发育成熟则属于围产期的范畴。

> 考点：生育健康的基本内容

1. **生育调节期健康教育** 根据不同对象、时间、场合，采用不同方式方法，传播有关生育调节期的科学知识，以达到提高认识和改变不科学的生育观、不符合卫生保健的态度与行为，提高自我保健能力的目的，还要及时评估教育效果。

2. **节育方法的咨询、指导与服务**

（1）以社区群体为对象的生育调节保健服务：对群体中推广的各种节育方法进行流行病学调查，分析比较不同方法的可接受性、有效性、安全性及副反应，以便进一步研究，为当地落实生育调节保健服务提供决策依据。

（2）个别咨询与指导：了解其要求与问题，进行讨论以解除顾虑，使能自觉自愿选择恰当的节育方法，并指导其能正确使用，做好随访与反馈。

（3）对群体的生育调节保健需求进行调查研究。

（4）对"高危"人群，重点提供生育调节保健服务：对"高危"人群，如哺乳期妇女、剖宫产术后、多次人工流产史、子宫手术史、子宫畸形、严重全身性疾病者等，均应及时提供重点服务，避免意外妊娠所造成的不良后果。

（5）各种节育方法的具体保健服务：如放（取）宫内节育器、绝育术、各种避孕药应用、工具阻断避孕法、自然避孕法、人工流产术等的技术服务及技术质量管理。

3. **保健咨询** 对不同时期的育龄妇女，如人工流产后，其他计划生育手术后的妇女进行保健咨询和指导。

4. **育龄妇女的性保健** 围绕结婚前后、生育前后、哺乳期等阶段的性卫生保健进行咨询、诊断及治疗。

5. **技术培训** 培训基层生育调节期保健的技术队伍，并予定期考核。

6. **生育调节期保健系统及网络系统的管理**

（1）统计数据的收集、整理、分析、利用。

（2）及时交流信息。

（3）生育调节期保健人员的培训规划与质量管理及效果评估。

（4）技术质量与服务质量的反馈与管理。

（5）计划生育手术并发症的管理。

7．开展生育调节期保健的研究

（1）各种节育技术推广方法的研究。

（2）各种节育技术的效果、可接受性、长期安全性的研究。

（3）不孕症流行病学的研究。

（4）改善生育调节期保健服务系统的研究，包括如何在村级就近提供服务，如何提供更好选择以提高生育调节期保健的覆盖面与效果，怎样将服务重点放在教育程度低的妇女身上。

（5）各有关专题的研究。

（二）生育调节期保健的方法

1．懂得受孕、避孕的科学知识，知情选择避孕措施，做到有计划生育，避免计划外妊娠和人工流产。

2．握孕前保健和孕产期保健知识，保证自己能健康地渡过妊娠期，安全分娩，顺利康复，孕育健康的下一代。

3．注意环境卫生，做好各种有毒有害因素的防护，避免家务劳动和职业劳动中的有害因素对妇女健康和生殖机能的影响。

4．积极做好妇科病的防治。当生殖生理的各种现象如月经、白带、盆腔与腹部发生异常或不适时，应及早就诊，最好能定期进行妇科检查。

第三节 生育调节期常见疾病的防治

案例分析 11-1

患者，女性，38岁。因白带增多1年，呈黏液状，伴下腹坠胀感及腰骶部疼痛，近来偶有性交后出血来就诊。妇科检查：宫颈糜烂面积占全部宫颈面积的1/2。

问题：1．此患者的诊断是什么？

2．为排除宫颈癌，首选的检查项目是哪项检查？

3．此病最好的治疗方法是什么？

4．简述对此患者进行物理治疗的护理及注意事项。

一、阴道炎症

阴道炎症是生育调节期最常见的疾病，各年龄组均可发病。生育年龄的妇女性生活较频繁，且外阴阴道是分娩、手术操作的必经之道，容易受到损伤及感染。

（一）滴虫性阴道炎

1．病原体 阴道毛滴虫。

2．传播方式 ①经性交直接传播。②间接传播：经公共浴池、浴盆、浴巾、游泳池、坐式便器、污染的器械及敷料等传播。

3．临床表现 主要症状是阴道分泌物增多及外阴瘙痒，间或有灼热，疼痛，性交痛等。分泌物典型特点为稀薄脓性，黄绿色，泡沫状，有臭味。检查见阴道黏膜充血，散在出血点，形成"草莓样"宫颈，后穹隆有多量白带，呈灰黄色、黄白色稀薄液体或黄绿色脓性分泌物，常呈泡沫状。

4．诊断 阴道分泌物中找到滴虫可确诊。

5. 治疗　甲硝唑或替硝唑。性伴侣同时治疗。妊娠合并滴虫性阴道炎时的治疗最好取得患者及其家属的知情同意。为避免重复感染，内裤及洗涤用的毛巾应煮沸 5~10 分钟以消灭病原体。

（二）外阴阴道假丝酵母菌病

1. 病原体　白假丝酵母菌。
2. 传播途径　主要为内源性传播；少部分可通过性交直接传染；极少通过接触污染的衣物间接传染。
3. 临床表现　主要表现为外阴瘙痒，灼痛，性交痛以及尿痛。分泌物特征为白色稠厚呈凝乳或豆腐渣样。
4. 诊断　在阴道分泌物中找到假丝酵母菌的芽生孢子或假菌丝即可确诊。
5. 治疗原则　消除诱因。根据患者情况选择局部或全身应用抗真菌药。常用药物：咪康唑，制霉菌素，氟康唑等。

二、宫颈炎症

宫颈炎症是常见的女性下生殖道炎症。正常情况下，宫颈具有多种防御功能，包括黏膜免疫，体液免疫及细胞免疫，是阻止下生殖道病原体进入上生殖道的重要防线，但宫颈也容易受性交，分娩及宫腔操作的损伤，且宫颈管单层柱状上皮抗感染能力较差，容易发生感染。

（一）急性宫颈炎

1. 病因及病原体　淋病奈瑟菌及沙眼衣原体。
2. 临床表现　阴道分泌物增多，呈黏液脓性，可伴有外阴瘙痒及灼热感，妇科检查可见宫颈充血水肿，黏膜外翻，有黏液脓性分泌物附着，甚至从宫颈管流过，宫颈管黏膜质脆，容易诱发出血。
3. 诊断　出现临床表现，可做出宫颈炎症的初步诊断。由于宫颈炎也可以是上生殖道感染的一个征象，因此，对宫颈炎患者应注意有无上生殖道感染。
4. 治疗　主要为抗生素药物治疗。如第三代头孢菌素、氨基糖苷类、激素类、红霉素类、喹诺酮类。

（二）慢性宫颈炎

慢性宫颈炎常有急性子宫颈炎转变而来，临床上慢性宫颈炎多见。

1. 病理　慢性子宫颈炎包括子宫颈糜烂、宫颈肥大、宫颈息肉、宫颈腺体囊肿、宫颈内膜炎五种病理改变，其中以子宫颈糜烂最常见。
2. 临床表现　慢性子宫颈炎的主要症状表现为白带增多，由于病原体、炎症的范围及程度不同，白带量、性质、气味、颜色也不同。可呈淡黄色脓性，乳白色黏液状，可有血性白带或性交后出血。
3. 辅助诊断　宫颈刮片、活体组织检查、TCT、HPV 检查等。
4. 治疗原则　慢性子宫颈炎包括局部治疗与全身治疗，以局部治疗为主，局部治疗可采用药物治疗、物理治疗及手术治疗。

物理治疗：适用于糜烂面积较大和炎症浸润较深的患者。

药物治疗：适用于糜烂面积较小和炎症浸润较浅的患者。①阴道药栓；②阴道冲洗液（如阴道药栓、阴道冲洗液）。

三、盆 腔 炎

盆腔炎是指女性上生殖道的一组感染性疾病，主要包括子宫内膜炎、输卵管炎、输卵管卵巢脓肿、盆腔腹膜炎。盆腔炎性疾病若未能得到及时彻底治疗，可导致不孕、输卵管妊娠、慢性盆腔痛以及炎症反复发作，从而严重影响女性的生殖健康，且增加家庭与社会经济负担。

1．病原体及其致病特点　①外源性病原体：沙眼衣原体，淋病奈瑟菌。②内源性病原体：来自原寄居于阴道内的菌群，以需氧菌及厌氧菌混合感染多见。

2．感染途径　①沿生殖道黏膜上行蔓延；②沿淋巴系统蔓延；③经血循环传播为结核菌感染的主要途径；④直接蔓延。

3．临床表现　轻者无症状或症状轻微，常见症状为下腹痛、发热、阴道分泌物增多。腹痛为持续性，活动性或性交后加重。若病情严重可有寒战、高热、头痛、食欲缺乏。若有脓肿形成可有下腹包块及局部压迫刺激症状。盆腔检查：阴道可见脓性臭味分泌物，宫颈充血，水肿，穹隆触痛明显，宫颈举痛，宫体稍大、有压痛，活动受限，子宫两侧压痛明显，宫旁结缔组织炎时，可累及宫旁一侧及两侧片状增厚。

4．治疗　主要为抗生素药物治疗，必要时手术治疗。

5．预防　注意性生活卫生，减少性传播疾病；及时治疗下生殖道感染；加强公共卫生教育，提高公众对生殖道感染的认识及预防感染的重要性；严格掌握妇科手术指征，做好术前准备，术时注意无菌操作，预防感染；及时治疗盆腔炎性疾病，防止后遗症发生。

四、宫 颈 癌

宫颈癌是常见的妇科恶性肿瘤。原位癌高发年龄为30~35岁，浸润癌为50~55岁。近40年由于宫颈细胞学筛查的普遍应用，使宫颈癌和癌前变得以早期发现和治疗，宫颈癌的发病率和死亡率已有明显下降。

1．病因　尚未完全明了，可能与以下因素有关：①性行为及分娩次数；②病毒感染。

2．临床症状与体征　①早期无症状。②阴道不规则出血。③阴道排液：白带多，呈淘米水样或脓血样，伴恶臭。④疼痛：见于晚期宫颈癌。

3．辅助诊断　①宫颈细胞学检查；②阴道镜下取宫颈组织活检。

4．治疗方案　应根据每个患者的具体情况制订治疗方案。

5．预后　①早期宫颈癌不论是手术或放疗，5年生存率高。②晚期宫颈癌预后差。术后应随访。如术后3个月、半年、1年、2年行阴道检查，盆腔检查，必要时做细胞学或组织学病理检查。

五、子 宫 肌 瘤

子宫肌瘤是女性生殖器官中最常见的良性肿瘤，主要是由子宫平滑肌细胞与少量纤维组织组成。根据肌瘤生长部位不同可分为子宫颈肌瘤与子宫体肌瘤；若根据肌瘤与子宫壁的关系，分为浆膜下肌瘤、壁间肌瘤与黏膜下肌瘤。

1．临床症状　①病史：月经改变，月经量多或经期延长；②阴道流血：经血量多，经期延长，见于黏膜下肌瘤或壁间肌瘤；③白带增多：常见于黏膜肌瘤的表面坏死、感染，呈血性白带有臭味；④压迫症状：肌瘤压迫膀胱产生尿频或尿潴留，压迫直肠产生便秘或排便困难；⑤不孕症。

2. 辅助诊断 ①宫腔镜或诊断性刮宫或碘油造影,有助于黏膜下肌瘤的诊断;②B超:有助于子宫肌瘤诊断,以及与腺肌瘤的鉴别诊断。

3. 治疗 治疗方案取决于患者年龄、症状、肌瘤的部位、大小、数目,以及患者是否需要保留生育功能等。①随访观察:无症状肌瘤一般不需治疗,每3~6个月随访一次;②药物治疗:适用于症状轻,近绝经年龄或全身情况不宜手术者;③手术治疗。

链　接

子宫肌瘤治疗特别提示

子宫肌瘤治疗特别提示:选择药物治疗前,应先行诊断性刮宫做内膜活检,排除恶性病变。凡药物治疗失败,不能减轻症状或疑恶性变者则应手术治疗。行肌瘤根除术者,术前须有子宫内膜的病理检查,以排除子宫内膜癌前病变或癌变。

六、痛　经

在月经来潮前后或月经期间出现下腹部疼痛、坠胀,伴有腰酸或其他不适而影响生活者称为痛经。痛经分为原发性和继发性两类。所谓原发性指生殖器官无器质性病变的痛经,占痛经的90%以上;继发性指盆腔器质性疾病引起的痛经,如子宫内膜异位症、盆腔慢性炎症、生殖器官肿瘤等。

（一）原发性痛经

1. 病因 ①可由于精神过度紧张,过敏体质,体质差或经期过度疲劳,寒冷刺激等引起;②生殖器官发育不良或器官位置异常;③子宫内膜前列腺素含量增高。

2. 症状 经期下腹痛,大多发生于年轻女性。可伴恶心,呕吐,面色苍白。

（二）继发性痛经

1. 多见于生育后的妇女。患者逐渐出现腹痛且进行性加重,伴随有腰骶部疼痛。
2. 患者常有子宫内膜异位症,急慢性盆腔炎,子宫肌瘤。
3. B超检查可以提示子宫腺肌症,子宫肌瘤,附件炎症或卵巢囊肿等诊断。
4. 治疗原则 ①解痉止痛;②前列腺素拮抗剂;③继发性痛经治疗,主要针对病因治疗。

目标检测

1. 生育健康的基本内容不包括下列哪一项
   A. 生殖与生育调节和性生活能力
   B. 生育调节和性活动过程的安全性
   C. 妊娠分娩
   D. 胎儿生长发育成熟
   E. 更年期综合征的治疗和护理

2. 下列哪项不属于生育调节期保健的内容
   A. 生育调节期健康教育
   B. 节育方法的咨询、指导与服务
   C. 保健咨询
   D. 青春期妇女的保健
   E. 开展生育调节期保健的研究

3. 滴虫性阴道炎最主要的直接传播途径是
   A. 血液
   B. 妇科检查器具
   C. 游泳池
   D. 性交
   E. 公共浴池

4. 患者,女性,35岁,自诉5天来外阴奇痒,灼痛。妇科检查:阴道黏膜红肿并附有白色膜状物,阴道分泌物呈豆渣样,应诊断为
   A. 淋病
   B. 前庭大腺炎
   C. 尖锐湿疣
   D. 滴虫性阴道炎
   E. 外阴阴道假丝酵母菌病

5. 某急性盆腔炎患者在就诊时发现有盆腔脓肿存在,护士应配合进一步检查确诊的项目是

A. 血常规
B. 后穹隆穿刺抽出脓液
C. 血培养
D. 尿培养
E. 阴道分泌物培养

6. 某患者，女性，54岁，不规则阴道流血、流液半年来医院检查。妇科检查：宫颈菜花样组织，宫体大小正常，活动差，考虑宫颈癌，需做哪项检查
   A. 碘试验
   B. 宫颈刮片细胞学检查
   C. 阴道镜检查
   D. 宫颈和颈管活组织检查
   E. 分段诊刮

7. 某患者，女性，36岁，近1年来经量增多，经期延长。妇科检查：子宫呈不规则增大，如孕3个月大小，表面结节状突起，质硬，诊断应首先考虑
   A. 妊娠   B. 子宫颈癌
   C. 子宫肌瘤   D. 子宫内膜癌
   E. 卵巢肿瘤

8. 某女性患者，40岁。因子宫肌瘤入院。护士在评估健康史时，应重点追溯的内容是
   A. 高血压家族史
   B. 是否有早婚早育史
   C. 是否长期使用雌激素
   D. 肿瘤家族史
   E. 饮食习惯

9. 关于宫颈癌，下列哪项说法是错误的
   A. 一般妇女要求2~3年1次防癌普查
   B. 多为鳞状细胞癌
   C. 好发于宫颈外口鳞柱状上皮交界处
   D. 与早婚、早育、多产、宫颈糜烂有关
   E. 手术治疗适用于原位癌和早期浸润癌

10. 刘女士，32岁。因低热、乏力1年，加重1月，伴下腹坠胀2个月来诊。妇科检查：子宫活动受限，与周围粘连固定，双附件区增厚压痛。该病人最可能的诊断是
    A. 急性宫颈炎   B. 盆腔结核
    C. 慢性盆腔炎   D. 急性盆腔炎
    E. 慢性宫颈炎

（董小文）

第十二章 围绝经期保健

第一节 围绝经期妇女的生理、心理和社会特点

围绝经期是指从绝经前，出现与绝经相关的内分泌、生物学和临床特征起，至绝经后1年内的时间，多数妇女是在45~55岁。绝经提示卵巢功能衰退，生殖能力终止。

一、生理特点

（一）内分泌变化

卵巢功能衰退是围绝经期最早出现的变化，卵巢中残存的卵泡对垂体促性腺激素的反应性降低或丧失，导致排卵减少，继而停止排卵，最后卵泡不再发育。

1. 雌激素　由于卵泡对促卵泡素（FSH）敏感性降低，FSH升高对卵泡过度刺激，引起绝经过渡期早期雌激素水平波动很大，甚至高于正常卵泡期水平，当卵泡停止发育时，雌激素水平才下降。

2. 孕激素　绝经过渡期仍有孕酮分泌，但因卵泡发育时间延长，黄体功能不全，孕酮明显减少。

3. 雄激素　绝经后雄烯二酮产生量约为绝经前的50%，且主要来自肾上腺。

4. 促性腺激素释放激素（GnRH）和促性腺激素　绝经后由于雌激素水平下降，对下丘脑的负反馈抑制减弱，引起GnRH分泌增加，进而刺激垂体释放FSH和促黄体生成素（LH）增加；同时，由于卵泡产生抑制素减少，也使FSH和LH水平升高。其中，FSH升高较LH显著，绝经后2~3年达最高水平，约持续10年下降。

5. 催乳激素（PRL）　由于雌激素可抑制下丘脑分泌催乳激素抑制因子（PIF），从而使催乳激素浓度升高。绝经后雌激素水平下降，下丘脑分泌PIF增加，致使催乳激素浓度降低。

6. 抑制素　围绝经期妇女抑制素浓度下降，较雌二醇下降早且明显，可能成为反映卵巢功能衰退更敏感的标志。抑制素有反馈抑制垂体合成分泌FSH作用，并抑制GnRH对自身受体的升调节，从而使抑制素浓度与FSH水平呈负相关。绝经后卵泡抑制素极低，而FSH升高。

（二）临床表现

考点：围绝经期综合征的临床表现

1. 月经紊乱　月经紊乱是围绝经期出现最早且常见的临床症状，半数以上妇女出现无排卵性月经，持续2~8年。可有下列表现：

（1）月经稀发：月经周期延长，经量减少。

（2）月经频发：月经周期短于21日。

（3）不规则子宫出血：月经周期不规则，经期延长，经量增多，甚至大出血或出血淋漓不断，常为无排卵性功血。

（4）闭经：多数妇女经历不同类型月经改变而后闭经，少数妇女月经突然停止。由于卵巢无排卵，雌激素水平波动，易发生子宫内膜癌。对于异常出血者，应行诊断性刮宫，排除恶变。

2. 血管舒缩症状　临床表现为潮热、出汗，是雌激素下降导致血管舒缩功能不稳定的表现，是围绝经期综合征最突出的特征性症状。其特点是：反复出现短暂的面部和颈部皮肤发红、发热，继之出汗。潮热起自前胸，涌向头颈部，然后波及全身，少数妇女仅局限在头、颈和乳房。在潮红的区域感到灼热，皮肤发红，紧接着爆发性出汗。持续数秒至数分钟不等，症状轻者每日发作数次，重者可达 30~50 次。夜间或情绪激动等应激状态时更易发作。可历时 1 年，少数妇女可长达 5 年或以上。

3. 精神神经症状　临床特征为围绝经期首次发病，有两种类型：兴奋型、抑郁型。

（1）兴奋型：情绪激动、多言多语、失眠、烦躁。

（2）抑郁型：情绪低落、忧郁、焦虑、内心不安、多疑、记忆力减退，甚至发展为抑郁性神经官能症。雌激素缺乏对发生阿尔茨海默病（Alzheimer's disease，AD）有潜在危险，表现为老年痴呆、记忆力丧失、失语失认、定向计算判断障碍及性格行为情绪改变。

4. 泌尿生殖道症状　①外阴及阴道萎缩症状：阴道干燥、反复发生的阴道炎及性交困难，常有性功能减退。②泌尿道萎缩症状：排尿困难、尿急及反复发生的尿路感染，有时可发生张力性尿失禁等。妇科检查内、外生殖器萎缩。

5. 心血管症状　部分女性有假性心绞痛，有时伴心悸、胸闷。少数出现轻度高血压，特点为收缩压升高、舒张压不高，阵发性发作，血压升高时出现头昏、头痛、胸闷、心悸，严重者可发生心肌梗死、脑卒中。绝经后妇女冠心病的发生率及并发心肌梗死的死亡率随年龄而增加。

6. 骨质疏松　雌激素参与骨质代谢，对维持妇女的骨矿含量发挥重要作用。绝经后妇女体内的雌激素水平下降，骨质吸收速度大于骨质生成，促使骨质丢失而骨质疏松，约有 25% 的妇女在围绝经期出现骨质疏松。骨质疏松可导致骨骼压缩、身材变矮，严重者导致骨折，常见骨折部位有桡骨远端、股骨颈、椎体等。

7. 乳房、皮肤等变化　乳房萎缩、变软下垂。皮肤变薄，干燥，皱纹增多；皮肤出现色素沉着、斑点，严重者发生皮炎、瘙痒等。绝经后妇女大多数表现毛发变少，阴毛、腋毛不同程度丧失。

二、心理和社会特点

围绝经期妇女由于激素水平的波动和下降可以引起神经精神症状。如果同时再遭遇来自家庭或周围环境的突发事件，如丧偶、下岗、失业、老人病故等情况很容易加重精神负担，引起性格和行为的改变。这种情况发生于神经质的妇女，则症状会表现得更加明显。可表现为忧虑、多疑等，特别是抑郁和焦虑这两种情绪要特别引起关注。

（一）心理特点

1. 焦虑　围绝经期妇女随着年龄的增长记忆力减退、反应力下降等表现会明显加重。因其影响工作，增加妇女的心理负担，常常导致精神过度紧张，注意力不易集中，而使症状进一步加重。

2. 抑郁　有抑郁情绪的围绝经期妇女会表现出对生活失去兴趣、缺乏性兴趣，甚至有自杀意念。可能与围绝经期妇女特别是绝经后妇女一些常见疾病如高血压、冠心病、糖尿病等发生率增加，导致健康状况不佳有关。

（二）社会特点

职业及受教育情况也是明显影响围绝经期症状的重要因素，职业妇女及受教育程度较高的妇女更重视绝经、衰老等生理现象，更担心下岗、退休等社会角色的变化，使其围绝经期综合征的发生率明显高。

第二节 围绝经期妇女常见疾病的防治

案例分析 12-1

江女士，47岁。头晕，潮热2个月，伴汗出胸闷，心慌气短，失眠多梦，情绪波动大，急躁易怒，记忆力减退。月经周期紊乱半年，20~50天不等，经量中，不伴痛经，G_2P_2。

问题：1. 该病人可能的诊断是什么？
2. 如何进行治疗和指导？

一、围绝经期综合征的防治

围绝经期妇女出现的雌激素波动或下降所致的以自主神经系统功能紊乱为主，伴有神经生理症状的一组症候群称为围绝经期综合征。一般持续至绝经后2~3年，少数人持续到绝经后5~10年症状才有所减轻或消失。约1/3的妇女可以通过神经内分泌的自我调节而平稳过渡，无明显自觉症状，约2/3的妇女出现程度不同症状和体征。

（一）一般治疗

1. **心理支持疗法** 向患者提供相关宣传资料，讲解有关知识，使其了解围绝经期是由于雌激素水平减低引起的自主神经系统功能紊乱及代谢紊乱，是一种正常的生理现象，应以科学的态度来对待这种生理变化，对引起焦虑的因素因人而异进行心理指导，减轻心理负担，排除不良情绪，保持精神愉悦。与患者建立起相互信任的关系，鼓励她们表达自我感受，耐心解答患者提出的各种问题，并给予指导。尊重患者的人格，并与家属联系，避免不必要的刺激和冲突，让患者感受来自家庭的关怀，减少失落感，促使健康的恢复。

2. **调节自主神经功能** 必要时给予适量的镇静药如谷维素20mg，每日3次。艾司唑仑1~2mg，每晚口服。补充维生素。

3. **生活指导** 生活规律，劳逸适度，保持充足的睡眠。坚持力所能及的体育锻炼及劳动，如散步、慢跑、健美操等，增加日晒时间，扩展社交范围。饮食中应注意低脂、低糖，多吃蔬菜水果，避免饮食无节，忌烟酒，摄入足量蛋白质和含钙食物。

（二）激素替代疗法

1. **原则** 激素替代疗法（hormone replacement therapy，HRT）的原则是生理性补充，个体化处理，合理用药，以最小剂量达到最好效果，定期监测，将雌激素的有害因素降到最低。

2. **适应证** 各种雌激素缺乏症状，预防存在高危因素的骨质疏松、心血管疾病等，并排除禁忌证。

3. **禁忌证** 绝对禁忌证：妊娠、不明原因子宫出血、血栓性静脉炎、胆囊疾病及肝脏疾病；相对禁忌证：乳腺癌史，复发性血栓性静脉炎病史、血管栓塞疾病等。

4. **药物种类和制剂**

（1）雌激素：天然甾体类雌激素制剂如雌二醇、戊酸雌二醇、结合雌激素、雌三醇、雌酮；部分合成雌激素如炔雌醇、炔雌醇三甲醚；合成雌激素如尼尔雌醇。原则上应选择天然制剂。常用药物及剂量：尼尔雌醇，每半月1~2mg，或每月口服2~5mg；妊马雌酮（倍美力），每日口服0.625~1.25mg；微粒化雌二醇（补佳乐），每日口服1~2mg。

（2）孕激素：对抗雌激素促进子宫内膜生长的作用。有3类：19-去甲基睾酮衍生物（如炔诺酮）、17-羟孕酮衍生物（如甲羟孕酮）、天然孕酮（如微粒化黄体酮）。常用药物及剂量：甲羟孕酮（安宫黄体酮），每日口服2.5~5mg；炔诺酮，每日口服5mg；炔诺酮，每日口服 0.15mg；微粒化孕酮，每日口服 100~300mg。

（3）雌、孕、雄激素复方药物：替勃龙进入体内的分解产物具有孕激素、雄激素和弱的雌激素活性，不刺激子宫内膜增生。

5. 用药途径

（1）口服给药：疗效肯定，血药浓度稳定，目前为首选途径。但对肝脏有一定的损害，还可刺激产生肾素底物和凝血因子，因此有肝脏疾病或血栓栓塞性疾病者禁用。

（2）阴道给药：适用于泌尿生殖道症状严重者。

（3）经皮肤给药：皮肤贴膜及涂胶，可避免肝脏损害，提供恒定的雌激素水平，方便简单。

（4）皮下埋置：药效维持 3~6 个月，缺点是需要停药时难以去除。

应依据病情及病人意愿选用适当的给药途径。

6. 常用方案

（1）连续序贯法：以 28 天为 1 个疗程周期，雌激素不间断应用，孕激素于周期第 15~28 天应用。周期之间不间断。适用于绝经 3~5 年内的妇女。

（2）周期序贯法：以 28 天为 1 个治疗周期，每周期第 1~21 天每天给予雌激素，第 11~21 天给予孕激素，第 22~28 天停药。孕激素用药结束后，可发生撤药性出血。适用于围绝经期早期、子宫内膜较厚且希望月经来潮者及卵巢早衰的妇女。

（3）连续联合治疗：雌激素和孕激素均每天给予，发生撤药性出血的概率低，但可发生不规则淋漓出血。常用口服短效避孕药，如妈富隆、达英-35、三相口服避孕药、特居乐及利维爱。适用于绝经多年的妇女、内膜较薄且不希望月经来潮者。

（4）单一雌激素治疗：适用于子宫切除术后或先天性无子宫的卵巢功能低下妇女。

（5）单一孕激素治疗：适用于绝经过渡期或绝经后围绝经期症状严重且有雌激素禁忌证的妇女。

（6）加用雄激素治疗：激素替代疗法中加入少量雄激素，可以起到改善情绪和性欲的作用。

（7）经阴道给药：妊马雌酮 0.3~0.625mg，每周 2~7 次；欧维婷（霜剂），每周 2~5 次。

7. HRT 的最佳剂量　为临床效应的最低有效量，能达到治疗目的，阻止子宫内膜增生，血中雌二醇含量为绝经前卵泡早期水平。

8. 用药时间

（1）短期用药：主要目的是缓解围绝经期症状，通常 1 个月内起效，4 个月达到稳定缓解，待症状消失后即可停药。

（2）长期用药：防治骨质疏松，至少持续 5~10 年以上。

9. 副作用及危险性

（1）子宫出血：多为突破性出血，必要时做诊断性刮宫以排除子宫内膜病变。

（2）雌激素副作用：乳房胀痛、白带多、头痛、水肿、色素沉着等。

（3）孕激素副作用：可出现抑郁、易怒、乳房痛、水肿，不宜耐受。

（4）子宫内膜癌：单一雌激素的长期应用使子宫内膜增生和子宫内膜癌危险性增加，联合使用雌孕激素可降低风险。

（5）乳腺癌：据流行病学研究，长期用药 10~15 年，是否增加乳癌的危险性尚无定论。

二、常见全身性疾病的防治

1. 高血压　围绝经期综合征性高血压主要为体内雌孕激素的变化所致，因此，有效的调整体内激素水平是治疗的关键。同时可给予 β 受体阻滞剂，可改善由于交感神经兴奋所带来高血压的危害。同时配合体育锻炼。必要时镇静药物的使用,可使患者平稳地度过由于激素紊乱所致的高血压状态。对于围绝经期妇女高血压的治疗,首选 ACEI,从低量开始逐渐增加剂量,如仍不满意可加用双氢克尿噻。

2. 骨质疏松 防治骨质疏松可选用以下非激素类药物:

(1)钙剂:作为各种药物治疗的辅助或基础用药。绝经后妇女的适当钙摄入量为 1000~1500mg/d,65 岁以后应为 1500mg/d。补钙方法首先是饮食补充,不能补足的部分以钙剂补充,临床应用的钙剂有碳酸钙、磷酸钙、氯酸钙、枸橼酸钙等制剂。

(2)维生素 D:适用于围绝经期妇女缺少户外活动者,每天口服 400~500U,与钙剂合用有利于钙的完全吸收。

(3)降钙素:是作用很强的骨吸收抑制剂,用于骨质疏松症,可缓解骨痛。有效制剂为鲑降钙素,用法:100U 肌内或皮下注射,每日或隔日一次,2 周后改为 50U 皮下注射,每月 2~3 次。

(4)双膦酸盐类:可抑制破骨细胞,有较强的抗骨吸收作用,用于骨质疏松症。常用氯甲双膦酸盐,每日口服 400~800mg,间断或连续服用。

3. 糖尿病、高血脂 重在饮食控制、合理饮食及适当运动,坚持用药的同时定期监测血糖及血脂水平,避免发生糖尿病并发症及脑血管意外。

三、常见妇科疾病的防治

1. 阴道炎 由于卵巢功能下降,雌激素水平降低,阴道黏膜萎缩变薄,阴道上皮内糖原含量减少,阴道内 pH 增高,局部抵抗力降低,致病菌入侵繁殖而引起炎症,以老年性阴道炎多见。主要表现为阴道分泌物增多,常呈水样、稀薄、淡黄色,也可呈脓性及血性,伴有外阴阴道瘙痒、灼热感,侵犯尿道时可伴有尿频、尿痛等。辅助检查:取阴道分泌物涂片确定病原体。对有血性白带者,需常规做宫颈细胞学检查,必要时行分段诊刮以明确诊断。其治疗原则为提高机体及阴道抵抗力,抑制治病菌生长。

(1)增加机体抵抗力,给予雌激素制剂

1)全身给药:雌激素制剂,如倍美力、补佳乐、利维爱等。需注意使用的适应证及禁忌证。

2)阴道局部给药:①己烯雌酚 0.125~0.25mg,每晚放入阴道内,7 日为 1 个疗程。②妊马雌酮软膏局部涂抹,每日 2 次。③欧维婷软膏阴道上药,每日 1 次,1 周后间日 1 次,可使阴道表层细胞明显增加而改善阴道环境。全身给药者,不宜局部再给药。

(2)抑制细菌生长:①用 1% 乳酸或 0.5% 醋酸液冲洗阴道,每日 1 次。②甲硝唑 200mg 阴道上药,每日 1 次,7~10 日为 1 个疗程。

2. 绝经后出血 绝经可分为自然绝经和人工绝经两种。自然绝经指随年龄增长卵巢内卵泡用尽,或剩余的卵泡对促性腺激素丧失了反应,卵泡不再发育和分泌雌激素,不能刺激子宫内膜生长,导致绝经。临床上,连续 12 个月无月经后才认为是绝经,40 岁或以后自然绝经视为生理性,40 岁以前月经自动停止为过早绝经,视为病理性。人工绝经是指手术切除双侧卵巢(切除或保留子宫)或因医源性破坏卵巢,使卵巢功能丧失,如放射治疗和化疗等。单独切除子宫而保留一侧或双侧卵巢者,不作为人工绝经。人工绝经者往往在手术后 2 周即可出现围绝经期综合征,术后 2 个月达高峰,可持续 2 年之久。任何绝经后妇女的子宫出血,必须排除妇科恶性疾病。引起绝经后出血最常见的良性疾病是萎缩性阴道炎、萎缩性子宫内膜、内膜息肉及内膜过度增生。萎缩性子宫内膜引起出血的原因不清楚。内膜息肉经诊断性刮宫后不必再进行治疗,但必须观察是否有复发。内膜过度增生应用孕激素治疗或作子宫切除术治疗。

3. 尿失禁　妇女从围绝经期至绝经期,其全身各器官都在发生变化,泌尿生殖系统的变化也逐渐显著。雌激素缺乏,使耻骨肌、筋膜、韧带等松弛,支持组织的功能下降,不能维持正常的尿道位置和膀胱张力,当咳嗽、屏气、便秘等增加压力时,导致尿液不自主流出,不是由逼尿肌收缩压或膀胱壁对尿液的张力压引起的。其特点是正常状态下无遗尿,而腹压突然增高时尿液自动流出。尿急、尿频、急迫尿失禁和排尿后胀满感亦是常见症状。尿失禁的治疗主要有:药物疗法、物理疗法、盆底肌肉锻炼和膀胱训练。

（1）药物治疗（雌激素替代）:对绝经后妇女尤为重要。单用雌激素替代治疗可以缓解10%~30%的绝经后张力性尿失禁症状,还可以减轻尿急等其他泌尿道症状。雌激素治疗可以联合α-肾上腺素能激动剂增加治疗效果。阴道内给药比口服给药见效快,但从保持疗效来说,两者是一样的。

（2）物理疗法:电刺激盆底。电刺激通过增强盆底肌肉力量,提高尿道关闭压来改善控尿能力。每次20分钟,1周2次,6周为1个疗程。有效率为30%左右。

（3）盆底肌肉锻炼:反复收缩耻骨尾骨肌可以增强盆底肌肉组织的张力减轻或防止尿失禁。方法为做缩紧肛提肌的动作,每次收紧不少于3秒,然后放松连续做15~30分钟,每天进行2~3次。病人收缩肛提肌的情况可以通过在收缩时将两指尖放在阴道中来评价,指尖受到侧方压力说明肌肉收缩。可以将阴道压力计、阴道重物、球形导管放入阴道的方法提高触觉敏感性增强盆底运动的效果。

（4）膀胱训练:膀胱训练为指导病人记录每天的饮水和排尿情况,填写膀胱功能训练表,有意识地延长排尿间隔,最后达到2.5~3小时排尿1次,使病人学会通过抑制尿急,延迟排尿。此法要求病人无精神障碍。

4. 妇科恶性肿瘤　宫颈癌、子宫内膜癌、卵巢癌与乳腺癌等亦为围绝经期及绝经期妇女好发肿瘤。这是由于体内细胞在衰老的过程中易受外界的影响,出现异常改变。宫颈癌的早期症状主要是阴道不规则出血,性交出血,白带异常等。子宫内膜癌主要表现为绝经后阴道流血。乳腺癌早期可触及小的肿块。对于这些妇科恶性肿瘤关键在于早期发现,可通过定期行妇科体检,有异常表现及时到医院就诊而达到早发现、早诊断、早治疗的目的。

目标检测

1. 下列哪项不是围绝经期的症状
   A. 月经紊乱　　B. 潮红、潮热
   C. 精神神经症状　D. 阴道不规则出血
   E. 泌尿、生殖道症状
2. 围绝经期是指
   A. 绝经是指女性最后一次来月经
   B. 是正常的生理过程
   C. 易患围绝经期综合征
   D. 正常的生理过程,不必保健
   E. 必要时可行激素替代
3. 有关围绝经期综合征的临床表现,以下哪项叙述错误
   A. 月经紊乱
   B. 潮红、潮热为最常见且典型的症状
   C. 精神神经症状包括兴奋型和抑郁型
   D. 骨质疏松发生与孕激素下降有关
   E. 围绝经期妇女往往激动易怒、焦虑不安
4. 王女士,51岁,自诉近年月经周期不规则,行经2~3天干净,量较以前减少,自感阵发性潮热、出汗,偶有心悸、眩晕。妇科检查子宫稍小,其余正常。护士应向其提供的相关知识是
   A. 黄体功能不足　B. 排卵型功血
   C. 围绝经期综合征　D. 神经衰弱
   E. 黄体萎缩延迟

（贾　佳）

第十三章 健康教育与健康促进

妇女和儿童是人类两个重要而又特殊的群体，其人群数量约占总人口的2/3，其健康状况直接影响到整个人类的健康水平；因此应加强妇幼卫生工作，保护和促进妇幼人群身心健康。在妇幼卫生实践中，更为主要的方面是做好妇幼人群疾病的预防和健康保健工作，其中，健康教育与健康促进是一项必不可少的服务和技术，是妇幼卫生工作实现从技术服务拓展到知识服务，从个体治疗到群体预防，由个人行为变为社会行为的重要措施，是妇幼卫生工作中的一项重要策略。因此，应加强对各级妇幼卫生人员的培训，使他们了解健康教育与健康促进的基本理论，掌握基本方法，运用临床和预防医学、行为科学、教育学、心理学、传播学、社会学、经济学和管理学等多学科的知识，开展健康促进活动，提高妇幼卫生服务水平。

第一节 概 述

一、概 念

1. 健康的概念　随着人类疾病谱的改变和医学模式的转变，健康概念也相应更新了内容和要求。世界卫生组织于1948年提出"健康不仅是没有疾病或不虚弱，而是身体的、精神的健康和社会幸福的完美状态"的三维健康观；1978年国际初级卫生保健大会发表的《阿拉木图宣言》重申了这一概念，并提出"健康是基本人权，达到尽可能的健康水平，是世界范围内的一项最重要的社会目标。"1990年在WHO相关文件中，再次提出健康包括"躯体健康、心理健康、社会适应良好和道德健康"4个方面，使健康概念的外延进一步扩大。

2. 健康教育　健康教育是通过信息传播、有计划及有系统的教育活动和行为干预，帮助个人和群体掌握卫生保健知识及技能、树立健康观念，促使人们自觉地采纳有益于健康的行为和生活方式，自愿改变不健康行为，消除或减轻影响健康的危险因素，达到预防疾病、促进健康和提高生活质量的目的。这里强调的健康教育是为了实现行为目标而采取的一系列活动，即健康教育不能仅仅停留在知识传播上，而是要针对广大人群知识、态度、信念和行为改变的一系列干预活动全面地实施。健康教育是根据一定的社会要求、条件和规范，对妇女和儿童进行有目的、有计划、有评价的健康教育活动。其中，积极教育妇女和儿童树立健康意识，促使其改变不健康的行为和生活方式是妇幼健康教育的核心。

3. 健康促进　健康促进是通过倡导、促成、协调和多部门的行动促进人们维护（控制）和改善自身健康的一切过程，是把健康教育和有关组织、政治和经济干预结合起来，促使行为及环境的改变，以改善和保护人们健康的一种综合策略。健康促进的概念主要包含：①不仅限于造成疾病的某些特定危险因素，还涉及整个人群的健康，包括日常生活的各个方面；②采用多学科、多部门和多手段的综合方法促进群体的健康；③强调个体、家庭、社区及群体的积极和有效参与，需要启发个体和群体认识自身健康问题，并做出决策；④工作的主体包括社会各个领域和部门的广泛合作。

二、目的和任务

（一）妇幼健康教育与健康促进的目的

> 考点：妇幼健康教育与健康促进的目的

1. 防治疾病，降低妇幼人群的患病率、发病率和死亡率。
2. 传授预防保健知识，提高妇幼人群的自我保健意识和能力。
3. 帮助妇幼人群树立正确的健康观，采纳有利于健康的行为和生活方式。
4. 增强妇幼人群的心理调适和社会适应能力。
5. 提高妇幼人群乃至整个社会人群的健康水平。

（二）妇幼健康教育与健康促进的任务

1. 争取各级政府的支持　制定促进妇幼人群健康的政策，满足妇幼人群健康需求，对有利于健康的活动给予支持。
2. 促进个人、家庭和社区对预防疾病、促进健康、提高生活质量的责任感。通过为妇幼人群提供卫生保健基本知识与技能，增强其自我保健意识，以帮助其改变不良生活方式和行为习惯，并帮助个体、家庭和社区在面临健康问题时，能做出明智、有效的抉择。
3. 创造有益于妇幼人群健康的外部环境　建立广泛的联盟，共同努力，为妇幼人群创造良好的生活环境和工作环境。
4. 广泛开展妇幼人群健康教育

   （1）教育和引导妇女破除迷信，摒弃陋习，养成良好的卫生习惯；提倡文明、健康和科学的生活方式；培养妇女自我保健能力，提高健康素质；利用妇女在社会和家庭的地位和功能，使其参与卫生保健知识传播，提高家庭成员的整体素质。

   （2）争取家庭、学校和社会有关部门参与儿童的健康教育工作，使儿童掌握基本的保健知识和保健方法，树立良好的卫生道德观念，增强自我保健意识，培养健康行为和生活方式，降低儿童身心疾病患病率，促进其健康成长。

三、基 本 原 则

> 考点：妇幼健康教育与健康促进的基本原则

妇幼健康教育与健康促进是一项科学性和实践性较强的工作，应遵循以下基本原则。

1. 科学性原则　妇女和儿童健康教育是通过科学的内容及方法，使广大妇幼人群掌握卫生保健知识，劝导、说服其接受健康保健知识，从而提高全民族的健康知识水平。因此，在开展教育活动时，既要通俗、有趣味性，更应注重科学性，要严肃认真、避免庸俗化。
2. 针对性原则　由于妇女和儿童生长发育过程中呈现出明显的阶段性，其不同的年龄及特殊的生理时期有不同的病症和不同的卫生需求。应针对他们不同时期选择内容，提高健康教育与健康促进的效果。
3. 指导性原则　健康教育是使目标人群接受知识—转变态度—改变行为的渐进过程。在进行健康教育时除说明为什么要这样做，更要提供如何做的知识，以指导人们的实践。必要时还应提供示范，以切实指导妇女和儿童的具体行动，形成良好的行为模式。
4. 主体性原则　在开展健康教育与健康促进活动时，应充分尊重妇女和儿童少年的主体地位，鼓励他们主动参与，提高其自我保健意识。
5. 协作性原则　妇女和儿童少年健康教育与健康促进是一项社会性较强的工作，需要多个部门的协作。应争取各级政府大力支持，制定相应的政策，充分调动各部门和单位（特别是大众传媒和县、乡、村妇联等基层妇幼保健机构）的积极性，共同承担健康教育与健康促进的责任。

第二节 妇幼健康教育与健康促进干预方法和技巧

一、干预手段和类型

在健康教育与健康促进工作中,干预是针对环境、团体和个人的行为进行影响,使之向有利于健康的方向转变所进行的活动,是健康教育与健康促进的 3 个环节(传播、干预和培训)中最为重要的部分。

1. 干预手段

(1)行政干预:指政府机构通过运用行政措施,对社会、社区以及各种团体中导致问题产生的行为因素和非行为因素实施干预,达到有利于提高人们生活质量的目的。行政干预表现在以下几个方面:①在资源上提供支持,为干预工作提供经费支持及物质帮助;②在政策上提供支持,为干预工作提供政策支撑;③在人力资源上提供支持,增加相关工作人员和人力培训;④创造支持环境,营造人人参加健康教育与健康促进氛围。

(2)法规干预:以法规条例作为特殊手段来约束群体或个体的行为,使其行为符合社会和社区所提倡的规范,如《母婴保健法》、《未成年人保护法》、《小学生守则》等。

(3)传播(信息)干预:以信息传递的方法来影响个体或群体的认知,从而带来行为的改变。

(4)教育干预:是一种具有针对性的、以培训为主要手段的社会教育活动,其主要形式有:授课、健康咨询、小组讨论、角色扮演、教育电视和同伴教育等。

(5)技能干预:通过直接的行为纠正和技能培训使干预对象养成正确的行为,掌握自我保健的技能来获取健康,如教会儿童家长测量体温、测量身高、体重及配制口服补盐液等技能。

2. 干预的类型

(1)团体干预:由一群具有共同特定目标的人按一定的组织关系组成的社会群体称为团体。团体成员之间相互依存、行为上相互影响。当在某些团体(如幼儿园)中存在不利于健康的集体行为时,可利用团体压力影响和改变团体成员的信念、态度和行为。

(2)个体干预:不同的个体有其自身的不健康行为,同时在面对健康信息和健康行为的建议时会有不同的表现。因此,应根据不同的个体针对性地给予干预。

二、干预方法的选择

1. 根据预期目的选择干预方法 在选择干预方法时首先要清楚教育的目的。广造声势的宣传可以采用在街道两侧悬挂横幅、张贴标语,或通过电视、广播、报纸等宣传,让广大群众了解某项活动的目的、要求和正确的做法。而对于深入细致的教育,则应根据不同对象的心理状况和行为表现,采取相应的教育方法,如短期培训班、面对面地咨询、家访等,反复细致地让教育对象加深对教育内容的理解。

2. 了解教育对象 对教育对象的年龄、性别、职业、文化程度、民族、已有的偏见或看法、生活习惯及健康状况等做深入细致的了解,做到因人施教、因时制宜、因地制宜。

3. 尽量发挥视听并用的优势 在健康教育中,应尽可能发挥教育对象的感官协同作用,如在演讲时,可采用教学挂图、图解,运用幻灯、录像、电影等形象化手段。

4. 干预形式应与内容紧密结合 健康教育要想取得理想的效果,其采取的形式必须具有吸引力。但是,仅仅为了增加"趣味性",而硬加上一些无关的人物和情节则会喧宾夺主,反而会削弱应有的效果。

5. 要注意社会效益　健康教育工作者应熟悉各种干预方法的特点,利用现有的教育工具,通过比较,扬长避短,做出最佳的选择,尽量以最低的投入取得最大的效益。

三、干预技巧

1. 创造独特的知识与方法体系　在收集大量翔实的数据、资料、信息和图片的基础上,综合各方面的信息,最终形成一个独特、全面、细致、科学的促进健康行为的知识与方法体系。

2. 将独特的知识与方法体系科普化　在对妇幼人群开展健康教育工作中,过多的医学术语往往使他们难以理解。因此,应将促进健康行为的知识与方法转变成妇幼人群能听懂、能理解的语言,并用一些通俗易懂的比喻,做一些能增进理解的模型或图片。

3. 将科普化的知识口诀化使之朗朗上口,容易记住,还有利于口头传播;同时将介绍的知识与方法简化,要求步骤清楚、易懂,操作简便,便于实施。

4. 把操作化的知识事例化　通过举一些妇幼人群生活中的实际事例,让他们感到内容贴近他们,容易接受。同时,由于是身边的一些事例,也能鼓励人们相互交流、传授经验,亦可用自己的切身体会去说服别人。

第三节　妇幼健康教育与健康促进培训

一、培训工作特点及程序

健康教育与健康促进培训是健康教育与健康促进的一种特殊形式,是对负有健康教育与健康促进责任的人员进行专门的教育和技能培训的过程。

1. 培训工作的特点

(1) 计划性:培训是一个有组织的有序过程,培训人员必须在培训前制订周密计划,并在培训中按照计划进行工作,才能达到预期效果。

(2) 针对性:培训是针对受训人员在实际工作或生活中所必需的知识和技能进行专门的知识传授和技能训练。因此,应根据受培训人员的情况,如妇幼保健专业人员或妇幼人群中某一类特定人员,采用不同的培训内容和方法。

(3) 实践性:培训的原因是实际工作和生活的需要,学习的目的是应用;因此,传授的知识和训练的技能具有明显的实践性。

(4) 互动性:培训是培训者与被培训者之间双向互动的信息交流过程,在培训中要求被培训人员积极参与,共同分享实践经验和学习体验。

2. 培训工作的程序

(1) 需求评估:是根据任务的需要和培训对象的需要确定培训内容的过程。一般可以在培训对象中采取专题小组讨论、信函调查及电话咨询等方法了解学习者需要,对培训的期望和想法。

(2) 计划制订:根据培训的目的和需求制订培训工作计划。计划应力求全面、具体,其内容包括培训的目的和目标、培训者、培训对象、培训教材、课程安排、培训方法、培训时间和地点、评价方法、后勤管理和经费预算等。

(3) 计划实施:按照培训计划对受训者实施培训。

（4）结果评价：通过对培训对象态度、知识、信念和技能改变的程度评价培训的效果，总结经验和不足，为以后的培训提供经验。

二、培训方法与选择

1. 培训方法

（1）小讲课：是传授基本理论知识的教学方法。"小"指的是讲授时间短，一般为10~20分钟；讲课内容精，集中在一个重要的知识点；学员人数少，一般不超过30人。小讲课应注意以下几点：①力求语言清晰准确，简练生动，通俗易懂，并注意运用肢体语言；②适当运用教辅工具，如板书、模型及视听教材等，以加强教学内容的直观性，有利于学员理解和记忆；③注意观察学员的反应，以便调整讲课内容和速度。

（2）快速反应法：即教师提出一个开放式的问题，要求学员立即做出回答。例如：在讲母乳喂养时，教师提问："请说说你周围的群众在母乳喂养方面有哪些与所讲的知识相违背的风俗习惯？"学员通过快速思考，给出多种答案。这种方法能够集中学员的注意力，促使他们积极参与，形成活跃的课堂气氛。

（3）案例分析法：是根据教学目的和要求，以真实事件或假设的情景为例，提出一系列相关的问题，要求学员联系所学过的知识，进行思考和分析讨论，提出可行的解决措施。

（4）小组讨论法：是将培训对象以6~12人为一组，对某一题目或几个题目进行深入讨论，发表意见，互相交流的过程。这种方法有利于调动学员学习积极性，分享经验，扩大视野，教学互长。

（5）角色扮演法：是通过组织学员扮演特定角色，表现一个情节，使学员亲身体验在实际生活或工作环境中可能遇到的情景、行为或问题。该方法生动有趣，参与性强，主要用于改变观念、态度的培训。

2. 培训方法的选择

（1）根据培训的目的和任务选择培训方法：教学目的和任务不一样，所需的教学方法也不尽相同。如在讲述新理论、新知识时，宜选用小讲课法，而人际传播技能的培训则宜选用角色扮演法或小组讨论法。

（2）根据学员的学习特点选择培训方法：不同年龄或经历的学员，其知识结构和认知能力的发展水平是不同的，学习方式亦存在差异，应根据学员的学习特点选择教学方法。例如，青年人的思维敏捷，精力充沛，富于想象力，记忆力较强，但他们缺乏实际的工作经验，可多采用讲授法、角色扮演法或案例分析法；而中老年人实践经验较丰富，理解能力强，宜采用小组讨论法。

（3）根据实际的教学条件选择培训方法：选择教学方法，既要考虑教学的需要，又要考虑当地实际情况是否能够做到。

三、培训的实施与评价

1. 培训的实施　培训的实施是将培训计划付诸实践的过程，包括培训前的准备、培训实施以及培训反馈评估3个阶段。

（1）培训前准备阶段：实地检查场地是否符合要求，培训所需的器材是否完好，桌椅摆放是否符合培训方法的要求等。

（2）培训实施：包括：①培训班简介：介绍培训的目的、课程安排以及主要内容；②简单了解学员的培训需求：用快速反应法了解学员对本次培训的期望，使培训者做到心中有数；③班前测试：在正式培训前，通过测试培训者可以对学员的水平有一个大致的了解；④正式培训：根据学习计划，开始培训。

（3）反馈与督导：反馈与督导应贯穿于整个培训过程始末，随时注意资源的利用情况和计划实施情况，及时收集学员的反馈，适时调整教学计划，纠正存在的问题，以保证培训的顺利完成。

2. 培训的评价　　主要是对培训活动是否达到预期目标的评估，是对当期培训班的总结，以指导以后的培训工作。培训评价包括4部分内容：

（1）教学活动评价：是对培训过程中教学计划执行情况的评估，属于过程评价。例如，教学进度是否按教学计划进行？教材和教学设施是否适用？教师的教学能力和教学方法如何？主要通过问卷调查、学员讨论、培训班工作人员讨论等来评价。

（2）近期效果评价：主要评价培训结束时学员知识和技能掌握的情况，可以通过培训前后问卷调查及学员讨论总结来评价。

（3）远期效果评价：主要评价学员接受培训后在实际工作中能够运用所学知识和实际能力提高情况，可以通过实地考察、问卷调查、电话调查或随访来评价。

（4）组织后期工作评价：主要评价培训班的时间、地点、课外活动、食宿安排等，可以通过学员和工作人员的讨论、问卷调查来评价。

第四节　妇幼健康教育与健康促进计划的设计、实施与评价

健康教育与健康促进是一项复杂的系统工程，内容涵盖健康促进、预防疾病、控制影响健康的各种危险因素，以及政策和组织机构等众多领域。因此，每项健康教育与健康促进活动必须有科学、周密的规划设计。由于妇幼健康教育的研究对象和工作范畴是妇幼群体，社会性较强，需要社会各方面的配合和支持，更需要一个周密的活动计划，以协调和预测活动的进程。

一、设计的原则和模式

1. 妇幼健康教育与健康促进计划设计的原则

（1）目标原则：计划应有明确的总体目标和切实可行的具体目标，使设计活动紧紧围绕目标开展。

（2）整体性原则：在制订计划时，不仅要考虑健康教育与健康促进计划本身，还应考虑卫生保健的宏观目标。

（3）前瞻性原则：计划的制订要考虑长远发展，并且要体现一定的先进性。

（4）灵活性原则：在制订计划时应留有余地，并且预先制订应变对策，以确保计划顺利实施。

（5）实事求是原则：在进行周密、细致的调查研究的同时借鉴历史经验与教训，清晰地掌握目标人群的一系列客观资料，提出具体的、符合实际的、可行的活动计划。

（6）参与性原则：鼓励妇幼保健人员和妇幼人群积极参与计划的制订，把计划的目标和目标人群所关心的问题紧密结合起来，吸引他们参与，得到他们的支持。

（7）科学性原则：保证设计的科学性，使偏倚降低到最低限度。

2. 妇幼健康教育与健康促进计划设计的模式　　健康教育与健康促进计划设计的模式有多种，目前应用最广泛的是美国著名学者劳伦斯·格林提出的 PRECEDE—PROCEED 模式。该模式由两阶段组成：

（1）诊断阶段（PRECEDE 阶段）：即对健康教育对象的生活质量及影响因素的具体分析阶段。

（2）实施与评价阶段（PROCEED 阶段）：即运用政策、法规及组织等手段执行教育和环境干预计划阶段。

二、调查设计的基本内容

妇幼健康教育与健康促进的对象是妇女和儿童，他们的生理特点和社会心理特征决定其健康教育与健康促进手段和方法的特殊性。因此，妇幼健康教育与健康促进设计可以从下列几个主要方面着手实施。

1. 妇幼健康教育与健康促进项目基础调查　主要是对不同地区、不同人群的卫生习俗、生活方式及卫生知识水平，以及与社会因素密切相关疾病的调查研究。这类调查主要是了解不同地区妇女和儿童的人口学特征、社会经济状况、一般健康状况等，了解有关疾病的流行病学分布特征，以作为开展健康教育与健康促进的依据。同时还可作为某一地区妇幼人群开展某项健康教育与健康促进活动时的效果评价基本资料，以及该地区不同历史时期卫生知识、健康教育水平的历史记录。

2. 妇幼健康教育与健康促进项目效果评价　妇幼健康教育与健康促进的效果指通过实施某项健康教育与健康促进项目，促使妇女、儿童对卫生知识的掌握和其健康行为的改变。在进行教育效果调查设计时，应对内容、时间、方式、教育者、受教育者等项目予以充分考虑，采用量化指标，调查一定数量的研究对象，保证效果评价的真实性。

3. 妇幼健康教育与健康促进方法学调查　妇幼健康教育与健康促进方法研究的目的是通过不同场所、不同内容和不同途径对妇幼人群的可行性、适应性和有效性的调查，为妇幼健康教育与健康促进项目提供最佳方案，以取得最佳效果。方法学调查计划可从下列几方面开展。

（1）健康教育方法的分类研究：健康教育方法分类很多，不同的教育方法对人的感知、记忆、思维、行为的转变等心理认识过程的刺激程度不同。因此，通过对各种方法的研究，找出不同方法的作用特点以及内在联系，从而选择针对妇女和儿童特点的最佳健康教育模式。

（2）有效性、可行性与适应性研究：健康教育效果评价的重要方面是行为改变，不同的健康教育方法在行为改变方面的效应和程度不一。可通过对有效性的研究，寻求促进行为改变的最佳方法；针对在妇幼健康教育项目中对象不同，需要去研究和确定哪种方法既可行，又适应于教育对象。

（3）新方法的实验研究：是对某种尚未推广使用的健康教育方法进行研究。其过程是严格设计，人为地改变一些背景条件，并通过严格控制某些因素，再现被研究的新方法，从而获取所探求新方法的特点，为该方法现场推广提供事实依据。

三、设　计　步　骤

1. 健康问题分析　找出妇幼人群在健康与疾病方面的主要问题，以及与健康问题相关的社会环境因素，包括人口、经济、文化、卫生服务、政策、生产和生活等内容。通过健康问题分析，了解和找出妇幼人群中存在的主要健康问题和主要疾病（死亡率高、发病率高、伤残率高、受累人口多、危害大）、对疾病或健康问题有影响的危险因素、重点受累人群及其特征等内容。常采用的方法有个人或集体访谈、查阅资料和问卷调查等。

2. 行为问题分析　健康教育的功能是通过改变行为来促进健康，所以要进一步分析每个健康问题是否与行为因素有关；有关的行为是否与健康行为密切相关（科学研究证明两者有明显的因果关系），该行为是否经常发生，是高可变性行为还是低可变性行为。

3. 资源分析　主要对现有资源以及未来可获得资源进行分析，主要考虑人力资源的结构与能力、物力和财力资源的充实状况、该地区现有政策的完善程度、项目完成时间、目标人群的信息资源等方面。通过以上资源分析，对项目计划实施的可行性进行分析。

4. 确定优先项目　通过以上三方面的分析，可确定优先项目，即那些对妇幼健康影响大、与行为关系密切，该行为具有高可变性、并且相对具有支持改变该行为的外部条件（资源）的项目。

5. 确定目标　妇幼健康教育计划的目标可以分为总体目标和具体目标两部分。总体目标是计划理想的最终结果，它是宏观的、长远的、不需量化的，只是给计划提供一个总体的努力方向，即改善妇幼人群健康状况，提高生存质量。具体目标是为实现总体目标而设计的具体、量化的指标，基本要求是具体、可测量、可完成、可信和有时间性。

6. 制订传播、教育、干预策略和实施计划　要向妇幼人群传播项目的情况、相关的教育知识以及大致的干预措施，争取妇幼人群的合作，需要有一个周密的计划；干预策略计划是全方位的，要紧紧围绕目标人群的特征和预期达到的目标；制订的实施计划要确定实施人员、实施机构以及活动的日程安排和评估。

7. 制订评价计划　评价计划是健康教育计划设计中的一个关键内容，在其他设计完成以后应制订评价的方法、内容或指标、机构、人员和时间，以便在执行过程中实施质量控制和结果分析，保证计划沿着既定目标进行。

四、计划的实施

妇幼健康教育与健康促进计划在实施过程中，应按照事先制订的计划时间进度表进行，通常要经历以下程序。

1. 计划宣传及社会动员　在开始执行妇幼健康教育计划时，可以召开新闻发布会或信息交流会等形式，向全社会和重点人群宣传即将进行的妇幼健康教育计划，积极联络社区内各级妇幼健康教育网络，努力争取社会各界的理解和支持。

2. 培训工作人员　适宜的培训可以起到三个方面的作用：解释计划意图，发展和强化与主题内容相关的必需的知识或观念和教学技能，激发工作热情和对项目的责任感。培训的重点通常是"如何做"，人员培训工作的性质和强度因培训的需求而异。如果培训的基本要求只是介绍计划意图，激发他们的工作热情，那么只需 1~2 个课时；如果需要通过培训来提高必需的工作技能，则需要依项目要求制订培训计划，进而安排一定的培训时间。

3. 开展妇幼健康教育活动　对目标人群的健康教育活动是整个项目中最为重要的部分，内容主要包括以下几个方面：

（1）发放健康传播材料：将经过预试验的健康传播材料发放到目标人群中去。发放人员要让妇幼人群懂得发放和使用这些材料的意义，了解材料的内容、使用方法及注意事项；认真监测材料的发放和使用情况，避免制而不发、发而不用、不分对象乱发乱用等现象。

（2）组织教学活动：针对重点人群，组织起来开展一些教学活动，把健康正确的知识传授给人群是十分必要的。常用的教学方式有游戏、戏剧表演和角色扮演、案例讨论或专题辩论、课堂教学、科普游园等群众喜闻乐见、参与积极的集会活动。

（3）妇幼健康指导：指妇幼健康教育工作者帮助妇幼人群学会如何获得个人健康、解决健康问题、做出决定改变不健康行为、采纳健康的生活方式和行为的过程。由于健康教育工作者提供的直接服务越来越重要，因此，所有的妇幼保健工作人员均负有健康指导职能。

4. 调查及评价　除常规性妇幼健康教育活动外，大多数妇幼健康教育项目计划都要在目标人群中进行抽样调查或整体调查，以了解该人群对于某健康问题的知识、态度和行为的改善情况。一般而言，开展健康教育之前需要进行基线调查，了解目标人群的基本状态；健康教育完成后要进行效果评价，了解通过开展健康教育活动后，影响健康相关行为的三类因素（倾向、促成、强化因素）的变化和目标人群健康相关行为的变化情况。

5. 巩固健康教育的成效　人的行为改变不是一个简单的过程，常常出现反复。因此，对妇女和儿童开展健康教育活动也不应是一过性工作。任何一项妇幼健康教育与健康促进计划都应安排一定的时间和次数，对目标人群进行反复教育，以巩固健康教育的成效。

五、计 划 评 价

妇幼健康教育与健康促进计划评价是制订妇幼健康教育与健康促进设计方案的重要依据，可确保项目设计的科学性和可行性，有助于从众多可能的设计方案中优选出最佳方案。

1. 评价方法　妇幼健康教育效果评价的方法很多，可根据不同的评价重点、干预方式而采用不同的方法。但在实际工作中往往是几种方法综合使用，以获取定性和定量的评价目标，全面评价教育计划的干预效果。归纳起来，妇幼健康教育效果评价方法主要有：现场观察、座谈讨论会、访问、填表自我评价、问卷测试和健康档案查阅等方法。

2. 评价类型

（1）形成评价：是在健康教育与健康促进计划实施之前，开始于项目计划设计，贯穿于整个设计制订、修正和完善的全过程。

（2）过程评价：是评价健康教育与健康促进计划在实际操作中各个阶段的执行情况与效率，以便随时反馈实施中出现的各类问题，从而改进计划的策略或措施。

（3）效果评价：是评价某项健康教育与健康促进计划对受教育者的卫生知识、健康信念和行为的最终影响程度。

3. 妇幼健康教育与健康促进评价过程

（1）提出问题，明确目标：妇幼健康教育评价应阐明3个基本问题：①该项目的实施是否导致受教育者的知识、行为和技能产生变化；②所导致的变化是否有益于或促进妇女和儿童健康状况的改善；③受教育者是否拥有必要的传播媒介，以使教育干预计划信息得以传递。

（2）拟定评价指标：指标体系是科学衡量一个项目价值的直接标准，应根据项目的目标、评价的深度、资料的来源和性质来选择适宜的评价指标。评价指标要有科学性，能够达到准确衡量研究对象的目的；对特定项目内容要有一定的敏感性，并能较准确反映所测定项目；指标要有可行性与可统计性，以便统计处理。

（3）确定评价设计类型：针对教育计划内容、评价持续时间、费用和资料来源采取不同研究方法和设计，以评价妇幼人群知识、信念、态度、行为和危险因素的变化。一般采用干预前后的样本调查，其设计思想类似于实验研究，即将教育对象按随机原则分为实验组和对照组，然后分别观察他们在干预前后的情况，若干预后实验组的知识、态度、行为与对照组比较，发生了明显变化，说明干预有效。也可以使用配对的方法分组、自身前后对照分组等。

（4）收集资料方法：妇幼健康教育与健康促进评价常用的收集资料方法有病史记录、查阅文献、访谈、疾病监测、仪器测量和问卷调查。根据项目性质和评价指标，可采用一种或数种方法收集资料，以到现场收集为佳。收集资料除了要求熟练的技术以外，更要认真负责的工作态度，对资料收集人员应进行培训，做到统一认识、统一方法和统一标准。

（5）资料的整理与分析：根据预定的评价指标进行整理、综合、统计处理，使收集的原始信息反映出所评价事物的趋势和规律。完整的整理分析计划应包括：资料审核、修正、补漏、验收、保证资料的客观性和完整性编码，录入及核对，建立资料数据库；设计分析表和资料分组；按分析要求将资料汇总，便于计算评价指标和进行统计描述与推断。

（6）撰写总结报告，分析教育干预效果，修订评价计划：将经过整理分析的资料撰写成效果评价的总结报告，阐述教育计划所引起明显变化与效果；同时对正在进行中的评价方案不断改善、修订、及时中止无明显效果的评价计划或步骤。

第五节 妇幼健康教育与健康促进内容

妇幼健康教育与健康促进的主要任务是通过对妇女和儿童宣传妇幼保健知识及相关工作方针、政策，提高妇幼人群卫生保健知识水平和自我保健意识与能力，改变不利于妇幼人群健康的行为习惯和生活方式，促进、保护妇女和儿童的身心健康。

一、妇女健康教育与健康促进的内容

妇女的生理结构和功能与男子存在差异，在一生中要经历结婚、妊娠、分娩、哺乳等特殊生理过程，在社会和家庭中扮演着特殊而重要的角色。她们的文化程度、卫生保健知识水平和思想观念不仅直接影响妇女本身的健康，而且关系到整个人群的健康水平。妇女健康教育与健康促进的主要任务是通过宣传妇女保健和计划生育的方针、政策，以及妇女保健知识，提高自我保健能力，促进妇女的身心健康，其主要内容有以下几个方面：

考点：妇女健康教育与健康促进的内容

1. 不同时期妇女健康教育与健康促进

（1）青春期健康教育与健康促进：包括进行青春期生理和保健知识教育，了解男女生殖生理与解剖知识，传授其心理发展及卫生知识，建立两性间健康的关系，为青少年道德的发展和将来正常婚恋生活打下良好的基础。

（2）妊娠期健康教育与健康促进：包括使孕妇了解妊娠过程、早期妊娠诊断、妊娠期疾病、用药对胎儿的影响，妊娠期的劳动、休息、营养、情绪要求，性生活注意事项，妊娠期定期进行产前检查、家庭自我监护，以尽早发现和治疗妊娠期并发症。

（3）分娩期健康教育与健康促进：重点是做好分娩期产妇及婴儿用物的准备；使产妇了解分娩的过程，与接生人员合作完成分娩。提倡住院分娩，对高危妊娠的孕妇需有充分的心理准备，必要时提前住院待产。

（4）产褥期及哺乳期健康教育与健康促进：产褥期个人卫生、合理营养与膳食；新生儿脐带护理以及其他新生儿保健知识、母乳喂养知识和方法等。

（5）围绝经期健康教育与健康促进：针对围绝经期的特殊生理和心理变化，重点做好围绝经期相关生理和心理卫生知识的宣传教育，重视围绝经期出现的月经紊乱、子宫出血等，定期开展常见疾病普查，使妇女能正确对待围绝经期和围绝经期的身心保健。

（6）老年期健康教育与健康促进：积极开展老年期健康保健工作，传播老年卫生保健知识，如定期普查（包括妇科检查和必要的全身检查）。教育老年妇女坚持户外活动和锻炼，注意个人卫生，保持生活规律，以增强体质，延年益寿。

2. 科学育儿知识教育 对于已婚妇女进行优生、儿童生理和心理、营养和喂养、教养和体格锻炼方法，以及儿童常见疾病的防治等方面的知识教育，提高育儿水平，促使儿童健康成长。

3. 家庭卫生管理教育 通过健康教育与健康促进活动，使家庭主妇掌握一定的家庭卫生保健和管理知识，提高家庭成员的健康水平。教育内容包括家庭环境卫生、饮食卫生、

心理卫生和保健知识等。

4. 生育调节健康教育与健康促进　宣传和普及国家人口与计划生育（如生殖生理、避孕节育、优生优育等）基础知识，使人们转变生育观念，自觉地实行晚婚、晚育、少生和优生，改变无计划生育行为。健康教育与健康促进的重点人群是与生育有关的育龄人群，即处于青春期、新婚期、孕产期的育龄妇女和男性育龄人群。

二、儿童健康教育与健康促进内容

儿童在其生长发育过程中，经历着新生儿期、婴儿期、幼儿期、学龄前期、学龄期和青春发育期，是人一生中生理和心理发育最快的阶段，不同发育时期有其明显的特殊性。

考点：儿童和少年健康教育与健康促进内容

1. 胎儿期健康教育与健康促进　主要通过对孕妇教育来实现。胎儿期健康教育与健康促进的重点是：①预防先天畸形；②防止早产、减少低出生体重儿；③孕妇心理卫生与劳动保护；④产前检查及产前诊断；⑤预防宫内感染和窒息。

2. 婴幼儿健康教育与健康促进　以家庭教育为主，注重良好的卫生习惯、人际关系和品德的培养。

3. 学龄前儿童的健康教育与健康促进　主要任务是通过教育使儿童懂得一定的生活卫生常识和公德，培养良好的卫生习惯，独立生活能力，为今后的健康打好基础。开展健康教育与健康促进的基本内容：①一般卫生知识的教育；②生活习惯的培养；③合理饮食行为的培养；④儿童生存技能的培养；⑤美育及道德品质的教育。

4. 学龄期儿童的健康教育与健康促进　主要任务是通过各种教育手段使儿童少年掌握一定的卫生知识，培养良好的卫生习惯和健康的心理状态，特别是青春期生理和心理的变化特点及影响因素，促进身心健康发展。

（1）小学生健康教育与健康促进内容：主要包括人体的一般卫生知识教育，主要解剖生理知识，生活卫生习惯的培养和教育，合理营养和饮食卫生，环境卫生知识，心理卫生知识，安全意识的培养，体育锻炼与健康的关系，学校卫生指导，常见疾病的预防。

（2）中学生健康促进与健康教育内容：主要包括人体生理解剖和心理卫生知识教育，一般卫生知识教育，青春期生理卫生教育。

第六节　妇幼健康教育与健康促进实施方法

一、妇女健康教育与健康促进实施方法

妇女健康教育与健康促进活动，应该根据女性个体或群体的特点和需求采取不同的方法。一般可采用个别访谈法、大众传播法、系统教育法。具体实施过程如下。

1. 结合婚前和产前检查进行健康教育　利用妇女在婚前检查或产前检查的机会进行卫生保健知识的宣传，传授优生优育、生育调节、生殖健康和孕产期保健等卫生保健等知识。

2. 结合妇女病普查普治进行健康教育　定期开展妇女常见疾病的普查普治是妇女保健的常规工作之一。教育方法以面对面的谈话教育为主，应紧密结合妇女所患疾病给予具体的指导。还可以根据需要，由妇幼卫生机构选择带有共同性的问题进行卫生知识专题讲座。

3. 妇女健康教育与健康促进咨询　各级妇幼卫生机构应设立妇女健康咨询门诊，指导和解决她们的健康问题，主要有婚姻咨询门诊、优生优育咨询门诊、性传播疾病咨询门诊和心理卫生咨询门诊等。

4. 组织妇女卫生保健专题讲座及学习班　各级妇幼卫生机构应设立妇女健康教育室，配备专人负责，针对女性突出的健康问题开展有计划的、经常性的专题讲座和学习班，以满足不同时期的妇女在预防保健中的需要。

二、儿童健康教育与健康促进实施方法

1. 学龄前儿童实施健康教育与健康促进的方法

（1）观察法：是对儿童进行健康教育与健康促进的一种基本方法。通过组织儿童观察实物、图片或模型等，为进一步学习卫生知识打下良好的基础。

（2）游戏法：游戏是对儿童进行各种教育的有效方法。通过游戏开展健康教育，可使儿童在没有压力的情况下获得卫生知识，培养他们的生活卫生习惯。

（3）示范法：儿童具有很强的模仿能力，通过示范使儿童模仿学习。具体有两个方法：①教学演示：通过教育者正确示范表演，给儿童提供模仿、学习的样板，帮助儿童形象、生动地理解和掌握有关卫生保健知识和技能。例如正确的读写姿势、正确的刷牙方法等；②榜样示范：通过施教者自己良好的行为和习惯，用言传身教为儿童树立学习的榜样，例如饭前便后洗手、不乱丢果皮、纸屑等。

（4）练习法：让儿童对已学习过的卫生知识和技能反复操练，或有意识地安排一系列活动。如让儿童复述讲解卫生要求，背诵卫生儿歌，表演正确的刷牙或洗脸方法。

（5）检查法：通过检查儿童的个人卫生习惯，来启发儿童的卫生意识，使儿童认识哪些行为习惯是正确的，哪些行为习惯是错误的，从而受到现实教育。

（6）启发法：学龄前儿童已经具备一定的思维能力、道德观和美感，可以采取启发性的提问和表扬鼓励的方法，调动儿童积极思维，提高教育效果。

2. 学龄儿童实施健康教育与健康促进的方法

（1）开设健康教育课：在学校开设健康教育课，课堂教育是健康知识和技能普及的最有效方法之一。不同年级应有规范系统的健康教育课程，选用由权威部门组织编写的健康教育教材，同时应配置接受过健康教育培训的师资，采取科学性与趣味性结合的形式授课，使健康教育课堂教育取得良好效果。此外，还可采取渗透教学的方法，把健康教育融入其他学科的教学过程之中，促进学校健康教育与健康促进的持续发展。

（2）举办健康教育活动：健康教育活动是课堂教育的重要补充。通过学生参加健康教育活动，如开展健康知识竞赛、健康演讲比赛、健康绘画比赛、健康征文比赛、组织学生参加环境卫生与保护活动或参加卫生法规的宣传活动、开展卫生评比、聘请卫生保健人员为学生开展定期或不定期的健康讲座和咨询，促使学生把课堂教育的内容与实践活动有机地结合起来，强化学习效果。

（3）加强校外教育：校外教育对学校健康教育可起到明显的强化作用，是学校健康教育的组成部分，如学校可利用家长会、给家长的一封信等方式，把学校健康教育的目的、意义、内容和方法告知家长，取得家长的配合，创造强化学校健康教育的家庭环境。

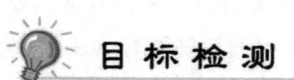
目 标 检 测

1. 以下有关妇幼健康教育与健康促进的基本原则不正确的是
　A. 协作性原则　　　B. 主体性原则　　C. 指导性原则　　D. 广泛性原则
　E. 科学性原则

2. 有关妇幼健康教育与健康促进的目错误的是

A．降低妇幼人群的患病率
B．降低妇幼人群的发病率
C．降低妇幼人群的死亡率
D．树立正确的健康观
E．减少人口出生数量
3．开展妇幼健康教育活动的内容不包括以下哪项
A．妇幼健康指导　　B．科普游园
C．撰写论文　　　　D．专题辩论
E．发放健康教育宣传材料
4．对学龄前儿童实施健康促进与健康教育的方法不包括下列哪项
A．想象法　　　　B．示范法
C．游戏法　　　　D．启发法
E．观察法
5．有关健康促进与健康教育培训工作的特点不包括以下哪项
A．计划性　　　　B．广泛性
C．实践性　　　　D．针对性
E．互动性

（牛建民）

第十四章　妇幼保健信息管理

第一节　妇幼保健信息管理的范围、任务和内容

一、妇幼保健信息管理的范围

妇幼保健信息管理的范围主要包括以下几方面。

1. 妇女保健　针对妇女一生不同时期的生理、心理特点，以预防为主，卫生保健为中心，保健与临床相结合，收集影响妇女生殖健康的多种疾病的流行规律及影响发病的危险因素的有关信息，进行分析研究后采取相应的干预措施；降低妇女因生育、节育或生殖功能紊乱而引起的发病率、伤残率和死亡率，以提高妇女的身心健康。为此，要对妇女各个时期的健康状况进行实时监测，及时对有关妇女健康问题的信息迅速作出反应。

2. 儿童保健　儿童时期是人的一生的基础阶段，处在不断生长发育的过程中，其生理、心理特点不同于成人，而且，在儿童时期的各个年龄段也存在很大的差异。儿童保健的范围应从胎儿期至青春期，在我国现阶段主要对象是7岁以内的儿童，尤以3岁内的婴幼儿为重点。根据儿童各年龄段的生理、心理特点，针对儿童生长发育规律，收集、分析、研究各种影响儿童生长发育和身心健康的社会条件、气候、地理、遗传、营养、教养以及疾病等有密切关系的信息，采取各种保健、干预措施，消除不利因素，降低儿童发病率和死亡率，促进儿童的身心健康和生长发育。

3. 优生优育和计划生育　控制人口数量，提高人口素质是我国人口政策的核心，也是妇幼卫生保健服务的重点组成部分。妇幼卫生信息系统可通过少生、优生、优育的各项指标为妇幼卫生部门提供衡量计划生育工作进展的依据。并应收集优生、优育和计划生育业务技术、宣传教育等方面的信息，以便于总结推广。

4. 妇幼健康教育　通过妇幼卫生信息管理系统，可以获得妇女儿童对卫生健康知识的了解、掌握程度，从而有计划、有目的地开展相应的妇幼健康教育活动。妇女健康教育主要包括：妇女各期保健、婚前保健、常见妇女疾病的防治、家庭健康、科学育儿、劳动保护等方面的知识教育。儿童健康教育主要包括：儿童卫生习惯的培养、合理的营养、预防意外伤害、道德品质及美育的培养教育等。

二、妇幼保健信息管理的任务

妇女和儿童的健康状况是衡量社会发展和国民健康状况的主要指标，妇幼卫生信息管理的基本任务就是建立、健全妇幼卫生信息管理系统的运行机制，利用科学、易行的收集、整理、分析信息资料的方法和手段，为妇幼卫生行政和业务机构作出科学、合理的妇幼卫生决策，提高系统、准确、有效的信息作为管理决策的基础和依据，为保护、促进妇女儿童身心健康服务。因此，信息管理在妇幼卫生工作中尤为重要，其主要作用与基本任务有以下六个方面。

1. 了解现状　通过妇幼卫生工作年报、三网监测（孕产妇死亡、5岁以下儿童死亡和出生缺陷监测）及各种专项调查，获得妇幼健康状况的各项信息、指标，从而对某个地区

妇幼保健工作有个量化的了解。

2. 实况评价 对所获取信息,通过分析、研究,找出问题的所在。譬如,发现某地新生儿死亡率增高的信息,分析其原因是该地住院分娩率低、新法接生率不高,造成新生儿破伤风和新生儿窒息发生率高。于是即可采取有效措施,提高住院分娩率和新法接生率,从而找到降低新生儿死亡率的关键。

3. 决策支持 在利用信息对现况进行评价的基础上,妇幼卫生行政部门或业务部门的领导便可据此制定有关政策和计划,以便改善工作现状。

4. 实施导向 当领导部门制定政策之后,如何实施被选定的方案,亦需要信息作导向。譬如领导决策要培训接生员,便有如何有效实施的问题,如培训对象的选择、培训的人数、内容、时间、地点、师资、设备、经费等,这些具体实施方法,均需要信息来支持、导向。

5. 监督指导 在妇幼卫生工作中,上一级卫生行政部门或业务部门利用年报数据对下一级的日常工作进行监督指导,也是妇幼卫生信息管理的一项重要任务。譬如,当在汇总年报时发现某地低出生体重儿发生率非常低时,除要分析低出生体重儿与孕龄、母亲营养关系外,还要了解该地接生员测量新生儿体重,是用婴儿体重秤称的,还是估计的?若是估算的,就应指导他们解决秤的问题,帮助他们理解收集其数据的作用,说明据估算而上报的资料缺乏科学意义。

6. 反馈提高 信息反馈是保证数据质量、激励各级信息工作者的热情和提高工作水平的一个最好办法。例如,每年将本地妇幼保健的数据资料逐级上报,经上级汇总分析后再反馈回来,使其领导和统计信息人员及时了解本地妇幼卫生工作所处的位置及存在的问题,以便于明确今后的努力方向,提高妇幼卫生信息管理的质量。

三、妇幼保健信息管理的主要内容

妇幼保健信息管理的主要内容是妇幼部门利用妇幼卫生三级保健网收集、整理、存储、分析有关妇女儿童健康或危险因素方面的信息,以及这些工作计划的设计、组织、指导等相关信息。利用准确、系统、完整的信息,为改善妇幼人群的健康状况服务,提高妇幼人群的生命质量。信息管理是一个范围很宽、正在发展的概念,具有广泛性和复杂性的特性。从管理范围的角度,可分为宏观、中观和微观三个层次;从涉及对象的角度可分个体、组织和社会三个层次;从研究重点的角度可分为信息检索、信息系统和信息环境三个层次。

1. 微观、个体、信息检索层面的信息管理 这是从个体的角度研究信息管理,涉及信息的产生、收集、处理、传输、存储、检索、利用整个生命周期的全过程,是信息本身的狭义信息管理,重点是信息的检查和利用,涉及信息利用的个体(个人或单个组织)。

2. 中观、组织、信息系统层面的信息管理 是从组织的角度研究信息管理,涉及信息系统的管理;是在一个组织中,以系统的形式来组织、管理和利用信息流;是对信息资源多个要素广义的信息管理,重点是信息系统,涉及信息利用的群体(行业、大的组织)。

3. 宏观、社会、信息环境层面的信息管理 是从社会的角度研究信息管理,涉及信息应用环境,包括社会政治、经济、文化和社会关系对信息的需求程度,信息技术的发展程度,政策、法律、道德、观念的信息认识和教育程度,以及信息产业等,重点是信息环境,涉及社会多个层次。妇幼卫生信息管理就是为了达到保障和提高妇女儿童的身心健康水平的预期目的,综合运用科学技术、政策、法律、经济等手段,对信息活动中的信息、人员、设备、资金、产业和机构等要素,从整个过程、系统和环境的不同角度,进行全面有效的管理。

第二节 妇幼保健信息管理资料的来源和收集方法

一、妇幼保健信息管理资料的来源

建立妇幼卫生完整的信息系统，必须科学地收集有关妇幼卫生方面的信息，使其做到系统性、准确性、及时性、可靠性和完整性，以便进一步指导今后的妇幼卫生工作。妇幼卫生信息管理资料来源主要有以下几个方面。

1．妇幼卫生日常工作记录（和表、卡、册） 开展妇幼卫生工作都有一套常规的工作记录，如：产房分娩登记本、出生医学证明、新生儿疾病筛查登记、妇女病查治登记表、孕产妇死亡登记册、孕产妇保健手册、儿童保健手册、儿童预防接种卡、出生缺陷儿登记卡等。这些妇幼卫生日常工作记录（和表、卡、册）等，为妇幼卫生基本统计指标的计算提供了原始的资料，用以评价妇幼卫生的工作状况和管理水平。

2．妇幼卫生统计报表与监测报表 根据国家规定的报表制度和妇幼卫生监测的相关要求，主要有妇幼卫生年报表和妇幼卫生三网监测（孕产妇死亡监测、5岁以下儿童死亡监测、出生缺陷监测）报表。妇幼卫生年报表共6种：7岁以下儿童保健和健康情况年报表、孕产妇保健和健康情况年报表、非户籍儿童与孕产妇健康状况年报表、妇女常见病筛查情况年报表、计划生育技术服务数量和质量情况年报表、婚前保健情况年报表。妇幼卫生三网监测报表有：监测点活产数和孕产妇死亡季报表、孕产妇死亡报告卡、孕产妇死亡调查附卷、5岁以下儿童死亡监测表、儿童死亡报告卡、围产儿数季报表、医疗机构出生缺陷儿登记卡等。这些报表是由各级妇幼保健机构逐级上报，它全面、经常地提供了妇幼卫生工作开展的主要数字和现状，为拟定妇幼卫生工作计划、检查与总结工作提供了科学依据，同时也给科学研究的开展提供基础资料。统计报表的不足之处，即报表项目一般较少，仅作描述性的统计分析，不能进行详细深入的分析，有时还由于填报者对填报项目的标准理解和操作不一致，影响各地之间指标的可比性。

3．专题调查或实验研究 当上述资料所提供的信息不能满足工作、科研和政策制定的需要时，常常要组织专题调查或实验研究。如：孕期妇女缺铁性贫血的调查、儿童维生素A缺乏的调查、乡镇卫生院产科情况的调查、孕产妇艾滋病感染情况的调查等。

4．合作项目 妇幼卫生工作的开展在较大程度上是以妇幼卫生项目为龙头的，在妇幼卫生项目工作开展时一般都有基础调查、项目工作进展报表、项目工作评估、项目验收等工作环节，这些报表和工作记录提供了大量的妇幼卫生信息资料。目前开展的项目有：加强基层妇幼卫生工作的卫生六、卫生九项目、降低孕产妇死亡和消除新生儿破伤风项目、预防艾滋病母婴传播项目等。

5．妇幼保健临床病案 妇幼保健工作方针是以保健为中心，以保障生殖健康为目的，实行保健和临床相结合，面向群体、面向基层和预防为主。妇幼保健工作中有相当一部分是临床工作，临床工作中的病案也是妇幼卫生信息来源的一个重要渠道。

6．基层指导 妇幼卫生工作开展的一个重要工作方法就是基层指导，基层工作方式有：现场考察、调研、特派专家、专家蹲点等。在基层指导时会有指导工作一览表，工作结束时会有基层指导报告。

7．政策法规 妇幼卫生工作是依法开展的，在妇幼卫生开展中有相应的法律、法规和部门规章出台。如《中国妇女发展纲要》、《中国儿童发展纲要》、《人类遗传资源管理暂行办法》、《关于做好提高出生人口素质工作的意见》、《关于统一规范＜出生医学证明＞的通知》等。

二、妇幼保健信息管理资料的收集方法

妇幼保健工作中收集信息的方法很多，如常规报告、专题调查等，现着重介绍专题调查时收集信息的方法，该方法主要包括现状研究、典型调查、病例对照研究和定群研究。

考点： 妇幼保健信息资料的收集方法

1. 专题调查前的准备工作　调查之前必须拟订调查计划，首先要有明确的目标，不要为调查而调查，无具体目标的调查是浪费时间、人力和资金。根据调查目标，决定调查方法，如进行现况研究是普查、抽样调查还是家庭询问调查；决定调查范围（地区和人口）调查对象、调查完成时间、调查人员数、调查经费、仪器设备、协作单位等。

（1）基本情况资料：地理资料（山川、河流、湖泊、地形、地貌等）、气象资料（气温、雨量、湿度等）、经济资料（人均GDP、人均纯收入、卫生事业经费等）、人口资料（人口总数、性别、人口构成、民族、流动人口等）、卫生学资料、妇幼保健机构资料等。

（2）调查表：拟定调查表的原则是根据调查方法和调查变量性质而定，一份好的调查表往往不是一次就能拟好的，需要先试用，几经修改，才供正式使用。

（3）调查员：调查员必须进行培训，调查员应具备一定的流行病学知识，充分了解调查的问题、调查目标、调查要求、调查方法原理、调查项目的意义等。调查员必须绝对诚实，重视事物的本来面目，不带任何成见，不加上自己的猜测，更不得编造资料。调查员应熟练掌握询问技巧，尽量客观，忌有"导向性"口吻，诱出虚假信息。

（4）调查组织工作：专题调查是面向人群的工作，要依靠当地行政领导，统筹安排，做好宣传工作使群众了解调查的意义，做到知情同意，符合医学伦理学原则，让群众自愿地配合。人力的组织决定于调查的范围、规模、调查方法、完成时间及经费多少等因素。

2. 调查方法　根据不同的调查目的选用不同的调查方法。想了解整个人群的情况，可采取现况研究方法（普查、抽样调查、家庭询问等要说明事物的典型特征，可用典型调查；若要研究事物的相关联系，常用病例对照研究或定群研究。

（1）现况研究：也叫横断面研究或患病率研究。它是描述某人群在一定时间内疾病或健康分布状况，同时研究有关因素（或变量）与疾病健康的关系。

1）普查：亦称全面调查，是将组成总体的所有观察单位全部加以调查。如开展子宫颈癌的普查。要做好普查一定要做到"三统一"：统一调查对象、统一调查时间和期限、统一调查项目的方法和标准。

2）抽样调查：指从研究的对象全体中抽取有代表性的部分进行调查。其任务是根据样本信息推断总体情况，抽样调查可以减少人力和物力，并且可以获得总体较为精确的估计。抽样调查的设计和实施要遵循两个基本原则，即随机化原则和样本大小适当原则。

3）家庭询问调查：是在一定范围内进行的一项连续性抽样调查，家庭询问调查方法简单、易于实施、信息量大，能够提供登记报告制度不易取得的重要资料。

4）网上调查：通过在网上发布询问调查表，由网民填写后，从而获得信息的一种方法。

（2）典型调查：又称个案调查，即在对事物做全面分析的基础上，有目的选定典型的人、典型的事进行调查。典型常是同类事物特征的集中表现，抓住典型，有利于对事物特征作深入的了解。

第三节　妇幼保健信息管理资料统计和指标体系的作用

一、妇幼保健信息管理资料统计的作用

大量的妇幼卫生数据资料被转化成信息，而信息的价值取决于信息是否能被充分而正确的利用。因此，各级妇幼卫生信息工作人员，应主动将信息提供给各级卫生行政部门，充分发挥信息在评价、决策及监督指导等方面的作用。妇幼卫生信息覆盖面广、信息量大，可用于妇幼卫生管理工作的各个方面。

1. 现状了解及实况评价　报表资料产出的各项指标，使我们可以对本地区的妇幼保健工作如孕产期保健、儿童系统管理和妇女儿童健康状况有全面和量化的了解。通过对这些指标的分析和研究，可以找出工作中存在的问题。例如，通过年报发现某地区孕产妇死亡率较周围地区明显增高。造成该地孕产妇死亡率增高的原因是什么呢？经过对孕产妇死亡率有关的因素进行分析，发现当地住院分娩率低，产科急救中心质量有待提高。因此努力提高住院分娩率和产科急救中心质量是该地区控制孕产妇死亡的关键。

2. 制定政策、规划和决策　从管理学的基本理论看，不论是政策、规划的制定还是决策过程，都需要基本信息作为基础，他们的共同点之一就是要首先确定问题，然后再根据问题提出解决的方案，这个方案的表现形式可以是政策，也可以是规划或计划等，问题的确定需要多方面信息资料的支持，而最终方案的决策同样也需要不同信息给予支持。通过对基本信息的分析我们能够了解什么是当前该区域内妇幼卫生的主要问题，当前影响妇幼人群健康的关键因素是什么，各种疾病的发生情况如何，利用这些信息能够做进一步的分析，并提供解决该问题所需适当的人力、物力及财力。如果没有卫生统计信息系统，那么区域内医疗机构在一定时期内能提供的服务是多少，其在不同级别妇幼卫生机构间的分布如何；不同机构提供卫生服务的费用如何我们都将不知晓，那么相关的卫生规划和决策就无法制定和实施。对于妇幼卫生行业的管理者和决策者来讲，必须知道以下信息：

（1）所辖地区妇女和儿童的健康状况、疾病结构、卫生需求，当前主要的卫生问题及其优先领域。

（2）众多的预防、诊断治疗、保健及干预措施中哪一种是适宜、经济而有效的。

（3）什么是妇幼卫生服务的决定或影响因素，什么样的措施可以经济有效的干预及改善妇女和儿童的健康状况。

3. 实施导向及效果评价　在一个规划执行期末，为了解规划总体目标实现情况，需要大量的信息对规划执行结果进行评估与判断。评价是为了确定项目计划执行情况，对信息收集与分析的过程。整个评价过程都需要信息的支持。一方面信息贯穿于整个评价过程始终；同时，及时准确有效的信息是正确评价的前提。信息是比较的基础，决策的依据。所谓监督、控制和评价，是判断预定的卫生目标取得的数量、进展和价值的过程，包括明确卫生目标、阐明实施取得的进展、测量卫生目标取得的效果，判断这一效果所取得的影响。所以，信息是评价的客观依据和基础。以妇幼卫生规划为例，卫生统计信息系统的任务主要是：

（1）数据的收集、整理、储存、传递。

（2）数据分析、报告。

（3）参与妇幼卫生规划设计。

（4）参与有关疾病流行病学调查研究及资料的处理与分析。

(5) 建立妇幼卫生统计信息数据库。

(6) 定期或不定期对本地区卫生形势进行分析评估，如防治措施评价、疾病流行规律研究等，并对防治重点、防治措施提出建议。

4. 监督指导　上级卫生行政部门或业务部门，可利用报表信息对下一级部门的日常工作进行监督指导。如年报汇总时发现某地区低出生体重发生率非常低，分析这种情况时除了分析孕龄、孕期营养等因素外，还必须了解测量新生儿体重是否完全，量具是否准确。另外，按照管理单元进行排序和分类的信息，可帮助领导按不同地区妇幼卫生重点问题给予分类指导。如婴儿死亡率较高（≥50‰）的地区，儿童的生存问题是重点问题，这些地区婴儿主要死因是感染性疾病，如肺炎、腹泻、新生儿破伤风等，这些疾病导致的死亡经过努力是可以降低的，应抓住主要死因，提出切实可行的干预措施，降低死亡率。而婴儿死亡率较低（<5‰）的地区，主要死因是先天异常及遗传代谢性疾病等，这些疾病引起的死亡目前难以减少，因此在这些地区，儿童生存问题即降低婴儿死亡率不再是重点问题，而应将主要工作放在如何促进儿童身心发育健康上。

5. 提供背景资料　妇幼卫生季度报表、年度报表信息，可为本地区卫生发展规划及大型项目实施方案的拟定提供所需的背景资料。这些背景资料是规划或方案中目标制定的重要科学依据。

二、妇幼保健信息管理指标体系及其作用

妇幼卫生工作指标体系是制订妇幼保健政策、规划及计划的主要内容，是总结、评价妇幼卫生工作质量和效果的科学依据，妇幼卫生指标作为反映妇幼卫生工作状况属性，已经发展成为相对完整的体系，各指标元素定义明确且稳定，具有很强的可操作性，其结果可直接为妇幼卫生管理机构和服务机构所利用。妇幼卫生指标的选取主要围绕孕产妇保健和健康情况、7岁以下儿童保健和健康情况、妇女常见病筛查情况、计划生育技术服务数量和质量情况、婚前保健情况等5个妇幼监管工作所产生的相关指标。

1. 孕产妇保健和健康指标

（1）活产数：指妊娠满28周及以上（如孕周不清楚，可参考出生体重达1000g及以上），娩出后有心跳、呼吸、脐带搏动、随意肌收缩4项生命体征之一的新生儿数。分为男婴活产数、女婴活产数和性别不明活产数（包括两性畸形）。

（2）产妇数：指该地区该统计年度内妊娠满28周及以上（如孕周不清楚，可参考出生体重达1000g及以上）的分娩产妇人数。分为农业户籍和非农业户籍的产妇人数。

（3）产妇建卡人数：指该地区该统计年度内产妇中，在妇幼医疗保健机构建立了保健卡、册的人数。由此可以计算产妇幼建卡率。

建卡率 = 该年该地区产妇建卡人数 / 同年该地区产妇数 ×100%

（4）产妇产前检查人数：指该地区该统计年度内产前接受过1次及以上产前检查的产妇人数（仅做妊娠试验的初次检查、因临产入院进行的产前检查不计算在内）。由此可以计算产前检查率。

产前检查率 = 该年该地区产妇产前检查人数 / 同年该地区活产数 ×100%

（5）产妇产前检查5次及以上人数：指该地区该统计年度内产前接受过5次及以上产前检查的产妇人数（仅做妊娠试验的初次检查、因临产入院进行的产前检查不计算在内）由此可以计算5次及以上产前检查率。

5次及以上产前检查率 = 该年该地区产妇产前检查5次及以上人数 / 同年该地区活产数 ×100%

（6）产妇孕早期产前检查人数：指该地区该统计年度内孕 13 周内（不满 13 周）接受产前检查的产妇人数。由此可以计算孕早期检查率。

孕早期检查率 = 该年该地区产妇孕早期产前检查人数 / 同年该地区活产数 ×100%

（7）产妇孕产期血红蛋白检测人数：指该地区该统计年度内孕期和产后 42 天内至少接受过 1 次血红蛋白检测的产妇人数。

（8）产妇孕产期贫血人数：指该地区该统计年度内孕期和产后 42 天内至少一次检查发现患有贫血的产妇人数。贫血的诊断标准为血红蛋白含量小于 100g/L。由此可以计算孕产期贫血患病率。

孕产期贫血患病率 = 该年该地区产妇孕产期贫血人数 / 同年该地区产妇孕产期血红蛋白检测人数 ×100%

（9）产妇孕产期中重度贫血人数：指该地区该统计年度内孕期和产后 42 天内至少 1 次检查发现患有中重度贫血的产妇人数。中重度贫血的诊断标准为血红蛋白含量小于 80g/L。由此可以计算孕产期中重度贫血患病率。

孕产期中重度贫血患病率 = 该年该地区产妇孕产期中重度贫血人数 / 同年该地区产妇孕产期血红蛋白检测人数 ×100%

（10）产妇艾滋病病毒检测人数：指该地区该统计年度内孕期至产时接受过 1 次及以上艾滋病病毒抗体检测的产妇。接受过多次检测的按 1 人统计。由此可以计算产妇艾滋病病毒检测率。

产妇艾滋病病毒检测率 = 该年该地区产妇艾滋病病毒检测人数 / 同年该地区产妇数 ×100%

（11）孕产妇艾滋病病毒感染人数：指该地区该统计年度内孕期至产时接受艾滋病病毒抗体检测的孕产妇中艾滋病病毒抗体确证试验阳性的人数。孕产妇艾滋病病毒感染人数包括孕期至产时艾滋病病毒抗体确证试验阳性的产妇人数，及孕期艾滋病病毒抗体确证试验阳性的在孕 28 周前终止妊娠或失访的孕妇人数。由此可以计算孕产妇艾滋病病毒感染率。

孕产妇艾滋病病毒感染率 = 该年该地区孕产妇艾滋病病毒感染人数 / 同年该地区产妇艾滋病病毒检测人数 ×100%

（12）产妇梅毒检测人数：指该地区该统计年度内孕期至产时接受过 1 次及以上梅毒检测的产妇人数。接受过多次检测的按 1 人统计。由此可以计算产妇梅毒检测率。

产妇梅毒检测率 = 该年该地区产妇梅毒检测人数 / 同年该地区产妇数 ×100%

（13）产妇梅毒感染人数：指该地区该统计年度内接受梅毒检测的产妇中确诊为感染梅毒的人数。诊断标准要求梅毒螺旋体抗原血清学试验和非梅毒螺旋体抗原血清学试验均阳性。由此可以计算产妇梅毒感染率。

产妇梅毒感染率 = 该年该地区产妇梅毒感染人数 / 同年该地区产妇梅毒检测人数 ×100%

（14）产妇乙肝表面抗原检测人数：指该地区该统计年度内孕期至产时接受过 1 次及以上乙肝表面抗原检测的产妇人数。接受过多次检测的按 1 人统计。由此可以计算产妇乙肝表面抗原检测率。

产妇乙肝表面抗原检测率 = 该年该地区产妇乙肝表面抗原检测人数 / 同年该地区产妇数 ×100%

（15）产妇乙肝表面抗原阳性人数：指该地区该统计年度内接受乙肝表面抗原检测的产妇中乙肝表面抗原阳性的人数。由此可以计算乙肝表面抗原阳性率。

产妇乙肝表面抗原阳性率 = 该年该地区产妇乙肝表面抗原阳性人数 /

同年该地区产妇乙肝表面抗原检测人数×100%

（16）孕产妇产前筛查人数：指该地区该统计年度内，在孕早期和孕中期（7~20周）用血清学方法对胎儿进行唐氏综合征、18三体综合征和神经管畸形这三种先天性缺陷和遗传性疾病筛查的孕产妇人数（进行过多次筛查者按1人统计）。暂不包括超声学筛查。由此可以计算孕产妇产前筛查率。

孕产妇产前筛查率 = 该年该地区孕产妇产前筛查人数 / 同年该地区产妇数 ×100%

（17）孕产妇产前筛查高危人数：指该地区该统计年度内接受产前血清学筛查的孕产妇中筛出高危的人数，暂不包括超声学筛查出可疑胎儿畸形的孕产妇人数。由此可以计算孕产妇产前筛查高危百分比。

孕产妇产前筛查高危百分比 = 该年该地区孕产妇产前筛查高危人数 /
同年该地区孕产妇产前筛查人数 ×100%

（18）孕产妇产前诊断人数：指该地区该统计年度内由所属省、自治区、直辖市人民政府卫生行政部门审查批准的具有产前诊断资质的医疗保健机构对胎儿进行先天性缺陷和（或）遗传性疾病诊断的孕产妇人数。包括超声诊断、细胞遗传学诊断和分子遗传学诊断（不包括只做遗传咨询者）。由此可以计算孕产妇产前诊断率。

孕产妇产前诊断率 = 该年该地区孕产妇产前诊断人数 / 同年该地区产妇数 ×100%

（19）孕产妇产前诊断确诊人数：指该地区该统计年度内接受产前诊断的孕产妇中确诊的先天性缺陷和（或）遗传性疾病的人数。由此可以计算孕产妇产前诊断确诊率。

孕产妇产前诊断确诊率 = 该年该地区孕产妇产前诊断确诊人数 /
同年该地区孕产妇产前诊断人数 ×100%

（20）产妇产后访视人数：指该地区该统计年度内产后28天内接受过1次及以上产后访视的产妇人数。由此可以计算产后访视率。

产后访视率 = 该年该地区产妇产后访视人数 / 同年该地区活产数 ×100%

（21）产妇系统管理人数：指该地区该统计年度内按系统管理程序要求，从妊娠至产后28天内有过孕早期产前检查、至少5次产前检查、新法接生和产后访视的产妇人数。由此可以计算产妇系统管理率。

系统管理率 = 该年该地区产妇系统管理人数 / 同年该地区活产数 ×100%

（22）住院分娩活产数：指该地区该统计年度内在取得助产技术资质的机构分娩的活产数。由此可以计算住院分娩率。

住院分娩率 = 该年该地区住院分娩活产数 / 同年该地区活产数 ×100%

（23）剖宫产活产数：指该地区该统计年度内采用剖宫产手术分娩的活产数。由此可以计算剖宫产率。

剖宫产率 = 该年该地区剖宫产活产数 / 同年该地区活产数 ×100%

（24）非住院分娩中新法接生活产数：指该地区该统计年度内在非住院分娩的活产中采用新法接生的活产数，其中新法接生是指产包、接生者的手、产妇的外阴部、脐带均消毒，并由医生、助产士和接受过培训并取得《家庭接生人员合格证》的人员接生的活产数（不含只用脐带卷接生的活产数）。由此可以计算非住院分娩中新法接生率。

非住院分娩中新法接生率 = 该年该地区非住院分娩中新法接生活产数 /

同年该地区非住院分娩的活产数×100%

（25）新法接生活产数：指住院分娩的活产数和非住院分娩中新法接生的活产数之和。由此可以计算新法接生率。

新法接生率 = 该年该地区新法接生活产数 / 同年该地区活产数 ×100%

（26）高危产妇人数：在妊娠期有某种病理因素或致病因素可能危害孕妇、胎儿与新生儿或导致难产的产妇人数。孕期只要出现高危因素，无论临产前是否纠正均按1例高危统计。

高危产妇占总产妇数的百分比 = 该年该地区高危产妇人数 / 同年该地区产妇数 ×100%

（27）高危产妇管理人数：指对筛出的高危孕产妇按照高危管理的要求进行管理并登记的产妇人数。由此可以计算高危产妇管理百分比。

高危产妇管理百分比 = 该年该地区高危产妇管理人数 / 同年该地区高危产妇人数 ×100%

（28）高危产妇住院分娩人数：指该地区该统计年度内住院分娩的高危产妇人数。由此可以计算高危产妇住院分娩百分比。

高危产妇住院分娩百分比 = 该年该地区高危产妇住院分娩人数 / 同年该地区高危产妇人数 ×100%

（29）孕产妇死亡人数：妇女在妊娠期至妊娠结束后42天以内，由于任何与妊娠或妊娠处理有关的或由此而加重了的原因导致的死亡称为孕产妇死亡，但不包括意外事故死亡。由此可以计算孕产妇死亡率。

孕产妇死亡率 = 该年该地区孕产妇死亡人数 / 同年该地区活产数 ×100%

2．7岁以下儿童保健和健康情况

（1）低出生体重儿数：指出生体重低于2500g的活产数。由此可以计算低出生体重儿百分比。

低出生体重儿百分比 = 该年该地区低出生体重儿数 / 同年该地区活产数 ×100%

（2）巨大儿数：指出生体重大于或等于4000g的活产数。由此可以计算巨大儿百分比。

巨大儿百分比 = 该年该地区巨大儿数 / 同年该地区活产数 ×100%

（3）死胎死产数：指妊娠满28周及以上（如孕周不清楚，可参考出生体重达1000g及以上）的胎儿在宫内死亡（死胎）以及在分娩过程中死亡（死产）的例数（不含因计划生育要求的引产所致的死胎数）。

（4）早期新生儿死亡数：指妊娠满28周及以上（如孕周不清楚，可参考出生体重达1000g及以上）后7天内死亡的人数。早期新生儿死亡数分性别统计。

（5）围产儿死亡数：包括死胎死产数、早期新生儿死亡漏数（不含因计划生育要求的引产所致的死胎、死产数）。此可以计算围产儿死亡率。

围产儿死亡率 = 该年该地区围产儿死亡数 / 同年该地区活产数 + 死胎死产数 ×100%

（6）新生儿破伤风：符合以下标准：①活产，生后2天内正常吸吮，哭叫；②出生后3~28天发病；③发病后不能吸吮，进食困难，强直，抽搐。必须符合上述三项标准者才可诊断为新生儿破伤风。由此可以计算新生儿破伤风发病率、新生儿破伤风死亡率。

新生儿破伤风发病率 = 该年该地区新生儿破伤风发病人数 / 同年该地区活产数 ×100%

新生儿破伤风死亡率 = 该年该地区新生儿破伤风死亡人数 / 同年该地区活产数 ×100%

（7）5岁以下儿童死亡数：指出生至不满5周岁的儿童死亡人数。满5周岁的儿童死亡不计在内。由此可以计算5岁以下儿童死亡率。

5 岁以下儿童死亡率 = 该年该地区 5 岁以下儿童死亡数 / 同年该地区活产数 ×100%

（8）婴儿死亡数：指出生至不满 1 周岁的活产婴儿死亡人数。满 1 周岁的儿童死亡不计在内。由此可以计算婴儿死亡率。

婴儿死亡率 = 该年该地区婴儿死亡数 / 同年该地区活产数 ×100%

（9）新生儿死亡数：指出生至 28 天内（0~27 天）死亡的新生儿数。满 28 天死亡的新生儿不计在内。由此可以计算新生儿死亡率。

新生儿死亡率 = 该年该地区新生儿死亡数 / 同年该地区活产数 ×100%

（10）母乳喂养调查人数：0~5 个月婴儿进行母乳喂养调查的人数。

（11）母乳喂养人数：调查的 0~5 个月婴儿中过去 24 小时内（调查前 24 小时内）喂养过母乳的人数，含纯母乳喂养。由此可以计算 6 个月内婴儿母乳喂养率。

6 个月内婴儿母乳喂养率 = 该年该地区母乳喂养人数 / 同年该地区母乳喂养调查人数 ×100%

（12）纯母乳喂养人数：调查的 0~5 个月婴儿中过去 24 小时内纯母乳喂养的人数。纯母乳喂养是指调查前 24 小时内，除喂母乳外，不添加任何辅助食品和饮料及水，但在有医学指征情况下可加少量维生素、矿物质和药物。由此可以计算 6 个月内纯母乳喂养率。

6 个月内纯母乳喂养率 = 该年该地区纯母乳喂养人数 / 同年该地区母乳喂养调查人数 ×100%

（13）新生儿访视人数：指接受 1 次及 1 次以上访视的新生儿人数。由此可以计算新生儿访视率。

新生儿访视率 = 该年该地区新生儿访视人数 / 同年该地区活产数 ×100%

（14）新生儿苯丙酮尿症筛查人数：指按照《新生儿疾病筛查管理办法》接受过苯丙酮尿症筛查的新生儿数 1 人筛查多次按 1 人上报。由此可以计算新生儿苯丙酮尿症筛查率。

新生儿苯丙酮尿症筛查率 = 该年该地区新生儿苯丙酮尿症筛查人数 / 同年该地区活产数 ×100%

（15）新生儿甲状腺功能减低症筛查人数：指按照《新生儿疾病筛查管理办法》接受过甲状腺功能减低症筛查的新生儿数。一人筛查多次按一人上报。由此可以计算新生儿甲状腺功能减低症筛查率。

新生儿甲状腺功能减低症筛查率 = 该年该地区新生儿甲状腺功能减低症筛查人数 / 同年该地区活产数 ×100%

（16）新生儿听力筛查人数：指按照《新生儿疾病筛查管理办法》接受过听力筛查的新生儿数。1 人筛查多次按 1 人上报。由此可以计算新生儿听力筛查率。

新生儿听力筛查率 = 该年该地区新生儿听力筛查人数 / 同年该地区活产数 ×100%

（17）7 岁以下儿童保健管理人数：指 7 岁以下儿童该统计年度内接受 1 次及以上体格检查（身高和体重等）的总人数。1 个儿童当年如接受了多次查体，也只按 1 人计算。由此可以计算 7 岁以下儿童保健管理率。

7 岁以下儿童保健管理率 = 该年该地区 7 岁以下儿童保健管理人数 / 同年该地区 7 岁以下儿童数 ×100%

（18）3 岁以下儿童系统管理人数：指该统计年度内 3 岁以下儿童按年龄要求接受生长监测或按 4：2：1（城市）、3：2：1（农村）体格检查（身高和体重等）的儿童数。

新生儿访视时的体检次数不包括在内。由此可以计算3岁以下儿童系统管理率。

$$3\text{ 岁以下儿童系统管理率} = \text{该年该地区3岁以下儿童系统管理人数} / \text{同年该地区3岁以下儿童数} \times 100\%$$

（19）5岁以下儿童营养评价

1）身高（长）体重检查人数：5岁以下儿童该统计年度内进行身高（长）和体重测量的实际人数。进行体检但未测量身高（长）或体重，或仅在出生时测量身高（长）或体重但在该统计年度内未再进行身高（长）或体重测量的人不计在内。在该年度内进行多次身高（长）和体重测量者也只按1人统计。

2）低体重人数：对照WHO标准的体重参考值，计算5岁以下儿童在该统计年度内至少有一次测量体重低于同年龄标准人群体重中位数减2个标准差的人数（低出生体重不包括在内）。由此可以计算5岁以下儿童低体重患病率。

$$5\text{ 岁以下儿童低体重患病率} = \text{该年该地区5岁以下儿童年龄别体重} < (\text{中位数} -2SD) \text{人数} / \text{同年该地区5岁以下儿童身高（长）体重检查人数} \times 100\%$$

3）生长迟缓人数：对照WHO标准的身高（长）参考值，计算5岁以下儿童在该统计年度内至少有一次测量身高（长）低于同年龄标准人群身高（长）中位数减2个标准差的人数。由此可以计算5岁以下儿童生长迟缓率。

$$5\text{ 岁以下儿童生长迟缓率} = \text{该年该地区5岁以下儿童年龄别身高} < (\text{中位数} -2SD) \text{人数} / \text{同年该地区5岁以下儿童身高（长）体重检查人数} \times 100\%$$

4）超重人数：对照WHO标准的身高（长）别体重参考值，计算5岁以下儿童在该统计年度内至少有1次测量身高（长）别体重高于同年龄标准人群身高（长）别体重中位数加1个标准差的人数。由此可以计算5岁以下儿童超重率。

$$5\text{ 岁以下儿童超重率} = \text{该年该地区5岁以下儿童高（长）别体重} > (\text{中位数} +1SD) \text{人数} / \text{同年该地区5岁以下儿童身高（长）体重检查人数} \times 100\%$$

5）肥胖人数：对照WHO标准的身高（长）别体重参考值，计算5岁以下儿童在该统计年度内至少有1次测量身高（长）别体重高于同年龄标准人群身高（长）别体重中位数加2个标准差的人数。由此可以计算5岁以下儿童肥胖率。

$$5\text{ 岁以下儿童肥胖率} = \text{该年该地区5岁以下儿童身高（长）别体重} > (\text{中位数} +2SD) \text{人数} / \text{同年该地区5岁以下儿童身高（长）体重检查人数} \times 100\%$$

6）血红蛋白检测人数：6~59月龄儿童应检测血红蛋白者中，进行了血红蛋白检测的人数。

7）贫血患病人数：在进行了血红蛋白检测的6~59月龄儿童中，发现患有贫血的人数。贫血的诊断标准为血红蛋白小于110g/L。由此可以计算5岁以下儿童贫血患病率。

$$5\text{ 岁以下儿童贫血患病率} = \text{该年该地区6~59月龄儿童贫血患病人数} / \text{同年该地区6~59月龄儿童血红蛋白检测人数} \times 100\%$$

中重度贫血患病人数：在进行了血红蛋白检测的6~59月龄儿童中，发现患有中重度贫血的人数。中重度贫血的诊断标准为血红蛋白小于90g/L。由此可以计算5岁以下儿童中重度贫血患病率。

$$5\text{ 岁以下儿童中重度贫血患病率} = \text{该年该地区6~59月龄儿童中潦贫血患病人数} / \text{同年该地区6~59月龄儿童血红蛋白检测人数} \times 100\%$$

3. 妇女常见病筛查指标

（1）20~64岁妇女人数：指该地区统计年度内20~64岁户籍妇女人数。

（2）应查人数：指该地区统计年度内按照计划应进行筛查的20~64岁户籍妇女人数。即该地区统计年度内20~64岁户籍妇女人数除以该地区要求的妇女常见病筛查周期（例如：本地区的20~64岁户籍妇女每3年接受1次筛查，则周期为3）。

（3）实查人数：指该地区统计年度内实际进行妇女常见病筛查的20~64岁户籍妇女人数（不包括因疾病到妇科门诊就诊的人数）。由此可以计算妇女常见病筛查率。

妇女常见病筛查率 = 该年该地区实查人数 / 同年该地区应查人数 ×100%

（4）宫颈癌筛查人数：指该地区统计年度内进行宫颈癌筛查的20~64岁户籍妇女人数（不包括因疾病到门诊就诊的人数）。

（5）乳腺癌筛查人数：指该地区统计年度内进行乳腺癌筛查的20~64岁户籍妇女人数（不包括因疾病到门诊就诊的人数）。

（6）妇女常见病患病总人数：指该地区统计年度内进行妇女常见病筛查时查出的患生殖系统疾病和乳腺疾病的人数（如1人患两种病按1个人统计）。由此可以计算妇女常见病患病率。

妇女常见病患病率 = 该年该地区妇女常见病患病总人数 / 同年该地区实查人数 ×100%

（7）阴道炎、宫颈炎、尖锐湿疣、子宫肌瘤、宫颈癌、乳腺癌、卵巢癌患病人数：根据病史、临床表现、实验室检查、病理诊断确诊的患病人数。由此可以计算阴道炎患病率、宫颈炎患病率、尖锐湿疣患病率、子宫肌瘤患病率、宫颈癌患病率、乳腺癌患病率、卵巢癌患病率。

阴道炎患病率 = 该年该地区阴道炎患病人数 / 同年该地区实查人数 ×100%
宫颈炎患病率 = 该年该地区宫颈炎患病人数 / 同年该地区实查人数 ×100%
尖锐湿疣患病率 = 该年该地区尖锐湿疣患病人数 / 同年该地区实查人数 ×100%
子宫肌瘤患病率 = 该年该地区尖锐湿疣患病人数 / 同年该地区实查人数 ×100%
宫颈癌患病率 = 该年该地区尖锐湿疣患病人数 / 同年该地区实查人数 ×100%
乳腺癌患病率 = 该年该地区尖锐湿疣患病人数 / 同年该地区实查人数 ×100%
卵巢癌患病率 = 该年该地区尖锐湿疣患病人数 / 同年该地区实查人数 ×100%

4. 计划生育技术服务指标

（1）各项计划生育技术服务总例数：指该统计年度内本地区（本机构）施行放、取宫内节育器术；输精管、输卵管绝育术；人工流产（负压吸引术、钳刮术、药物流产、中期引产术）；放置和取出皮下埋植的例数之和。要求按手术的次数计算，如1人在同1统计年度内接受2次人工流产术，统计例数应为2。由此可以计算某项计划生育技术服务百分比。

某项计划生育技术服务百分比 = 该年该地区某项计划生育技术服务例数 /
同年该地区各项计划生育技术服务总例数 ×100%

（2）宫内节育器手术

1）放置宫内节育器例数：用器械经阴道在宫腔内放置各种宫内节育器以达到避孕目的的例数。

2）取出宫内节育器例数：用器械经阴道自宫腔取出各类宫内节育器的例数（含人工流产时取出宫内节育器）。

（3）绝育手术

1）输精管绝育例数：用各种方式结扎和切除一小段输精管，使精子不能排出体外，以达到绝育目的的例数（含输精管粘堵绝育术）。

2)输卵管绝育例数:用各种方式经腹腔(含阴道)结扎和切断输卵管的一小段,阻断精子和卵子相遇,以达到绝育目的的例数(含输卵管粘堵绝育术)。

(4)人工终止妊娠术

1)负压吸引术例数:孕13周以内采用负压吸引术人工终止妊娠的例数(不包括因负压吸引手术或钳刮手术不全或失败、药物流产不全或失败等再次进行手术的)。药物流产不全是指用药后胚囊自然排出,在随诊过程中因出血过多或时间过长而施行刮宫术(刮出物必须经病理检查证实为绒毛组织或妊娠蜕膜组织)。

2)钳刮术例数:孕15周以内采用钳刮术终止妊娠的例数。

3)药物流产例数:孕早期用药物终止妊娠的例数(药流失败或药流不全再进行手术者仍计为药物流产)。

(5)皮下埋植

1)放置皮下埋植例数:采用皮下埋植法进行避孕的例数。

2)取出皮下埋植例数:将皮下埋植物取出,终止避孕的例数。

(6)计划生育手术并发症:在计划生育手术中因各种原因造成的术中或术后生殖器官或邻近器官和组织的损伤、感染等病症。如同一病例存在两种以上情况时,只填一种主要的,如子宫穿孔后感染,只填子宫穿孔。

1)子宫穿孔例数:计划生育手术中将子宫壁损伤、穿破,含单纯子宫壁损伤及合并内脏如肠管、网膜等损伤的例数。

2)感染例数:术前无生殖器炎症,术后2周内出现与手术有关的生殖器官(含绝育术后腹壁)感染的例数。

3)阴囊血肿例数:因输精管绝育术引起的手术部位阴囊内血肿的例数。

4)肠管损伤例数:输卵管绝育术中将肠管损伤的例数。

5)膀胱损伤例数:输卵管绝育术中将膀胱壁损伤的例数。

6)手术人流(包括负压吸引术、钳刮术)不全例数:手术人工流产后阴道流血不止(或多或少),排出物或清宫刮出物为胚胎、绒毛或胎盘组织的例数(包括漏吸,不包括蜕膜残留)。由以上可以计算某项计划生育手术并发症发生率。某项计划生育手术并发症发生率=该年该地区该项计划生育手术并发症发生例数/某年某地区某项计划生育手术例数×100%

(7)计划生育死亡总人数:因各种计划生育手术以及药流等导致的直接死亡人数之和,包括麻醉、手术并发症(如感染等)造成的死亡,不包括术后因其他原因造成的死亡。由此可以计算计划生育死亡率。

计划生育死亡率=该年该地区计划生育死亡总人数/同年该地区计划生育技术服务总例数×100%

5. 婚前保健指标

(1)结婚登记人数:指该统计年度内本地区结婚登记人数(含初婚、再婚)。

(2)婚前医学检查人数:指该统计年度内本地区对准备结婚的男女双方进行结婚和生育相关疾病的医学检查人数(即按照《婚前保健工作规范》要求进行了婚前医学检查的人数)。由此可以计算婚前医学检查率。

婚前医学检查率=该年该地区婚前医学检查人数/同年该地区结婚登记人数×100%

(3)婚前卫生咨询人数:是指婚检医师针对医学检查结果发现的异常情况以及服务对象提出的具体问题进行解答、交换意见、提供信息,帮助受检对象在知情的基础上作出适宜决定的人数。由此可以计算婚前卫生咨询率。

婚前卫生咨询率=该年该地区婚前卫生咨询人数/同年该地区结婚登记人数×100%

（4）婚前医学检查检出疾病人数：是指检出对婚育有影响、医学上已明确诊断的疾病（包括以下五类疾病等）的人数。如果1人同时检出2种或以上疾病，按1人计算。由此可以计算检出疾病率。

婚前医学检查检出疾病率＝该年该地区检出疾病人数/同年该地区婚前医学检查人数×100%

（5）指定传染病人数：是指《中华人民共和国传染病防治法》中规定的艾滋病、淋病、梅毒以及医学上认为影响结婚和生育的其他传染病的人数，由此可以计算指定传染病占检出疾病百分比：

指定传染病占检出疾病百分比＝该年该地区指定传染病人数/同年该地区检出疾病人数×100%

其中性传播疾病人数：是指定传染病人数中的性传播疾病人数，不包括乙肝。由此可以计算性传播疾病占指定传染病百分比：

性传播疾病占指定传染病百分比＝该年该地区性传播疾病人数/
同年该地区指定传染病人数×100%

（6）严重遗传性疾病人数：是指由于遗传因素先天形成，患者全部或部分丧失自主生活能力，子代再现风险高，医学上认为不宜生育的疾病人数。严重遗传性疾病如：先天性智力低下、特纳综合征（先天性巢发育不全）、克氏综合征（先天性睾丸发育不全）、真假两性畸形、成骨发育不全、双眼视网膜母细胞瘤、双眼先天性无虹膜、双眼视网膜色素变性、遗传性先天性聋哑、唐氏综合征等。由此可以计算严重遗传性疾病占检出疾病百分比：

严重遗传性疾病占检出疾病百分比＝该年该地区严重遗传性疾病人数/
同年该地区检出疾病人数×100%。

（7）有关精神病人数：是指患精神分裂症、躁狂抑郁型精神病以及其他重型精神病的人数。

（8）生殖系统疾病人数：是指患除性病外的生殖器官感染、肿瘤、畸形等疾病的人数。

（9）内科系统疾病人数：是指患对婚育有影响的内科疾病（如风湿性心脏病、糖尿病、肾病等）的人数。其他疾病占检出疾病的比例的计算参照"严重遗传性疾病占检出疾病百分比"的计算方法。

（10）对影响婚育疾病的医学意见人数：是指医生向接受婚前医学检查的当事人提出医学上认为不宜结婚、不宜生育、暂缓结婚或尊重受检者意愿的意见人数。由此可以计算对影响婚育疾病的医学意见人数占婚前医学检查人数百分比。

对影响婚育疾病的医学意见人数占婚前医学检查人数百分比＝该年该地区对影响婚育疾病的医学意见人数/同年该地区婚前医学检查人数×100%

建议不宜结婚人数占对影响婚育疾病的医学意见总人数百分比＝该年该地区建议不宜结婚人数/同年该地区对影响婚育疾病的医学意见总人数×100%

其他各类对影响婚育疾病的医学意见人数占对影响婚育疾病的医学意见总人数比例的计算参照"建议不宜结婚人数占对影响婚育疾病的医学意见总人数百分比"的计算方法。

第四节 妇幼保健信息监测和常规报表的内容

一、妇幼保健信息监测

妇幼卫生信息监测是连续地、长期地、系统地收集、核对、分析、解释和及时转化妇幼卫生信息资料，据此制订、实施和评价卫生工作行动，及时向有关部门发布、上报和反馈这些信息，从而提出正确、合理的决策。妇幼卫生的监测系统目前有儿童死亡监测、孕产妇死亡监测、出生缺陷监测等。做好妇幼卫生监测应注意以下几个方面。

1. 要明确监测项目的目的　根据所确定的监测项目，明确哪些监测资料是必不可少的。以及什么时候、采取什么措施，为何分析、利用这些监测资料，以便指导监测工作深入实施。

2. 选择好监测点　选择监测点必须要有代表性和可行性。监测点应有行政领导的支持，妇幼保健工作有一定基础和积极性，有各部门的支持和配合，卫生水平和经济条件有一定代表性。可选有代表性行政区为监测点，亦可以较小的人群团体为单位作抽样监测。

3. 监测对象和数量　妇幼卫生监测主要对象为孕产妇和儿童。监测样本的大小取决于两个因素：不良结局发生率的高低，如样本越小儿童死亡率越高，反之样本越大；监测所要求的精确度，若相对容许误差小，样本要大，反之样本可小。

4. 监测资料收集内容、方法、分析及反馈

（1）资料收集内容：资料内容包括人口资料，含人口总数及性别、年龄等基本构成情况；死亡资料，含儿童及孕产妇死亡报告卡；疾病资料，含孕产妇及儿童常见病和并发病情况；保健服务资料，含孕产妇和儿童保健服务覆盖和质量情况。

（2）资料收集方法：监测资料主要通过常规登记报告制度，由专人负责，按规定逐级上报，并对资料进行严格的质量控制。与常规登记报告的不同之处，是监测还要收集一些比较深入、细微的资料，一般是通过填写专门设计的表格来获得。

（3）资料的分析与反馈：监测资料的分析，要了解特定监测资料的固有特征；分析步骤应从简单到复杂，通过计数和对资料简单的计算，分析每一种情况；找到资料中的错误，及时去除后进行深入分析。在资料分析的基础上，对这些予以科学的解释，这是处理监测资料的关键。最后，将分析和解释的结果，反馈给各级卫生行政及有关部门人员，作为制订决策的依据。

二、妇幼保健常规报表的内容

1. 妇幼保健年报表内容

（1）孕产妇保健和健康情况年报表主要内容：活产数（男、女、性别不明），产妇数（非农业户籍、农业户籍），孕产妇保健管理情况（产妇建卡人数、产妇产前检查人数、产妇产前检查5次及以上人数、产妇孕早期产前检查人数、产妇孕产期血红蛋白检测人数、产妇孕产期贫血人数（其中：中重度贫血人数）、产妇艾滋病病毒检测人数、孕产妇艾滋病病毒感染人数、产妇梅毒检测人数、产妇梅毒感染人数、产妇乙肝表面抗原检测人数、产妇乙肝表面抗原阳性人数、孕产妇产前筛查人数、孕产妇产前筛查高危人数、孕产妇产前诊断人数、孕产妇产前诊断确诊人数、产妇产后访视人数、产妇系统管理人数），接生情况（住院分娩活产数、剖宫产活产数、非住院分娩中新法接生活产数），孕产妇高危管理（高危产妇人数、高危产妇管理人数、高危产妇住院分娩人数），孕产妇死亡情况（孕产妇死亡人数，其中：孕产妇产科出血死亡人数、孕产妇妊娠高血压综合征死亡人数、孕产妇内科合并症死亡人数、孕产妇羊水栓塞死亡人数、孕产妇其他原因死亡人数），围产儿情况（低出生体重儿数、巨大儿数、死胎死产数、早期新生儿死亡数，其中：男、女、性别不明）。

（2）7岁以下儿童保健和健康情况年报表主要内容：儿童数（7岁以下儿童数、5以下儿童数、3岁以下儿童数），5岁以下儿童死亡情况（5岁以下儿童死亡数，其中：男、女、性别不明；婴儿死亡数，其中：男、女、性别不明；新生儿死亡数，其中：男、女、性别不明），6个月内婴儿母乳喂养情况（母乳喂养调查人数、母乳喂养人数、纯母乳喂养人数），7岁

以下儿童保健服务（新生儿访视人数、新生儿苯丙酮尿症筛查人数、新生儿甲状腺功能减低症筛查人数、新生儿听力筛查人数、7岁以下儿童保健管理人数、3岁以下儿童系统管理人数），5岁以下儿童营养评价 [身高（长）体重检查人数、低体重人数、生长迟缓人数、超重人数、肥胖人数、血红蛋白检测人数、贫血患病人数，其中：中重度贫血患病人数]。

（3）非户籍儿童与孕产妇健康状况年报表主要内容：活产数（其中：男、女、性别不明）、5岁以下儿童死亡数（其中：男、女、性别不明）、婴儿死亡数（其中：男、女、性别不明）、新生儿死亡数（其中：男、女、性别不明）、早期新生儿死亡数（其中：男、女、性别不明）、孕产妇死亡数、死胎死产数。

（4）妇女常见病筛查情况年报表主要内容：妇女常见病筛查覆盖情况（20~64岁妇女人数、应查人数、实查人数、宫颈癌筛查人数、乳腺癌筛查人数）、妇女常见病患病情况（妇女常见病患病总人数，其中包括：阴道炎患病人数、宫颈炎患病人数、尖锐湿疣患病人数、子宫肌瘤患病人数、宫颈癌患病人数、乳腺癌患病人数、卵巢癌患病人数）。

（5）计划生育技术服务数量和质量情况年报表主要内容：各项计划生育技术服务总例数、宫内节育器手术 [放置宫内节育器例数（包括子宫穿孔例数、感染例数）、取出宫内节育器例数（包括子宫穿孔例数、感染例数）]、绝育手术 [输精管绝育例数（包括阴囊血肿例数、感染例数）、输卵管绝育例数（包括肠管损伤例数、膀胱损伤例数、感染例数）]、流产 [负压吸引术例数（包括子宫穿孔例数、人流不全例数、感染例数）、钳刮术例数（包括子宫穿孔例数、人流不全例数、感染例数、药物流产例数）]、皮下埋植（放置皮下埋植例数、取出皮下埋植例数）、计划生育死亡总人数。

（6）婚前保健情况年报表主要内容：男性婚前保健情况 [结婚登记与婚前医学保健情况—结婚登记人数、婚前医学检查人数、婚前卫生咨询人数；检出疾病分类—检出疾病人数、指定传染病人数（包括性传播疾病人数）、严重遗传性疾病人数、有关精神病人数、生殖系统疾病人数、内科系统疾病人数；对影响婚育疾病的医学意见人数]，女性婚前保健情况 [结婚登记与婚前医学保健情况—结婚登记人数、婚前医学检查人数、婚前卫生咨询人数；检出疾病分类—检出疾病人数、指定传染病人数（包括性传播疾病人数）、严重遗传性疾病人数、有关精神病人数、生殖系统疾病人数、内科系统疾病人数；对影响婚育疾病的医学意见人数]。

（7）出生医学信息报告卡主要内容：出生证编号、新生儿信息（新生儿姓名、性别、出生时间、出生地、出生地点分类、出生孕周、健康状况、体重、身长、接生机构名称、接生人员）、母亲信息（母亲姓名、母亲年龄、母亲国籍、母亲民族、母亲身份证件类别、母亲身份证件号码）、父亲信息（父亲姓名、父亲年龄、父亲国籍、父亲民族、父亲身份证件类别、父亲身份证件号码）、签发信息（签发机构、签发人员、签发日期）。

2. 妇幼卫生监测报表 主要内容包括孕产妇死亡监测、5岁以下儿童死亡监测、出生缺陷医院监测、出生缺陷人群监测及其质量控制报表等相关监测报表。

3. 妇幼卫生机构管理信息报表 主要内容有妇幼保健机构基本情况调查表、妇幼保健机构人力资源情况调查表、妇幼保健机构设备情况调查表、妇幼保健机构运营情况调查表、妇幼保健机构群体保健工作开展情况调查表、妇幼保健机构科研管理情况调查表、填报单位及填报责任人信息等。

4. 妇幼重大公共卫生服务项目信息报表 主要内容有农村孕产妇住院分娩补助项目报表、农村妇女"两癌"检查项目报表、增补叶酸预防神经管缺陷项目报表、预防艾滋病、梅毒和乙肝母婴传播工作报表等。

第五节 妇幼保健信息资料管理制度、职责和质量控制

一、妇幼保健信息资料管理制度

妇幼卫生信息资料是承载妇幼卫生信息的实体,包括传统纸质资料、数据库、记录数据库的硬盘、软盘、光盘等计算机存储介质。从资料的加工程度可分为原始资料和加工资料。原始资料来源主要来自 5 个方面,即统计报表、妇幼卫生工作日常记录和报告卡、专题调查或实验研究、深入基层进行指导和非正式信息来源,但主要来源于前 3 个方面。妇幼卫生信息资料的管理是妇幼卫生信息管理的主要内容之一,管理制度应围绕对信息资料的收集、整理、分析与评价、反馈与利用过程而设立,加强信息资料的管理。

1. 资料收集制度 承担妇幼卫生信息管理工作的村(居委会)、乡(镇、街道)、县(市、区)、地(市、州)、省级的妇幼保健机构及相关医疗卫生机构均应建立反映妇幼卫生服务及管理的各类原始记录和登记本,保证数出有源,数查有据。原始记录和登记本的内容,至少应满足政府妇幼卫生统计制度的要求。原始记录和登记本可采用纸质或磁介质进行登记,但必须及时、真实、准确、完整,纸质登记要求字迹工整、清晰,使用计算机登记的应备份留底。原始数据的修订应有说明并留底备查。

2. 资料整理制度 承担妇幼卫生信息管理工作的妇幼保健机构及相关医疗卫生机构必须严格按要求整理妇幼卫生信息资料,及时、准确、完整填报妇幼卫生统计报表。各级妇幼保健机构及相关医疗卫生机构填报妇幼卫生统计报表时,应由填报人签名,经本单位领导审核、签名和加盖公章后方可报送,并对统计数字的准确性负责。不得虚报、瞒报、拒报、迟报,不得伪造和篡改。

3. 资料分析与评价制度 各级妇幼卫生信息管理机构应定期开展妇幼卫生统计分析与评价工作,掌握妇女、儿童健康状况及其影响因素,寻找妇幼卫生服务和管理过程中存在的问题,为妇幼卫生工作开展、妇幼卫生决策制订提供全面的依据。开展统计分析工作时应结合现行政策及社会学、经济学、医学等多学科进行综合分析,深入挖掘数据的潜在价值。妇幼卫生统计指标应按照国家统一的定义、范围、来源、计算公式等进行收集和分析,不得自行修改。

4. 反馈与利用制度 公布本地区妇幼卫生信息,必须由同级妇幼卫生行政部门批准。卫生行政及业务部门内部公布妇幼卫生信息数据,必须经本单位分管领导审核。各级妇幼卫生信息管理机构应及时反馈辖区内妇幼卫生信息分析结果,以便下级机构及时掌握辖区内妇幼卫生工作动态,确保信息为基层服务。各级妇幼卫生信息管理机构要做好妇幼卫生信息的服务和利用,充分利用各种形式和渠道,定期、不定期地将分析结果上报至各级政府,反馈到相关部门、社会和公众,利用可以公开的妇幼卫生信息资料为社会和公众提供信息服务。树立良好的服务意识,充分利用先进的网络技,开展妇幼卫生信息咨询服务。提供妇幼卫生信息数据,编辑、出版和发行妇幼卫生信息资料时,必须遵循国家有关规定,实行有偿和无偿服务相结合。加强妇幼卫生信息工作国内和国际的交流。

5. 信息资料的保管制度 妇幼卫生信息资料必须按分级负责的原则,由妇幼卫生信息管理部门妥善管理和保存。妇幼卫生信息工作的原始记录和统计资料的保存和销毁,应依照国家档案管理有关规定执行。

二、妇幼保健信息管理机构及人员的主要职责

1. 各级妇幼卫生信息管理的主要职责

(1) 统一领导和协调本地区的妇幼卫生统计信息工作,监督检查统计法律、法规的贯

彻实施情况。

(2) 完成上级布置的统计调查任务，执行妇幼卫生统计标准，贯彻落实基本统计报表制度。

(3) 收集、整理、汇总分析本地区的基本统计数据，为卫生行政部门提供详实准确的数据，为科学决策提供依据。

(4) 对本地区的妇幼卫生统计信息进行核查，建立健全本地区的统计台账制度和统计档案制度，组织本地区的统计业务工作。

(5) 在卫生行政部门的领导下，建立健全妇幼卫生统计信息网络。

2. 统计人员的主要职责

(1) 如实报送统计资料，准确及时完成统计工作任务，并对所报送的统计资料的真实性负责。

(2) 对属于国家机密的统计资料负责保密，并对统计调查对象的私人、家庭的单项调查资料负有保密的责任。

(3) 不断提高自己的专业素质，使自己的专业知识水平与统计工作的需要相适应。

三、妇幼保健信息的质量控制

妇幼卫生信息的收集过程中应做到及时、准确、可靠、完整，只有这样才能真实客观地反映妇幼卫生工作的进展和现状。但由于社会实践复杂、各地差异巨大、内容千变万化，因此，要做好信息的质量控制。妇幼卫生信息质量控制工作流程图如图14-1所示。

1. 质控范围

(1) 乡（镇）卫生院、城市社区卫生服务中心妇幼专干利用每月例会或定期下村（居委会）收集出生、死亡、保健等各项数据与指标。每月随机抽取20%的村（居委会）核实原始资料的准确性及完整性。

(2) 县（市、区）妇幼保健院（所）负责指导乡（镇、街道）、村（居委会）作好各种原始记录的登记，正确收集汇总各种原始表、卡、册。每季度随机抽取25%的乡中10%的村，核实原始资料的准确与完整性。

(3) 地、市、州妇幼保健院（所）负责本区域的技术咨询与指导，督促各级层层把好质量关。每半年抽查一次，每次随机抽取全部县（市、区）中10%的乡中10%的村。

(4) 省级妇幼保健机构负责全面技术的指导、各种资料的审核、计算机的汇总、分析与产出等工作。在卫生厅妇社处领导下制订设计全省的信息管理方案，负责基层的信息管理与计算机的应用培训工作。每年对50%的地、市、州进行1~2次不定期的检查，将信息管理工作纳入妇幼卫生工作目标管理考核内容之一。

(5) 各级抽查、复核、补漏等必须有原始登记，并连同数据指标一同上报。

(6) 每次质控时间范围均从统计年度的第一天开始。

2. 质控内容 对妇幼卫生年报主要指标进行全面检查的基础上重点核查生命指标以及孕产妇和儿童保健服务指标。生命指标包括：活产数、新生儿死亡数、婴儿死亡数、1~4岁儿童死亡数、孕产妇死亡数、围产儿死亡数；孕产妇和儿童保健服务指标包括：孕产妇系统管理率、住院分娩率、高危管理率、3岁以下儿童系统管理率、7岁以下儿童保健管理率；各级质控基本情况：质控的县级、乡级（街道）和村级（居委会）的原始上报数和漏报数，归纳总结质控情况和结果等。

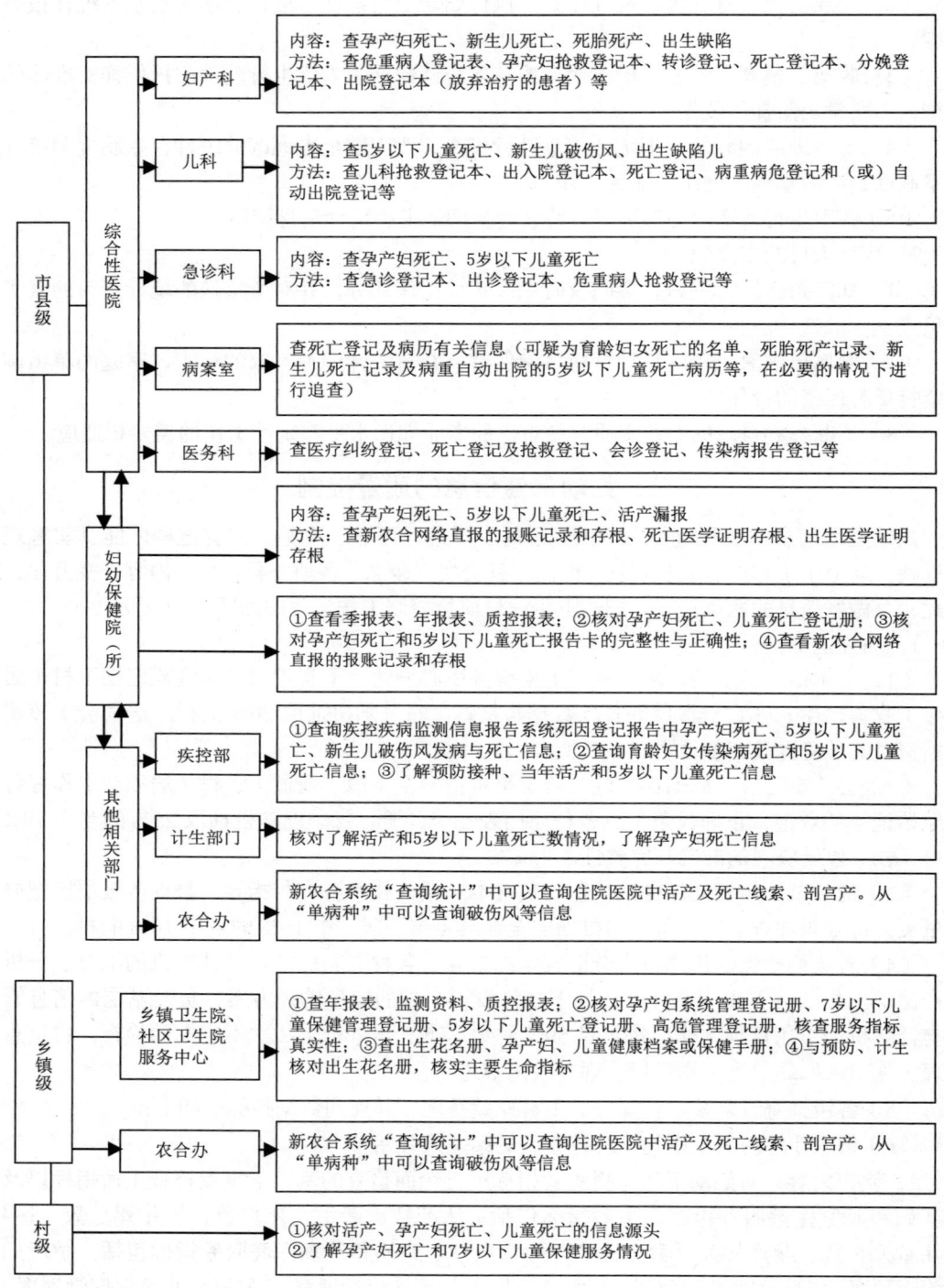

图 14-1　妇幼卫生信息质量控制工作流程图

3. 质控方法

（1）市、县级：在市、县级，主要是在相关部门寻找亡线索，了解人口数、出生数的差异等。需要访问的相关机构和需要查看的资料有以下内容：

1）市、县医疗保健机构：包括市、县综合医院、中医院，大型厂矿医院和部队医院（设有妇产科、儿科的医院）、妇幼保健院等。

妇产科：查看分娩登记本、剖宫产登记、孕产妇死亡登记本、危重病人抢救登记本、计划生育登记（上取环、人工流产、引产、结扎手术）、围产儿死亡登记本，抄录所查质控地区的孕产妇死亡、死胎、死产、新生儿死亡、高危人群（出生体重低于1500g、Apgar评分低、双胎等）、出生缺陷儿（无论严重与否）名单（包括父亲和母亲姓名、住址等）以及危重而转院的孕产妇名单，对于危重而转诊、放弃治疗、自动出院等的孕产妇及儿童要一追到底。

儿科：查看出入院登记本、危重病人抢救登记本及死亡登记本，抄录所要质控地区死亡、病情严重未痊愈（包括好转、放弃治疗或自动出院）、先天性疾病、极低体重（尤其是年龄小、住院时间短）的0~4岁儿童的名单。

门、急诊科或ICU病房：查看孕产妇保健手册、儿童保健手册、急诊记录本、死亡登记本或死亡证明存根，抄录所要质控地区0~4岁死亡儿童及育龄妇女死亡名单。

医务科（医院感染管理科）：查看死亡证明存根，抄录所要质控地区0~4岁死亡儿童及育龄妇女死亡名单。

病案室：查看死亡登记本，查找所有科室有关质控地区的5岁以下儿童、育龄妇女死亡名单。并要查看死亡育龄妇女病历，了解其个人史中的月经史，以便确定是否为孕期死亡。根据从妇产科抄录的死胎死产名单，查看母亲病历，了解分娩过程及Apgar评分，以便确定误诊为死胎死产的新生儿死亡个案。查阅从妇产科、儿科抄录的死亡者及高危人群的病历，了解其父母姓名、电话及详细地址等。

2）市、县疾控中心：了解全市、县及抽样乡镇的应预防接种人数（即当年出生数）及实际接种人数。查看质控地区死于传染病的育龄妇女、5岁以下儿童名单。

3）市、县人口计生委：了解全市、县、区及抽样乡镇（街道）的出生情况，询问统计时限（一般为上年10月1日至次年9月30日），还要了解是否包括流动人口等。查看质控地区的育龄妇女、5岁以下儿童死亡名单。

4）市、县公安局：在户籍管理科了解全市、县、区及抽样乡镇（街道）的出生数，询问统计时限（一般为1月1日至12月31日），还要了解是否包括流动人口等。根据死亡销户记录，查看监测地区的育龄妇女、5岁以下儿童死亡名单，核实医院等机构抄录的死亡情况，了解是否有销户记录。

5）其他：从民政部门或火葬场的火化证明中查找育龄妇女、5岁以下儿童死亡线索。到社会福利院查5岁以下儿童死亡线索。

（2）乡镇（街道）级

1）乡镇计生办或街道办事处：将出生登记和5岁以下儿童死亡名单、育龄妇女及孕产妇死亡名单，与乡镇（街道）卫生院的"孕产妇系统管理登记册"、"7岁以下儿童系统管理登记册"、"5岁以下儿童死亡登记册"相互核对。

2）乡镇（街道）派出所：将乡镇（街道）派出所的户籍登记和5岁以下儿童死亡名单、育龄妇女死亡名单，与镇（街道）卫生院0~4岁儿童花名册或出生花名册、儿死亡登记册、育龄妇女死亡登记表相互核对。核实从医院机构抄录的死亡情况，了解死亡者是否有销户记录，查找户主的姓名、住址等。

3）乡镇（街道）卫生院：将抽样村（居委会）的7岁以下儿童系统管理登记册、孕产妇系统管理登记册与乡镇(街道)卫生院的出生医学证明、产房分娩登记本、儿童预防接种卡、产后访视卡互相核对，了解抽样村（居委会）活产漏报情况。查阅乡镇（街道）卫生院近5年的儿童预防接种卡，对预防接种中断的儿童进行追踪。将围产儿死亡报告卡与儿童死亡登记册核对。将在医院、公安分局、防疫站、计生委抄录的活产及死亡名单，与乡镇（街道）卫生院的0~4岁儿童花名册、儿童死亡登记册、孕产妇死亡记录及育龄妇女死亡登记表核对。注意翻阅乡镇（街道）卫生院近5年内的0~4岁儿童花名册，了解是否存在5岁以下儿童死亡有登记而漏报死亡卡的情况。

（3）村（居委会）级：将从市、县、乡镇（街道）各级医院、公安、防疫、计生等相关机构和部门抄录的该村（居委会）活产及死亡名单，与村医、村接生员（保健员）、村妇女主任处了解到有关出生及死亡记录核对，并入户调查核实。还应随机入户访谈，了解本村出生、死亡情况。

4. 质量要求　质量要求原则为数字准确、逻辑合理，各级自查，上级审查，层层把关。

（1）完整率：100%。
（2）项目填写错误率：<1%。
（3）计算机录入错误率：<0.1%。
（4）死因错误率：<0.1%。
（5）诊断不明率：<5%。
（6）出生缺陷监测围产儿数漏报率：<1%。
（7）出生缺陷儿漏报率：<1%。
（8）活产漏报率：<10%。
（9）5岁以下儿童死亡率：<5%。
（10）孕产妇死亡不能漏报。

目标检测

1. 关于孕产妇死亡率，下列哪项正确
   A. 发达国家死亡率高
   B. 可用百分率（%）来表示
   C. 可直接反映孕产妇保健效果
   D. 与生活环境有关
   E. 多胎产妇死亡率低

2. 妇幼保健信息资料的常用的收集方法不包括以下哪项
   A. 普查　　　　B. 抽样调查
   C. 家庭询问调查　D. 网上调查
   E. 电话调查

3. 5岁以下儿童营养评价指标不包括下列哪项
   A. 生长迟缓人数　B. 低体重人数
   C. 头围检查人数　D. 超重人数
   E. 身高（长）体重检查人数

4. 妇幼保健资料统计的作用不包括下列哪项
   A. 了解现况　　　B. 制定政策
   C. 效果评价　　　D. 监督指导
   E. 提供详细的病史资料

5. 妇幼卫生信息资料管理制度不包括下列哪项
   A. 资料收集制度
   B. 资料整理制度
   C. 资料销毁制度
   D. 反馈与利用制度
   E. 资料分析与评价制度

（牛建民）

第十五章 孕产妇死亡和出生缺陷监测

第一节 孕产妇死亡监测

一、孕产妇死亡监测内容

（一）孕产妇死亡及死亡监测的定义

1. 孕产妇死亡的相关定义

（1）孕产妇死亡：是指妊娠期或妊娠终止后42天内妇女由于任何与妊娠或妊娠处理有关的或由此而加重的原因导致的死亡，但不包括由于意外或偶然原因导致的死亡。

（2）晚期孕产妇死亡：是指自妊娠终止42天以后至未满1年的妇女由于直接或间接产科原因导致的死亡。

（3）与妊娠有关的死亡：是指在妊娠期或妊娠终止后42天内发生的不管任何原因导致的死亡。

（4）孕产妇死亡率：是指某地区某一定时期内每10万个妊娠妇女中发生的死亡。国际社会将孕产妇死亡率作为衡量一个国家经济发展水平的重要指标，同时也作为评价其母婴安全、妇幼保健质量的指标。实际使用的孕产妇死亡率计算公式如下：孕产妇死亡率 = 当年孕产妇死亡数 / 当年活产数 ×100 000。

2. 孕产妇死亡监测的定义 孕产妇死亡监测是连续、系统地收集、整理、分析、解释和发布有关孕产妇死亡率的动态分布、主要死亡原因和影响因素的资料，并利用这些资料制订、完善和评价干预措施及方案的过程。

（二）孕产妇死亡监测内容

我国孕产妇死亡监测工作是由卫计委领导实施，各级卫生行政管理部门和妇幼保健机构负责组织管理，在妇幼卫生三级保健网络基础上开展工作。我国孕产妇死亡监测内容主要包括：病例确定、资料收集和信息分析。

1. 病例确定

（1）死亡证明：死亡证明是确定孕产妇死亡的第一手资料，每例死亡孕产妇病例都有死亡证明。发放死亡证明的单位留有存根，大多数死亡证明登记了死亡原因。

（2）病历记录：对明确的孕产妇死亡病例，可以通过查阅病历记录了解死者妊娠、分娩、治疗的全过程，帮助确定死亡原因和影响因素。

（3）疾病监测：我国疾病控制中心建立的疾病监测系统规定，所有死亡病例由医院通过网络直接上报到国家疾病控制中心。

（4）户籍登记：我国公安系统的户籍管理是发现孕产妇死亡的重要途径之一。

（5）火葬记录：殡仪馆的火葬记录对死因进行了登记，从中可发现可疑线索；但不论发现的是孕产妇死亡，还是育龄妇女死亡，都要进行追踪。

2. 资料收集 资料收集是孕产妇死亡监测的关键环节。

（1）渠道：建立以妇幼保健机构为中心的孕产妇死亡报告系统，城市由街道→区→市，农村由村→乡→县，要求各级均有专人负责监测资料的收集、整理和上报。

（2）方法

1）监测地区每发生1例孕产妇的死亡，城市的街道（或医院）向区妇幼保健机构报告，农村的村妇幼保健人员向乡镇卫生院妇幼专干报告。

2）区、县级妇幼保健机构接到下级孕产妇死亡报告后，要组织专人到与该孕产妇死亡有关的医院及乡、村级妇幼医师、接生员或个体行医者处调查了解与死亡有关的病史（包括孕期、产时、产后情况，发病与死亡经过）和既往史；如果该孕产妇死亡发生在家中，无医疗保健人员或接生员在场，则应入户了解有关死亡过程及病史。然后填写死亡报告卡，并写出病历摘要或死亡调查小结，上报区、县妇幼保健机构。

3）区、县级妇幼保健机构负责组织专家进行死亡个案讨论，明确死亡原因。对无法确定死亡原因的疑难个案，应写出初步意见及可能的死因推断，然后上报地市妇幼保健机构。

4）地、市级妇幼保健机构负责组织专家进行死亡个案讨论，明确死亡原因。对无法确定死亡原因的疑难个案，应写出初步意见及可能的死因推断，然后上报省级妇幼保健机构。

5）省级妇幼保健机构每半年组织1次专家对省内所有监测地区发生的孕产妇死亡进行省级评审，并将评审结论填入死亡报告卡中，然后将卡片上报国家妇幼卫生监测机构。

（3）孕产妇死亡监测数据的质量检查：包括活产漏报率、孕产妇死亡漏报率、卡片填写错误率和完整率等，上述指标的计算公式如下：①活产漏报率＝漏报活产数/（上报活产数＋漏报活产数）×100%；②孕产妇死亡漏报率＝漏报死亡数/（上报死亡数＋漏报死亡数）×100%；③卡片填写的错误率＝抽查卡片的错误项目数/（抽查卡片数×每张卡片项目数）×100%；④卡片填写的完整率＝抽查完整卡片数/抽查卡片总数×100%。我国国家级孕产妇死亡监测的质量监测要求：①漏报率：死亡漏报率≤15%、活产漏报率≤10%；②卡片质量：项目错误率≤1%、项目完整率≥99%；③计算机录入错误率：＜1‰。

（4）监督指导：孕产妇死亡监测的监督指导工作包括检查监测工作的运行状况、调查监测数据的漏报情况、解决管理和技术方面的问题。监督指导工作是孕产妇死亡监测质量的可靠保证，应作为常规制度，贯穿于监测过程。

3. 信息分析 孕产妇死亡监测的相关数据信息分析分为定性分析和定量分析两种。

（1）定性分析：其目的是对某个孕产妇的死因和影响因素进行详细分析。孕产妇死亡监测的定性分析可从以下几个方面进行：①孕产妇：个人的危险因素、与妊娠和并发症相关的知识、对保健服务的需求程度、以前的经历和对所接受的保健服务的满意程度；②保健服务提供者：提供者的知识技能、保健机构的资源、人员配置和态度、服务质量；③医疗保健系统：医疗保健服务的可及性（如健康教育、产前保健和计划生育）、有无提供妇女需求的服务和医疗保健服务机构的信任程度；④政策因素：国家或地方财政的投入和医疗保障体系等。

（2）定量分析：其目的是发现和比较具有不同特征的妇女死亡的模式或发展趋势，主要内容包括：①人口特征：年龄、种族、社会经济地位、受教育程度等；②地点特征：居住地、分娩地点、死亡地点、妊娠终止医院的级别和地理位置；③时间特征：死亡的日期及季节、死亡的时间、死亡时的孕周；④孕产次数：妊娠和分娩次数；⑤妊娠结局：自然或人工流产、异位妊娠、未分娩、单胎或多胎妊娠、活产、死产；⑥孕周和分娩方式：分娩时孕周或分娩前死亡时的孕周，阴道分娩、剖宫产、引产；⑦接生人员：医师、助产士、接生员、无证接生人员；⑧产前保健：初次产前保健的时间，孕期保健的次数、地点、提供保健的人员，医疗保健机构和居住地的距离；⑨产后保健：次数、提供保健服务的医疗保健机构和人员；⑩死因特点：死因别死亡率和构成比。

二、孕产妇死亡干预对策

为了实现《联合国千年宣言》制定的目标,世界各国(特别是发展中国家)都行动起来了,积极制定相应的干预策略和措施;但是影响孕产妇死亡的因素很多,不同国家、地区,其干预策略各不相同。

1. 干预策略分类

(1)初级预防策略:是从健康教育和服务水平预防孕产妇死亡的发生。

(2)二级预防策略:重点在于早发现、早处理,以提高产前、产时、产后保健和随访等服务质量,最终降低孕产妇死亡率。

(3)三级预防策略:目的在于提供最优方案,以降低孕产妇的患病率和死亡率。

2. 制定干预策略应考虑的问题　制定孕产妇死亡干预策略的信息来自孕产妇死亡监测和评审工作,应考虑以下几个方面的问题

(1)激发政治愿望:政府部门和决策者的政治愿望是降低孕产妇死亡的关键。邀请政府相关领导、相关组织和社会团体参与孕产妇死亡调查和评审工作,让他们充分了解孕产妇死亡给家庭、社会带来的痛苦和压力,以激发他们的同情和责任感。

(2)关注需方:关注孕产妇及其家庭的需求,帮助他们建立科学健康的生育观,增强自我保护意识,提高服务利用能力。

(3)改善供方:乡镇卫生院和县级医疗保健机构是农村地区的主要接生服务单位,他们的服务模式、服务质量、服务水平和服务态度直接关系到孕产妇的生命安危;因此,建立和完善县级孕产妇急救中心,架设"绿色生命通道",培训技术人员,提高供方的服务能力和服务质量,从而提高医疗保健服务的可及性和可负担性。

(4)增加中间方:中间方是指基层妇幼保健人员和妇联组织,通过中间方可减轻需方对医疗保健机构的恐惧和陌生感,利于供方与需方之间的沟通。

(5)筛查高危妊娠:通过对所有乡镇卫生院的助产人员和接生员进行培训,提高他们筛查高危妊娠的能力,建立高危妊娠转诊机制,以最大限度地降低高危妊娠孕产妇的死亡风险。

(6)救助贫困孕产妇:一些特困家庭的孕产妇因经济困难,不能支付医疗费用而放弃住院分娩或治疗,如果减免她们的住院费用或设立住院分娩救助基金,可帮助她们住院分娩,提高住院分娩率,减少死亡率。

第二节　出生缺陷监测

出生缺陷(birth defects)是导致早期流产、死胎、先天畸形、围生儿和婴幼儿死亡的主要原因。目前我国出生缺陷的发生率高于世界平均水平,特别是在农村和西部贫穷地区,估计人群发病率为4%~6%。出生缺陷监测(birth defects surveillance)是指在全国或某一地区选择有一定代表性的人群或医院,系统地、连续地对人群出生缺陷相关资料进行收集、整理、分析和利用的过程。

一、出生缺陷监测的目的、方法和实施

(一)出生缺陷监测的目的

1. 了解出生缺陷的流行病学特征(如出生缺陷的人群聚集性和变化趋势),为出生缺

陷的病因研究、生态性研究和随访研究提供基础，为制定出生缺陷相关卫生政策、法律法规提供参考资料。

2. 建立各种出生缺陷的基线率，为分析不同时期出生缺陷率的变动提供依据，以便估计服务的需求。

3. 识别高危人群，为患儿提供转诊建议和咨询，评价干预措施和卫生服务的效果。

（二）出生缺陷监测方法

1. 医院监测　以医院为监测现场，住院出生的新生儿为监测对象。医院监测实施相对容易，诊断水平高；但是受到医院选择、住院分娩率、监测期限短等因素影响，监测结果只能部分反映监测地区的出生缺陷发生率。

2. 人群监测　以某地区作为监测现场，该地区范围内所有可能发生出生缺陷的人群为监测对象。人群监测需要投入的人力、物力和财力较大，对监测人员的技术要求高，能够比较准确地反映监测地区的出生缺陷发生率。人群监测和医院监测最根本的区别在于监测现场的差异，即由此界定的出生缺陷患病率的分母不同。

（三）出生缺陷监测的实施

1. 收集资料　根据特定的监测目标来确定数据源，以收集符合要求的资料。出生缺陷监测资料大致可分为以下几类：

（1）人口学资料：包括患儿及其父母的性别、年龄、民族、经济条件、文化程度等。

（2）危险因素及暴露资料：包括暴露于危险因素的途径和剂量、危险因素作用于靶器官和组织时间、亚临床期疾病情况。

（3）结局资料：一般指疾病的临床结局，包括出生缺陷的临床特征、疾病分类分型、预后、随访结局等，也包括胎儿的妊娠结局、分娩及出生情况。

（4）干预措施资料：指监测对象采用或接受了降低出生缺陷患病风险的相关措施，如接受孕期保健指导、服用叶酸等情况。

（5）其他资料：包括调查人员、报告人员、数据来源情况等备查信息。

2. 分析资料　分析资料是指把原始资料加工成有价值的信息过程。

（1）整理和核对原始资料：了解资料的来源和收集方法，评估资料质量，只有符合质量要求的资料才能供分析使用。

（2）资料的数字化：利用信息技术（如数据库）将原始资料转化为可供统计分析的数据。

（3）统计分析：根据监测目的把各种数据转变为有关的统计学指标。

（4）指标解释：说明监测获得的统计学指标所提示的问题。

3. 反馈信息　监测系统应当建立和完善信息反馈渠道和良好的运作机制，让系统内外的单位和个人都能及时获得反馈信息。

（1）分类：可按信息传递的方向分为纵向和横向反馈。纵向反馈一般指信息在系统内不同级别的单位间向上下传递，横向反馈指系统内同级监测单位间的信息传递或向系统外有关的医疗卫生机构、科研单位和社区反馈信息。

（2）方法：信息反馈的方法多种多样，即包括定期的信息简报、监测总结报告、专题会议等正式信息反馈，也包括电话、电子邮件、信件等即时信息反馈。

（3）内容：信息反馈的内容包括反馈监测结果和反馈监测过程中的动态信息两个方面。

（4）作用：通过信息反馈，可以对出生缺陷率的异常波动做出迅速反应，明确工作重点和研究方向；还可以对监测过程中出现的问题及时予以纠正。信息反馈对提高出生缺陷监测系统的效率、保障数据质量非常关键。

4. 利用信息　信息利用与监测目的密切相关。完整的监测系统一般具备将资料收集、分析、发布及同出生缺陷项目联系起来的功能。通过监测信息了解疾病分布特征、预测趋势、评价干预效果、确定主要的卫生问题等，为制定预防控制疾病的策略和措施提供依据。

二、出生缺陷监测管理

出生缺陷监测的良好运作依赖于高效的行政管理和业务技术管理。目前大多数国家和地区的政府都将出生缺陷监测作为重要的公共卫生监测项目纳入管理范围。

（一）出生缺陷监测的组织管理

1. 我国现行的国家级出生缺陷监测系统的行政管理由卫计委妇幼健康服务司（原卫生部妇幼保健与社区卫生司）负责，相应的各省（自治区、直辖市）、各监测区（县）的卫生行政部门负责领导和组织实施本辖区的监测工作。

2. 卫计委（原为卫生部）成立的全国妇幼卫生监测办公室承担监测业务技术管理，包括监测方案修订、人员培训、技术咨询、质量控制、资料统计分析、信息反馈等具体工作。

3. 各省（自治区、直辖市）、区（县）级妇幼保健机构负责辖区内的业务管理和技术指导工作。

（二）出生缺陷监测系统的建立、维护和管理

1. 需求分析和可行性评估　主要包括：①明确开展出生缺陷监测的必要性和重要性；②了解国内外相关领域的研究进展；③了解现有条件可供出生缺陷监测使用的数据资源、技术资源、外部支持等因素，综合评估实施监测的可行性；④了解影响出生缺陷监测实施及结果应用的各种因素，包括法律法规、经济文化水平、医学伦理原则、传统习俗等；⑤分析开展出生缺陷监测必需的投入和可能的受益。

2. 确定监测目标和任务　首先确定出生缺陷监测的总目标和任务，然后将总目标和任务分解到各监测执行单位，明确各级监测组织者、管理者和执行者在监测系统中的作用和承担的具体任务。

3. 制定监测实施方案及撰写项目文本

（1）制定出生缺陷监测实施方案：内容包括监测目标和任务，组织机构，参与单位，监测对象和监测范围，主要监测指标，数据收集、报告、分析的方法和程序，质量管理方法和评价指标，监测信息反馈和信息应用的方法和途径。

（2）撰写项目文本：出生缺陷监测项目文本主要包括相关的管理制度和技术指南（如出生缺陷诊断标准、编码规范等）。

4. 实施方案培训和监测技术培训。

5. 预实验及评估、方案修正及正式实施。

6. 数据质量管理和评价

（1）数据质量管理：包括数据质量保证和质量控制。数据质量保证是在设计阶段或监测实施前采取的一系列前瞻性措施来预防数据差错，保证数据质量。数据质量控制是在获取原始监测数据后，通过检查资料、现场调查等回顾性措施来发现和修正错误，提高数据准确性。数据质量控制可发现监测系统的缺陷，然后通过质量保证措施来防止错误的再次出现。

（2）数据质量评价：可通过数据的完整性、准确性、及时性、针对性、可测性、可用性、可比性等指标来评价数据的质量。

7. 监测系统评价

（1）评价目的：是保证能够高效经济地监测出生缺陷相关的卫生事件，以实现出生缺陷监测系统的既定目标。

（2）评价内容：主要包括监测数据的质量、实用性、可接受性、代表性、简便性、及时性、灵敏性、稳定性、阳性预测值等。在评价的基础上进一步完善监测系统，使其适应监测实施环境的变化和数据应用需求。

目 标 检 测

1. 有关孕产妇死亡病例确定下列哪一项是错误的
   - A．死亡证明
   - B．病历记录
   - C．疾病检查
   - D．户籍登记
   - E．火葬记录
2. 孕产妇死亡监测内容不包括以下哪项
   - A．病例确定
   - B．信息分析
   - C．资料收集
   - D．疾病诊断
   - E．评估和改进
3. 孕产妇死亡干预对策不包括以下哪项
   - A．救助贫困孕产妇
   - B．改善供方
   - C．增加中间方
   - D．关注需方
   - E．唤起全社会的关心
4. 出生缺陷监测的实施过程不包括以下哪项
   - A．选择监测对象
   - B．收集资料
   - C．分析资料
   - D．反馈信息
   - E．利用信息
5. 出生缺陷监测系统的建立和管理不包括以下哪项
   - A．需求分析
   - B．可行性分析
   - C．经济分析
   - D．确定监测目标
   - E．数据质量管理

（郑　惠）

主要参考文献

常青, 林晓宁, 李力. 2012. 母婴保健与助产. 北京: 人民军医出版社
杜玉开. 2006. 妇幼卫生管理学. 北京: 人民卫生出版社
顾美皎. 2004. 妇女保健学. 北京: 科学出版社
华嘉增, 朱丽萍. 2012. 现代妇女保健学. 上海: 复旦大学出版社
黎海芪. 2009. 儿童保健学. 第2版. 北京: 人民卫生出版社
刘湘云, 陈荣华, 赵正言. 2011. 儿童保健学. 第4版. 南京: 江苏科学技术出版社
王瑞珍. 2012. 母婴保健. 北京: 科学出版社
王卫平. 2013. 儿科学. 第8版. 北京: 人民卫生出版社
王玉琼. 2012. 母婴护理学. 北京: 人民卫生出版社
魏碧蓉. 2009. 妇科护理学. 北京: 人民卫生出版社
熊庆, 吴康敏. 2007. 妇女保健学. 北京: 人民卫生出版社
杨玉杰. 2012. 母婴保健. 第2版. 北京: 人民卫生出版社

目标检测参考答案

第一章
1. E 2. C 3. B 4. C 5. A

第二章
1. E 2. E 3. B 4. C 5. C 6. B 7. B 8. E 9. D 10. B

第三章
1. E 2. E 3. A 4. A 5. B 6. D 7. B 8. A 9. B 10. D 11. A 12. C 13. C
14. B 15. A

第四章
1. A 2. E 3. C 4. D 5. E

第五章
1. E 2. C 3. B 4. E 5. C

第六章
1. D 2. A 3. C 4. D 5. B 6. D 7. B 8. E 9. C 10. C

第七章
1. C 2. D 3. B 4. C 5. A 6. E 7. E 8. D 9. D 10. D 11. B 12. E 13. D
14. B 15. C 16. D 17. D 18. B 19. A 20. C 21. E 22. E 23. E

第八章
1. D 2. D 3. E 4. B 5. C 6. C 7. D 8. D 9. D 10. C 11. B 12. E 13. A
14. B 15. E 16. E 17. E 18. E 19. A 20. E 21. A 22. E 23. A 24. D
25. E 26. D 27. A

第九章
1. A 2. D 3. E 4. E 5. A 6. A 7. E 8. D 9. C 10. E 11. B 12. E 13. C
14. A 15. E

第十章
1. E 2. E 3. D 4. B 5. C 6. A 7. E 8. C 9. E 10. D

第十一章
1. E 2. D 3. D 4. E 5. B 6. D 7. C 8. C 9. A 10. C

第十二章
1. D 2. E 3. D 4. C

第十三章
1. D 2. E 3. C 4. A 5. B

第十四章
1. B 2. D 3. C 4. E 5. C

第十五章
1. C 2. D 3. E 4. A 5. C

妇幼保健学教学大纲

一、课程简介

妇幼保健学是一门应用预防医学和临床医学方法，按照生物—心理—社会医学模式，研究妇女和儿童不同时期的生理、心理和社会特点及其影响因素，提出保健对策，提供保健措施，以保障和促进妇女和儿童的身心健康水平、提高出生人口素质的医学科学。妇幼保健学兼具预防医学和临床医学的特色，以保护、促进妇女和儿童身心健康为目标；其研究范围广泛，涉及妇女保健和儿童保健两大领域；不仅关注女性的身心健康，同时关心男童的身心健康。

妇幼保健学涉及儿童生长发育、儿童期保健、青春期保健、婚前期保健、孕前期保健、妊娠期保健、分娩期保健、产褥期保健、哺乳期保健、生育调节期保健、围绝经期保健、健康教育与健康促进、妇幼保健信息管理、孕产妇死亡和出生缺陷监测等领域；研究影响妇幼健康的生物、心理、社会、环境等方面的各种危险因素，研究危害妇幼健康的各种常见病、多发病的流行病学及防治措施；研究有利于提高妇幼健康水平的适宜技术，提供优质服务；研究妇幼保健服务模式和评价方法，改变妇幼卫生保健服务取向；研究有利于促进妇幼健康的保健对策和健康管理，提供公平服务；开展健康教育，提高群体保健意识和能力，以达到促进妇幼健康的目的。

本课程教学的目的是培养城乡、基层妇幼保健机构所需要的能开展妇幼保健服务的保健人员；因此，本课程内容的选取紧紧围绕行业需要来进行，同时又充分考虑了高等职业教育对理论知识学习的需要。本课程教学形式采取小班教学，借助多媒体、录像、仿真模型、实训操作等教学手段，同时结合"角色扮演"、"模拟操作"、"案例分析"等教学方法，以培养学生的学习能力、独立思考能力和动手能力，使学生掌握妇幼保健学的基本知识、基本理论和基本技能。

二、教材

2015年出版郑惠主编的《妇幼保健学》。

三、课程教学目标

1. 掌握妇幼保健学的定义、性质和重要性。
2. 掌握儿童体格生长和心理行为发育的年龄特征及其常用的评价方法。
3. 掌握儿童能量需要和代谢特点、母乳喂养的优点、计划免疫程序、早期教育原则、定期健康检查及生长监测的时间和内容。
4. 掌握女性青春期、婚前期、孕前期、妊娠期、分娩期、产褥期、哺乳期、生育调节期、围绝经期保健的内容和措施。
5. 熟悉妇幼保健工作的内容、组织机构、网络管理和服务模式。
6. 熟悉儿童意外伤害的年龄特征和儿童常见疾病的预防。
7. 熟悉婚前期和孕前期保健的重要意义。
8. 熟悉高危妊娠的管理和高危新生儿保健的系统管理。
9. 了解我国妇幼保健的发展概况。
10. 了解散居儿童和集体儿童保健工作的内容。

11. 了解"爱母分娩行动"的实施要点和导乐陪伴分娩的具体内容。

12. 了解妇幼保健信息资料的收集方法。

13. 了解孕产妇死亡监测内容和出生缺陷监测方法。

四、课时分配

序号	教学内容	学时数 理论	学时数 实践	学时数 合计	序号	教学内容	学时数 理论	学时数 实践	学时数 合计
1	第一章 绪论	2		2	9	第九章 产褥期保健	2	2	4
2	第二章 儿童生长发育	6	4	10	10	第十章 哺乳期保健	2		2
3	第三章 儿童期保健	2	2	4	11	第十一章 生育调节期保健	2		2
4	第四章 青春期保健	2		2	12	第十二章 围绝经期保健	2		2
5	第五章 婚前期保健	2		2	13	第十三章 健康教育与健康促进	4		
6	第六章 孕前期保健	2		2	14	第十四章 妇幼保健信息管理	4		
7	第七章 妊娠期保健	6	2	8	15	第十五章 孕产妇死亡和出生缺陷监测	2		
8	第八章 分娩期保健	8	2	10		合计	48	12	60

五、教学内容和要求

教学内容	教学要求 了解	教学要求 熟悉	教学要求 掌握
第一章 绪论			
1. 妇幼保健学的定义、性质和重要性。			√
2. 妇幼保健工作的内容、特点、组织机构、网络管理和服务模式。		√	
3. 我国妇幼保健的发展概况。	√		
第二章 儿童生长发育			
1. 儿童体格生长常用指标及其测量方法、儿童体重计算公式、体格生长评价内容、心理行为发育的年龄特征。			√
2. 儿童年龄分期及其特点、脊柱的三个生理性弯曲、腕部次级骨化中心出现的时间和顺序、乳牙萌出的时间和顺序、生长发育的规律及其影响因素。		√	
3. 儿童常见体格生长偏离和心理行为发育障碍。	√		
第三章 儿童期保健			
1. 儿童能量需要和代谢特点、母乳喂养的优点、计划免疫程序、早期教育原则、定期健康检查及生长监测的时间和内容。			√
2. 母乳喂养的方法、不宜哺乳的情况、人工喂养时配方奶粉及8%糖牛乳的计算、添加辅食的原则、基础免疫制剂与接种方法、预防接种的注意事项、儿童意外伤害的年龄特征、儿童常见疾病的预防。		√	
3. 儿童常用护理技术、早期教育和体格锻炼的方法及内容、生活习惯和社会适应能力的培养、散居儿童和集体儿童保健工作的内容。	√		
第四章 青春期保健			
1. 青春期保健的内容。			√
2. 青春期健康教育的内容及方法、常见健康问题的预防。		√	
3. 青春期少女的生理、心理和社会特点。	√		
第五章 婚前期保健			
1. 婚前医学检查的主要疾病和内容。			√
2. 婚前期保健的概念及重要意义、婚前医学检查的医学建议与随访、婚前卫生指导及卫生咨询的内容。		√	
3. 婚前保健的伦理学原则和工作特点。	√		
第六章 孕前期保健			
1. 孕前期保健的内容（主要包括：孕前医学检查与排卵监测、孕前生活与卫生指导、孕前咨询）。			√

教学内容	教学要求		
	了解	熟悉	掌握
2. 孕前期保健的重要意义。		√	
3. 孕前期妇女的生理、心理和社会特点。	√		
第七章 妊娠期保健			
1. 妊娠期保健的内容和措施（主要包括：产前检查、筛查高危孕妇、妊娠期营养及膳食指导、妊娠期心理指导、妊娠期生活方式指导、胎教、孕期用药、胚胎及胎儿的健康评估）。			√
2. 妊娠期常见疾病的预防、高危妊娠的监护和管理。		√	
3. 妊娠期妇女的生理、心理和社会特点。	√		
第八章 分娩期保健			
1. 分娩期保健的内容和措施（主要包括：监测宫缩和产程进展情况、绘制产程图、监测产妇的生命体征、胎心监测、羊水监测、观察子宫收缩情况、检查胎体和胎心率的变化、检查胎盘及胎膜是否完整、新生儿Apgar评分）。			√
2. 产程指导、"爱母分娩行动"的实施要点及导乐陪伴分娩的具体内容、分娩期常见疾病的预防。		√	
3. 分娩期妇女的生理、心理和社会特点。	√		
第九章 产褥期保健			
1. 产褥期保健的内容和措施（主要包括：产后家庭访视、生活与卫生指导、产褥期保健操、计划生育指导、心理调适与社会支持）。			√
2. 产褥期常见疾病的预防。		√	
3. 产褥期妇女的生理、心理和社会特点。	√		
第十章 哺乳期保健			
1. 哺乳期保健的内容和措施（主要包括：营养指导、哺乳技术指导、特殊情况下的母乳喂养、哺乳期用药指导、哺乳期避孕指导、哺乳期乳房保健）。			√
2. 影响泌乳和排乳的因素、哺乳期乳房疾病的防治。		√	
3. 哺乳期妇女的生理、心理和社会特点。	√		
第十一章 生育调节期保健			
1. 生育调节期保健的基本内容和方法。			√
2. 生育调节期保健的概念和意义、健康教育与咨询、常见疾病的防治。		√	
3. 生育调节期妇女的生理、心理和社会特点。	√		
第十二章 围绝经期保健			
1. 围绝经期的概念。			√
2. 围绝经期综合症的临床表现、围绝经期常见疾病的防治。		√	
3. 围绝经期妇女的生理、心理和社会特点。	√		
第十三章 健康教育与健康促进			
1. 健康教育与健康促进的概念。			√
2. 健康教育与健康促进的目的、任务和基本原则。		√	
3. 妇幼健康教育与健康促进内容、实施方法和技巧。	√		
第十四章 妇幼保健信息管理			
1. 妇幼保健信息管理的范围、任务和内容。			√
2. 妇幼保健信息管理资料的来源和收集方法。		√	
3. 妇幼保健信息管理资料统计及指标体系的作用、妇幼保健信息监测和常规报表的内容。	√		
第十五章 孕产妇死亡和出生缺陷监测			
1. 孕产妇死亡和出生缺陷监测的概念。			√
2. 孕产妇死亡监测的内容、出生缺陷监测的目的和方法。		√	
3. 孕产妇死亡的干预对策、出生缺陷监测管理。	√		

索 引

阿尔茨海默病（Alzheimer's disease，AD） 162
贝利婴儿发育量表（Bayley scales of infant development, BSID） 27
产前诊断（prenatal diagnosis） 91
出生缺陷（birth defects） 203
出生缺陷监测（birth defects surveillance） 203
垂体性肢端肥大症（acromegaly） 20
丹佛发育筛查测验（Denver developmental screening test, DDST） 26
单纯疱疹病毒（herpes simplex virus, H） 97
儿童孤独症（childhood autism） 30
儿童焦虑症（anxiety disorder of childhood） 30
儿童恐怖症（phobia of childhood） 30
发育（development） 9
发育匀称度（proportion of body） 17
肺炎（pneumonia） 59
风疹（rubella virus, R） 97
腹泻（diarrhea） 61
格塞尔发育诊断量表（Gesell development diagnosis scales, GDDS） 27
弓形虫（toxoplasma, T） 97
红细胞生成缺铁期（iron deficiency eryth ropoiesis, IDE） 65
红细胞游离原卟啉（free erythrocyte protoporphyrin, FEP） 65
婚前保健（premarital health tcare） 88
绘人测试（human figure drawings, HFD） 27
活动消耗（for physical activity） 37
基础代谢率（basal metabolism） 37
激素替代疗法（hormone replacement therapy，HRT） 163
精神发育迟滞（mental retardation, MR） 31
巨细胞病毒（cytomegalo virus, C） 97
考伯指数（Kaup index） 17
可耐受最高摄入量（tolerable upperintakelevel, UL） 38
马方综合征（Marfan syndrome） 13
黏多糖病（macopolg sacrotein, MPS） 20
排泄消耗（for excreta） 37
平均需要量（estimatedaveragerequirement, EAR） 38
屏气发作（breath holding spell） 30
青春期（adolescence period） 10
情商（emotional quotient，EQ） 48
缺铁性贫血期（iron deficiency anemia, IDA） 65
上臂围（upper arm circumference） 12
身材匀称（trunk-leg ratio） 17

索　引

身高（长）（height or length）　11
生长（growth）　9
生长激素缺乏症（growth hormone deficiency, GHD）　19
生长水平（growth level）　17
生长速度（growth velocity）　17
生长所需（for growth）　37
食物的热力作用（thermic effect of food, TEF）　37
适宜摄入量（adequate intakes, AIs）　38
胎儿期（fetal period）　9
体型匀称（weight by stature）　17
体质性发育延迟（constitutional growth delay）　19
体重（weight）　10
体重指数（body mass index, BMI）　17
铁减少期（iron depletion, ID）　65
头围（head circumference）　12
图片词汇测验（peabody picture vocabulary test, PPVT）　27
推荐摄入量（recommendednutrientintake, RNI）　38
韦氏学龄儿童智力量表（Wechsler intelligence scale for children, WISC）　28
韦氏学前和初小儿童智力量表（Wechsler preschool and primary scale of intelligence, WPPSI）　28
维生素 D 缺乏性佝偻病 (rickets of vitamin D deficiency)　66
吸吮手指（sucking fingers）　29
习惯性交叉擦腿（habitual rubbing thigh）　29
先天性甲状腺功能减低症（congenital hypothyroidism）　20
新生儿期（neonatal period）　9
新生儿行为评定量表（neonatal behavioral assessment scale, NBAS）　28
性早熟（sexual precocity）　20
胸围（chest circumference）　12
学龄期（school period）　10
学龄前期（perschool period）　10
学习障碍（learning disabilities）　30
血清铁（seram iron, SI）　65
血清铁蛋白（serum ferritin, SF）　65
咬指甲癖（nail biting）　29
遗尿症（enuresis）　30
婴儿期（infant period）　9
营养（nutrition）　37
营养素（nutrients）　37
营养素参考摄入量（dietaryreferenceintakes, DRIs）　38
营养性缺铁性贫血（nutritiondl iron deficiency anemia）　64
幼儿期（toddler period）　10
早期教育（early education）　48

支气管肺炎（bronchopneumonia） 59
蜘蛛样指（趾） 20
指距 (span) 12
注意缺陷多动障碍（attention deficit and hyperactivity disorder, ADHD） 30
转铁蛋白饱和度（transferin saturation, TS） 65
总铁结合力（totd iron binding capacity, TIBC） 65
坐高（顶–臀长）（sitting height or crown-rump length） 12
21-三体综合征（21 trisomy syndrome） 19